Contrôle de gestion

MANAGEMENT SUP

Contrôle de gestion

Des outils de gestion aux pratiques organisationnelles

4e édition

Hélène Löning, Véronique Malleret, Jérôme Méric, Yvon Pesqueux

Avec la participation d'Andreù Solé

DUNOD

ISBN 978-2-10-058745-2

Table des matières

Partie 2
Des outils et des démarches de MMP

Partie 3
La fonction contrôle de gestion, le métier de contrôleur

Présentation des auteurs

Hélène Löning

Professeur associé au Groupe HEC où elle pratique son métier d'enseignant-chercheur en comptabilité-contrôle de gestion depuis une vingtaine d'années, Hélène Löning a coordonné cet ouvrage. On lui doit en particulier, dans cette édition révisée, la deuxième partie sur les outils et démarches de pilotage de la performance stratégique et opérationnelle.

À HEC, elle enseigne dans tous les programmes, de la Grande École à la formation continue (HEC Executive Education), et exerce ou a exercé de nombreuses responsabilités et directions de programmes pédagogiques. Elle encadre également plusieurs thèses de doctorat.

Ses centres d'intérêt en recherche et ses publications sont variés mais tous focalisés autour du contrôle de gestion et de sa dimension organisationnelle, comportementale et sociale : outils de pilotage, pratiques budgétaires, dimension culturelle des outils de gestion, relations entre les outils de contrôle et les structures organisationnelles, d'une part, l'apprentissage organisationnel, d'autre part. Plus récemment, elle a aussi travaillé sur les thématiques de la gestion des risques et sur le contrôle des relations client-fournisseur. Elle a effectué plusieurs longs séjours dans des universités étrangères, notamment à la London School of Economics et à la Leventhal School of Accounting de l'University of Southern California.

Véronique Malleret

Professeur à HEC, elle a coordonné la première partie de cet ouvrage et rédigé ou révisé les chapitres 1 et 7 de cette nouvelle édition.

Elle enseigne la comptabilité de gestion à la Grande École et le contrôle de gestion dans différents programmes de formation continue, en France et à l'étranger. Elle a assumé de multiples responsabilités administratives et pédagogiques au sein d'HEC et a occupé le poste de Doyen de la faculté et de la recherche de 2007 à 2011.

Ses recherches portent principalement sur le contrôle et l'évaluation des performances dans les entreprises de service et les services support. Ses travaux ont été publiés notamment dans *Management Accounting Research*, *The European Management Journal*, *Comptabilité Contrôle Audit*, *Finance Contrôle Stratégie*.

Jérôme Méric

Professeur des Universités à l'IAE de Poitiers, Jérôme Méric enseigne le contrôle de gestion et la gestion financière. Il a rédigé le chapitre 2 ainsi qu'une large part des chapitres 5 et 6, et coordonné la troisième partie de l'ouvrage.

Ses recherches et ses publications portent sur les dynamiques de contrôle dans les organisations et se structurent autour de trois axes. Le premier est consacré à la définition d'un référentiel temporel des activités de contrôle, tiraillé entre l'exigence de revenir sur la performance passée, de se projeter dans le futur, et les attitudes court-termistes imposées par le contexte dans lequel ces activités se développent. Le deuxième est consacré à l'étude des interactions des outils de contrôle dont l'expérience montre souvent que l'accumulation dans les organisations ne constitue un gage ni d'efficacité (ils peuvent se contredire dans leurs effets), ni d'efficience. Le troisième considère le contrôle *as practice*, c'est-à-dire à la manière dont il s'opère dans le quotidien des acteurs, au-delà du champ des instruments et des dispositifs formels. Il encadre à ce titre des travaux doctoraux sur les stratégies de légitimation des contrôleurs dans l'exercice de leurs missions et sur la relation entre les fonctions RH et contrôle dans les entreprises.

Yvon Pesqueux

Professeur titulaire de la chaire « Développement des systèmes d'organisation » du Conservatoire national des arts et métiers (Paris), Yvon Pesqueux est normalien, agrégé des Techniques économiques de gestion, docteur ès Sciences économiques de l'Université de Paris-Sorbonne et Docteur *Honoris Causa* de l'Université de Galati (Roumanie). Il est l'auteur de nombreux articles et ouvrages scientifiques.

Ses travaux de recherche portent principalement sur les rapports entre philosophie et organisation. Il est également président de l'IFSAM (International Federation of

Scholarly Associations of Management). Il est éditeur de la revue *Society and Business Review* (Emerald Publishing).

Il travaille sur les rapports « institution – organisation », le contrôle de gestion environnemental constituant un de ses axes de recherche. Il s'intéresse aussi à la question de la gouvernance à la fois dans sa dimension *corporate* mais surtout dans ses dimensions nationale et internationale. Il a ainsi écrit : *Organisations : modèles et représentations*, PUF, 2002 ; *Stakeholder Theory : a European Perspective*, Palgrave Macmillan, 2005 (en coll.) ; *Décider avec les parties prenantes*, (en coll.), La Découverte, coll. « Recherches » ; *Gouvernance et privatisation*, PUF, 2007, coll. « La politique éclatée » ; *Management et qualité : une approche critique*, Economica, 2008.

Andreù Solé

Professeur à HEC, A. Solé mène des recherches sur la décision (sur les relations entre décisionù, réalité, liberté et responsabilité), étudiant en particulier les décisions des dirigeants d'entreprise. Ses travaux portent également sur les rapports entre entreprise et société ainsi que la question du bonheur considérée dans une perspective historique. Il a participé à cet ouvrage à travers la rédaction initiale de l'actuel chapire 8.

La rédaction de cet ouvrage, comme celle des précédentes éditions, a largement bénéficié de l'ensemble des travaux antérieurs des membres du Département Comptabilité-Contrôle de gestion d'HEC, qu'il s'agisse de travaux de recherche ou de réflexions pédagogiques. Nous remercions particulièrement à ce titre Michel Fiol, Hugues Jordan, Michel Lebas, professeurs émérites à HEC, ainsi qu'Alexandre Lamy, professeur affilié.

Introduction : qu'est-ce que le contrôle de gestion ?

Qu'est-ce que le contrôle de gestion ? Pourquoi contrôler la gestion ? Voilà les questions auxquelles nous apporterons des éléments de réponse dans cette introduction et, plus généralement, dans cet ouvrage. Toutefois, avant de se lancer dans cette entreprise, nous rappellerons ce que le contrôle de gestion n'est pas : le contrôle de gestion n'est pas ce que fait le contrôleur de gestion. C'est une telle conviction qui structure profondément la vision et l'enseignement du contrôle de gestion proposés par ce manuel. Une large partie de cet ouvrage est consacrée au contrôle de gestion en tant que discipline, en tant que mode de management et en tant qu'acte quotidien opéré par les responsables, le plus souvent opérationnels, dans les entreprises. Cela nous semble devoir être dissocié fortement de la pratique, du métier du contrôleur qui, certes, doit animer et faire vivre le contrôle dans l'entreprise, mais qui répond aussi à d'autres rôles et doit développer des compétences et expertises sans rapport direct avec l'acte de management que constitue le contrôle de gestion. C'est pourquoi une partie entière du manuel est consacrée spécifiquement aux logiques, rôles et problématiques du contrôleur. Cependant, l'essentiel du manuel vise un large public intéressé par le management, cherchant à en comprendre une de ses facettes les plus caractéristiques, le contrôle. Il est avant tout destiné à un public de *généralistes*, universitaires, ingénieurs, étudiants et enseignants d'écoles de commerce, qui n'ont pas vocation à devenir des spécialistes du contrôle de gestion (c'est-à-dire des contrôleurs de gestion) mais qui désirent mieux comprendre un processus clé pour l'entreprise, celui du management de la performance.

Dans ce chapitre introductif, nous allons en conséquence décrire ce processus clé par lequel l'entreprise est mise « sous contrôle ». Tout au long de l'ouvrage, nous insisterons sur la façon dont les hommes et les femmes de l'entreprise vivent ce processus, et peuvent en retour faire vivre et animer ses outils. C'est seulement dans la troisième partie que nous analyserons le rôle joué dans l'animation du processus de contrôle par le contrôleur de gestion et par la fonction contrôle de gestion, qui sont acteurs essentiels, mais pas uniques, des pratiques.

Qu'est-ce donc que le contrôle de gestion et pourquoi «contrôler» la gestion ? Le mot contrôle, dans le contexte culturel français, a toujours des accents peu sympathiques de « vérification (respect de la norme)-sanction-gendarme », et tend à s'éloigner du sens historique du terme qui, dans son contexte nord-américain d'origine[1], signifie « pilotage, maîtrise de la gestion ». Tout le monde s'accorde à dire que la traduction française de *management control* en « contrôle de gestion » est une bien piètre traduction ! Dès lors que l'on parle de maîtrise, on s'interroge différemment pour savoir qui maîtrise la gestion dans l'entreprise. Qui va bien acheter, transformer efficacement, vendre astucieusement ? L'assemblée de ceux qui, dans les entreprises, vont prendre de bonnes décisions dépasse – il faut l'espérer – la cellule de contrôle de gestion… Et de même qu'il n'a jamais suffi d'avoir une direction de la Qualité pour « faire » de la qualité ni une direction des risques pour les éliminer, il ne suffit pas d'une fonction Contrôle de gestion ni d'un contrôleur pour maîtriser la gestion ! Le contrôleur n'a donc pas vocation à se substituer aux opérationnels, chacun restant responsable de sa gestion.

Dans cette introduction, nous définissons le contrôle de gestion comme processus de management, définition cohérente avec les deux premières parties de ce manuel. La partie 3, au contraire, s'intéressera au contrôle de gestion en tant que fonction dans l'entreprise.

La définition du contrôle de gestion par R.N. Anthony, le premier en 1965 à avoir théorisé la discipline, a accédé au rang de définition conventionnelle :

« Le contrôle de gestion est un processus destiné à motiver les responsables et à les inciter à exécuter des activités contribuant à l'atteinte des objectifs de l'organisation » (R.N. Anthony, 1965).

Que nous dit une telle définition ? Elle insiste sur trois caractéristiques ou composantes essentielles du contrôle de gestion, en tant que management de la performance ou maîtrise de la gestion par les opérationnels :

1. le contrôle de gestion n'est pas une action isolée, il s'agit d'un processus ;
2. elle rappelle le caractère finalisé de ce processus en mentionnant explicitement la notion d'objectifs ;
3. enfin, elle met en valeur la dimension incitative du contrôle de gestion, sa relation étroite avec la motivation des responsables, abordant ainsi de façon implicite le thème majeur de la convergence des buts, développé dans des travaux ultérieurs (Fiol, 1991).

---

1. *Management control.*

Dans ce chapitre introductif, nous insisterons successivement sur la vision du contrôle de gestion comme processus, sur le caractère finalisé du processus de contrôle et sur le caractère incitatif des systèmes de contrôle. Nous serons amenés à mettre en valeur les liens existants entre la stratégie d'une organisation et son processus de contrôle de gestion. Puis, nous situerons le contrôle de gestion parmi les autres modes de contrôle, souvent complémentaires, des organisations. Enfin, nous présenterons et expliciterons la structure de cet ouvrage.

Section 1 LE CONTRÔLE DE GESTION : UN PROCESSUS

Le contrôle de gestion peut être vu comme un processus, une « boucle » qui suppose l'apprentissage par itérations. Il s'agit en fait d'un cycle constitué de quatre étapes principales :

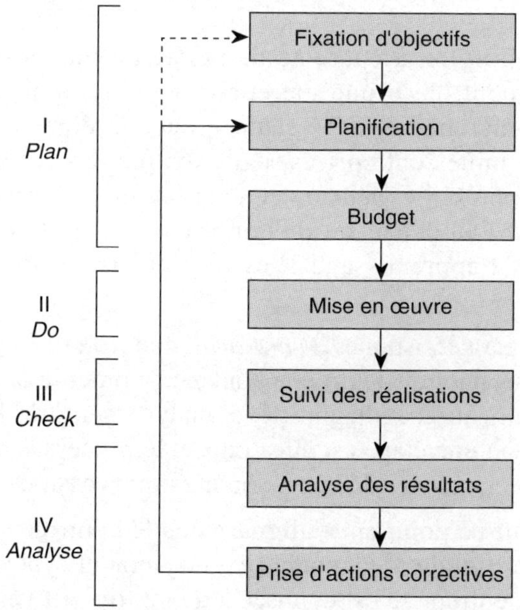

Figure 0.1 – Le contrôle de gestion en quatre étapes : un processus d'apprentissage

Cette visualisation est en fait très proche d'autres travaux reposant sur des approches cybernétiques. Elle s'inspire en particulier du travail d'un qualiticien reconnu, W.E. Deming, pour son cycle (voir figure 0.2) de la qualité.

Les étapes de planification, au sens de fixation d'objectifs et gestion prévisionnelle, sont suivies d'une phase de réalisation, dont les résultats sont soigneusement enregistrés puis analysés, afin, élément essentiel du processus d'apprentissage, de se traduire par des actions correctives incorporées dans la planification du cycle suivant. Ces « corrections » portent le plus souvent sur les actions à mener, les moyens à mettre en œuvre et la façon de les mettre en œuvre, mais peuvent, en cas extrême, remettre en cause les objectifs eux-mêmes.

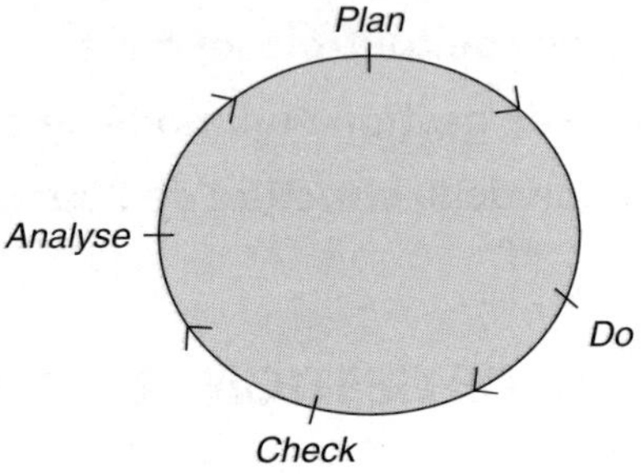

Source : W. E. Deming, *Qualité, la révolution du management,* Economica, 1988, p.116.

Figure 0.2 – Le cycle du contrôle

En contrôle de gestion, on a coutume de porter un diagnostic très sommaire sur le processus de contrôle d'une entreprise en s'assurant que celle-ci « ne manque aucune des marches », ne « saute » aucune étape. Ainsi, il peut être caractéristique de certaines entreprises, par exemple des PME très créatives et entrepreneuriales en phase d'expansion et de croissance, de se concentrer sur les phases I et II (*plan-do*) au détriment du temps d'analyse et de recul nécessaires à l'enrichissement et l'apprentissage : les mêmes erreurs risquent alors de se répéter…

Une autre situation caractéristique, *a contrario*, que l'on rencontre dans quelques très grandes entreprises publiques, est une tendance à omettre la phase II (*do*) alors que les étapes de planification et diagnostic, d'analyse, sont très bien menées. Dans tous les cas de figure où une étape est ainsi omise, le processus de contrôle de gestion devient bancal et la maîtrise de la gestion n'est plus assurée.

On peut conclure sur ce point en soulignant que le contrôle de gestion a connu une remise en cause profonde d'un modèle exclusivement cybernétique, considéré comme trop fermé. L'entreprise est exposée à de multiples événements, souvent peu prévisibles, et le modèle représentant le processus de contrôle de gestion doit désormais en rendre compte : toutes les étapes doivent s'ouvrir aux influences et informations extérieures[1]. La phase de planification (de la fixation d'objectifs au budget) doit prendre en compte l'environnement et les phénomènes extérieurs (plus ou moins prévisibles) et évoluer de la planification vers la simulation anticipatrice ; la phase de mise en œuvre est soumise *de facto* à l'environnement et doit rester suffisamment souple pour s'adapter ; le suivi des réalisations et leur analyse ne peuvent plus être menés sans référentiel externe ni sans compréhension de ce qui s'est passé non seulement à l'intérieur mais aussi à l'extérieur de l'entreprise. Les notions de processus et d'apprentissage sont désormais au cœur du management de la performance. En parallèle, les dernières années ont vu une remise à l'honneur de l'engagement et de la responsabilité individuelle, comme contribution mesurable à des objectifs collectifs.

Section 2 PAS DE CONTRÔLE DE GESTION SANS OBJECTIFS

Le deuxième élément que l'on peut souligner est qu'il ne peut y avoir de contrôle de gestion sans finalité de l'action : le contrôle de gestion ne peut se comprendre que dans une entreprise finalisée, une entreprise qui a des « buts » (*goals*) et dans laquelle un processus de fixation d'objectifs (on parle parfois de contractualisation dans le secteur public) a été mis en place au niveau des entités et des individus. Cette notion d'« objectifs », qui a donné lieu à des travaux théoriques importants, est inhérente au contrôle de gestion : il est logique de n'avoir besoin d'un système de pilotage que si l'on est finalisé, que si l'on a des objectifs qui vous mettent sous tension.

Une des difficultés du contrôle de gestion résulte de la multiplicité des objectifs, parfois antagonistes, et de leur ambiguïté, de leur caractère plus ou moins explicite.

Exemple – **La gestion municipale par le maire d'une commune**

- *Des objectifs multiples et parfois contradictoires* : ouvrir de nouvelles crèches, améliorer le logement social, créer de nouvelles installations sportives ou des infrastructures d'accueil et d'aide pour les personnes âgées et équilibrer le budget de la commune, stabiliser ou réduire les impôts locaux.
- *Des objectifs non explicites dominants par rapport aux objectifs affichés* : être réélu !

1. C'est l'un des enrichissements apportés par les approches systémiques par rapport à la cybernétique.

L'objectif, par rapport à la prévision, est volontariste. Il est assorti d'un plan d'action qui assure la mise en œuvre de la volonté affichée, en détaillant les moyens qui vont être pris pour atteindre l'objectif. Ceci peut être résumé par l'équation suivante : **Objectif = Engagement (contractuel) + Plan d'action**

On dit parfois aussi qu'un objectif sans plan d'action se résume à un vœu pieu ! La notion d'objectif ainsi que le processus qui conduit à la fixation de ceux-ci et au choix du juste niveau d'exigence feront l'objet d'une réflexion à part entière dans ce manuel. Nous soulignons seulement ici l'importance de la finalisation de l'entreprise pour le contrôle de gestion (voir exemple ci-dessous).

Exemple – **Le marchand de parapluies**

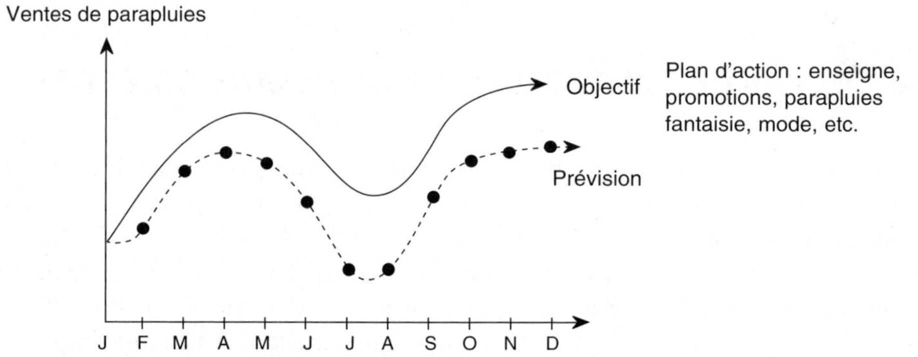

Une représentation désormais courante insiste, au-delà de la notion d'objectif, sur l'importance de deux autres éléments pour le contrôle de gestion : les ressources et les résultats. En fait, dans cette approche, un responsable se définit par un « champ d'action » dans lequel son activité consiste à mettre en relation trois éléments :

- les objectifs à atteindre ;
- les ressources mises à sa disposition ;
- les résultats obtenus ;

et qui donnent naissance à trois critères d'évaluation pour le responsable :

- la pertinence (des moyens mis en œuvre par rapport aux objectifs) ;
- l'efficacité (la capacité à atteindre l'objectif, c'est-à-dire à atteindre un résultat conforme à l'objectif) ;
- l'efficience (la mise en œuvre du minimum de ressources nécessaires pour le résultat obtenu).

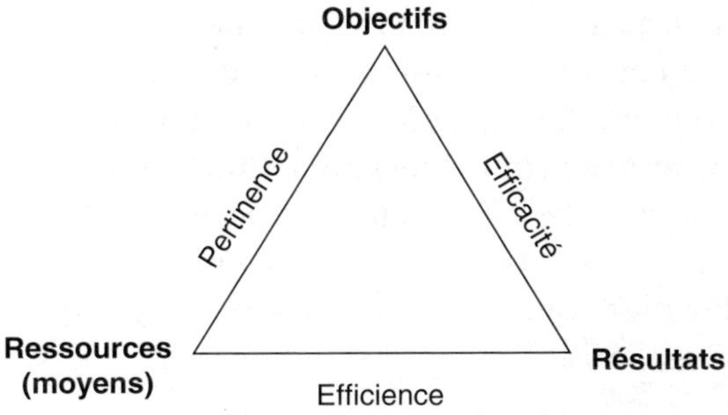

Figure 0.3 – Le triangle du contrôle de gestion

Section 3 DES SYSTÈMES DE CONTRÔLE INCITATIFS

Le contrôle de gestion est destiné à accroître la motivation des responsables et à créer davantage de « convergence des buts »[1] dans les organisations. C'est là une autre composante essentielle du contrôle, déjà présente dans la définition de R.N. Anthony.

En effet, l'entreprise est faite de personnes, dont rien ne nous permet de penser qu'elles vont spontanément chercher à atteindre les objectifs de leur organisation. Pourquoi tout le monde dans l'entreprise voudrait-il déployer des efforts pour avoir 10 % de profit avant impôts pour les actionnaires ? Les comportements des individus vont être plus ou moins convergents avec les objectifs de l'organisation et une raison d'être du contrôle de gestion est d'infléchir la route, d'inciter, en particulier les responsables, à aller dans le sens de l'organisation.

Concernant cette dimension incitative du contrôle de gestion, trois points méritent d'être soulignés.

Tout d'abord, le système de contrôle de gestion ne peut jouer son rôle de motivation que s'il est accompagné d'**un système de sanction/récompense**. Faute de quoi, l'incitation sera bien entendu inopérante. Ce système sanction/récompense peut être de nature financière, mais il peut également reposer sur des éléments de reconnaissance et de valorisation professionnelles ou sociales.

Le deuxième point souligne que le problème du contrôle est lié à la nécessité de déléguer ; **c'est la délégation qui crée le besoin de contrôle**. En conséquence, la question du contrôle, puis le contrôle de gestion naissent et se développent avec la taille croissante des organisations. Une entreprise artisanale monopersonne ou une PME n'ont pas besoin du contrôle de gestion dans sa dimension incitative. S'il n'est

1. L'expression est de M. Fiol (1991).

pas « fou », le boulanger au coin de ma rue aura des objectifs convergents avec lui-même ; s'il est un peu chanceux, sa femme et son petit nombre d'employés auront les mêmes objectifs que lui. Le contrôle lui suffira donc dans sa dimension de pilotage. C'est **l'apparition des grandes organisations**, au début du xxe siècle, relatée par A. Chandler, qui crée le besoin d'outils empêchant la structure d'éclater. C'est le développement des multinationales, avec leur dispersion géographique et le besoin accru de délégation, qui signe l'essor du contrôle de gestion dans l'après-guerre, vers les années 1950.

Exemple

Prenons un cas simple qui nous convainc à quel point la délégation est source de contrôle :

- Quel sera le degré de contrôle exercé par des parents qui donnent 2 €/semaine à leur enfant ? Probablement aucun.
- Quel sera maintenant le degré de contrôle exercé par les mêmes parents à l'égard du même enfant si on lui donne 100 € en début d'année ?...

Enfin, le troisième et dernier élément à préciser est que le contrôle de gestion, en particulier en tant que système incitatif (mais pas seulement), s'adresse principalement aux échelons intermédiaires des cadres et des responsables en entreprise. R.N. Anthony a développé, de façon concomitante à sa définition du contrôle de gestion, un schéma présentant une typologie du contrôle. Il distingue ainsi trois niveaux :

- **le contrôle stratégique**, qui concerne les dirigeants et envisage la stratégie et les objectifs à long terme de l'entreprise pour porter un jugement sur leur pertinence ;
- **le contrôle de gestion**, qui s'adresse aux cadres et responsables et évalue l'impact des décisions prises à moyen terme pour parvenir aux objectifs ; c'est l'adéquation entre l'utilisation des ressources et la stratégie qui est examinée ;
- **le contrôle opérationnel**, qui est un suivi quotidien, à très court terme, du bon déroulement des opérations ; il touche essentiellement le personnel d'exécution et est en grande partie automatisé.

En entreprise, la connexion entre les trois niveaux se révèle cruciale. De ce point de vue, le contrôle de gestion a un rôle charnière à jouer pour mettre en cohérence le niveau stratégique, les grandes orientations de l'entreprise, avec les opérations, le terrain, « ceux qui font ». Le contrôle de gestion est un élément clé pour assurer la mise en relation des deux autres niveaux et le déploiement des objectifs stratégiques dans l'organisation. *A contrario*, on a longtemps reproché aux responsables, dans certaines entreprises, de ne pas « connecter » les orientations stratégiques, par exemple vers la satisfaction client, perçue par les dirigeants et stratèges comme une nécessité concurrentielle externe, avec les actions, menées en usine ou sur le terrain. Ainsi, le contrôle de gestion restait principalement focalisé sur les problèmes de coût et peu perméable à de nouveaux critères de performance.

En résumé, le système de contrôle peut être décrit comme composé de deux sous-ensembles :

- **un système de pilotage**, qui met en œuvre les mécanismes clés de la performance et s'appuie en particulier sur des démarches d'apprentissage (« boucle de contrôle », désormais ouverte aux informations et impacts externes) et de déploiement des objectifs stratégiques ;
- **un système incitatif**, destiné à créer ou renforcer la convergence des buts dans l'entreprise. Le contrôle de gestion conventionnel n'est d'ailleurs pas le seul mécanisme à l'œuvre dans les organisations pour modifier le comportement des individus et les pousser à aller dans le sens des objectifs de l'entreprise.

Section 4 LE CONTRÔLE DE GESTION : UN MODE DE CONTRÔLE PARMI D'AUTRES

D'autres moyens, d'autres modes de contrôle ont été identifiés dans la littérature. M. Fiol (1991) en particulier a identifié et analysé quatre modes historiques de convergence des buts. Il nous semble important de resituer le contrôle de gestion parmi ceux-ci.

Ces quatre modes de convergence des buts, au sens de méthodes dont on dispose pour faire adhérer les membres de l'organisation aux objectifs de l'entreprise, sont apparus chronologiquement dans les organisations et/ou la littérature organisationnelle.

1 Le contrôle par les règlements et procédures

Apparu au début du siècle, il est discernable dans les écrits de F. Taylor et H. Fayol et mis en œuvre dans les usines de Ford ou les organisations qualifiées de « bureaucraties wébériennes ». Il est caractérisé par le développement de manuels qui tentent de décrire les procédures et tout ce qu'il faut faire de façon exhaustive. On comprend bien que la principale limite de ce mode de convergence des buts, outre son caractère profondément mécaniste et potentiellement déshumanisant, est d'être particulièrement rigide et mal adapté aux situations d'incertitude. En ce sens, c'est un mode peu pertinent pour les responsables, souvent obligés de réagir rapidement face à des situations non prévues, de façon autonome. Il subsiste pourtant fortement dans les entreprises de nos jours, par exemple sous la forme plus élaborée de normes (assurance qualité, iso, etc.) ou de processus standardisés.

2 Le contrôle par les facteurs de satisfaction

Il est fondé sur l'idée de l'École des relations humaines selon laquelle de bonnes conditions de travail, en particulier matérielles et pécuniaires, sont motivantes et incitent les individus à mobiliser leurs efforts. Développée à partir des expériences Hawthorne menées en atelier à la General Electric par E. Mayo, cette École s'est exprimée en particulier dans les années 1930. Toutefois, aucun résultat n'a jamais réellement prouvé le caractère incitatif de l'accroissement des facteurs de satisfaction. Il semble que ceux-ci constituent une condition nécessaire mais non suffisante, qui ne garantit pas la convergence des objectifs. Le défaut de conditions matérielles minimales se traduit négativement mais il n'a pas été démontré (même avec l'expérience Hawthorne) que l'amélioration de ces conditions, au-delà d'un certain niveau, créerait une incitation positive. Cette approche est d'ailleurs essentiellement restée théorique.

3 Le contrôle de gestion par les résultats

C'est celui qui nous préoccupe dans cet ouvrage et qui correspond au contrôle de gestion. Né dans les années 1950 et 1960, il repose sur l'idée de délégation de la prise des décisions assortie de l'attribution de ressources, avec établissement d'un contrat qui fixe des objectifs au responsable et prévoit le suivi des résultats pour s'assurer de l'atteinte des objectifs. Fortement instrumentalisé, ce mode de contrôle s'est répandu, dans la pratique, à la plupart des entreprises d'une taille suffisante pour le justifier. De nombreuses critiques cependant se sont élevées à son égard à partir des années 1980. Parmi ces critiques, on trouvait :

- le caractère mono-critère (financier) des systèmes de mesure et l'approche exclusivement économique du système de motivation. De nombreux auteurs ont insisté sur le fort risque d'échec d'un tel système de contrôle instrumentalisé s'il n'était pas accompagné d'une culture d'entreprise supportant les outils et donnant âme au système ;
- le caractère inopérant du mode de contrôle lorsque l'on se situe dans un environnement où il faut « faire bien du premier coup ». Le contrôle par les résultats est un contrôle *a posteriori*, qui répond mal aux besoins des activités de service et, plus récemment, des activités industrielles tertiarisées ou gérées en flux tendus : lorsqu'on mesure les résultats et qu'ils sont mauvais, il est désormais trop tard pour agir ; le mal est fait. On reproche donc à ce mode de contrôle de ne pas être anticipateur ;
- liés aux deux points précédents, les risques de dérive du système tiennent à son application à très court terme. Tardif, réalisé seulement *a posteriori*, le contrôle par les résultats tend à accélérer son rythme et la fréquence de ses *reportings*. Il s'ensuit une vision à très court terme des responsables, les yeux rivés sur les prochains résultats dont dépend leur évolution de carrière, trop pressés et trop mobiles pour intégrer les objectifs et nécessités à plus long terme de l'entreprise (investissements, qualité, durabilité, etc.).

4 Le contrôle par l'adhésion à des valeurs communes

Ce mode de convergence des buts est anticipateur, puisqu'au lieu de faire du contrôle *a posteriori*, il consiste à sélectionner les individus à travers le recrutement, puis à les inciter, à travers la formation, à se comporter dans le sens attendu par l'organisation. Ce mode de contrôle, vieux comme le monde dans la pratique, tend à renforcer les valeurs déjà intégrées par les membres de l'organisation afin de les amener à agir ou à prendre les décisions de la façon même qu'auraient adoptée leurs dirigeants. C'est un des modes de fonctionnement courant des organisations religieuses, ou des administrations coloniales lorsqu'elles étaient implantées en Afrique ou en Inde, etc. Cependant, la théorisation de cette approche, dans le monde du management, a attendu les années 1980 pour voir le jour. Et, à son tour, ce mode de convergence des buts a laissé entrevoir ses limites.

D'une part, la culture d'entreprise se laisse difficilement instrumentaliser. Les résultats ont été très peu concluants lorsque certaines organisations ont voulu « changer leur culture » comme on changerait de tournevis ou de système informatique… L'adaptation est souvent assez longue et la culture fait souvent preuve d'une grande stabilité.

D'autre part, les critiques ont dénoncé le caractère manipulateur de ce type d'approche pour sélectionner des individus ou influencer leur comportement.

Enfin, de façon moins violente mais dans un ordre d'esprit similaire, d'autres ont mentionné la dérive conformiste de ce mode de convergence des buts, qui ne laisse aucune place aux individus « hors norme ». Ces auteurs ont souligné le caractère sclérosant d'une organisation trop homogène en termes de valeurs et de comportements. Cela risque, à terme, de se traduire par un manque de créativité et d'innovation.

En pratique, dans la vie des entreprises, comme dans la vie quotidienne, on rencontre toujours un mélange des quatre approches. Il est rare (et souvent peu pérenne) de rencontrer une situation où un seul mode de convergence des buts existe, même si l'un d'entre eux peut prévaloir.

Si on prend l'exemple concret de la vie familiale, on s'aperçoit qu'en général les parents imposent à leurs enfants des règles et procédures, leur procurent des facteurs de satisfaction (matériels et affectifs), les motivent en partie sur des résultats (argent de poche fonction des notes, autorisations de sortie ou autre liées aux résultats scolaires – du genre « si tu as le bac… ») et leur inculquent enfin des valeurs qui sont issues d'une tradition familiale. Il semble que, dans les entreprises comme en famille, le « cocktail » soit un gage de réussite. M. Fiol montre qu'une organisation ne peut pas survivre avec un seul mode de convergence des buts. Le contrôle de gestion par les résultats exclusif a été largement critiqué et ne peut pas perdurer sans un minimum de consensus sur les valeurs constitutives d'un contrat moral sous-jacent à la délégation. De la même façon, la culture d'entreprise ne mène à rien si elle n'est pas complétée d'un sens et d'une préoccupation des résultats. L'alternance historique de modèles plus économiques (1. et 3.) et plus sociaux (2. et 4.) est également là pour le souligner.

Section 5 PRÉSENTATION DE LA STRUCTURE DE L'OUVRAGE

L'ouvrage est structuré en quatre parties.

La première partie souligne que **le contrôle de gestion ne peut s'opérer indépendamment d'une structure organisationnelle, qui conditionne les pratiques de contrôle**. Durant les deux dernières décennies, de nombreuses entreprises ont connu une ou plusieurs refontes de leur organisation, tantôt suite à des changements importants de périmètre ou d'actionnariat (fusions, acquisitions, croissance externe, revente d'activités amont ou aval, etc.), tantôt dans le but de se doter d'une organisation plus efficace sur leurs marchés. Les structures dites matricielles, doubles, voire triples, se sont répandues ; celles-ci sont une reconnaissance de l'impératif pour l'organisation, à des fins de performance commerciale, d'une gestion des dimensions plus transversales qui délivre de la valeur pour le client : processus, projets, en sont des exemples. Les entreprises de l'économie digitale ont même souvent adopté des organisations plus iconoclastes encore, en réseau ou en étoile par exemple. L'ouvrage part de ces constats dans le premier chapitre. Celui-ci rappelle d'abord les structures organisationnelles classiques, verticales et hiérarchiques, qui ont servi de substrat à la décentralisation et au contrôle de gestion : délégation, attribution des responsabilités le long de la ligne hiérarchique, avec différents types de centres de responsabilité en fonction du degré d'autonomie dévolue. Il rappelle également les principes relatifs au *responsibility accounting* (conditions d'applicabilité). Mais il souligne aussi l'émergence des structures organisationnelles nouvelles, qui créent des interdépendances fortes au sein et même à l'extérieur de l'organisation, amoindrissent la contrôlabilité individuelle, et remettent par-là en cause les modes de fonctionnement classiques du contrôle de gestion. Le second chapitre est consacré à la problématique spécifique posée par les situations d'échange entre centres de responsabilité et la façon classique de répondre à ces questions d'interdépendance entre des entités d'une même organisation qui sont en principe autonomes. La théorie des prix de cession interne est ainsi présentée, agrémentée de nombreux exemples.

La deuxième partie de cet ouvrage est consacrée aux **outils du contrôle de gestion**. Ces outils ont connu eux aussi dans la dernière décennie de profondes évolutions, notamment sous l'effet des potentialités décuplées et des possibilités nouvelles offertes par les systèmes d'information intégrés (*data warehouses*, *ERP*, etc.) qui, une fois mis en place, permettent d'unifier le langage comptable dans l'entreprise et de traiter l'information selon tous les angles voulus (on parle de vision panoptique de l'information). En parallèle des systèmes d'information, les structures organisationnelles récentes présentées en première partie ont également joué un rôle dans le développement d'outils nouveaux de pilotage de la performance, permettant une meilleure gestion de la transversalité. Face à des volumes d'information croissants, les outils doivent se focaliser sur les priorités/incertitudes stratégiques et s'allègent, pour devenir plus anticipateurs, plus flexibles. Le *benchmarking* et les références non seulement internes mais aussi externes ont pénétré les entreprises au cours de deux dernières décennies. Les outils du contrôle sont plus que jamais liés à la stratégie et servent non seulement à sa mise en œuvre, mais aussi à la structuration de la pensée stratégique, qui émerge et s'élabore dans l'action.

Cette deuxième partie est articulée autour des deux grands types d'outils de mesure et de management de la performance, souvent complémentaires, que l'on trouve désormais dans les entreprises : d'une part, dans le chapitre 3, **les outils de mesure et management de la performance financière**, budget et contrôle budgétaire en partie rénovés, mais aussi indicateurs de rentabilité économique type EVA (bénéfice résiduel) ou ROI ; d'autre part, dans le chapitre 4, **les outils de management et pilotage de la performance stratégique et opérationnelle**, tels que les tableaux de bord stratégiques ou *balanced scorecards*, qui insistent sur le lien entre le contrôle de gestion, dans sa vocation à « mesurer pour mieux gérer », la stratégie et la mise en œuvre des plans d'action au quotidien. La première catégorie d'outils présentée correspond au développement dans les années 2000 du poids dans l'économie des actionnaires et détenteurs de capitaux, plus conscients et soucieux que jamais de rentabiliser leurs investissements. La seconde catégorie d'outils est plutôt une réponse à des besoins managériaux, en internes, pour mettre sous contrôle des organisations devenues de plus en plus transversales et complexes. Pour chacune des deux catégories d'outils, cette partie présente et illustre d'abord la théorie et les méthodes, à travers des exercices ou cas pratiques, puis dans un second temps, envisage la mise en œuvre dans les entreprises ou les organisations des outils. Lorsqu'on s'attache à observer les pratiques organisationnelles, on se rend également compte des limites ou effets dysfonctionnels potentiels de chacun des outils. Ces derniers peuvent devenir dangereux lorsqu'ils sont utilisés isolément ou mis en œuvre de façon mécanique, sans prise en compte du contexte ni réflexion préalable sur leurs finalités mêmes.

La troisième partie de cet ouvrage est consacrée au métier du contrôleur de gestion. Elle rend compte des **débats actuels autour de la fonction et du métier du contrôleur** dans l'entreprise. Les profils des contrôleurs ont-ils changé ? Quelles sont les qualités du contrôleur de gestion du XXIe siècle ? Qu'attend-on de lui/elle ? Qu'est-ce qu'une fonction contrôle de gestion hors pair ? La structure de cette partie est inchangée par rapport aux précédentes éditions, avec un chapitre 5 consacré aux profils et aux rôles des contrôleurs, et un chapitre 6 qui porte sur la fonction contrôle de gestion dans l'organisation, sa relation avec les autres fonctions support, en particulier avec la fonction finance, le contrôle interne et l'audit interne. Les questions fondamentales sur le positionnement et le rôle du contrôleur demeurent ; le contexte est néanmoins actualisé, avec par exemple une prise en compte des risques grandissants auxquels sont confrontées de nombreuses organisations.

La quatrième et dernière partie de cet ouvrage, enfin, aborde **certains enjeux actuels du contrôle**. Elle n'a pas vocation à être exhaustive sur l'ensemble des thématiques qui constituent un défi pour la recherche en contrôle aujourd'hui. Elle offre cependant une variété de réflexions et connaissances actualisées sur des sujets devenus essentiels. Ces chapitres, parfois hétéroclites dans leur présentation, sont le fruit d'une réflexion et de travaux de recherche individuels de la part des professeurs. Le chapitre 7 porte sur **le contrôle des activités de service**. Dans notre économie « de la connaissance et du capital humain », un enjeu majeur est celui de comprendre les ressorts de l'évaluation de la performance des activités de service, qu'elles soient activités de support en milieu industriel ou secteurs d'activité à part entière. Le chapitre 8 aborde le sujet de la responsabilité sociale et environnementale de l'entreprise (RSE) et la façon dont **le contrôle de gestion environnemental** s'insère dans ce sujet, en offrant des potentialités de mesure, de normalisation des outils comptables et d'amélioration des pratiques de gestion (plus attentives aux conséquences environnementales de l'action humaine). Le chapitre 9 enfin se veut une ouverture un peu iconoclaste en fin d'ouvrage, en proposant une réflexion et une remise en cause de **la relation fondamentale entre information et prise de décision**, qui a fondé jusqu'ici en grande partie les théories du contrôle de gestion.

Dans chaque chapitre du livre, on présente à la fois les théories classiques, avec des exemples ou illustrations concrètes, et une réflexion plus avancée sur les pratiques organisationnelles, qui conduit à mettre en exergue les limites et critiques associées aux approches traditionnelles, ainsi que le chemin de renouvellement des outils et pratiques. L'ensemble de l'ouvrage forme un tout, mais le lecteur pourra se référer, s'il le souhaite, à tel ou tel aspect présenté dans une partie ou dans un chapitre. Dans chaque chapitre, des encadrés proposent tantôt des illustrations, des exemples, tantôt une réflexion plus poussée sur un sujet spécifique (*« Pour aller plus loin... »*). Des « *Essentiels* » et des questions ouvertes en fin de chapitre (ou de section) permettent de vérifier aisément et systématiquement la compréhension des messages principaux.

L'essentiel

Le contrôle de gestion est à la fois une discipline des sciences de gestion et un métier. En tant que discipline, il repose sur des méthodes et, à ce titre, ce sont elles qui constituent l'essentiel du domaine. Mais c'est aussi un métier avec des qualités spécifiques. Le terme contrôle recouvre deux aspects : la vérification et la maîtrise, dont on retrouve les modalités dans le contrôle de gestion. Mais le contrôleur de gestion, c'est-à-dire celui qui exerce ce métier, n'a pas vocation à se substituer à chaque acteur en tant que responsable de sa gestion.

Le contrôle de gestion repose sur un processus (fixation d'objectifs, planification, budget, mise en œuvre, suivi des réalisations, analyse des résultats, prise d'actions correctives) débutant par la fixation des objectifs que les responsables devront s'appliquer à réaliser. C'est un domaine qui va fonder l'économie des comportements dans l'entreprise, c'est-à-dire la mobilisation des ressources mises à la disposition des responsables pour obtenir les résultats qui vont dans le sens de la réalisation des objectifs. Cela conduit à distinguer l'efficacité (la capacité à atteindre l'objectif, c'est-à-dire à atteindre un résultat conforme à l'objectif) de l'efficience (la mise en œuvre du minimum de ressources nécessaires pour le résultat obtenu). Les acteurs de l'entreprise doivent tendre vers l'efficience tout en créant une convergence des buts par leurs décisions quotidiennes.

L'entreprise fonctionne sur le principe de la délégation qui vient créer le besoin de contrôle pour s'assurer que ce qui doit être fait le soit effectivement. Le contrôle est ainsi analysé sur la base de niveaux : contrôle stratégique (qui concerne les dirigeants), contrôle de gestion (pour les cadres et responsables) et contrôle opérationnel (suivi quotidien à très court terme). Le système de contrôle est donc un système de pilotage qui met en œuvre les mécanismes clés de gestion de la performance et un système incitatif destiné à créer la convergence des buts dans l'entreprise. En tant que processus permettant de fixer des objectifs et de suivre l'atteinte des résultats, le contrôle de gestion n'est que l'un des modes possibles d'orientation des comportements dans l'entreprise. Historiquement, il a été précédé ou complété dans les organisations par d'autres modes : contrôle par les règlements, procédures ou normes ; contrôle par les facteurs de satisfaction ; contrôle par la culture et les valeurs de l'entreprise.

Questions

1 ▪ Comparez les deux significations du terme contrôle (maîtrise et vérification). Quelles en sont, à votre avis, les implications dans la gestion d'une entreprise ?

2 ▪ Commentez la définition donnée par R.N. Anthony du contrôle.

3 ▪ Proposez une réflexion sur la différence qui peut exister entre une mission, un but et un objectif.

4 ▪ Quelles différences faites-vous entre l'efficacité et l'efficience ?

5 ▪ Quelles sont, à votre avis, les modalités possibles de la délégation ?

6 ▪ Parmi les quatre modes historiques de convergence des buts présentés, quels sont ceux qui sont, à votre avis, à l'œuvre dans les entreprises et pourquoi ?

Partie 1 Contrôle et organisation

Le contrôle de gestion repose sur des structures et des responsabilités déléguées. Traditionnellement, depuis son apparition, le contrôle de gestion « régit » les relations entre un supérieur et un subordonné, et s'applique donc à la structure organisationnelle verticale classique des entreprises. Les principes fondateurs du contrôle de gestion et de la *responsability accounting* se comprennent généralement dans une logique hiérarchique verticale : *principe de délégation* qui octroie au subordonné latitude et pouvoir décisionnels assortis de ressources (moyens), en contrepartie de son engagement à atteindre des objectifs négociés avec son supérieur ; *principe de contrôlabilité* qui « garantit » au subordonné mandaté qu'il ne sera évalué par son supérieur que sur les éléments dont il a la maîtrise ; *principe « gigogne » de responsabilité* qui matérialise précisément « l'emboîtement » des différents niveaux hiérarchiques dans la structure.

Cependant, petit à petit, en particulier dans les vingt dernières années, les structures des entreprises ont évolué pour permettre à celles-ci de répondre aux défis nouveaux de la concurrence et à la nécessité de gérer la performance par une meilleure coordination horizontale. Les principes du contrôle de gestion traditionnel se voient ainsi partiellement remis en cause conduisant les entreprises à faire parfois appel à de nouveaux modes de contrôle. La responsabilité individuelle des responsables de centres se mue en responsabilité partagée, parfois collective, qui réduit leur autonomie. Les structures verticales se transforment ou se doublent de structures transversales, décloisonnées, horizontales ; la gestion de la performance, suivant la chaîne de valeur, dépasse les frontières de l'entreprise et oblige à penser un contrôle interorganisationnel.

Cette première partie de l'ouvrage décrit les liens qui existent entre l'organisation et le contrôle de gestion. Le premier chapitre traite successivement des structures traditionnelles de contôle de gestion et des conditions de son bon fonctionnement avant d'analyser les évolutions récentes des structures organisationnelles. Le second chapitre étudie la vision classique des échanges entre centres de responsabilité à travers l'instauration de prix de cession interne.

Chapitre

1 Les structures organisationnelles et le contrôle

Le contrôle de gestion a pour but de s'assurer que chacun, dans l'organisation, participe à l'atteinte des objectifs de l'organisation. Exprimé d'une autre façon, le contrôle de gestion permet de s'assurer que les objectifs stratégiques d'une entreprise seront mis en œuvre. Dès lors que leur taille ne permet plus d'exercer un contrôle direct, au moyen de relations interpersonnelles, les entreprises se dotent de structures organisationnelles. Celles-ci ont une double fonction :

– elles répartissent les missions et les tâches entre les différents membres de l'entreprise ;
– elles définissent les règles de délégation d'autorité : elles précisent qui, dans chacune des entités créées, a le droit de prendre tel ou tel type de décision à la place du dirigeant ou des supérieurs hiérarchiques.

La structure organisationnelle d'une entreprise est indissociable de l'organisation de son contrôle de gestion et indispensable au fonctionnement de celui-ci.

D'une part, la structure organisationnelle constitue le cadre à partir duquel sont définies les délégations d'autorité de l'entreprise ; or ces dernières doivent s'accompagner de contrôles (avant, pendant ou après les décisions) pour que la gestion de l'entreprise garde une cohérence d'ensemble. L'organisation du contrôle de gestion est donc dépendante de la structure organisationnelle.

D'autre part, les entités délimitées dans la structure organisationnelle deviendront les « mailles élémentaires » auxquelles seront appliqués le processus de contrôle de gestion et les outils de management de la performance.

Schématiquement, les structures des entreprises peuvent être caractérisées par deux paramètres :

1. Le premier est la dimension choisie comme premier critère pour organiser les responsabilités dans l'entreprise. Ainsi, l'entreprise peut adopter comme premier axe d'organisation :

 – les fonctions (production, commercial, R&D, etc.) : on parle alors d'organisation fonctionnelle ;
 – les produits (par exemple, chimie fine, parapharmacie, agrovétérinaire, etc.) ;
 – les zones géographiques (par exemple, Europe, Afrique, Asie, Amériques, etc.).

2. Le second est le niveau d'autonomie (centralisation/décentralisation) accordé aux divisions ou départements qui composent l'entreprise. En d'autres termes, l'entreprise donne-t-elle une forte délégation d'autorité (possibilité de prendre de nombreuses décisions) à ses différentes composantes ou pas ?

En combinant ces deux paramètres et surtout, en s'efforçant d'adapter leurs structures à leur environnement concurrentiel et à leurs impératifs stratégiques (taille, internationalisation, changements technologiques), la plupart des entreprises adoptent des structures organisationnelles s'apparentant à des modèles-type :

– **La structure fonctionnelle** organise l'entreprise autour de ses métiers ou fonctions. Elle convient bien à des entreprises mono-produit, dans lesquelles les dimensions d'expertise sont importantes. Ce mode d'organisation a longtemps été utilisé dans l'automobile (par exemple Renault) avant de devenir partiellement inadapté du fait du développement international de ces entreprises, de la nécessité de travailler de façon transversale sur les nouveaux modèles, etc.
– **La structure divisionnelle** comporte plusieurs variantes, selon que les divisions sont dédiées à des produits, des zones géographiques, des segments de marché, etc.
– ***La holding*** se distingue de la structure divisionnelle au sens où les divisions rattachées à la *holding* ont peu de synergies en commun. Les services centraux au siège sont limités et les entités, qui sont essentiellement jugées sur leurs résultats financiers, bénéficient d'une forte autonomie opérationnelle. Ce mode d'organisation convient donc à des groupes diversifiés.

Les entreprises peuvent combiner ces trois formes organisationnelles de base. Par exemple, il est possible que le premier axe d'organisation soit la division produit, et que chaque division ait ensuite une organisation fonctionnelle (ou le contraire). Les entreprises vont souvent plus loin et combinent deux dimensions organisationnelles d'emblée. On parle alors de **structure matricielle**, les membres de l'organisation ayant un double (ou un triple) rattachement. Par exemple, dans l'automobile, une personne peut appartenir au service « Études – Tableau de Bord » (dimension fonctionnelle) et au projet « Futur Véhicule XV39 » (dimension projet).

Exemple **– L'organisation du Groupe Auchan**

Elle combine une organisation *staff and line*, c'est-à-dire des directions fonctionnelles rattachées directement au directeur général et des directions opérationnelles. Ces dernières sont organisées par métier puis par zone géographique.

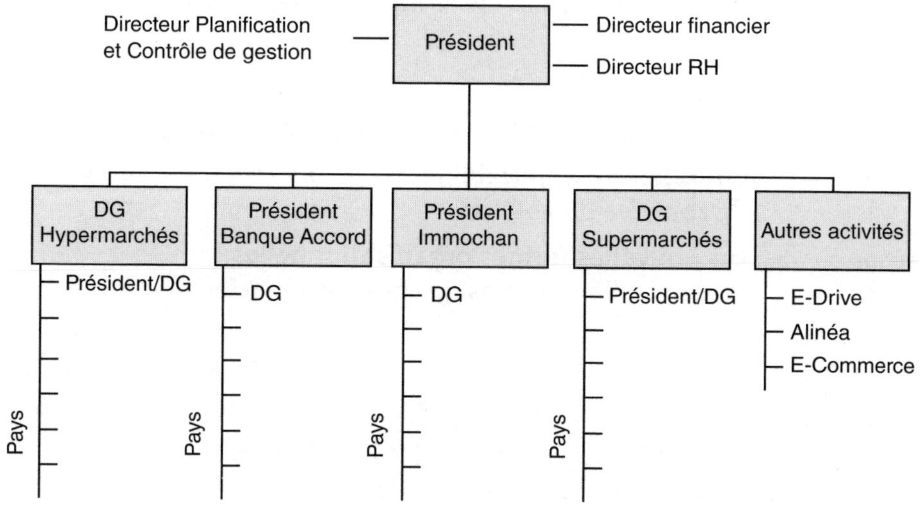

Au cours des dernières décennies, les structures organisationnelles des entreprises ont fortement évolué. Parmi les facteurs expliquant ces changements, on peut citer :

- l'internationalisation des entreprises, de leurs marchés ;
- l'externalisation d'une partie des activités des entreprises, associée à la volonté de se recentrer sur leur cœur de métier ;
- l'accélération du cycle de renouvellement des produits et la réduction des délais de mise sur marché des nouveaux produits ;
- la généralisation des nouvelles technologies de l'information et de la communication et la transformation de modalités de fonctionnement et de contrôle qui en découlent, dans et hors de l'entreprise (ERP, Internet, réseaux sociaux, etc.) ;
- le départ à la retraite des *baby-boomers*, associé à l'arrivée dans les entreprises de nouvelles générations, aspirant à des modes de management sensiblement différents.

Si, en général, le contrôle de gestion n'est pas responsable du choix et de l'évolution des structures organisationnelles de l'entreprise, il doit les prendre en compte : en effet, les systèmes et outils de contrôle à privilégier seront différents selon que l'entreprise est organisée de façon fonctionnelle ou en *holding*, selon que les entités bénéficient d'une forte autonomie ou pas, etc.

Dans la suite de ce chapitre, nous étudierons dans un premier temps les structures traditionnelles de contrôle de gestion, c'est-à-dire les centres de responsabilité. Nous recenserons ensuite les conditions nécessaires au bon fonctionnement de ce modèle traditionnel. Enfin, dans une dernière partie, nous reviendrons sur les évolutions des structures organisationnelles et sur les modes de contrôle qui pourraient y être associés.

Section 1 ■ **Les structures traditionnelles de contrôle de gestion**

Section 2 ■ **Conditions d'applicabilité des structures traditionnelles de contrôle de gestion**

Section 3 ■ **Les nouvelles formes organisationnelles et les problématiques de contrôle associées**

Section 1 LES STRUCTURES TRADITIONNELLES DE CONTRÔLE DE GESTION

Les centres de responsabilité sont des structures organisationnelles relativement simples permettant la délégation d'autorité et le contrôle. Les modèles existants qui vont être décrits dans cette section ont été formalisés pour accompagner la nécessaire décentralisation des grandes entreprises américaines : pour gérer ces grands ensembles, souvent internationaux, prendre des décisions rapides et adaptées au contexte local, il a fallu donner aux managers le pouvoir de prendre des décisions, tout en s'assurant de l'atteinte des objectifs globaux de l'entreprise par le contrôle des résultats comptables et financiers des différentes entités.

On peut – un peu abusivement – simplifier la situation en décrivant la nature des centres de responsabilité comme « calquée » sur un modèle comptable amélioré. Ainsi, si l'on visualise un compte de résultat :

Compte de résultat

Coûts *bottom-line* ⇨ **Résultat**	Produits

On peut dire que les centres de responsabilité n'ayant une action (prépondérante) que sur des éléments situés au débit sont des *centres de coûts*, tandis que ceux dont le levier est essentiellement au crédit sont des *centres de revenus*. Les *centres de profit*, eux, maîtrisent à la fois des éléments de coûts et de chiffre d'affaires, en principe l'intégralité du compte de résultat ; leur objectif est avant tout une marge, un résultat, une *bottom-line*. C'est avec ce type de centre de responsabilité qu'apparaît vraiment la notion de délégation, puisque le responsable est libre de gérer la façon de « faire sa marge ». Enfin, la maîtrise supplémentaire d'éléments d'actifs, et donc une influence, même très partielle, sur le bilan, transforme un centre de profit en *centre d'investissement*.

Bilan

Actif	**Passif**
Immobilisations	
et/ou	
Stocks	
et/ou	
Créances	

Il est nécessaire, pour un centre de responsabilité, d'être au préalable centre de profit pour pouvoir prétendre à être centre d'investissement. La maîtrise d'éléments d'actif (en général des stocks, des investissements en immobilisations ou encore des créances clients) ou même de passif (dettes fournisseurs) ne suffit pas à être centre d'investissement. L'objectif de celui-ci est en effet formulé comme un B/A (bénéfice sur actif immobilisé) qui induit une notion de rentabilité des capitaux investis pour les actionnaires : il présuppose la maîtrise d'un profit. Le PDG ou directeur général de l'entreprise est, *in fine* et par excellence, responsable du centre d'investissement qu'est la société. Il est même en général le seul qui maîtrise la totalité du bilan, y compris sa partie « ressources » au passif. On peut par contre souligner que les services de la direction générale, en tant que générateurs de coûts essentiellement fixes, représentent un centre de coûts (que nous qualifierons plus loin de centre de coûts discrétionnaires).

Revenons à présent à chacun des types de centres de responsabilité.

1 Les centres de coûts

Les centres de coût qui, par délégation d'autorité, ne peuvent maîtriser que des coûts, peuvent être scindés en deux catégories : les centres de coûts productifs et les centres de coûts discrétionnaires. Ils sont discernables par le degré de fiabilité avec lequel on peut établir une relation entre les coûts engagés et une mesure d'*output*, c'est-à-dire de « production » du centre de responsabilité.

1.1 Les centres de coûts productifs

Ils ont en général une relation directe avec le processus de « production » principal et leurs coûts peuvent être estimés sans trop d'ambiguïté par rapport à un « volume de production ». On trouve principalement dans cette catégorie les usines, ateliers, divisions de fabrication dont les objectifs se résument à un volume à produire, un niveau de qualité à respecter ou améliorer et un coût total à ne pas dépasser (lui-même fonction du volume car on connaît en général le coût standard unitaire). Les instruments de contrôle de gestion et critères de performance associés sont classiques : coûts standard, budgets flexibles, calcul et analyse d'écarts sur prix et rendement, ainsi que mesures de quantité et qualité produites.

1.2 Les centres de coûts discrétionnaires

Ces centres, au contraire, ne permettent pas ou difficilement d'établir une relation entre le niveau des coûts et la mesure de leur « prestation ». Un jugement, le plus souvent celui, discrétionnaire, du management, décide en conséquence du niveau de coûts qui sera engagé dans les activités de ce centre. L'origine de la difficulté peut tenir soit à la prestation même du centre, qu'on a du mal à évaluer quantitativement, soit à la relation de cause à effet mal établie : on ne sait pas ce que « rapporte » un euro de coût supplémentaire. C'est le cas de toutes les activités de support, de plus en plus nombreuses dans les entreprises, telles que l'informatique, les ressources humaines, la comptabilité-contrôle-finance, le juridique, la communication et le marketing, la qualité… et même la direction générale (services) ! De tels services se caractérisent, outre par un coût total, par des tâches ou activités à accomplir, récurrentes ou ponctuelles. Ils ont des objectifs de service ou de support liés à l'existence de clients internes et/ou à leur cohérence avec la stratégie de l'entreprise. Les centres de coûts discrétionnaires donnent lieu à des problèmes spécifiques de contrôle et d'évaluation. On réalise souvent un budget et un suivi soit des coûts de fonctionnement seulement, soit par projet (mission) spécifique.

2 Les centres de revenus

Les centres de revenus qui, par délégation, n'ont une maîtrise principale que du chiffre d'affaires ou des volumes de vente qu'ils génèrent, sont assez rares. Ils correspondent par exemple à des forces de vente peu autonomes et entièrement intégrées (par contre, les filiales ou divisions commerciales ou de distribution seront en général des centres de profit). Leur coût de fonctionnement est établi à l'avance et, sans latitude pour jouer dessus, ils doivent atteindre une performance en volume vendu ou chiffre d'affaires réalisé, éventuellement complété de quotas correspondant à un mix clients ou un mix produits. Ils ne sont ni maîtres, ni responsables de la rentabilité des produits (ni clients) mais doivent en conséquence vendre une proportion préétablie dans chaque catégorie.

3 Les centres de profit

Comme on l'a dit, ils correspondent au premier niveau de réelles délégation et autonomie. C'est à ce niveau que commencent à apparaître des arbitrages et des décisions pour anticiper les conséquences organisationnelles, sur les coûts, des évolutions de marché (et du chiffre d'affaires) et tenter d'agir prioritairement au niveau commercial ou au niveau de la réduction des coûts. Ce sont par exemple des directions, des divisions, ou encore des succursales, qui comportent à la fois de la fabrication et de la commercialisation, ou de la commercialisation seule mais en situation d'autonomie pour gérer les produits, les marchés, les clients. L'objectif, souvent qualifié de *bottom-line*, peut être toute forme de marge ou de résultat (contribution, résultat net, excédent brut d'exploitation, etc.) le plus approprié par rapport aux éléments maîtrisés par le centre. Le contrôle de gestion s'opère alors par rapport au compte de résultat du centre de responsabilité et repose aussi sur les coûts standard et/ou les prix de cession interne qui auront été préalablement définis.

4 Les centres d'investissement

Ce sont des centres de profit qui maîtrisent de plus des actifs économiques. Cela est rarement le cas « en dessous » du niveau d'une division produits (ou division industrielle) ou d'une filiale (produits ou géographique, par exemple). Deux principaux critères de performance financière sont utilisés pour les centres d'investissement : le ROI (*return on investment*) ou retour sur investissement, qui correspond au taux de rentabilité des actifs utilisés, ou le bénéfice résiduel, qui est une mesure du profit prenant en compte le coût de financement des actifs utilisés.

L'EVA, qui mesure également le profit après déduction du coût des actifs utilisés, s'est largement répandu depuis le début des années 2000. L'ensemble de ces outils sera étudié au chapitre 3.

Section 2 CONDITIONS D'APPLICABILITÉ DES STRUCTURES TRADITIONNELLES DE CONTRÔLE DE GESTION

L'idée sur laquelle repose l'organisation en centres de responsabilité est que la délégation d'autorité agit de deux manières sur la performance de l'entreprise :

– D'une part, elle responsabilise et motive les hommes – en particulier les cadres et la maîtrise au sein de l'entreprise. De cette motivation accrue vont découler en principe à la fois une plus grande efficacité économique et une plus grande satisfaction des individus.

– D'autre part, la délégation d'autorité permet de situer la décision au plus près du terrain, là où sont rassemblées les compétences opérationnelles et en réduisant les temps de réponse.

Cette approche présente toutefois un risque, sur lequel nous reviendrons plus longuement : celui d'exacerber les intérêts individuels de chaque centre, qui peuvent finir par primer, ou par s'appliquer de façon subjective lorsqu'il existe des échanges entre centres de responsabilité et que ceux-ci sont indépendants entre eux. Il est essentiel que la structure et la délégation soient bâties de façon à ce que, pour chaque centre de responsabilité, une bonne décision du point de vue du gestionnaire soit aussi une bonne décision du point de vue de l'entreprise. Quant à la question des interdépendances et échanges entre centres de responsabilité, elle est appréhendée par la théorie classique du contrôle de gestion à travers l'instauration de prix de cession internes (chapitre 2).

Enfin, l'organisation en centres de responsabilité repose sur quelques principes, qui sont théoriquement nécessaires à son bon fonctionnement.

Dans la pratique, il est fréquent que certains de ces principes ne soient pas respectés. Ceci était sans doute vrai dès la création des premiers centres de responsabilité mais ce phénomène s'est accentué au cours des dernières années du fait de l'évolution des structures organisationnelles des entreprises. Ce constat n'invalide pas le concept de centre de responsabilité. Mais la bonne connaissance des principes sous-tendant l'organisation en centres de responsabilité est nécessaire pour être vigilant lors de la mise en œuvre de ces structures et des outils qui leur sont associés. La section qui suit va décrire ces principes ainsi que les domaines dans lesquels ils peuvent être le plus fréquemment remis en cause.

1 Le principe « gigogne » de responsabilité

Celui-ci insiste d'une part sur le caractère emboîté de la délégation (un manager reçoit une délégation de son supérieur et délègue à son tour à ses subordonnés), et d'autre part sur les droits et devoirs qui alimentent le contrat délégataire. Ainsi, un manager délègue l'autorité nécessaire à un collaborateur pour atteindre un objectif, son collaborateur devient alors responsable – et comptable (*accountable for*) – devant lui, tandis que lui-même reste responsable devant sa propre hiérarchie. La délégation implique le contrôle, la responsabilité implique le « compte rendu ». Par ailleurs, la délégation d'autorité, loin de signifier la délégation de toute responsabilité, est même le contraire de la fuite des responsabilités : la responsabilité reste au sommet, elle se démultiplie au lieu de se passer comme un témoin.

2 Le principe de contrôlabilité

C'est un principe de justice et de faisabilité : la mesure de performance d'un centre de responsabilité doit porter sur, et uniquement sur, les éléments principalement maîtrisés par ce centre. Cela signifie en particulier que la définition de l'objectif ou des objectifs du centre doit être fonction des possibilités d'action de celui-ci, que l'objectif doit inclure tous les éléments de coûts/chiffres d'affaires/actifs/autres critères de performance sur lesquels son action est prépondérante, mais exclure ou neutraliser en retour les éléments sur lesquels d'autres centres de responsabilité ou des variables exogènes ont une action prépondérante. Ce principe, si simple à énoncer qu'il en paraît trivial, est cependant souvent difficile à respecter dans la pratique, en particulier en cas de résultat collectif et de responsabilité partagée entre plusieurs centres.

La contrôlabilité n'est en effet jamais totale, et le « caractère prépondérant » de l'action est souvent très subjectif. De plus, l'évolution des dernières décennies, dans de nombreux secteurs, a été marquée par une performance construite de plus en plus de façon collective et partagée ; les organisations matricielles se sont répandues, et elles sont le signe d'une interdépendance très forte des différentes fonctions de l'entreprise : par exemple, comment, dans l'automobile, dissocier une performance aux Achats, à l'Ingéniérie et dans les Régions commerciales en matière de réussite d'un nouveau Programme ou d'un nouveau véhicule ?

L'incertitude des marchés, des devises, de la situation concurrentielle a aussi beaucoup pesé sur ce principe simple de contrôlabilité : comment réaliser des prévisions fiables dans un univers turbulent ? Comment évaluer les responsables en fin d'année sur des objectifs fixés 16 à 12 mois plutôt, et dont la réalisation a été altérée par des événements non prévisibles ?

Pourtant, dans les dernières années, les managers ont très largement accepté d'endosser le risque associé aux résultats et aux événements non prévisibles. Face aux promesses faites aux différents *stakeholders* et en particulier aux actionnaires, on note plutôt un renforcement de la culture du résultat et de la responsabilité individuelle, un accroissement de la mesure de la contribution individuelle des responsables à un résultat collectif et à une performance économique et sociale. Les managers ont endossé une partie du risque, faisant parfois fi du principe de contrôlabilité. Des recherches récentes s'interrogent sur ces phénomènes et tentent de comprendre pourquoi les managers ont accepté d'assumer cela, et comment ils s'accommodent de cette faible contrôlabilité.

3 Le principe d'exhaustivité

Moins fondamental que les notions de délégation, responsabilité, contrôlabilité, ce principe est néanmoins important à respecter en pratique. Il consiste à s'assurer que, au niveau des résultats comptables et critères financiers de performance, chaque poste du bilan et du compte de résultat est affecté à un centre de responsabilité au minimum. Les mesures financières de performance, à travers les deux principaux états financiers de l'entreprise, sont en effet des mesures synthétiques, des filtres qui tôt au tard vont immanquablement révéler d'éventuelles lacunes de gestion. Au moins un manager doit être « en charge » (accountable) de chaque critère financier, et la « somme » aboutit au compte de résultat et au bilan. On minimise ainsi le risque de voir un critère se dégrader au profit d'un autre au point de menacer tout à coup l'entreprise. En termes estudiantins, ce principe refuse les impasses.

4 Le principe de cohérence

Enfin, il faut insister sur les pièges qui guettent l'organisation lorsqu'elle met en place une structure en centres de responsabilité et un système de contrôle de gestion. Ces pièges sont le plus souvent liés au manque de cohérence ou au manque d'une vision globale, d'une approche intégratrice de l'organisation et de ses implications. En particulier, lorsqu'on définit des centres de responsabilité, leur nature et leurs objectifs, ceux-ci doivent être impérativement cohérents avec :

- le champ d'action, l'autorité déléguée au centre en question ;
- les critères d'évaluation de la performance définis pour le centre ;
- les règles qui gouvernent les achats et transactions internes à l'entreprise et les prix de cession internes déterminés (chapitre 2).

Ainsi, pour chaque centre de responsabilité, il faudra, lors de la mise en place ou de la rénovation du système de contrôle de gestion, réfléchir précisément et énoncer clairement toutes les composantes qui vont de pair avec la nature du centre de responsabilité en question : sa mission, ses objectifs et les éléments dont il a réellement la maîtrise, sur lesquels il possède réellement une autorité déléguée. L'évaluation des performances du centre de responsabilité doit alors absolument être en cohérence avec ces points.

Exemples

- *Un service de transport* aura par exemple pour mission de livrer à temps la marchandise. Ses objectifs seront formulés selon trois critères de délai, coût, sécurité, dont il a en principe la totale maîtrise ; par contre il n'aura peut-être pas la maîtrise de ses investissements, ni du renouvellement de la flotte. Ce sera alors un « pur » centre de coût, sans objectif de rentabilité. Les critères de performance devront correspondre aux trois objectifs définis, compte tenu des moyens (flotte) mis à disposition. Si sa responsabilité est élargie à la gestion de la flotte de camions (investissements, renouvellement...), la délégation sera non seulement mieux assurée sur les trois objectifs coût-délai-sécurité mais étendue à des éléments d'actif. Le centre de coût pourra être évalué, outre les délais et la sécurité, sur un « coût résiduel », après financement des actifs maîtrisés.

- *Un service informatique* pourra présenter des caractéristiques similaires et, de la même façon, être un centre de coût maîtrisant des éléments d'actif – ou non – avec pour objectifs et critères d'évaluation de la performance le coût, la qualité du service rendu (satisfaction des utilisateurs internes), la fiabilité/sécurité des données. Une alternative pourra cependant se présenter si le service informatique est mis en concurrence avec des prestataires extérieurs et/ou si l'on considère qu'il doit dégager une rentabilité suffisante pour subsister. L'objectif de coût se mue alors en objectif de rentabilité, l'objectif de qualité devient secondaire (rivé à l'objectif de rentabilité dont il constitue un moyen) et le service informatique doit explicitement devenir centre de profit, voire d'investissement. On s'autorise à le condamner, à le voir disparaître au profit d'une activité externalisée (sous-traitée) si sa rentabilité n'est pas suffisante. Intervient là une décision stratégique concernant la mission, la vocation et l'importance accordée au service. Une fonction stratégique ne pouvant pas être sous-traitée (la question peut se poser de la même façon pour un service transport) restera intégrée, dans une logique de coût-qualité.

De façon générale, le choix entre faire d'un centre de responsabilité un centre de coût, un centre de profit ou un centre d'investissement peut relever en partie d'une décision politique d'accroître ou non la délégation accordée au centre en question et de lui offrir un statut plus ou moins autonome, plus ou moins directement contributif à la rentabilité de l'entreprise. Néanmoins, il faut souligner – certaines pratiques en entreprise ont tendance à l'oublier – que l'existence d'un centre de profit ne se justifie et ne présente en théorie aucun revers que si deux conditions sont réunies :

- il existe une possibilité de référence à un marché (concurrence externe) et la relation d'achat interne peut être considérée comme une réelle relation client-fournisseur, où chacun est libre de négocier avec des partenaires externes ;
- les responsables ont la maîtrise de l'ensemble du résultat sur lequel ils sont évalués.

Les avantages sont ceux d'une plus grande responsabilisation, d'une délégation mieux réalisée grâce à davantage d'autonomie et enfin d'une intégration plus directe de l'objectif général de profit de la part des responsables. Par contre, établir des centres de profit sans se placer dans une logique de marché, avec les objectifs et critères d'évaluation correspondant, peut aboutir à des aberrations organisationnelles et pertes de motivation importantes. Instaurer un centre de coût se justifie bien mieux dans une logique intégrée, sans référence au marché. Ce sera, dans un tel cas, moins factice qu'instaurer un centre de profit qui n'en est pas réellement un et n'en a pas les moyens délégataires. Le meilleur contre-exemple est sans doute celui d'usines qui, pour des raisons historiques ou politiques, sont étiquetées centres de profit, alors qu'elles ne maîtrisent absolument pas leurs volumes de production et sont totalement dépendantes de l'aval (les divisions commerciales) en matière de ventes : 100 % de leurs pseudo-ventes sont réalisées en interne, sans possibilité pour elles d'aller fournir d'autres commerciaux. On imagine mal en effet les usines d'un groupe approvisionnant les divisions commerciales d'un concurrent. Qui plus est, dans de tels cas, les divisions commerciales n'ont même souvent pas la possibilité de s'approvisionner ailleurs qu'au sein du groupe ; tout au plus peuvent-elles faire jouer la concurrence entre usines d'un même groupe, si certaines fabriquent des produits similaires. Le même type de question doit être posé pour des services achats ou approvisionnement, afin de connaître leur autonomie réelle et les règles d'achat interne avant de déterminer leur statut (centre de coûts ou de profit).

L'aspect important souligné ici est la nécessaire cohérence entre la nature définie du centre de responsabilité, son réel degré d'autonomie et pouvoir de décision et les critères d'évaluation de sa performance. Il existe sans nul doute une certaine latitude pour transformer un même centre de responsabilité en centre de coût, de profit ou d'investissement, selon sa taille, son importance pour l'entreprise et ce que la direction générale peut attendre d'un tel centre. Par exemple, une force commerciale peut aussi bien, en théorie, être un centre de revenus, dont on attend un volume et un chiffre d'affaires et auquel on édicte des règles concernant le mix produits, le mix clients ou encore les délais de paiement accordés aux clients, qu'un centre de profit, voire d'investissement, s'il est responsabilisé globalement sur le crédit-client et évalué par un Bénéfice/Actif (le montant moyen du crédit-client constituant l'actif immobilisé par ce centre). Dans le premier cas, on est proche d'un modèle de contrôle de gestion par les règlements et procédures, peu délégateur mais efficace dès lors qu'il est énoncé clairement et que l'on considère une « prise en main », des règles et une coordination centrale nécessaires. Dans le second cas, on exerce plutôt un contrôle « par les résultats » sur le commercial, en jouant sur la décentralisation, l'adaptabilité au terrain des décisions (en matière de crédit-client, par exemple) et sur une intégration par les vendeurs des objectifs de l'entreprise. Certains argumentent cependant qu'il est parfois difficile de motiver une force de vente sur un critère aussi complexe que le B/A, critère agrégé résultant de plusieurs objectifs contradictoires, alors que fondamentalement l'acte de vente nécessite enthousiasme et détermination. Quelle que soit l'option retenue, contingente de la situation de l'entreprise et de sa stratégie, il est essentiel du point de vue du contrôle de gestion de ne pas rester « dans le vague » et, en explicitant la nature du centre de responsabilité, d'assurer la cohérence de celle-ci avec les objectifs fixés, la délégation accordée (règles internes ou organisationnelles imposées) et les indicateurs retenus pour évaluer la performance.

Une attention particulière doit être portée au statut d'un certain nombre de services du siège, et en particulier à tout ce qui relève de l'administration-comptabilité ou de la direction générale. La direction générale représente un exemple un peu unique puisqu'elle doit être considérée à deux niveaux :

- au niveau du service, il s'agit d'un centre de coût très largement discrétionnaire (la direction générale auto-fixe les budgets de ses services), qui doit gérer un certain nombre d'activités administratives et de communication ;

- au niveau du directeur général même, c'est avant tout le centre d'investissement par excellence puisque le directeur général dirige, prend ou est responsable *in fine* de toutes les décisions qui engagent l'entreprise en matière commerciale, de production, d'investissements ; de plus, il est le seul – parfois avec les conseils d'un membre de la direction financière – à être responsable des décisions concernant le financement de l'entreprise, son endettement, sa gestion des capitaux propres, bref du passif du bilan. À ce titre, il est le principal centre d'investissement de la société.

A contrario, la direction administrative et comptable n'a pas la maîtrise des emprunts et n'est pas non plus responsable de la consommation de ressources financières de l'entreprise. Elle n'est donc absolument pas un centre d'investissement mais un pur centre de coût, productif dans ses activités administratives et plus discrétionnaire dans ses activités stratégiques ou de communication.

Section 3 LES NOUVELLES FORMES ORGANISATIONNELLES ET LES PROBLÉMATIQUES DE CONTRÔLE ASSOCIÉES

Les centres de responsabilité, que nous avons appelés « structures traditionnelles de contrôle de gestion » ont émergé à une époque où la plupart des entreprises avaient adopté des structures organisationnelles que l'on pourrait également qualifier de « traditionnelles », c'est-à-dire hiérarchiques, verticales.

Au cours des trente dernières années, les entreprises ont profondément modifié leurs modes d'organisation et leur fonctionnement. De ce fait, certaines pratiques se trouvent très éloignées des principes que nous avons décrits dans la section précédente ; des contradictions qui, jusqu'ici ne requéraient qu'une simple adaptation ou une mise en œuvre intelligente du schéma des centres de responsabilité obligent à repenser radicalement les structures qui sous-tendent le contrôle de gestion.

Dans cette section, nous allons décrire les nouvelles formes organisationnelles les plus fréquemment observées dans les entreprises et examiner les problèmes de contrôle qui en découlent. La section a été organisée en deux parties, la première étant consacrée aux évolutions constatées à l'intérieur de l'entreprise, la seconde aux évolutions observées dans les relations entre la firme et ses partenaires dans la chaîne de valeur (clients, fournisseurs). Au-delà de cette distinction, le lecteur retiendra que la plupart des évolutions, internes ou externes, sont caractérisées par un affaiblissement des frontières, qu'il s'agisse de celles entre l'entreprise et son environnement ou de celles qui séparent les entités qui la composent (départements, services, centres de responsabilité, etc.). Pour cette raison, certains auteurs parlent alors « d'entreprise étendue ». Nous verrons que cet affaiblissement des frontières remet en cause le principe de responsabilité et le principe de contrôlabilité.

1 Les évolutions des structures intra-organisationnelles

Certaines des évolutions des organisations des entreprises accentuent les caractéristiques de structures décrites dans l'introduction de ce chapitre. Ainsi, les structures matricielles sont devenues plus fréquentes. Le nombre de dimensions de ces structures a augmenté, passant de deux à trois (ou plus) dimensions. Lorsque les entreprises n'adoptent pas de structures matricielles, elles optent pour des organisations de type *staff and line* dans lesquelles les services support (de direction centrale) ont des liens fonctionnels avec les personnels exerçant les mêmes métiers qu'eux et basés dans les divisions ou les filiales, tout en étant rattachés hiérarchiquement au directeur de la division ou de la filiale.

Dans les deux cas, il existe une forme de double rattachement qui met en cause le principe de délégation gigogne et d'*accountability*. Devant qui et à qui une personne doit-elle rendre des comptes dans une organisation matricielle ? Qui fixe ses objectifs ? Qui l'évalue ?

D'autres évolutions des organisations tiennent à la transversalité croissante des processus de travail. Cette transversalité peut s'exercer le long d'un flux opérationnel (que l'on qualifiera le plus souvent de processus). Elle peut également être mise en œuvre entre des services support et des services opérationnels qui coproduisent des biens ou des services, par exemple entre un service achat et un service utilisateur, ou entre un service informatique et un service commercial. Enfin, la transversalité peut prendre une forme plus complexe lorsque le travail au sein de l'entreprise est organisé en réseau, par exemple dans les entreprises de distribution (poste, électricité, banque). Dans ces réseaux, les activités réalisées par les différentes entités de l'entreprise s'enchaînent et s'imbriquent dans des processus, chaque entité étant tour à tour cliente ou fournisseur d'une autre.

La transversalité amène deux (ou plusieurs) entités à travailler ensemble, à « coproduire ». De ce fait, il devient parfois difficile de savoir quel service est responsable de la performance réalisée et dans quelle mesure il en est responsable. En ce sens, on peut dire que la transversalité remet en cause de façon fondamentale le principe de contrôlabilité, chaque manager n'étant plus le seul responsable du résultat qu'il obtient.

Exemples – **De quoi sont-ils vraiment responsables ?**

- Le délai total d'acheminement du courrier dépend de nombreuses étapes, des trajets dans des modes transports multiples, d'éventuels embouteillages, de la disponibilité du personnel, de la fiabilité des machines, etc. Dans quelle mesure peut-on rendre un directeur de centre de tri responsable de la réexpédition de 100 % du courrier reçu dans la soirée s'il ne contrôle pas l'heure d'arrivée de ce courrier au centre de tri ?
- Un client d'une grande banque de réseau utilise fréquemment les services Internet de la banque, ses centres d'appel. Ces différents services supportent une partie des coûts

d'exploitation du client (sans bénéficier de ses produits qui restent souvent liés à son compte et à son agence) et ils ont un impact sur l'image que le client a de la banque. Mais si, finalement, le client quitte la banque, c'est l'agence dans laquelle il a son compte qui sera tenue pour responsable.

Le contrôle de gestion s'est efforcé de proposer des solutions pour « mettre sous contrôle » les organisations transversales. Sans résoudre totalement la question de la coresponsabilité, on peut considérer que certaines de ces solutions sont aujourd'hui opérationnelles car elles consistent essentiellement à calquer sur une organisation transversale des outils et des mécanismes qui existaient dans une organisation verticale.

Dans les processus transversaux, ou dans les relations entre services support et services opérationnels, les entreprises déterminent des niveaux de performance à réaliser à chaque interface, entre deux entités. Ces niveaux de performance peuvent être des volumes d'activité, des coûts, des niveaux de qualité ou des délais de réalisation, etc. Les niveaux de performance à atteindre constituent des objectifs pour les entités qui sont intégrées dans un processus transversal, objectifs dont elles doivent rendre compte auprès de leurs clients internes, de responsables de processus, de projet, de service support, de centre de services partagés, ou de toute autre structure organisationnelle qui peut incarner la dimension transversale de l'organisation.

Comme on le voit, le problème n'est pas tant de trouver des outils de pilotage ou de mettre en place des mécanismes de contrôle (fixation d'objectifs, suivi des résultats) que de savoir sur quelle structure organisationnelle s'appuyer pour les faire fonctionner et, lorsque la structure est complexe et multidimensionnelle, de combiner et de concilier des objectifs et des allocations de ressources qui peuvent se révéler conflictuels.

2 Les évolutions des structures inter-organisationnelles

Une autre évolution importante observée au cours des trente dernières années est une forme de porosité des frontières juridiques de l'entreprise. En d'autres termes, dans le passé, les échanges et liens opérationnels coïncidaient largement avec la structure hiérarchique et avec la forme légale et actionnariale de l'entreprise. De plus en plus, nous constatons aujourd'hui que des services ou départements d'une entreprise peuvent avoir des liens opérationnels très étroits pour concevoir, réaliser, vendre des produits ou services en s'appuyant sur des entités qui n'appartiennent pas à l'entreprise et qui ne lui sont pas juridiquement rattachées. C'est le cas par exemple des activités réalisées par des sous-traitants, des fournisseurs, des prestataires de services dans la chaîne de valeur. C'est également le cas des réseaux de franchise ou des formes encore plus informelles de coopération que sont les *clusters*.

La question qui se pose alors à l'entreprise est la suivante : comment assurer le contrôle d'activités qui sont réalisées en dehors de l'entreprise et celle d'acteurs sur lesquels l'entreprise n'a aucune autorité hiérarchique ?

Concrètement, le contrôle aura deux objectifs :

- Assurer la convergence des buts, c'est-à-dire protéger l'entreprise d'éventuels comportements opportunistes de son partenaire. Du fait que le partenaire n'appartient pas à l'entreprise, on ne peut plus postuler le fait que ses intérêts vont converger avec ceux de l'entreprise.
- Assurer la coordination au quotidien dans les tâches opérationnelles, alors que les systèmes d'information, de contrôle de gestion, de management des personnes peuvent différer d'une entreprise à l'autre.

Les travaux de recherche[1] menés récemment dans ce domaine montrent que les entreprises confrontées à cette question mobilisent différents modes de contrôle.

- Le contrôle par les résultats : par exemple, contrôle des chiffres d'affaires des franchisés, mise en concurrence de fournisseurs sur les prix et les délais, visite de clients mystère, etc.
- Le contrôle par les processus : certification des fournisseurs, mise en place de systèmes informatiques permettant l'échange de données, respect de normes, de cahier des charges informatiques, etc.
- Le contrôle social : sélection de partenaires avec lesquels l'affinité/la proximité sont plus grandes, renforcement de la confiance, formation, socialisation par la participation à des événements fédérateurs, etc.

L'importance relative de chacun des modes de contrôle dépend largement de la nature de l'activité conduite, et d'éléments de contexte comme le rapport de force entre les deux partenaires ou l'antériorité de la relation. En revanche, le plus souvent, ces modes de contrôle apparaissent comme complémentaires et non exclusifs.

D'une façon plus générale, le recours à des modes ou moyens de contrôle dans un contexte inter-organisationnel est subordonné à la nature et à la force du lien qui s'établit entre deux organisations. Puisque ce lien n'est plus fondé sur une structure juridique, il peut être le résultat d'un rapport de force, d'une interdépendance entre

1. Voir par exemple : « Partenariat, vassalité, marché et seigneurie : 4 configurations de contrôle client-fournisseur », C. Donada, G Nogatchewsky, Comptabilité Contrôle Audit, juin 2008, Vol. 14, n° 1, p. 145-168 et « Le contrôle des réseaux de franchise », C. Goullet, F. Meyssonnier, Comptabilité Contrôle Audit, avril 2011, Vol. 17 n° 1, p. 99-121

les partenaires qui ont mutuellement intérêt à coopérer, de relations de confiance interpersonnelles ou institutionnelles.

Enfin, il convient de souligner ici l'importance des nouvelles technologies de l'information et de la communication et du droit. Les nouvelles technologies sont un des facteurs explicatifs de l'évolution des nouvelles formes organisationnelles au sens où la dématérialisation de l'information permet un découpage du travail, un éclatement et/ou une délocalisation des activités. En même temps, ce sont aussi les nouvelles technologies qui constituent le support du contrôle dans les nouvelles structures que nous avons décrites et qui facilitent l'échange et la centralisation des informations dans de vastes réseaux interentreprises, pour optimiser les flux logistiques par exemple.

De la même façon, les aspects juridiques devront être soigneusement pris en compte dans les problématiques de contrôle inter-organisationnel car les contrats d'externalisation ou de franchise, les structures juridiques et actionnariales, s'ils ne sont pas, en eux-mêmes, des outils de contrôle de gestion au sens classique du terme, peuvent, selon la façon dont ils sont conçus, faciliter, ou pas, la mise en œuvre d'un contrôle opérationnel.

Pour aller plus loin...

Williamson : marché, hiérarchies et formes hybrides

Les théories économiques ont accompagné (ou précédé) les évolutions des entreprises. Ainsi, Williamson, après d'autres économistes, avait tout d'abord développé ses travaux autour du concept de transaction et mis en avant deux modes de gouvernance – le marché et la hiérarchie. Selon lui, ce sont les caractéristiques des transactions qui doivent conduire à choisir un mode de gouvernance plutôt qu'un autre pour minimiser les coûts de transaction : si les investissements requis pour réaliser une activité sont non spécifiques, il faut privilégier le marché ; s'ils sont spécifiques, il faut se diriger vers la hiérarchie, et ce d'autant plus que les transactions sont fréquentes. À partir du milieu des années 80, Williamson introduisit les « formes hybrides » pour répondre à certaines critiques qui lui étaient faites et rendre compte des réalités observables dans l'économie : alliances, franchises, externalisations, entreprises conjointes, etc.

Williamson explique de la façon suivante comment les transactions hybrides se situent sur un continuum, quelque part entre les marchés et les hiérarchies : « Supposons que les transactions soient ordonnées en fonction de l'autonomie maintenue par les parties en présence. Les transactions de marché seraient localisées à un extrême. D'autres transactions, fortement centralisées et organisées selon le principe hiérarchique, serait à l'autre extrême tandis que les transactions hybrides seraient localisées entre les deux pôles. » (O.E. Williamson, *The Economic Institutions of Capitalism*, Free Press, New York, 1985, trad. fr. *Les institutions de l'économie*, InterEditions, Paris, 1994, p. 83)

L'essentiel

Le contrôle de gestion doit s'appuyer sur les structures organisationnelles des entreprises et s'y adapter. Ces structures sont variées et en constante évolution, tout en s'inspirant de quelques modèles types comme la structure fonctionnelle, la structure divisionnelle ou la structure matricielle.

Traditionnellement, le contrôle de gestion a calqué son organisation sur des structures hiérarchiques verticales et a divisé les entreprises en centres de responsabilité. Les principaux types de centres de responsabilité sont les centres de coûts, les centres de revenus, les centres de profit et les centres d'investissement. Dans chacun d'eux, les managers ont des missions, des niveaux d'autonomie et des critères d'évaluation des performances différents.

Pour que l'organisation en centres de responsabilité fonctionne bien, il faut que certains principes soient respectés :

- Principe d'emboîtement : tous les centres sont rattachés à un autre centre.
- Principe de contrôlabilité : le manager d'un centre ne peut être évalué que sur des éléments qu'il contrôle.
- Principe d'exhaustivité : tous les éléments gérés par l'entreprise sont rattachés à un centre.
- Principe de cohérence : la mission, le degré d'autonomie et les critères d'évaluation d'un centre de responsabilité doivent être alignés.

Au cours des dernières années, l'évolution des structures des entreprises s'est accélérée, conduisant à un affaiblissement des frontières, tant au sein des entreprises entre services qu'à l'extérieur des entreprises, entre entreprises. Dans les organisations, cette évolution a accru la transversalité et remis en question le principe de contrôlabilité. Parallèlement, l'effacement des frontières entre entreprises a conduit à explorer des modes de contrôle dits « inter-organisationnels ».

Questions

1 ■ Quels sont les objectifs et les critères d'évaluation des performances des principaux types de centres de responsabilité ?

2 ■ Pourquoi le principe de contrôlabilité ne peut-il jamais être totalement respecté, même si un manager possède un fort degré d'autonomie ?

3 ■ Dans une relation inter-organisationnelle, quand on parle de contrôle, parle-t-on du contrôle des produits et services, du contrôle des personnes, du contrôle des organisations ? Ou encore, d'autres éléments que l'on peut contrôler dans ce cadre ?

Chapitre 2 Les échanges intra-organisationnels et les prix de cession

À partir du moment où les entités d'une entreprise doivent répondre de leur performance en termes financiers, la question de pose de savoir comment valoriser les échanges entre elles. On désigne par « prix de cession interne » la valeur retenue pour chiffrer ces échanges.

Au sein d'une même structure juridique, la valorisation s'opère entre départements, services ou *business units*. La fixation des prix de cession interne relève de simples règles comptables, et leur objectif est de refléter la performance des entités en question tout en favorisant la motivation et l'émulation entre elles.

Dans un groupe international, la logique d'évaluation entre en conflit avec la recherche d'une optimisation de l'impôt. Les prix de transfert entre filiales sont de plus en plus surveillés par les administrations fiscales des pays dans lesquels elles sont implantées.

Ce chapitre se concentre sur l'usage des prix de cession interne à des fins d'évaluation, tout en rappelant les modalités de contrôle de l'optimisation fiscale dans une économie globalisée.

Section 1 LE PRIX DE CESSION INTERNE, DÉFINITION ET FINALITÉS

Le prix de cession interne (PCI) d'un bien ou d'un service est la valeur à laquelle ce bien ou ce service est cédé entre deux entités d'une même entreprise. On dénomme « système de prix de cession interne » l'ensemble des règles de valorisation des échanges adoptées par une firme.

À la question « pourquoi les prix de cession interne (PCI) ? », on répond généralement de trois manières. Fondamentalement, on considère les PCI comme un mode de réintroduction du marché dans l'entreprise. D'un point de vue très pragmatique, on les conçoit comme une technique entre autres de transfert de résultats, à forte incidence fiscale dans une firme internationale. C'est enfin un outil d'aide à la décision, permettant d'évaluer *a priori* les coûts engagés dans une opération.

Pour le contrôle de gestion, un système de prix de cession interne doit avant tout refléter la structure en centres de responsabilités dans l'entreprise : « Dis-moi comment tu factures tes prestations en interne, et je te dirai quelle est ta responsabilité. » Considérée au premier degré, la mise en œuvre d'un système de PCI consiste à répartir le résultat global entre les centres de responsabilité. Cet ouvrage défend un point de vue qui ne contredit pas les approches traditionnelles, mais qui, au contraire, cherche à en enrichir la portée : un système de PCI n'est pas seulement un outil de mesure *ex post* de la performance ; c'est avant tout une manière de donner aux entités les moyens de leurs responsabilités, et donc d'influencer le résultat global *ex ante*. En effet, si je dirige un centre de coûts, la facturation de mes prestations doit m'inciter à maîtriser, voire à réduire mes dépenses. Si je suis dans un centre de profit, mes cessions doivent me permettre, si ce n'est m'inciter, à dégager une marge et si possible à l'accroître. En connaissance de ces règles de valorisation et de mes responsabilités, je saurai alors comment orienter mes actions. C'est sur ce mécanisme que repose la logique des prix de cession interne en contrôle de gestion.

Les objectifs assignables à un système de PCI découlent directement de la logique de décentralisation. Il s'agit de pouvoir :

- déléguer la prise de décision, c'est-à-dire laisser les mains libres (dans la mesure du possible) aux responsables des entités ;
- tout en préservant l'intérêt économique global de l'entreprise ;
- et, en contrepartie de la délégation, mesurer la performance des centres de responsabilité.

À travers ces objectifs « directs », une intention se dessine, qui est la gestion des comportements. Selon que je valoriserai les cessions d'une manière ou d'une autre, j'exercerai des influences différentes sur les entités de l'entreprise.

Le choix d'un système de PCI est donc partagé entre deux exigences. La première relève d'un souci de convergence des buts : inciter les entités à être autonomes et à agir en même temps dans le sens des intérêts de l'entreprise. Cela paraît simple de prime abord. En réalité, il advient que les intérêts immédiats d'une unité aillent à l'encontre de ceux de la firme. La seconde exigence se réfère à l'équité. Un système de PCI qui établit des rentes de situation au détriment de certaines divisions n'est pas équitable, et doit être remis à plat.

***Exemple* – La maximisation du profit d'une entité n'est pas nécessairement optimale pour l'entreprise**

L'entreprise X a deux filiales A et B. A fabrique des produits intermédiaires (PI), et B fabrique des produits finis (PF), en achetant les produits intermédiaires auprès de A ou d'un fournisseur extérieur. On passe une commande de 1 000 PF à X. Deux possibilités se présentent :

1°) soit B achète 1 000 PI à A, au prix de 1 000 € l'unité ;

2°) soit B achète 1 000 PI au fournisseur extérieur pour 950 € l'unité.

Dans les deux cas, B vend les PF pour 2 000 € l'un. Les coûts variables par unité sont de 900 € pour A et 500 € pour B ;

Le responsable de B demande que la proposition 2°) soit retenue. Qu'en pensez-vous ?

Il s'agit de calculer la contribution marginale pour chaque entité et pour l'entreprise, puis de comparer.

Proposition 1°) : A dégage une marge de 100 000 € ((1 000-900) × 1 000)
B dégage une marge de 500 000 € ((2 000-(1 000+500)) × 1 000)
X dégage une marge de 600 000 € ((2 000-(900+500)) × 1 000)

Proposition 2°) : A ne prend pas part à l'opération.
B dégage une marge de 550 000 € ((2 000-(950+500)) × 1 000)
X dégage une marge de 550 000 € ((2 000-(950+500)) × 1 000)

Si la Solution 2°) permet à B de maximiser son profit, elle ne garantit pas à X un profit optimal. La requête de B est légitime, mais dans un cas pareil, il est préférable d'éviter de laisser les mains libres à cette entité. À l'occasion de prises de décision de ce type, il apparaît fréquemment que l'intérêt d'une division et celui de l'entreprise peuvent être contradictoires. Dans cette situation, l'arbitrage occasionnel de la Direction est une alternative à la complète autonomie des divisions car elle doit prendre en compte des facteurs (contraintes) sociaux et humains. À l'inverse, des arbitrages sans cesse éloignés du marché peuvent mener l'entreprise à sa perte.

Pour aller plus loin...

Les prix de transfert désignent les prix de cession internes d'un groupe[1]. Toute prestation entre entités d'un même groupe doit être valorisée et enregistrée dans les comptabilités des parties. Dans un contexte international, la détermination de ces prix peut être dictée par la recherche d'une optimisation fiscale. Pour atteindre cet objectif, les méthodes possibles ne manquent pas et varient selon les situations :

- surfacturation des prestations internes par les filiales situées dans les pays dont la fiscalité est la moins lourde ;
- installation de succursales commerciales dans des pays peu fiscalisés et sous-facturation des produits livrés en interne ;
- facturation de frais de siège non justifiés ou excessifs, etc.

... à ceci près que ces pratiques sont illicites. Or, les échanges intragroupes représentent près de la moitié du commerce international à ce jour. Les états n'en perçoivent que plus la nécessité de contrôler étroitement la valorisation des prix de transfert. Le rapport du Conseil des prélèvements obligatoires, publié en octobre 2009, montre que le taux implicite d'imposition des sociétés est trois fois plus élevé pour les PME que pour les grands groupes internationaux, et l'explique en partie par un contrôle insuffisant des prix de transfert.

Toutefois, ce contrôle s'accroît d'année en année. Sous l'égide de l'OCDE, les administrations fiscales renforcent les exigences en termes de justification (« de documentation » est l'expression consacrée) des prix de transfert. En France, une entreprise est tenue de pouvoir fournir cette documentation lorsqu'il lui en est fait la demande. À défaut, l'entreprise est sanctionnée financièrement. L'impact des sanctions est de plus en plus lourd depuis la dernière décennie, dans la plupart des états de la zone Euro. Par ailleurs, les redressements pour sur ou sous-évaluation des transactions intragroupes peuvent provoquer des situations de double imposition (impôt payé sur la recette déclarée dans le pays « avantagé » par la manœuvre et montant majoré dans le pays « désavantagé »).

Section 2 LES CONTRAINTES ET LE CHOIX DES PRIX DE CESSION INTERNE

La valorisation des transferts s'inscrit dans une logique de relation client-fournisseur. Le centre de responsabilité fournisseur cède au centre de responsabilité client des biens ou des services, à une valeur qui dépend de la technique de valorisation employée (voir figure 1). Le client est en droit d'avoir des exigences qualitatives sur les prestations du fournisseur, lequel peut en retour fixer des délais de paiement. Les conditions d'échange sont donc négociables. Poussée à bout, la logique client-fournisseur à l'intérieur de l'entreprise est assimilable à une relation de marché comme une autre.

1. En anglais, les prix de cession interne sont désignés par l'expression *transfer prices* dont « prix de transfert » est la traduction littérale.

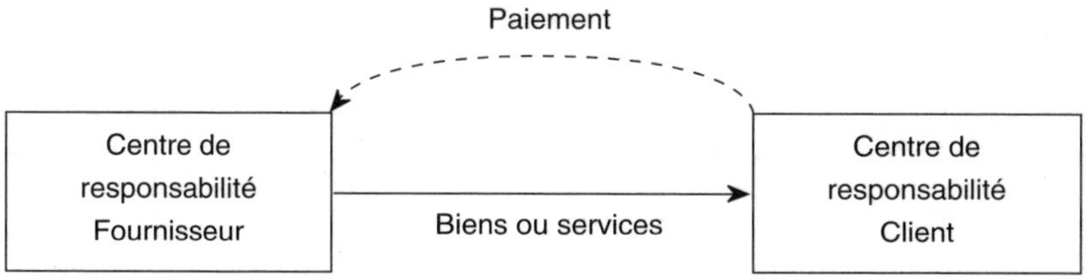

Figure 2.1 – La relation client-fournisseur entre centres de responsabilité

Exemple – **Quand la relation client-fournisseur est poussée à bout...**

L'application de la logique client-fournisseur peut supposer qu'une entité client décide de ne plus s'approvisionner en interne, en raison de prix trop élevés ou d'une qualité déficiente. Elle se traduit parfois par des contentieux entre filiales.

Ce choix d'organisation traduit la volonté de responsabiliser les *business units* ou les filiales comme s'il s'agissait d'entreprises indépendantes.

En termes généraux, on peut distinguer deux manières d'approcher la relation client-fournisseur. La première correspond à des situations où une logique d'intégration prime, la seconde à celles où la référence au marché est dominante.

1 La logique d'intégration

L'entreprise intégrée se conçoit comme le seul lieu d'échanges possible entre centres de responsabilité. Une unité s'approvisionne en amont du processus, et cède ses prestations en aval. On considère qu'il n'y a pas de marché pour les biens ou prestations intermédiaires. L'ensemble est chargé d'engendrer du profit (cette tâche étant souvent confiée à la division qui vend sur le marché extérieur), mais l'enjeu pour chaque entité est la maîtrise des coûts. Cette logique appelle deux choix organisationnels :

- toute entité (à l'exception des divisions situées en amont du processus, le service achat, par exemple) a l'obligation de s'approvisionner en interne ;
- l'entité fournisseur (l'ensemble des entités fournisseurs) est un centre de coûts (seule l'unité vendeuse est considérée comme un centre de profit).

La facturation en interne se fera alors de préférence sur une base de coût.

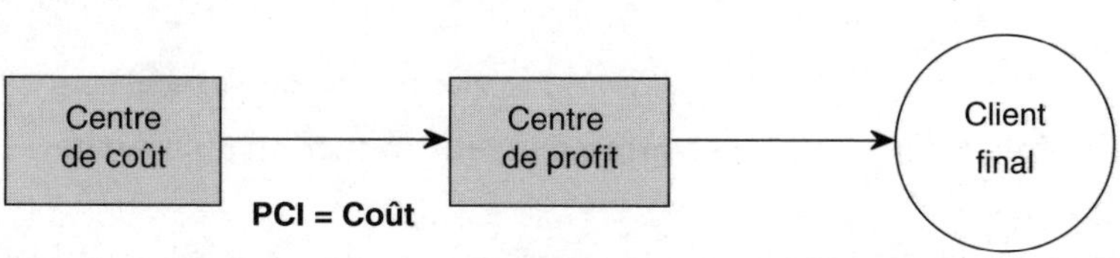

Figure 2.2 – Organisation et logique de coût

2 La logique de marché

Considérée comme ouverte au marché, l'entreprise laisse à chacune de ses divisions les moyens d'être responsable de son résultat. Cela signifie que chaque entité est libre de s'approvisionner en interne ou sur un marché. Cela implique des choix d'organisation opposés à ceux du cas précédent :

- Toute entité fournisseur est mise en concurrence sur le marché de ses produits ou de ses services. Tout acheteur interne peut s'approvisionner à l'extérieur.

  Toute entité est un centre de profit. Tout fournisseur interne peut vendre ses produits à l'extérieur de l'entreprise.

La facturation en interne se fera alors sur la base du prix du marché.

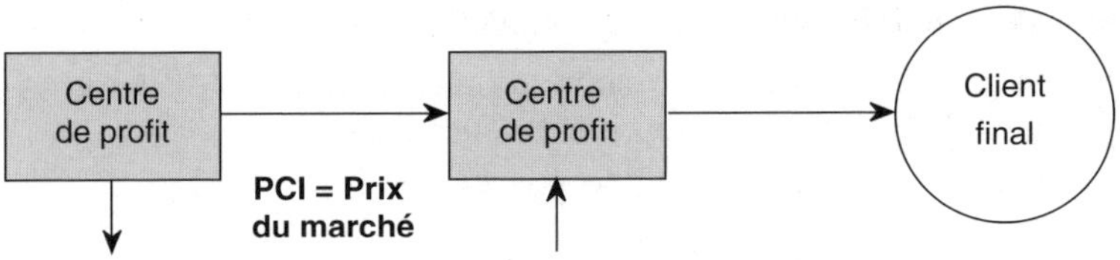

Figure 2.3 – Organisation et logique de marché

3 Du marché à la firme, de la firme au marché retrouvé

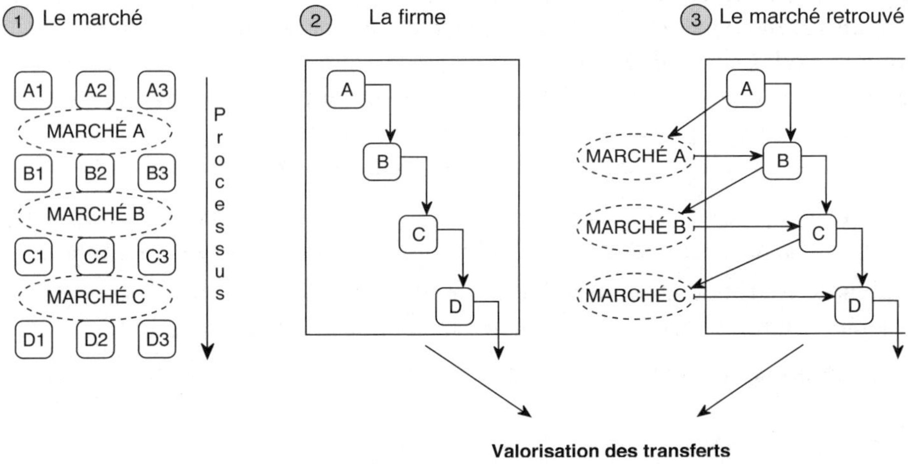

Figure 2.4 – De l'intégration à la réintroduction du marché

Le schéma précédent rappelle les trois grandes étapes historiques du développement de la firme. Il convient de les rappeler sommairement :

1) **Le marché jusqu'à la moitié du XIXe siècle** : la production est divisée tant entre les étapes des processus de production qu'entre les différents producteurs de matières premières ou de produits semi-finis. Les manufacturiers se trouvent confrontés aux artisans, et un prix de marché émerge à chaque étape du processus. Ce prix est censé être juste, en situation de marché dit « concurrentiel »[1].

2) **L'émergence de la firme** relève d'une volonté de contrôle des processus de production. Cette recherche de contrôle passe par deux attitudes :

– Le rassemblement sous une même entité des intervenants d'une même étape du processus (concentration horizontale).
– La suppression des marchés intermédiaires par rapprochement de producteurs de différentes étapes du processus (concentration verticale). Exemples : la naissance de la United Fruit, créée par Preston, en 1889 ; Swift mettant en place le conditionnement de la viande grâce à l'appropriation de la chaîne du froid par voie ferrée[2].

Au-delà de la volonté de contrôle des processus, les raisons de l'émergence de la firme intégrée sont d'ordre économique. Dans une seule et même entité, il n'est plus besoin de définir les conditions de chaque transfert de bien ou de services, c'est-à-dire de chaque transaction, mais il suffit de le faire une bonne fois pour toutes. Dans le même ordre d'idées, les services des intermédiaires du marché, souvent coûteux, deviennent inutiles lorsque clients et fournisseurs appartiennent à la même organisation. La firme apparaît alors comme la forme organisationnelle qui permet d'économiser les coûts liés aux transactions sur des marchés externes (Coase, 1988). S'intéressant au seul travail, Simon lui-même a développé un modèle démontrant les avantages de la relation hiérarchique (i.e. le système salarial) sur la relation de marché pour l'employeur comme pour l'employé.

Dans la firme concentrée (à quelques exceptions près, telles General Motors, en particulier avant la prise de contrôle par Du Pont), très vite, un besoin de valoriser les transferts se manifeste (ne serait-ce que pour calculer le coût d'un produit fini). Chez Du Pont, on introduit dès 1921 un système de valorisation des transferts entre divisions. Progressivement, l'idée d'accorder une certaine indépendance aux entités de la firme va faire des adeptes.

3) **Dans les années 1950-1960**, la firme multidivisionnelle devient un modèle de fonctionnement des entreprises. Avec l'idée d'« autonomisation », le marché revient en force. Pour réintroduire celui-ci au sein de la firme on ouvre le processus de production aux marchés intermédiaires extérieurs. La responsabilité « minimale » de chaque entité est le profit. Dans ce cas-là, un seul mode de valorisation du transfert s'impose : le prix du produit intermédiaire sur le marché intermédiaire (Williamson, 1975).

1. On trouve une analyse précise de cet état de l'économie chez Braudel (1979).
2. Pour un récit détaillé de l'histoire de ces entreprises, on peut se référer à Chandler (1989).

Lorsque la direction générale délègue à chacune des divisions le pouvoir de prendre certaines décisions à sa place, une situation d'asymétrie informationnelle (Jensen et Meckling, 1976) s'instaure. Les indicateurs de performance financière deviennent ainsi les critères de référence pour contrôler l'usage qui a pu être fait de ce pouvoir de décision. Il devient alors nécessaire de pouvoir fournir une mesure fiable de ces indicateurs, mais aussi de responsabiliser les divisions sur ces critères. On comprend donc l'extrême importance que revêt la valorisation des transferts dans cette perspective.

4) **Depuis les années 1990**, la gestion de portefeuilles d'activités, en fonction de leur rentabilité par rapport aux capitaux employés, devient un critère de choix majeur pour les actionnaires institutionnels (dont les fonds de pension). Dans cette situation, le choix des prix de cession interne doit répondre à un nouvel impératif : introduire le moins de biais possible dans la perception que les investisseurs peuvent avoir de la rentabilité des différentes activités (à moins que l'entreprise ne cherche à fausser l'image de sa performance dans un but particulier, ce qui à terme l'exposerait à des sanctions de la part des marchés financiers).

Pour aller plus loin...

Pour contrôler les prix de transfert dans les groupes internationaux, la plupart des administrations fiscales du monde se fondent sur le principe de pleine concurrence édicté par l'OCDE : les échanges intragroupes doivent être valorisés au même niveau qu'une transaction entre deux parties indépendantes sur un marché liquide. La référence au marché est ici un gage d'impartialité et se présente comme un rempart contre l'optimisation fiscale.

Section 3 LES MÉTHODES DE VALORISATION

Il s'agit, idéalement, de choisir entre une logique de coût et la référence au marché. Chacune répond à des préoccupations particulières, qu'il convient de préciser dans ce qui suit. Un tableau avantages/inconvénients, construit en fonction des objectifs détaillés précédemment, permettra d'en faire la synthèse.

1 La valorisation au coût standard

1.1 Principes

Figure 2.5 – Logique d'intégration – valorisation au coût standard

La logique d'intégration appelle une valorisation des échanges fondée sur des coûts. Il faut donc préciser lesquels. De fait, deux types de coûts sont utilisables pour valoriser des échanges : le coût réel et le coût standard de la prestation cédée. Il advient que seul le second peut répondre aux exigences détaillées dans le paragraphe précédent.

Le coût réel n'est pas une base de valorisation pertinente (au regard des objectifs d'un système de PCI). Si elle présente une utilité comptable, la valorisation au coût réel entre en contradiction avec la responsabilisation des divisions et ce pour essentiellement deux raisons :

– le fournisseur facturant au coût réel se décharge en partie de sa responsabilité sur le client, ou du moins sur celui qui se situe en fin de processus. S'il n'y a pas un suivi méticuleux des coûts par centre, on court le risque de se trouver dans une situation où le centre de responsabilité en liaison directe avec le client externe supporte des coûts élevés, et ne peut dégager de marge. Il est même difficile de faire du client un centre de profit, dans la mesure où la marge d'action sur ses coûts est réduite (elle est nulle sur ses coûts d'achat).
– la donnée « coût réel » résulte d'un calcul *ex post*. Le client sait très tardivement combien lui ont coûté ses achats. Comment peut-il alors gérer ses dépenses ?

Le client assume en conséquence la gestion des coûts du fournisseur. La situation n'est pas équitable.

Demeure la facturation *ex ante* au coût standard. C'est un mode de valorisation des transferts susceptible de responsabiliser à la fois le fournisseur et le client. *A priori*, on a le choix entre deux types de standards :

– le coût standard « variable » ;
– le coût standard « complet ».

En réalité, seul le premier est utilisable sans risque majeur. Le second, dans la mesure où il intègre les coûts fixes, n'est valable qu'à volume de transaction stable. Il existe de surcroît des méthodes pour compenser le fait de ne pas prendre en compte les coûts fixes (voir ci-après).

***Exemple* – Le piège du coût standard « complet »**

L'unité A livre quotidiennement 3 000 sièges de voiture à l'unité B, qui les revend à des constructeurs automobiles. La marge sur coût standard complet (hors frais commerciaux) se monte à 30 euros. Les coûts variables entrant dans la fabrication d'un siège sont de 100 euros. Les coûts fixes journaliers de l'unité A sont de 15 K€. Le coût complet standard d'un siège de voiture est donc de (100 + 15 000/3 000) 105 euros. Que se passe-t-il, en supposant que la structure de production le permette sans augmentation des coûts fixes, si le volume de production, du jour au lendemain :

a) tombe à 2 000 sièges/jour ?

b) passe à 4 000 sièges/jour ?

Dans le cas a), seulement 67 % des frais fixes de A sont couverts par l'achat des 2 000 sièges à 105 euros l'unité. Si l'on n'y prend pas garde, l'entité A donne l'impression de ne plus maîtriser ses coûts, et l'entité B de maintenir sa marge. En réalité, c'est bien la marge commerciale qui se trouve réduite à 27,50 euros par unité vendue.

Dans le cas b), c'est A qui bénéficie d'une rente de situation, car elle dégage une marge de 5 K€, soit 1,25 euro à l'unité, alors que B maintient la sienne. A se comporte comme un centre de profit, ce qui ne lui est pas demandé.

Dans un cas comme dans l'autre, et plus généralement, lorsque le volume d'activité est soumis à de fortes variations, la valorisation au coût standard complet entre en contradiction avec la logique d'intégration.

1.2 Les alternatives au coût standard variable

Lorsque l'entité client (en bout de chaîne de valeur) est un centre de profit, on peut considérer comme inexact et peu motivant pour le fournisseur de ne facturer les transferts internes qu'au coût standard variable (un approvisionnement sur le marché reviendrait plus cher, et de ce fait, on évalue mal la performance de cette entité).

Une méthode peut consister à céder des droits fixes à l'achat de prestations, comme le suggère la figure 2.6.

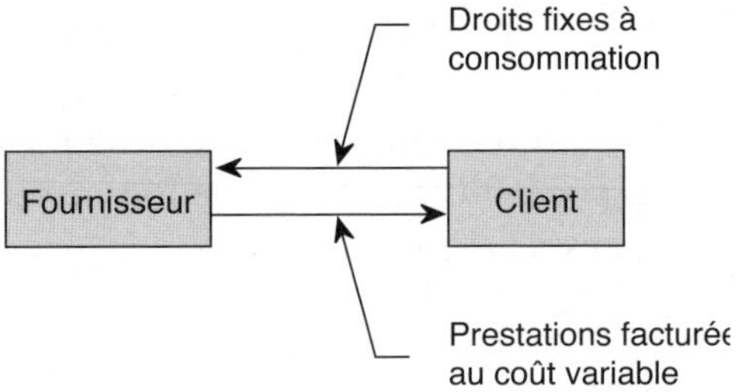

Figure 2.6 – Cession de droits à consommation entre client et fournisseur interne

Cette démarche permet de faire du fournisseur un centre de profit « factice ». En effet, il peut dégager une marge :

- en réduisant ses coûts fixes, et en faisant en sorte que ceux-ci soient couverts par les droits ;
- en réduisant ses frais variables par rapport au standard.

Cette marge doit être considérée non comme du profit, mais comme un indice de la capacité du fournisseur à maîtriser les coûts de ses prestations.

Cette pratique doit à son tour être intelligente. Dans le cas d'une réduction durable des coûts réels correspondants, le standard et les droits fixes doivent être revus à la baisse ; sans quoi, le fournisseur bénéficie à nouveau d'une rente de situation.

L'avantage essentiel de la valorisation au coût standard réside dans la transparence des responsabilités qu'il induit :

– Le fournisseur est responsable de la gestion de son coût réel. Si celui-ci est inférieur au standard, il « gagne » de l'argent, mais dans le cas contraire, il en perd.
– Le client est responsable des quantités de biens et services consommées. Il peut le faire *a priori*, puisque contrairement à ce qui se passe en coût réel, il sait combien vont lui coûter ses achats en interne.
– Le système est simple et lisible, dans la mesure où les responsabilités de chacun sont clairement définies (on ne pourra pas reprocher au client le niveau de ses achats internes si ceux-ci sont restés raisonnables en volume). Ce mode de valorisation est de plus rapide, puisqu'il n'y a nul besoin de calculer les coûts de transfert plus d'une fois par an.

***Exemple* – La valorisation au coût standard**

Un coût standard a été calculé pour la carte-mère de l'ordinateur XX1. Celui-ci intègre le prix à l'import d'un microprocesseur fabriqué en Asie. La division A, chargée de l'élaboration des cartes, les cède à la division B, responsable de l'assemblage d'Unités Centrales, pour un prix égal au coût standard unitaire d'une carte-mère. Jusqu'à aujourd'hui, le coût réel de production de la carte, CR, était à peu de choses près égal au coût standard CS. Mais, depuis peu, la division A enregistre des pertes chroniques. Elle s'en justifie par une évolution du taux de change ayant provoqué une hausse de 20 % du coût d'achat des microprocesseurs. Au vu des données suivantes, que pensez-vous de cet argument ?

– Coût unitaire d'un microprocesseur : Cm ;
– Cm représente en temps normal 80 % du coût standard d'une carte CS ;
– CR le coût réel d'une carte, a augmenté de 20 %.

En fin de compte, l'unité A cherche à ce que son coût standard de production soit aligné sur le coût réel actuel. En effet, une réévaluation du standard s'impose à cause de l'évolution (visiblement stabilisée) du taux de change. Si Cm a augmenté de 20 % ; CR doit être accru de (0,2 x 0,8), soit 16 %. Demeure une augmentation de 4 % du coût réel de la carte dont l'évolution du taux de change n'est pas la cause. Sur la somme que représente une carte-mère, ce n'est pas négligeable. La division A doit en être tenue pour responsable. Conclusion :

– le coût standard va être réévalué de 16 % ;
– mais la division A devra chercher l'origine de la hausse de 4 % de son coût réel, et si possible y remédier.

Le coût standard n'en est pas moins un outil à manipuler avec précaution, car son usage requiert une grande stabilité de l'environnement et du volume d'activité. Il s'agit de se situer sur ce que l'on appelle une plage pertinente d'activité. En second lieu, l'utilisation du coût variable suppose que celui-ci est budgétisable, c'est-à-dire, calculable et prévisible. On ne peut pas imaginer cela dans n'importe quelle activité (en recherche exploratoire, par exemple, c'est une chose impossible). Enfin, et ce n'est pas négligeable, la pratique du coût standard variable implique que le fournisseur soit responsable de ses coûts fixes, et qu'il ne puisse les céder.

Pour aller plus loin...

Plage pertinente d'activité et coût standard

L'illustration suivante représente une courbe de coûts « classique ». Celle-ci est divisée en trois zones sur lesquelles il est pertinent de linéariser la courbe afin d'associer à chacune un coût variable unitaire.

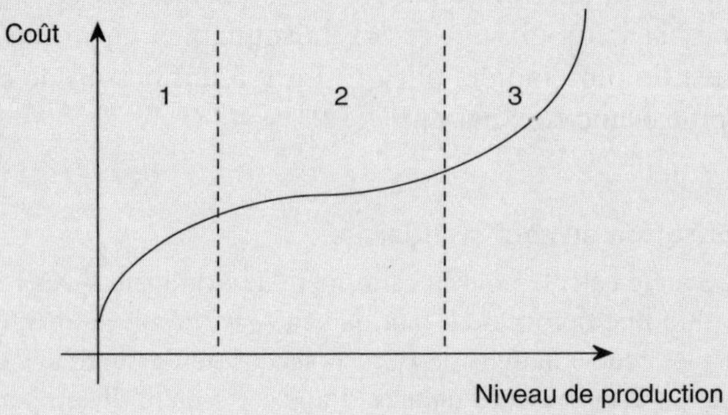

Figure 2.7 – Courbe de coûts et plages pertinentes d'activité

Si l'on est sûr de rester au niveau de production de chacune des plages 1, 2, ou 3, on peut travailler en coût variable (le coût variable unitaire étant donné par la pente de la courbe linéarisée). En revanche, un saut d'une plage à l'autre peut avoir des conséquences fâcheuses, par exemple :

- Si l'on passe de 1 à 2 en continuant à travailler sur les standards de 1, le coût variable unitaire réel (CVU) diminue substantiellement, et le client s'en trouve lésé (le standard étant beaucoup plus élevé que le réel). Le fournisseur, en revanche, bénéficie d'une rente de situation.
- Si l'on passe de 2 à 3 en continuant à travailler sur les standards de 2, le CVU réel augmente, et le fournisseur perd de l'argent. Dans ce cas, c'est le client qui bénéficie d'une rente de situation.

La valorisation au coût standard présente un autre inconvénient majeur : le risque de produire à des coûts irréalistes par rapport au marché. Dans la logique d'intégration, la validation du coût de revient ne se fait qu'en aval de la chaîne de valeur. C'est ainsi que le coût de production local (*local manufactoring cost, noté LMC*), calculé périodiquement comme un coût standard, n'est pas toujours utilisé comme base de facturation interne. Certains grands groupes internationaux lui préfèrent un standard calculé à partir des meilleures performances de leurs filiales. On note cette performance comme le *World Wide Best* (noté *WWB*). Ce chiffre constitue alors une référence, un idéal à atteindre. Dans une entreprise qui valorise les cessions internes au *World Wide Best*, l'ampleur des « pertes » enregistrées sur ces échanges mesure en fait la capacité des centres de responsabilité à maîtriser leurs coûts.

Exemple* – La pratique du *World Wide Best* ou *World Wide Cost

Une entreprise spécialisée dans la fabrication de composants électroniques possède des salles blanches dans le monde entier. Ses *local manufactoring costs* varient de 1 à 4 pour des produits analogues. Les frais de transport interdisent cependant au groupe de concentrer la production dans la zone géographique réputée la moins coûteuse.

Dans ce contexte, les transactions sont valorisées à un PCI indexé sur un World Wide Cost et tenant compte des caractéristiques locales. Ce World Wide Cost est calculé en fonction des meilleures performances des filiales. À titre d'exemple, le coût horaire retenu est celui du Vietnam, les coûts d'approvisionnement sont indiens, et la productivité française. Le prix de cession « théorique » correspond au WWCost augmenté d'une marge sectorielle.

Dans ce cas, le World Wide Cost ne peut pas être utilisé comme le prix de cession entre filiales : beaucoup vendraient à perte ! En revanche, une comptabilité parallèle est tenue, dans laquelle chaque filiale peut mesurer sa marge de progression en termes de maîtrise des coûts.

Tableau 2.1 – Avantages et inconvénients d'un PCI en coût standard

Avantages	Inconvénients
• Le fournisseur est responsable du coût réel. • Le client est responsable des quantités consommées. • Le système est simple, lisible, et rapide.	• Le calcul du coût standard requiert une grande stabilité de l'environnement et du volume d'activité. • Ce système suppose que les coûts du fournisseur sont budgétisables. • Le standard peut manquer de « réalisme » par rapport au marché et aux coûts réels.

2 La valorisation au prix du marché

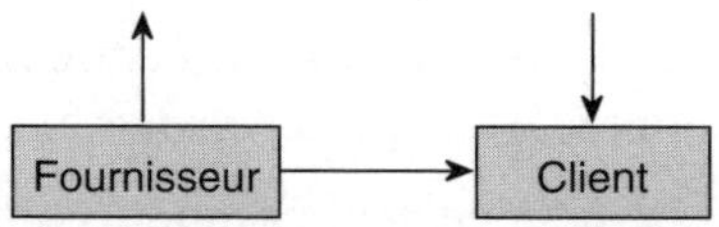

Figure 2.8 – Logique de marché – la valorisation au prix du marché

Voici, en toute rigueur, le seul mode de valorisation des échanges qui soit en cohérence avec l'idée de réintroduction du marché dans les firmes et la recherche d'impartialité dans la détermination des prix de transfert. Le fournisseur peut vendre sur le marché extérieur, le client peut s'y approvisionner. On se situe dans une logique de centres de profit. En regard des principes de décentralisation, les avantages du système fondé sur les prix de marché sont clairs : les protagonistes sont considérés comme des entités autonomes. Chacun est responsable de son profit, comme une entreprise.

Exemple – **Chaque entité est responsable de son profit**

L'entreprise BST a deux filiales, A et B. A cède des produits intermédiaires à B, au prix auquel elle écoule le reste de sa production sur le marché. B façonne ces produits et les revend sur le marché. L'année 200X, A a livré 10 000 tonnes de produit intermédiaire à B, pour une somme de 5 M€. Le reste du chiffre d'affaires de A est tiré des ventes à l'extérieur, pour 15 M€. Au total, A et B ont dégagé des profits de respectivement 1 M€ et 2 M€.

1) Quel est le profit de l'entreprise sur l'année ?

2) Pour 200X +1, B peut s'approvisionner sur le marché à un prix avantageux (480 € la tonne). Qu'advient-il si les volumes de transactions demeurent inchangés ?

1) Le profit dégagé par BST est de 3 M€.

2) Le prix moyen du marché pour l'année 200X est de (5 000 000 / 10 000) soit 500 € la tonne. Si BST joue strictement le jeu du marché, en supposant que les concurrents ne font pas du dumping, A a le choix entre perdre B et ses autres clients, ou s'aligner sur le tarif du concurrent. Il optera pour la seconde solution, ce qui amène son CA (à volumes inchangés) à 19,2 M€, soit un profit de :

- 0,2 M€ pour A
- 2,2 M€ pour B
- 2,4 M€ pour BST.

Dans ce cas, le profit de A et diminue, celui de B augmente, et l'entreprise perd au total 0,6 M€ par rapport à l'année précédente. C'est une incitation pour A à réduire ses coûts de production, et dégager à nouveau une marge conséquente.

La performance de chaque centre de responsabilité se mesure à l'aune du marché. On dira qu'il s'agit d'un système où la performance des centres de profit est « réelle ». En d'autres termes, si le marché ne connaît pas de dysfonctionnement majeur, la performance de l'entité en termes financiers ne dépend que d'elle-même.

Il en résulte que, si l'on choisit ce mode de valorisation, le critère financier est un critère pertinent d'évaluation de la performance. Pertinent et efficace. Dans cette logique, peu importent les autres indicateurs. Le centre de profit ne peut pas tricher, sa responsabilité se confondant avec sa performance financière.

Les inconvénients de ce système n'en sont pas moins nombreux et problématiques :

– L'usage du prix de marché alourdit considérablement les procédures de comptabilisation. Il faut en effet enregistrer les opérations une par une, après chaque transaction interne. De plus, qui parle de prix de marché sous-entend des négociations. La réintroduction du marché dans l'entreprise peut donc s'accompagner de l'émergence de coûts de transactions internes.

– La présence d'un marché concurrentiel est nécessaire, pour ne pas dire obligatoire lorsque la direction souhaite ne jamais intervenir dans les affaires des entités. Autant dire que croire en la possible neutralité de la maison mère est utopique. Les groupes internationaux font parfois les frais d'un système de PCI trop « libéralisé ».

– Si la direction n'est pas prête à arbitrer les situations conflictuelles entre ses filiales, on court le risque qu'au moins l'une d'entre elles soit mise en péril. Si l'on privilégie le marché interne, est-on encore dans une logique de profit ?

Exemple – **PCI et distorsions internationales**

Un grand verrier européen possède des usines et des ateliers dans différents pays d'Europe. Les usines situées en France produisent le float, c'est-à-dire des grandes plaques de verre à partir desquelles on peut fabriquer des vitres dans des ateliers spécialisés, implantés surtout à l'étranger. Usines et ateliers sont gérés par différentes filiales du même groupe. Elles sont donc soumises à des systèmes fiscaux et contributifs différents. C'est dans ce contexte que le prix du float produit en France s'est avéré plus cher que celui fabriqué dans d'autres pays européens. Si les usines françaises devaient pratiquer les prix de leurs concurrents européens, elles enregistreraient immanquablement des pertes. Si la maison-mère ne prêtait pas attention à ce problème, les sites de production français seraient tôt ou tard condamnés. En pareil cas, l'intervention de la direction du groupe est nécessaire, ou du moins, si l'option du « laisser faire » est retenue, elle doit l'être en connaissance de cause.

Tableau 2.2 – Avantages et inconvénients d'un PCI au prix de marché

Avantages	Inconvénients
• Les protagonistes sont considérés comme des entités autonomes • La performance de chacun ne dépend que du centre de responsabilité lui-même et du marché • Le profit constitue un critère pertinent d'évaluation de la performance.	• La comptabilisation des transactions est considérablement alourdie (on assiste à l'émergence de coûts de transactions internes) • La présence d'un marché concurrentiel est nécessaire • Le système nécessite un arbitrage externe et/ou la mise en place de règles de concurrence.

Les logiques de marché et d'intégration sont parfaitement cohérentes, et *a priori* s'excluent l'une l'autre. Il advient néanmoins que les deux se trouvent appliquées à la fois dans une même entreprise. Il y a pour cela des raisons diverses, allant de l'histoire de l'entreprise à des choix mûrement réfléchis. Plus généralement, on peut rencontrer d'autres situations que celles décrites précédemment : la facturation au coût réel, ou encore la gratuité des échanges, et ce sans compter les « mélanges » de logiques que la pratique peut révéler.

3 La gratuité des échanges internes

Un système de PCI a un coût, et celui-ci peut rendre préférable la gratuité des échanges internes. Cette option n'est bien sûr possible qu'à la marge dans les groupes, où normalement toute source d'échange (par exemple la jouissance d'une immobilisation incorporelle) doit faire l'objet d'une valorisation.

Les prix de cession interne sont utiles seulement :

- s'il existe effectivement une relation client-fournisseur entre le service prestataire et les divisions « bénéficiaires » ;
- s'ils concernent des prestations engageant des frais importants ou en voie de le devenir.

Si ces deux conditions ne sont pas réunies, la gratuité est une solution qui s'impose. Elle permet d'éviter le montage de modèles économiquement peu réalistes (par exemple, la facturation du juridique à une ligne de production) et techniquement coûteux.

On peut donc choisir de ne pas valoriser certaines prestations, et ce pour les raisons suivantes :

- le système qui en résulte est particulièrement simple, appelant un report des coûts en fin de processus ;
- le « fournisseur » est entièrement responsable de ses coûts. Il ne peut pas les faire supporter par les autres. On l'empêche de sauver les apparences par facturation abusive ;
- on évite enfin une imputation arbitraire de ces coûts sur ce que fournit le client à son tour.

Néanmoins, la gratuité des prestations peut mener à des excès car le client est entièrement déresponsabilisé sur sa consommation de prestations gratuites (de ce fait, les services fonctionnels gratuits sont souvent sujets à une surcharge d'activité). C'est ainsi que certains services comme la reprographie ont été progressivement facturés en interne. D'autre part, on ne se préoccupe de la couverture des coûts qu'en aval, une fois les frais généraux imputés (coût complet) ou comptabilisés (coût direct). Si le fournisseur n'est que peu impliqué dans la gestion de ses coûts, on pressent les conséquences qu'un tel système peut avoir sur les résultats de l'entreprise (prix trop élevés et demande en chute libre, ou prix bas, et pertes substantielles).

***Exemple* – Le traitement des frais de siège**

> La répartition des frais de siège sur les centres de profit s'opère souvent de manière arbitraire : à défaut de pouvoir valoriser une prestation précise du siège aux unités opérationnelles, une unité d'œuvre comme l'effectif, la masse salariale, ou le montant des immobilisations est utilisée. Un tel choix est contraire à la logique des PCI : les unités opérationnelles se voient attribuer un montant de charges dont la responsabilité leur échappe. Il est alors préférable d'envisager un calcul de profit des unités opérationnelles hors frais de siège, qui seront responsabilisées sur la maîtrise de leurs propres dépenses.

On conçoit aisément qu'il est rare d'avoir une chaîne de cessions gratuites le long d'un processus. Tout au plus, on trouvera, en amont de celui-ci, ou dans les services fonctionnels, des centres de coûts, et en aval, un (des) centre(s) de revenus (ou de profit), comme le suggère la figure 2.9, mais la chaîne de gratuité doit forcément s'interrompre. Le plus souvent la relation de gratuité émanera d'un fournisseur fonctionnel, et le coût sera imputé en fin de processus.

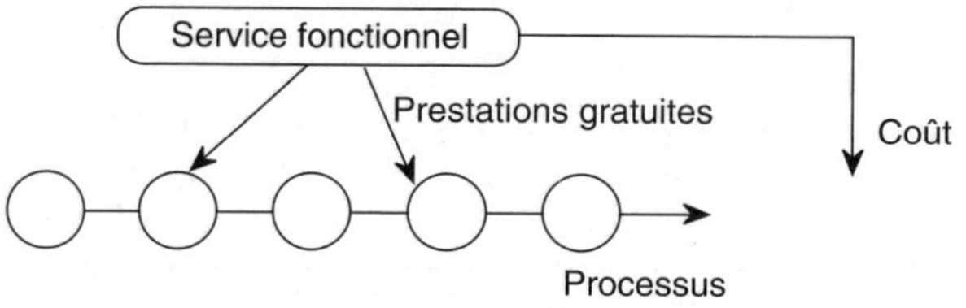

Figure 2.9 – La gratuité est souvent caractéristique d'une prestation fonctionnelle

4 La valorisation comptable au coût réel

La valorisation des échanges internes au coût réel ne répond pas à la logique de fonctionnement par centres de responsabilité, dans la mesure où la « pression » est entièrement reportée du fournisseur sur le client. Cependant, il advient que des entreprises adoptent ce système de facturation, essentiellement pour des raisons de *suivi des coûts*. En effet, le coût réel constitue une information comptable. Toutes les procédures comptables se trouvent facilitées par son usage. Les résultats d'entités n'en sont que plus facilement agrégés, et les rapprochements entre comptabilité de gestion et comptabilité générale sont moins fastidieux. De plus, si cette technique de valorisation est appliquée tout au long du processus, les coûts sont parfaitement suivis de l'amont à l'aval. On se situe dans le modèle des coûts en cascade, qui constitue une base tangible pour la prise de décision. Il résulte de cela que la fixation de la marge est grandement facilitée par la connaissance de l'ensemble des coûts directs en aval du processus (on se demande alors quelle marge minimale, globale puis par produits, permet de couvrir l'ensemble des frais indirects).

L'adoption d'une valorisation des échanges au coût réel peut relever d'un choix comptable judicieux. Mais attention ! Il s'agit d'être cohérent. On ne peut pas demander à ce système d'entretenir un fonctionnement par centres de responsabilité. Si on le faisait, ce choix ne serait pas équitable et contraire aux exigences de convergence des buts et de responsabilisation des entités.

5 Les logiques « mélangées »

Il est utile de rappeler que l'on peut distinguer une logique d'intégration d'une logique de marché par les réponses données aux deux questions suivantes :

– Le fournisseur peut-il vendre sur le marché ?
– Le client peut-il s'approvisionner sur le marché ?

On a vu ci-avant qu'en toute rigueur, il convenait de répondre « tout oui » ou « tout non ». La pratique peut pourtant apporter des réponses mixtes, comme le suggère le schéma suivant.

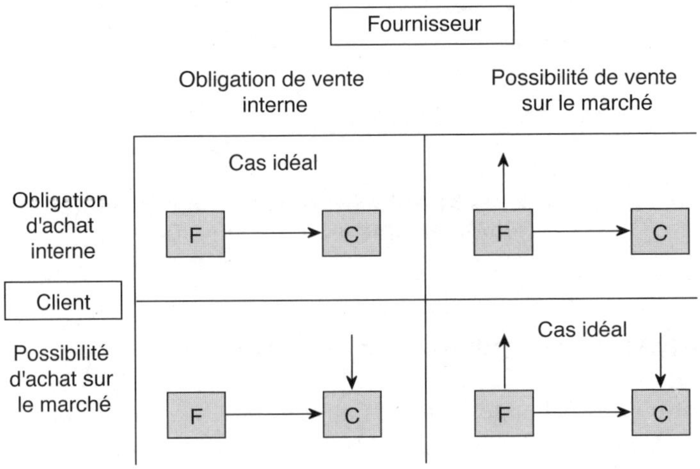

Figure 2.10 – Situations de règles d'achat internes

Les mélanges de logique, en théorie, sont aberrants. Néanmoins, l'histoire de l'organisation, peut permettre de les comprendre. Il ne faut pas moins les considérer comme des cas temporaires ou transitoires.

Cas où le fournisseur est en logique d'intégration et le client en logique de marché

La situation n'est pas équitable. En effet, le client peut s'approvisionner en externe alors que le fournisseur ne peut écouler sa production (ses prestations) qu'en interne. En d'autres termes, si l'acheteur choisit de s'approvisionner sur le marché, le vendeur se trouve « au chômage technique ». Ce choix est aberrant, sauf dans le cadre d'un programme autoritaire de réduction des frais généraux.

Exemple – ***Cost killing* et PCI**

Une agence de voyage nationale a créé, lors de l'installation de son réseau et d'une base de données centrale des réservations, un service informatique qui rassemble trois personnes. Aujourd'hui, le système de réservation est opérationnel, sans défaillance. À la direction, on considère que l'unité informatique coûte cher pour un travail qui se résume à une trentaine d'heures d'intervention par mois. Des calculs simples incitent à externaliser ce service. Certains directeurs généraux n'en hésitent pas moins : les informaticiens de l'entreprise connaissent les arcanes du réseau et de la base de données, il serait risqué de les remercier du jour au lendemain. La direction décide alors de faire du service informatique une entité autonome, et de fixer les règles suivantes :

– les interventions du service informatique seront facturées à un tarif horaire négocié avec les entités clientes, après arbitrage de la direction ;
– les entités-clients sont autorisées à faire appel à des prestataires extérieurs si ceux-ci offrent des prestations d'égale qualité à moindre coût ;
– si dans ces conditions, le service informatique parvient à réduire ses frais de fonctionnement, il sera autorisé à développer des activités à l'extérieur de l'entreprise.

Cas où le fournisseur est en logique de marché et le client en logique d'intégration

Cette situation est problématique, dans la mesure où le fournisseur peut avoir intérêt à écouler l'ensemble de sa production (ses prestations) sur le marché. Auquel cas, c'est l'entité-client qui est « au chômage technique ». La coexistence des deux logiques appelle alors des règles précises :

– en interne, le fournisseur demeure un centre de coûts et facture ses prestations au coût standard (avec éventuellement une marge de compensation), à hauteur des besoins du client ;
– en externe, le fournisseur est considéré comme un centre de profit.

Le vendeur est donc soumis à deux évaluations distinctes.

Cette situation se rencontre dans des entreprises fonctionnant traditionnellement en logique d'intégration et qui, par nécessité (surproduction, surcapacité) ou choix stratégique, entrent sur un marché de produits intermédiaires. Elle demeure difficile à gérer tant en termes d'évaluation que pour l'entité fournisseur, coiffée « d'une double casquette ».

Ces règles « mixtes », en raison de la complication qu'elles engendrent tant au niveau de l'entreprise qu'à celui de l'entité-fournisseur, ne devraient caractériser qu'un état transitoire.

Si le volume relatif des biens ou services cédés en interne est faible ou en voie de le devenir, une organisation par centres de profit est souhaitable (voir figure 2-11).

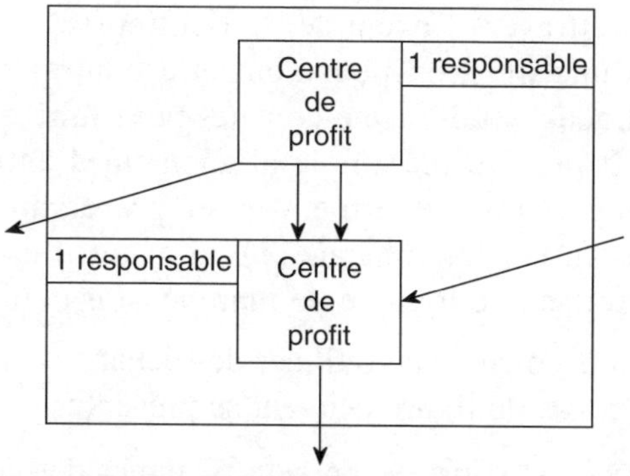

Figure 2.11 – Passage à la logique de marché

Si au contraire, le volume relatif des échanges en interne a tendance à se maintenir ou à s'élever, un retour à la logique de coûts est souhaitable, selon le mode d'organisation décrit dans la figure 2-12 (création d'une unité vendeuse commune pour les produits intermédiaires et les produits finis) :

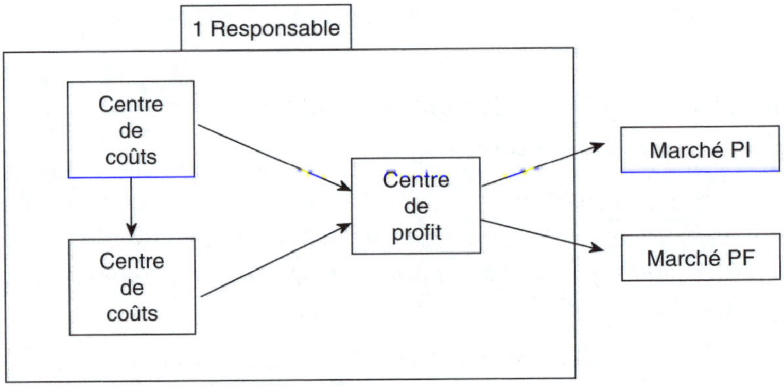

Figure 2.12 – Passage à une logique de coût

Exemple – **Une logique de marché faussée**

Une entreprise implantée en Savoie produit des laitages. Une unité collecte et pasteurise du lait vendu soit sur le marché local, ou bien à une seconde unité qui produit des yaourts. Les deux entités sont considérées comme des centres de profit. Mais le lait vendu en interne est valorisé au coût direct de production, et les cessions internes représentent les trois quarts de l'activité de l'unité laitière. Les pertes de cette dernière sont chroniques, et il ne faut pas s'en étonner. Dans ce cas, il est préférable de passer à une configuration telle que celle représentée dans la figure 2.12.

6 Les contrepoids à la logique de marché

La logique de marché, prise au pied de la lettre, fait des divisions un ensemble d'entités autonomes. À travers l'exemple de l'entreprise X, on a vu dans quelle mesure les intérêts d'une division pouvaient être contraires à ceux du reste de l'entreprise. Des méthodes ont donc été conçues pour faire en sorte que le regroupement des entités soit plus qu'un simple alignement d'entreprises, que chacune trouve son intérêt à appartenir à la firme, tout en préservant la logique de décentralisation. L'exemple du verrier français cité ci-avant illustre bien les situations problématiques auxquelles une logique de marché sans concession peut mener.

La première alternative consiste à pratiquer des échanges en interne à un « quasi-prix de marché ». Deux cas de figure peuvent se présenter :

– Si le prix du marché est « juste », on peut pratiquer des échanges internes à une valeur de peu inférieure à ce prix, afin d'inciter à l'approvisionnement en interne.

– Si le prix du marché est faussé, par exemple inférieur à ce qu'il devrait être, une mesure supplémentaire de soutien au fournisseur peut consister à bloquer momentanément l'approvisionnement externe, et fixer les cessions à une valeur légèrement supérieure au prix du marché pratiqué. Cette seconde méthode est une solution de courte durée, à moins que l'entreprise ne retourne à une logique de coût, en essayant de trouver des économies potentielles à d'autres étapes du processus de production-commercialisation.

Une seconde démarche peut être mise en œuvre lorsque le marché est en sur ou sous-capacité momentanée. Dans le premier cas (surcapacité), le prix du marché est anormalement bas ; le fournisseur est donc mis en péril. Dans le second, le client est en danger. Deux attitudes sont alors possibles (de la part de la direction). On peut laisser jouer le marché, auquel cas, l'entité menacée risque de devoir cesser ses activités. Si la direction, au contraire, tient à tout prix à maintenir la capacité productive, tout en préservant les règles du jeu, on peut avoir recours à une organisation artificielle. Il s'agit alors de créer une « entité-fantôme », qui, en cas de surcapacité, achète auprès du fournisseur au coût complet, et revend au client au prix du marché (voir figure 2.13). Les pertes dues à la surcapacité sont entièrement assumées par cette entité. Il est évident qu'une telle solution n'est que de très courte durée[1]. L'inconvénient d'une telle démarche est évident : comment faire en sorte que les entités se considèrent encore comme responsables ? L'une bénéficie de la situation de marché, et l'autre en est protégée. Un palliatif, alors coûteux, consiste à établir une comptabilité parallèle.

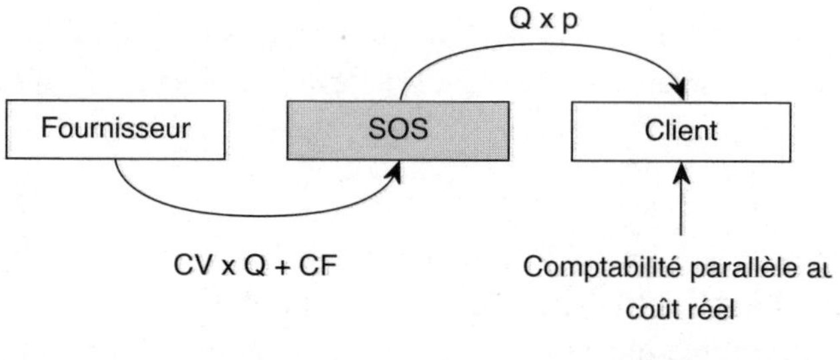

D'après Michel Lebas et Jean-Loup Ardoin.

Figure 2.13 – Mise en place d'une entité « de secours » en cas de saturation du marché

Exemple – Une plateforme logistique au secours des fournisseurs et des clients

Un groupe verrier européen détient à la fois des usines et des centres de distribution locaux. À ce jour, les usines ne sont pas compétitives en termes de coûts de production. D'autre part, les magasins s'approvisionnent auprès d'elles en petites quantités, et donc à des prix élevés. Ces derniers ont donc choisi, au cours des dernières années, d'acheter

1. Cette méthode a été éprouvée au niveau des états et des confédérations dans le cadre de politiques de soutien aux secteurs sinistrés (l'agriculture dans la CEE ou aux États-Unis dans les années 1970).

des lots plus importants afin de ne pas supporter des coûts d'approvisionnement trop élevés. Le résultat à l'échelle du groupe n'a pas tardé : les stocks ont augmenté de 45 % en trois ans, et certains distributeurs éprouvent des difficultés de trésorerie en raison d'un BFR trop élevé.

Une solution mise en œuvre pour préserver les magasins a consisté à créer des plateformes logistiques régionales. En jouant le rôle de centrales d'achat, les plateformes négocient des prix plus faibles que les magasins. Ce faisant, elles incitent les usines, qui jusqu'ici jouissaient d'une demande très dispersée, à réduire leurs coûts de production. De leur côté, les magasins s'approvisionnent toujours au même prix, mais n'ont plus à supporter les effets d'une faible rotation des stocks. Les plateformes, quant à elles, sont censées se financer par l'économie réalisée grâce aux commandes groupées.

Pour aller plus loin...

Les prix de transfert (échanges intragroupes) doivent répondre au principe de pleine concurrence. Pour cela, l'OCDE privilégie des méthodes de valorisation fondées sur ce que l'on appelle « les comparables ». Les groupes présents en France doivent pouvoir fournir une documentation qui prouve que leurs prix de transfert :

- sont statistiquement représentatifs de ceux pratiqués sur les marchés ;
- ou qu'ils permettent aux filiales de dégager des marges comparables à celles d'entreprises indépendantes dans le même secteur d'activité.

Un écart significatif à ces règles peut donner lieu à un redressement fiscal dans le pays « lésé » par la sous-évaluation de recette ou la surévaluation de coût qui en résulte.

Un système de prix de cession interne peut être conçu dans une optique de localisation du résultat dans l'entreprise, de suivi comptable de ce résultat, ou encore en vue de donner aux entités qui la composent les moyens d'être responsables de leur performance financière. On a vu pourquoi ces trois objectifs n'étaient pas toujours compatibles. En d'autres termes, on ne peut pas tout demander à un système de PCI, et qui plus est, il faut être au clair avec ce que l'on attend de lui. Le tableau qui suit permet justement de rappeler l'essentiel de ce qui précède, et d'éviter certaines confusions regrettables.

En second lieu, un système de PCI a un coût, qui dépend essentiellement du choix de valorisation des échanges et de la complexité de l'organisation interne. Il convient alors d'arbitrer entre l'opportunité d'un tel système, au regard des objectifs qui lui ont été assignés, et des coûts supplémentaires qu'il va engendrer.

Tableau 2.3 – Synthèse sur les différents modes possibles de valorisation des échanges internes

Objectif du système de PCI	Valorisation possible				
	Coût standard variable	Coût standard complet	Coût réel	Prix du marché	Valeur arbitraire
Suivre le résultat comptable			X		
Évaluer la responsabilité financière des entités	X			X	
Prendre des décisions (détermination de prix, faire ou faire faire...)	X	X	X	X	
Localiser le résultat comptable					X

L'essentiel

Un prix de cession interne est la valeur à laquelle un bien ou un service est cédé entre deux entités d'une même entreprise, le système de prix de cession interne étant l'ensemble des règles de valorisation adoptées par une firme. C'est un mode de réintroduction du marché dans l'entreprise. Les prix de cession interne confèrent aux entités les moyens de l'exercice de leur responsabilité en influençant les modalités de mesure de leur résultat.

La valorisation des prix de cession interne s'inscrit dans une logique de relation de facturation client-fournisseur. La logique d'intégration des centres de responsabilité conduit à l'obligation de s'approvisionner en interne (la limite inférieure du prix de cession interne étant alors le coût de production) tandis que la logique de marché conduit à la mise en concurrence par rapport au marché des prestations du fournisseur (la limite supérieure du prix de cession interne étant alors le prix de marché).

Les méthodes de valorisation vont alors refléter ces logiques avec :

– la valorisation au coût standard (coût standard complet, coût variable standard) ;

– la valorisation au prix du marché ;

– la gratuité ;

– la facturation comptable ex-post au coût réel ;

– le mélange des méthodes précédentes.

Questions

1 ■ Comment un système de prix de cession interne permet-il une mesure objective et réaliste des résultats économiques de chaque centre de responsabilité ? Donnez des exemples.

2 ■ Les prix de cession interne fondés sur les coûts ne sont-ils pas la négation de la logique de marché ?

3 ■ Fixer les prix de cession interne, est-ce la solution idéale pour arbitrer les échanges entre divisions ?

4 ■ Donnez des exemples qui illustrent la divergence des intérêts au sein d'une entreprise. Développez notamment les sources de conflit qui peuvent naître entre deux divisions d'une même entreprise lorsqu'il s'agit de fixer un prix de cession interne ?

5 ■ Quels sont les avantages d'un PCI calculé ex ante par rapport à un PCI élaboré a posteriori ?

6 ■ Dans quelles conditions le WWB (World Wide Best) peut-il être préférable au prix de marché pour valoriser les cessions internes ?

7 ■ Pourquoi l'administration fiscale privilégie-t-elle la logique de marché lorsqu'il s'agit de valoriser les transactions entre les différentes entités juridiques d'un même groupe ?

Partie 2 Des outils et des démarches de MMP

Cette partie traite plus spécifiquement des outils et des démarches de Mesure et Management de la Performance (MMP), tels qu'ils se sont développés dans les dernières années. L'évolution du contrôle de gestion est caractérisée par le développement parallèle des outils de mesure et de management de la performance financière, et des outils de pilotage de la performance stratégique et opérationnelle.

Les premiers, outils financiers, ont accordé une part croissante à la prise en compte des éléments de bilan, trésorerie à court terme et investissements, reflétant ainsi la recherche accrue de valeur pour l'actionnaire, tandis que les outils plus « traditionnels » et centrés sur la recherche du résultat (budget, contrôle budgétaire) ont été remis en cause (*beyond budgeting*) du fait de l'incertitude croissante de l'environnement et de l'évolution des structures organisationnelles dont nous avons parlé en première partie de cet ouvrage.

Le développement d'outils de mesure et de pilotage de la performance stratégique et opérationnelle répond quant à lui aux besoins plus managériaux de disposer d'outils anticipateurs et surtout apportant une compréhension des modèles de cause à effet de la génération de la performance. L'idée d'une stratégie émergente, construite de façon interactive (Simons, 1990, 1995, 2000) à travers un jeu d'acteurs multiples au fur et à mesure que l'organisation et ses marchés progressent, a fait son chemin.

Les chapitres qui suivent présentent les outils dans leur caractère technique et méthodologique, mais ils accordent aussi une large place aux aspects organisationnels et comportementaux qui en découlent. Ceux-ci sont essentiels lorsqu'on considère les pratiques et la mise en œuvre du contrôle. Cela explique la longueur de ces chapitres, qui constituent le cœur de ce qu'on appelle classiquement le contrôle de gestion en entreprise.

Le chapitre 3 est centré sur le pilotage de la performance financière. Dans un premier temps, il présente les outils budgétaires conventionnels. Le chapitre opère la distinction entre gestion budgétaire prévisionnelle et suivi-analyse (contrôle) de la performance budgétaire. Dans un deuxième temps, les outils de mesure de la performance financière associés à la rentabilité économique et à la création de valeur (EVA, ROI) sont exposés. Au-delà de la description des techniques, ce chapitre aborde enfin les écueils à éviter, les principes guidant les bonnes pratiques budgétaires et les limites de l'évaluation strictement financière de la performance.

Le chapitre 4 propose alors de développer des outils plus stratégiques et plus opérationnels pour permettre aux managers d'anticiper les conséquences de leurs actions et de mieux mettre les plans d'action de l'organisation en cohérence avec ses objectifs stratégiques. Ce chapitre évoque deux outils qui ont connu un réel développement dans la décennie 2000 : le *balanced scorecard,* importé des États-Unis a connu, y compris en Europe, un franc succès ; le tableau de bord stratégique est fondé sur la méthode OVAR (Objectifs, variables d'action, responsables) en France. Plutôt que de présenter successivement les outils, le chapitre propose une méthodologie qui offre une synthèse des éléments jugés les plus intéressants dans chacune des démarches : démarche et carte stratégiques multiperspectives tout d'abord, rigueur des concepts et distinction entre la fin et les moyens avec les notions d'objectifs, de variables d'action, de plans d'action ensuite. Une réflexion est aussi engagée concernant les indicateurs, car s'ils ne constituent pas la première étape de ces démarches, ils sont pourtant un élément cristallisateur essentiel, dont les effets dysfonctionnels peuvent être nombreux.

Pour aller plus loin...

Systèmes diagnostiques et systèmes interactifs de Simons

Dans la vision classique, les systèmes de contrôle de gestion sont vus comme une instrumentalisation au service de la stratégie, qui est réputée claire, explicite, formulée. Dans cette vision, le contrôle est supposé découler des objectifs stratégiques, considérés comme acquis. Depuis les années 1990 cependant, certains chercheurs (Simons, 1990, 1995, 2000) ont réfuté l'idée d'une stratégie prédéterminée. Les systèmes de contrôle sont désormais vus comme participant à la mise en forme de la stratégie, dans la mesure où ils apportent un filtre par lequel le dirigeant perçoit l'incertitude de l'environnement, et prend des décisions en conséquence.

On en vient à distinguer deux types de systèmes de contrôle :

- Les systèmes de contrôle dits « diagnostiques » continuent de remplir une fonction de vigilance et de monitoring sur les actions prises et d'éventuelles actions correctives à mener ; ces systèmes, tant que les indicateurs sont « dans le vert », n'occupent pas une part importante du temps des responsables, qui n'y consacrent pas beaucoup d'attention ; ce sont des systèmes routiniers, mais indispensables comme l'est la jauge de niveau d'huile dans un véhicule.
- Les systèmes de contrôle dits « interactifs » au contraire sont, dans un environnement turbulent, la source d'apprentissage pour l'organisation et pour les dirigeants ; ils leur permettent de faire face aux incertitudes stratégiques perçues, d'en débattre, de choisir de nouvelles intentions stratégiques ; l'information qui est au cœur de ces systèmes fait l'objet de multiples débats dans l'entreprise et de beaucoup d'attention de la part des dirigeants.

Dans cette perspective, l'utilisation de certains outils de façon diagnostique ou interactive n'est pas systématique. Différents modèles existent dans les organisations, largement en fonction de la culture organisationnelle et de la personnalité du dirigeant. Par exemple, il est possible de rencontrer un modèle dans lequel le budget, utilisé de façon « diagnostique » a été réduit à son strict minimum, moyen d'allocation des ressources et suivi routinier, avec une fixation d'objectifs descendante, un calendrier très court et des objectifs qui ne constituent pas un engagement fort ; dans ces mêmes organisations, un autre outil prendra le relais pour permettre une gestion « interactive » des incertitudes perçues et de la stratégie : une démarche de pilotage de la performance stratégique (type *balanced scorecard*, tableau de bord stratégique ou indicateurs de performance stratégiques), ou encore un système de reprévisions très développé, fréquent et fortement animé. Un autre modèle consiste à placer le budget au cœur du dispositif interactif, en prenant soin au contraire d'avoir des pratiques fortes autour de celui-ci : engagement fort des responsables, animation forte, interactions sur les plans d'action, meilleures pratiques en termes de calendrier, de méthode de fixation des objectifs, etc. Il sera moins nécessaire de développer d'autres outils de pilotage dans ce second cas. Dans tous les cas, avec Simons (1995), il nous paraît important qu'il existe au moins un système de contrôle interactif car c'est lui qui donne les moyens du dialogue et de la formulation et reformulation constante de la stratégie.

Chapitre 3

Le pilotage de la performance financière

Le pilotage de la performance financière est à l'origine même de la discipline du contrôle de gestion. Les premiers outils de contrôle développés dans les entreprises reposent sur l'idée qu'une modélisation comptable et financière de l'organisation est possible et que des responsabilités peuvent être déléguées aux différents acteurs en interne, dont on contrôlera ensuite la performance financière. Dans ce chapitre, nous allons tout d'abord présenter en détail les outils classiques du contrôle de gestion et expliquer sur quelle logique ils sont fondés. La section 1 traite des outils prévisionnels, le plan, les budgets tandis que la section 2 porte sur le suivi, à travers le contrôle budgétaire et les principaux outils qui en sont le calcul et l'analyse des écarts.

Mais le pilotage de la performance financière est désormais bien loin de s'arrêter là. Le pouvoir grandissant des actionnaires à travers le développement des marchés financiers et des fonds de pension nord-américains a concouru dans les années 2000 à renouveler les pratiques et à mettre au goût du jour des indicateurs mesurant la rentabilité économique, qui prend en compte les capitaux investis, plutôt que la seule profitabilité qui mesure les marges et le profit réalisés. La section 3 présente ces indicateurs, en particulier EVA (*Economic Value Added © Stern & Stewart*) et ROI (*Return On Investment*), ainsi que les questions qu'ils soulèvent.

Enfin, la section 4 revient sur les logiques associées au pilotage de la performance financière et sur leurs limites inhérentes. Au-delà des techniques de pilotage financier abordées dans les sections précédentes, cette section présente les interrogations et critiques dont les budgets ont fait l'objet pour le management dans les années 2000. Peu d'entreprises ont vraiment abandonné la budgétisation, mais le besoin de renouveler les pratiques va de pair avec le constat que les logiques strictement financières s'adaptent mal à l'incertitude de l'environnement, à l'évolution des structures organisationnelles (dont nous avons parlé en première partie de cet ouvrage) et au besoin renforcé d'outils de pilotage plus stratégiques et plus interactifs (dont nous parlerons au chapitre 4).

Les pratiques vont d'une part dans le sens d'un allégement et d'une simplification des processus budgétaires, assortis parfois de reprévisions (*forecasts*) plus fréquentes mais non reliées à l'évaluation de la performance. D'autre part, elles montrent le besoin de se doter d'un niveau élevé d'échange et de communication dans le management pour formuler et mettre en œuvre la stratégie en continu. Une option est d'utiliser pour cela les budgets simplifiés de façon interactive ; une alternative est de se doter en complément d'outils plus stratégiques et opérationnels du management de la performance tels que ceux décrits au chapitre suivant.

Section 1 LE PROCESSUS ET L'ARCHITECTURE BUDGÉTAIRES

Dans cette section, nous commençons par exposer les techniques et méthodes classiques d'élaboration des budgets. Le budget s'inscrit parmi les outils de management prévisionnel de l'entreprise et à ce titre, nous montrerons d'abord son articulation avec les plans à long et moyen termes, selon une approche classique de mise en œuvre de la stratégie. Ensuite, nous exposerons à la fois la façon dont le budget est généralement construit dans l'entreprise et les multiples façons dont il peut être animé. Un exemple de cas pratique d'élaboration budgétaire complètera enfin la section.

1 Du plan stratégique au plan d'action à court terme

Dans ce contexte, l'outil de contrôle le plus orienté vers l'avenir est *le plan stratégique*, qui sera ensuite chiffré et décliné dans *le plan opérationnel* (« glissant » et généralement à 2 ou 3 ans).

Le terme même de plan suscite une polémique dans la mesure où il hérite sémantiquement de toute la connotation « stalinienne » et technocratique du terme. La notion est surtout critiquée dans la mesure où elle se référerait implicitement à un environnement stable, prévisible et donc révolu. Quels que soient les débats critiques, c'est l'idée que recouvre la démarche de planification qui compte ici. Planifier est une démarche anticipatrice organisationnelle indissociable de l'idée de gestion.

À court terme, en effet, l'entreprise a une marge de manœuvre réduite quant à ses options fondamentales. Le point de focalisation du plan stratégique se préoccupe de la viabilité de l'entreprise et de sa rentabilité à long ou moyen terme. Cela se traduit par la nécessité de développer un portefeuille d'activités ou un ensemble de couples produits-marchés qui soient porteurs d'avenir, de choisir les investissements, notamment en production, ou d'adapter les capacités de l'entreprise en fonction de l'évolution de ses marchés et de ses sources d'approvisionnement. Il s'agit également d'adapter les structures de l'entreprise, de mobiliser son personnel et de s'assurer que les financements à moyen et long terme sont réalistes par rapport aux flux financiers prévisibles.

C'est ainsi que la planification stratégique s'appuie sur des outils comme :

- la segmentation stratégique, c'est-à-dire le découpage du marché de l'entreprise en clientèles distinctes auxquelles des produits et des services seront proposés ;
- la gestion du cycle de vie des produits pour évaluer le vieillissement et anticiper le renouvellement de ce portefeuille ;
- l'effet d'expérience qui permettra de capitaliser les gains de productivité au fur et à mesure de l'accumulation d'expériences par l'entreprise.

La formulation du plan stratégique est inhérente à la qualité de la réflexion stratégique et amène à examiner les scénarios possibles d'évolution selon leur degré de vraisemblance, ce qui conduit à évaluer l'amplitude de l'écart stratégique. Il s'agit ici de décider des actions à entreprendre après identification de leurs coûts et de leurs résultats espérés (parts de marché, profits, évolution de la structure et de l'organisation de l'entreprise). Cette étude des scénarios peut conduire à l'étude de stratégies de rechange en cas de non-vérification des hypothèses.

Le plan stratégique conduit alors au plan opérationnel qui, dans l'univers du contrôle de gestion, représente véritablement l'outil d'articulation du court terme et du long terme. Au diagnostic du long terme chiffré dans le plan stratégique, le plan opérationnel ajoute le diagnostic à court terme propre à identifier les problèmes à résoudre dans les différents domaines de l'entreprise : commercial, production, finance, logistique…

Il se rapproche, dans ses modalités, de la technique budgétaire bien que le niveau de détail soit moins grand (états prévisionnels année par année). C'est le chiffrage, à deux ou trois ans le plus souvent, des objectifs du plan stratégique, déclinés entre les centres de responsabilité. Ces plans sont « glissants », à savoir que chaque année on évalue à nouveau les perspectives pour les deux ou trois années qui suivent.

Le plan opérationnel est classiquement élaboré par centre de responsabilité. Il prend en compte les orientations de la direction générale et en décline les stratégies au niveau des centres de responsabilité et des fonctions. Il conduit donc à établir des plans sectoriels et à chiffrer les besoins d'investissement compte tenu des objectifs à atteindre, des hypothèses d'environnement, des actions à entreprendre et des plans de rechange à mettre en œuvre en cas d'écarts sur les hypothèses.

Comme il a été relevé dès le début de ce chapitre, la contradiction qui peut exister entre la démarche de planification et le contexte de changement est fréquente dans les situations actuelles. La planification se caractérise par un objectif de conservation de l'entreprise tandis que le contexte actuel est caractérisé par des évolutions, voire des ruptures, qui remettent en cause la structure.

Le changement stratégique peut se manifester notamment de trois manières :

- du fait de l'impact des acquisitions, fusions, des résultats de la croissance externe, aussi bien pour l'entreprise qui acquiert que pour celle qui cède, ou encore du fait de l'impact d'une privatisation ;
- du fait d'importantes modifications du rythme d'activité en termes de croissance (et décroissance) interne ; l'accès aux marchés internationaux comme la concurence nouvelle dans le cadre de la mondialisation ont eu un impact majeur ;
- du fait de l'impact des évolutions technologiques.

Il concerne aussi bien la structure de l'entreprise que sa position sur le marché, son métier et sa structure financière.

Ces changements stratégiques suscitent un problème de quantification, mais aussi un questionnement par rapport aux enjeux de pouvoir dans l'entreprise.

Devant ces difficultés, la planification s'est profondément transformée pour, d'une logique de programmation, passer à une *démarche* où anticipation et adaptation sont devenues les maîtres-mots. Anticiper ne doit plus être vu comme contradictoire avec s'adapter, les deux deviennent nécessaires dans un contexte turbulent. Quand la volonté stratégique et « l'écart stratégique » (entre ce que l'on est et ce que l'on voudrait être) mesurés rationnellement font place à « l'intention stratégique », la planification évolue :

- dans son approche, pour être désormais au service de l'*apprentissage* organisationnel ;
- dans ses outils, pour accorder une place de plus en plus significative aux méthodes introduisant simulations et scénarios, du plus idyllique au plus catastrophique.

Pour aller plus loin...

Le concept d'écart de planification

Le concept d'écart de planification représente la distance qui peut être mesurée entre le scénario le plus pessimiste (scénario « noir ») et le scénario le plus optimiste (scénario « rose ») par référence à la tendance « moyenne » qui résulte, le plus souvent, d'une extrapolation de la situation existante. Il situe la marge de risque perçue, à un moment donné, par l'entreprise.

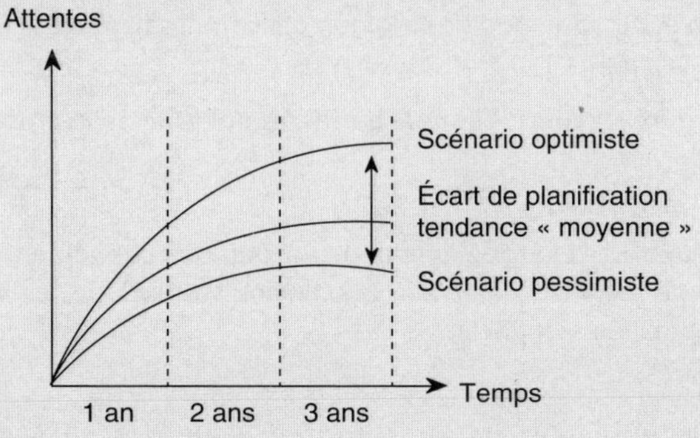

Figure 3.1 – L'écart de planification et la méthode des scénarios

2 Le processus budgétaire et les budgets

De façon idéale, la première année du plan opérationnel est le budget. Le système de contrôle de gestion réalise, dans ce cas, l'intégration stratégie-plan stratégique-plan opérationnel-budget. L'encadré « La chronologie plan-budget, deux approches » présente de façon contrastée les deux agencements calendaires possibles pour plan et budget. Le budget doit, en principe, couvrir la totalité des activités de l'entreprise ; il est exhaustif, détaillé, quantitatif et qualitatif.

Pour aller plus loin...

La chronologie plan-budget, deux approches

Deux modèles se dégagent :

- Un modèle « a », composé d'une planification stratégique (à 3, 5 ou 10 ans) au printemps, validée par le PDG fin juin, suivie d'un exercice opérationnel budgétaire en octobre-novembre ;
- Un modèle « b », dit « resserré », comprenant plan et budget (première année du plan) entièrement à l'automne.

☞

☞

Le modèle « b » semble en général une évolution par rapport au modèle « a »; cependant, il existe des entreprises qui ont fait le chemin de « b » vers « a ».

Avantages/limites de « a » :

- Niveau de détail financier du plan très simplifié (à ce stade, pas de détail, seulement des grands agrégats) ; par contre, on prend le temps d'une réflexion stratégico-opérationnelle partagée.
- Risque de lien distendu entre le plan et le budget.
- Risque d'avoir à faire à nouveau l'exercice à l'automne si l'évolution du contexte (micro et macro) entre juin et octobre modifie considérablement les hypothèses de base.

Avantages/limites de « b » :

- Modèle simple, court et ramassé dans le temps (réduit le délai du processus d'élaboration des objectifs).
- Cohérence entre plan et budget garantie.
- Évite de faire deux fois l'exercice lorsque beaucoup de changements ont lieu en cours d'année ; limite : risque « d'escamoter » la réflexion stratégique, le plan devient très vite orienté 1re année/aspects financiers.

Classiquement, le processus de budgétisation peut être vu avant tout comme un découpage de divers budgets, correspondant au découpage de l'entreprise en centres de responsabilité. Cette vision est cependant, au vu des évolutions des dernières années, trop réductrice de la place que tiennent les budgets et le processus budgétaire dans les entreprises et/ou incompatible avec les logiques de « pilotage de la performance ». Le « budget nouveau » comporte désormais deux dimensions essentielles :

- une dimension de pilotage et de gestion de la performance où les budgets permettent de relier la stratégie aux plans d'action opérationnels, à court terme, des responsables. Le budget est défini comme la *« traduction monétaire, économique du plan d'action pour chaque responsable, correspondant à l'utilisation des ressources qui lui sont déléguées pour atteindre les objectifs qu'il a négociés pour une période donnée et dans le cadre d'un plan »*. La définition pourtant ancienne de J.-L. Ardoin, D. Michel et J. Schmidt (1991) reste valable et cohérente avec les nécessités actuelles : « *Un budget est la valorisation monétaire d'un plan d'action destiné à atteindre un objectif.* » Elle est compatible avec le développement de vision plus transversales, de structures matricielles et d'outils de pilotage. Les budgets sont fondés sur les éléments, objectifs et plan d'action, quantitatifs et qualitatifs, sur lesquels repose la stratégie de l'entreprise ;
- une dimension comportementale, humaine, rituelle qui est essentielle dans les organisations et qui a mis longtemps à être reconnue.

Dans la logique du contrôle de gestion, le budget correspond à un engagement des responsables, à un contrat passé entre un responsable et son supérieur hiérarchique. À ce titre, il est intangible. Les conditions actuelles de fonctionnement des entreprises obligent à prendre en compte la volatilité des conditions économiques et conduisent à la reprévision budgétaire compte tenu de l'évolution du contexte. La réestimation du résultat est légitime dans la mesure où elle évite une référence passée, un « pilotage au rétroviseur » et favorise de ce fait un pilotage « proactif » selon la terminologie employée dans les milieux professionnels du contrôle de gestion. Celle-ci n'est cependant pas systématiquement pratiquée par les entreprises et les objectifs budgétaires restent, en général, la base unique de l'évaluation de la performance.

Pour aller plus loin…

Rythme et utilisation des reprévisions

Le rythme le plus courant semble être le rythme trimestriel, juste avant les publications financières intermédiaires. Certaines entreprises ont adopté un rythme mensuel, mais cela semble très lourd. Le niveau de détail des reprévisions varie aussi. Une question sous-jacente est celle de l'utilisation et des finalités réelles des reprévisions, qui peuvent être :

- « Se caler » avant communication financière à l'extérieur ; la question est débattue de ce qu'on publie ou non, ainsi que de ce qu'on diffuse aux commissaires aux comptes ou pas.
- Être l'occasion de réfléchir sérieusement aux actions correctives possibles en cas de dérapage. Remarque : dans certains secteurs, l'automobile par exemple, il existe peu de leviers à court terme pour maintenir le résultat, seulement les frais généraux discrétionnaires ; toutes les autres actions correctives (produits, gamme, volumes) sont plutôt à long terme.
- Obliger les opérationnels à penser et parler le langage financier très régulièrement, accroître le lien entre la compréhension opérationnelle du business et la compréhension financière des managers, culture et pédagogie d'un monde où « on s'engage sur les chiffres ».

Dans tous les cas, le budget reste le seul contrat et engagement pour l'année. Deux modèles sont concurrents pour les reprévisions par rapport au budget :

- Le modèle le plus courant est celui de reprévisions qui « atterrissent » en fin d'année et se réconcilient alors avec le budget, pour démarrer de zéro l'année suivante.
- Un modèle alternatif préconise des prévisions « glissantes » sur 12 ou 18 mois par exemple, pour éviter l'effet « couperet » et l'atterrissage en fin d'année : la trajectoire est ainsi éclairée de façon constante mais il semble que le système devienne vite impraticable.

Plusieurs entreprises effectuent des analyses « risques-opportunités », souvent trimestrielles, présentées devant la direction générale et qui donnent l'occasion de faire un point complet, financier et opérationnel. Lorsque ces analyses sont plus fréquentes, elles se font au niveau opérationnel et ne remontent pas systématiquement au niveau de la direction générale.

Alors que le processus de planification concerne traditionnellement les niveaux les plus élevés de la hiérarchie, la procédure de budgétisation, pour sa part, concerne tous les niveaux de l'entreprise. Le budget est établi annuellement pour fixer les moyens et ressources économiques qui permettent d'atteindre les objectifs de l'entité concernée. L'objectif doit être quantifié sur la base de critères comptables tels que la marge d'exploitation, le résultat, les flux de trésorerie, la rentabilité des capitaux investis. Les objectifs sont d'autant plus aisés à fixer que l'on dispose d'un plan valorisé sous forme monétaire, qui repose sur des hypothèses comme celles relatives à l'évolution des prix, des salaires, des parts de marché, des indices financiers... et sur les politiques qui seront menées au sein de l'entité. Le budget permettra également de valider la coordination entre les entités et servira de base aux négociations entre les responsables opérationnels. Il ne faut pas en effet sous-estimer l'importance des hommes dans le processus budgétaire. Dans la mesure où il représente un engagement, le budget est l'objet de négociations et d'enjeux de pouvoir, tant vis-à-vis des subordonnés, des pairs que de la hiérarchie.

Le processus budgétaire commence en principe avec le budget des ventes (volumes, prix, CA, coûts commerciaux) pour aller vers le budget de production (quantités à produire). Ce budget induit celui des achats (approvisionnements et tenue des stocks de matières premières), puis celui des coûts de production et enfin celui des investissements. Pour les services fonctionnels, il faut par ailleurs définir des plans d'action très spécifiques.

Le contrôleur de gestion assure la coordination de l'ensemble du processus budgétaire, la consolidation des données et le test de compatibilité avec l'équilibre financier à court terme (le budget de trésorerie) et l'équilibre financier à moyen et long terme (le compte de résultat et le bilan prévisionnels). Il assure la cohérence des budgets entre eux : les différents documents de synthèse doivent s'équilibrer entre eux, c'est-à-dire qu'on doit pouvoir trouver à nouveau le solde final de trésorerie et le résultat prévisionnel au bilan. En cas d'incohérence, le contrôleur de gestion anime aussi des itérations budgétaires.

Pour aller plus loin...

L'équilibre *top-down/bottom-up*

Il semble qu'il y ait un consensus sur une approche en deux temps :

- « cadrage » top-down (par exemple à l'issue du plan stratégique) ;
- puis démarche bottom-up et consolidation de l'information qui vient des entités.

Dans beaucoup d'organisations, la tendance est au raccourcissement du calendrier dévolu à l'élaboration du budget et à une approche plus *top down*, où les dirigeants font clairement savoir leurs attentes en matière d'objectifs (ce sont les objectifs communiqués en externe qui sont à nouveau communiqués en interne et constituent la base du management). On juge donc inutile de passer trop de temps dans des navettes budgétaires interminables et démotivantes.

☞

☞

De plus en plus, les objectifs financiers découlent des promesses de résultats et/ou de création de valeur faites aux actionnaires ou au marché. On note d'ailleurs que, dans une perspective de communication financière, le budget paraît plus contraignant que le plan stratégique ; il semble plus facile de faire des promesses à 3 ans qu'à 1 an aux marchés financiers ; cela permet de mener des politiques industrielles; cela laisse aussi un peu plus de marge de manœuvre pour se rattraper en cas de problème...

Quel niveau de « maillage » ? Jusqu'où descend-on et implique-t-on les opérationnels ?

La question est débattue. La lourdeur et la longueur du processus d'élaboration budgétaire dépendent largement de la finesse du niveau de maillage. Cette dernière comporte deux dimensions : le nombre de lignes budgétaires et le nombre d'entités de *reporting* (produits, régions, fonctions, sur combien d'axes et jusqu'à quel niveau descendre ?). Les tendances actuelles poussent à diminuer drastiquement les lignes budgétaires et à limiter le nombre d'entités de *reporting*. Est-ce vraiment une amélioration ? L'équilibre à trouver est entre la lourdeur du processus et une information peu pertinente, car trop grossière, entre « *quick & dirty* » ; un contrôleur de gestion nous a dit : « il faut faire *quick* et pas trop *dirty*... ».

Une autre explication au maillage fin est la nécessité d'évaluer les performances individuelles ; le maillage va jusqu'au niveau dont on veut mesurer la performance à des fins de rémunération variable...

Quelle « culture » dans la fixation d'objectifs ?

On note des différences importantes selon les pays en matière de culture du budget et de fixation d'objectifs : les modèles français, scandinave et japonais par exemple sont opposés. Le modèle scandinave mettrait la barre très haut, avec de fortes ambitions et la quasi-certitude de ne pas atteindre le budget, mais d'avoir « tout donné ». À l'autre extrême, le modèle japonais serait de différencier le budget, un minimum qu'on est sûr d'atteindre, du *target*, vers lequel on tend. On se trouve donc dans une dynamique positive où on s'interroge sur la répartition des surplus ; au contraire, en France, la reprévision serait en quelque sorte un constat d'échec du budget et on passerait son temps à s'interroger sur que faire pour corriger...

Une question d'utilisation des budgets ? Des budgets, pour quoi ?

Il semble se dégager deux approches :

- Dans les entreprises à culture financière forte, avec un management très financier, *bottom-line*, à distance, tout le monde est habitué à ce jeu comme base d'évaluation de la performance et un budget allégé peut suffire (les indicateurs clés).
- *A contrario*, dans les entreprises avec un style de management très rapproché, ou dans les entreprises où la culture financière n'est pas encore assez forte et répandue chez les managers, on a besoin du budget pour structurer la discussion et entrer dans le détail, ou comme instrument pédagogique.

Il est difficile de se référer au processus budgétaire sans mentionner les rapports étroits qui s'établissent avec le système d'information. Le support informatique joue un rôle fondamental dans la gestion de ce processus, car il garantit la fiabilité et l'accessibilité des informations qui seront utilisées.

Comme nous l'avons déjà souligné, le processus budgétaire est aussi un jeu social entre les acteurs et, à ce titre, il structure des habitudes. Cette double dimension de maquette informatisée de l'entreprise et de jeu social rituel conduit à pouvoir (risque de) transformer le processus budgétaire en un processus conservateur. Construit pour assurer la permanence de l'entreprise, il introduit des règles et des routines susceptibles de conduire au conservatisme. Ces aspects comportementaux et sociaux et les risques de dysfonctionnement du processus budgétaire seront traités plus en détail en section 4 de ce chapitre.

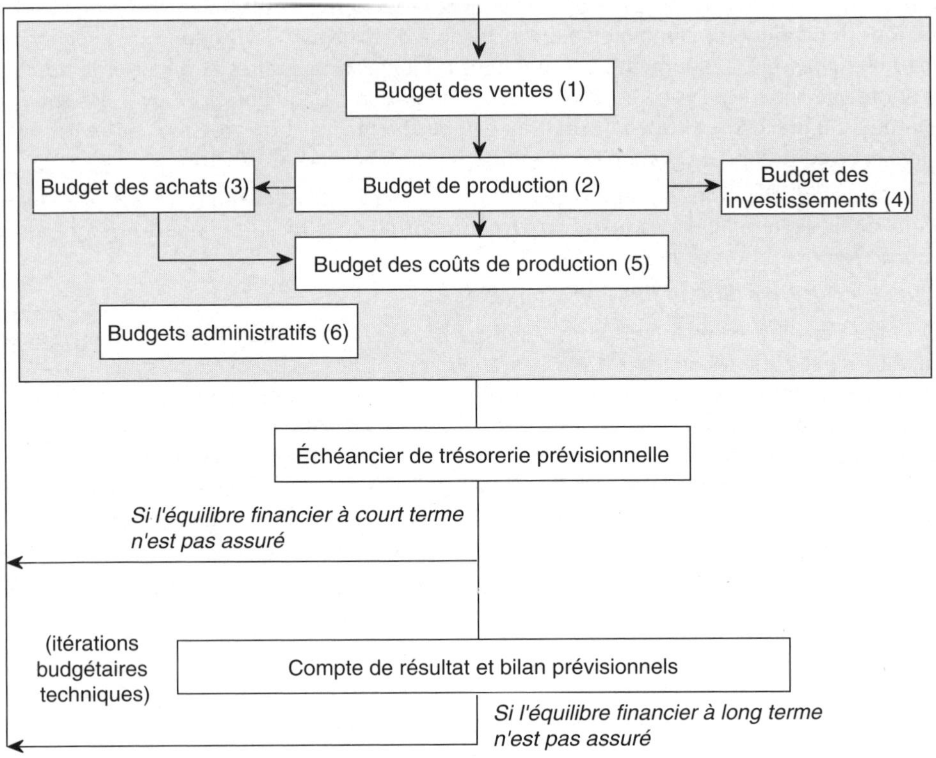

Figure 3.2 – L'architecture budgétaire

Le processus de budgétisation s'inscrit dans le cadre d'un calendrier qui va de septembre N–1 à décembre N–1 pour le budget de l'année N si le budget est calé sur l'année civile. Les itérations budgétaires, qu'il s'agisse de celles qui sont centrées sur la négociation ou des ajustements financiers, ne doivent intervenir ni trop tôt, ni trop tard pour être légitimes. Un risque de dérive courant consiste à prendre du retard parce qu'il y a trop de flou dans les objectifs ou encore parce que la négociation tourne au marchandage, ce qui amène à manquer de cohérence entre les objectifs. Le calendrier ne doit être en principe ni trop précoce, ni trop tardif, ni trop long.

Mai-juin
- cadre budgétaire
  - hypothèses macro-économiques
  - orientations DG

Juillet-septembre
- navette budgétaire : pré-budgets

Septembre-octobre
- arbitrage(s)
  - confrontation des pré-budgets consolidés aux objectifs

Novembre
- approbation DG : arrêt des budgets N + 1

L'année suivante
- exécution et suivi budgétaire

Figure 3.3 – Calendrier type d'une procédure budgétaire

Le processus budgétaire conduit, le plus souvent, à l'établissement des budgets mensuels qui n'est pas, bien entendu, une division par douze mais tient compte des variations saisonnières.

Le système budgétaire pose au manager comme au contrôleur un problème d'animation. En effet, l'influence du système budgétaire est forte sur la motivation et le degré de satisfaction des individus au travail. La littérature sur le budget formule ce constat. Les aspects comportementaux, organisationnels, humains constituent en effet un enjeu désormais reconnu et essentiel pour le contrôle de gestion.

Pour aller plus loin...

La « philosophie » budgétaire : souplesse ou rigidité ?

Les systèmes d'animation possibles du processus budgétaire reposent sur une « philosophie » budgétaire qui peut s'exprimer au niveau des outils comme au niveau du processus de management accompagnant la budgétisation.

Sur le plan du management, des objectifs ambitieux, difficiles à atteindre, vont souvent de pair avec un contrôle budgétaire assoupli, tandis que des objectifs plus faciles à atteindre seront assortis d'un strict contrôle budgétaire (les objectifs doivent impérativement être atteints). Le discours est parfois celui de la rigueur, objectifs ambitieux et contrôle strict de l'atteinte des objectifs, mais la réalité à de bonnes chances d'assouplir l'un des deux éléments : soit les objectifs eux-mêmes, soit le contrôle de l'atteinte des objectifs.

L'espace de liberté laissé est qualifié de slack organisationnel, que l'on peut comprendre de façon imagée comme du « jeu dans les rouages ». Par exemple, les situations de conjoncture difficile se traduisent souvent par une gestion construite sur des objectifs souples et un contrôle budgétaire strict.

La façon la plus courante d'illustrer ce qu'est un processus budgétaire est de proposer un exemple qui permette au lecteur de saisir la complexité du cadre ainsi que l'importance de la nécessité du recours au support informatique, dans l'élaboration des budgets.

Cas d'application

Le 1er octobre N, le contrôleur de gestion de la société A, après avoir établi le bilan prévisionnel pour l'année N (annexe 1), lance la campagne du budget N+1.

Pour ce faire :
- il envoie à chacune des directions de la société les indications de politique générale qui devront guider les actions à mener en N+1 (annexe 2) ;
- il demande à ces directions de bien vouloir lui communiquer avant la fin octobre pour coordination et synthèse leurs prévisions budgétaires.

L'ensemble des renseignements obtenus à cette date figure dans les annexes 3 à 7 :
- annexe 3 : prévisions de la direction commerciale ;
- annexe 4 : prévisions de la direction de la production ;
- annexe 5 : prévisions des services approvisionnements ;
- annexe 6 : prévisions des services généraux (services administratifs, services financiers, service du budget) ;
- annexe 7 : prévisions de trésorerie ;
- annexe 8 : organigramme de la société A ;
- annexe 9 : objectifs de progrès demandés par la direction.

Pour simplifier, on négligera :
- l'impact des charges sociales (les données seront considérées charges sociales comprises) ;
- toute participation des salariés aux résultats de l'entreprise ;
- tous les problèmes de TVA et d'acompte d'impôt sur les sociétés ;
- le coût des congés annuels est supposé compris dans les coûts énoncés.

Le taux de l'IS sera de 35 %.

Question :

On calculera le budget des ventes et le budget des achats en tenant compte de la variation saisonnière trimestrielle. On pourra tenir compte d'hypothèses hautes, moyennes et basses liées à l'imprécision des prévisions à condition de les justifier dans des simulations. Des indications pour ces simulations sont données dans l'annexe 9.

ANNEXE 1 — Bilan prévisionnel au 31.12.N

Il s'agit encore d'un bilan prévisionnel puisque nous ne sommes que le 01.10.N, mais nous admettrons cependant que tous les montants indiqués resteront inchangés dans le bilan réel. Ce bilan est en K€ (milliers d'euros).

Actif				Passif	
Immobilisations	1 100	195	905	*Capitaux propres*	1 355,58
				Capital social	1 220
				Réserves	71
				Résultat bénéficiaire	64,58
Actif circulant			399,8	*Dettes*	165,62
Stock de matières			16,2	Emprunt	55
Stock de produits finis			74,6	Fournisseurs	42,90
Clients			309	Fournisseurs d'immobilisations	40
Trésorerie			216,4	État (IS)	27,72
Total			**1 521,20**	**Total**	**1 521,20**

Les immobilisations comportent notamment des licences rapportant des redevances annuelles de 30 000 €, encaissables en décembre et figurant donc au poste « trésorerie ».

Détail du stock matières :
- matière A : 5 000 kg à 1,04 € le kg ;
- matière B : 5 000 kg à 2,20 € le kg.

Détail du stock de produits finis :
- produit P : 140 unités à 340 € pièce ;
- produit Q : 50 unités à 540 € pièce.

Ces coûts unitaires correspondent à des éléments de coûts de revient calculés au niveau des ateliers.

Une décision a déjà été prise quant à l'affectation du résultat :
- 51 930 € à l'augmentation des réserves ;
- 12 750 € sous forme de dividendes.

Dans les emprunts, 5 000 € correspondent au remboursement d'un emprunt contracté en N–2 et remboursable en mai N+1

Les frais financiers correspondant seront de 5 400 €.

ANNEXE 2 — Directives de politique générale pour l'année N+1

L'objectif prioritaire de la société A reste un objectif de profit. Les actionnaires souhaitent obtenir des capitaux qu'ils y ont investis (capital social) une rentabilité de 5% avant impôts. De plus, ils souhaitent conserver leur autonomie et demandent à ce que l'on privilégie l'autofinancement dans le développement de la société A.

Annexe 3 — Prévisions de la direction commerciale

Les responsables des quatre secteurs commerciaux de la société ont communiqué, compte tenu de leur appréciation économique nationale et régionale, les prévisions quantitatives suivantes pour les ventes de N+1.

	P	Q
Région nord-est	1 200	125
Région parisienne	2 500	525
Région sud-est	800	300
Région sud-ouest	1 500	150
Total	6 000	1 100

L'expérience des années précédentes a montré :
- qu'en moyenne, ces indications pouvaient être considérées comme valables à + ou – 5 % pour le produit P, produit le plus ancien de la gamme de la société A, et à + ou – 10 % pour le produit Q ;
- que les ventes des produits P et Q sont saisonnières.

	P	Q
1er trimestre	22 %	20 %
2e trimestre	18 %	35 %
3e trimestre	25 %	30 %
4e trimestre	35 %	15 %

La direction commerciale, compte tenu des études qu'elle a effectuées, prévoit que le prix de vente unitaire du produit P pendant l'année N+1 ne pourra pas dépasser 440 € ; par contre, en ce qui concerne le produit Q, son prix de vente N de 640 € pourra être maintenu pendant le premier trimestre N+1. Il semble prudent d'escompter une baisse de 10 % à compter du début du deuxième trimestre pour le produit Q.

Par ailleurs, le mode de rémunération des agents commerciaux est le suivant :
- d'une part, un fixe de 1 400 € mensuels (charges comprises) ;
- d'autre part, un intéressement au chiffre d'affaires réalisé de 8 % jusqu'à 2 M€, de 10 % de 2 à 2,8 M€ et de 15 % au-delà de 2,8 M€.

Il n'est pas prévu d'accroître la force de vente. Celle-ci comprendra donc 3 personnes dans le Nord-Est, 6 en région parisienne, 2 dans le Sud-Est et 4 dans le Sud-Ouest.

Enfin, pour soutenir leurs efforts, les responsables des quatre agences ont demandé qu'un budget de publicité leur soit attribué ; il semble à la direction commerciale qu'un budget global de 2 % environ du chiffre d'affaires puisse être dégagé.

Annexe 4 — Prévisions de la direction de production

Le directeur de la production estime que la capacité de production – tant en hommes qu'en machines – doit lui permettre de produire dans des conditions normales d'exploitation jusqu'à 6 500 produits P et 1 250 produits Q. Au-delà de ces productions, il serait nécessaire d'envisager des investissements d'accroissement de capacité. L'outil de production existant est en bon état de fonctionnement et il n'y a pas lieu de prévoir non plus d'investissement de renouvellement, si ce n'est l'achat d'une machine de 40 000 € durant le 4e trimestre N (payable entièrement en N+1).

Le bureau des méthodes de l'usine où sont fabriqués les produits P et Q estime qu'il semble difficile d'escompter en N+1 un gain de productivité sur les deux fabrications ; par conséquent, il considère que la matrice technique (ensemble des gammes d'opérations et des nomenclatures des matières) restera en N+1 ce qu'elle était en N, soit :

Produits	P	Q
Matières premières :		
Matière A	20 kg	20 kg
Matière B	5 kg	7 kg
Main-d'œuvre directe	12,5 h	20 h

Comme habituellement dans l'entreprise A, le programme de production collera aux ventes prévues. Le service du personnel, interrogé, estime que le coût horaire de la main-d'œuvre directe ne saurait dépasser 20 € (charges comprises) en N+1 dans les ateliers de la société A (ce taux est d'ailleurs comparable, sinon légèrement supérieur, à celui pratiqué dans les entreprises semblables).

Le budget des frais indirects de production, pour les limites de production envisagées, a été établi comme suit :

Frais indirects	fixes	variables	Total
Maîtrise*	70 000		70 000
Primes main-d'œuvre*		29 000	29 000
Charges locatives	32 000		32 000
Impôt foncier	3 000		3 000
Fournitures		30 000	30 000
Énergie	1 800	11 000	12 800
Entretien	4 000	22 000	26 000
Assurance incendie	2 200		2 200
Amortissements	25 000		25 000
Total	138 000	92 000	230 000

* Frais de personnel.

Dans le système de gestion utilisé par la société A, les frais indirects de production sont imputés aux divers produits au prorata des heures de main-d'œuvre directe nécessaires à leur production.

Annexe 5 — Prévisions du service achats

Le responsable des achats a essayé, dans ses prévisions, de tenir compte de l'évolution discernable du marché sur lequel il a coutume de s'approvisionner. Il lui semble prudent de prévoir, pour la fin de N+1, les stocks suivants :
- 9 000 kg de matière A,
- 1 100 kg de matière B.

Le dégonflement du stock de B sera réalisé dès le premier trimestre N+1 tandis que le gonflement du stock de A ne se réalisera que sur le 4e trimestre. Quant aux prix, sa connaissance du marché et les renseignements obtenus de ses fournisseurs lui permettent d'escompter qu'il pourra se procurer les matières A et B nécessaires à la production à des prix respectifs de 1,10 € et 2,40 € le kilo pendant le 1er semestre, puis de 1,25 € et 2,60 € le kilo pendant le 2e semestre. Compte tenu de cette information, le responsable des achats envisage de profiter en juin N+1 du prix le plus bas compatible avec sa capacité de stockage : 60 % des achats de matières premières (en quantité) seront ainsi faits au cours du 1er semestre.

En ce qui concerne les produits finis P et Q, il est nécessaire, pense-t-on dans la société A, de majorer de façon importante les stocks de fin (N+1). On pourrait, par exemple, essayer de disposer fin N de 1 500 P et de 100 Q, cette quantité de Q étant incompressible. Pour P, c'est un objectif très souhaitable, mais qui peut éventuellement être remis en question en cas de difficulté.

Les frais de fonctionnement du service achats (personnel, coût de passation d'une commande, etc.) sont inclus dans le budget des services généraux.

Annexe 6 — Prévision des services généraux

Le budget (N) des services généraux (y compris les frais de fonctionnement des approvisionnements) s'élevait à un total de 266 910 € dont 209 500 € de frais de personnel. Pour (N+1), le contrôleur de gestion estime que ce budget va s'alourdir, compte tenu d'une prévision d'augmentation des frais de personnel de 10 % pour le siège social et d'une prévision d'augmentation des autres frais des services généraux de 8 %.

Un calcul sur ces bases donne les prévisions suivantes :

Personnel (charges incluses)	230 450
Études et recherches	40 000
Frais postaux	12 000
Charges courantes	2 003
Charges exceptionnelles	8 000
Total	292 453

ANNEXE 7 — Prévisions de trésorerie

Le directeur financier désire, pour des raisons de sécurité, maintenir en N+1 un équilibre « zéro » de trésorerie à la fin de chaque trimestre. En cas de besoin, il pense être en mesure d'emprunter auprès des banquiers les fonds éventuellement nécessaires pour le financement de l'exploitation à un taux trimestriel de 1,5 %. Ces fonds sont à emprunter par tranches de 20 000 €.

On admettra :
- que les emprunts sont faits en début de trimestre et les remboursements en fin de trimestre ;
- que l'intérêt est calculé et payé chaque trimestre sur le montant de l'emprunt du trimestre.

Pour la trésorerie, les services financiers ont pu obtenir les informations suivantes pour l'établissement du budget de trésorerie :
- les créances clients du bilan fin N (309 000 €) seront encaissées au cours du 1er trimestre N+1 ;
- les dettes du bilan fin N seront honorées dans les conditions suivantes :
  - seront payés au cours du 1er trimestre N+1 les fournisseurs (42 900 €) et l'État (27 720 €) ;
  - seront payées au cours du 2e trimestre N+1 les fournisseurs d'immobilisations (40 000 €), l'annuité de l'emprunt (5 000 €) et les frais financiers sur l'emprunt (5 400 €) ;
  - sera payé au cours du 3e trimestre N+1 le dividende aux actionnaires (12 750 €).

Par simplification, le chiffre d'affaires de chaque trimestre est encaissable avec un trimestre de décalage. Le chiffre d'affaires du 4e trimestre N+1 sera donc encaissé au cours du 1er trimestre N+2.

Les matières achetées chaque trimestre seront payées sur le trimestre suivant.

Les frais de personnel de N+1 sont à diviser en 4 trimestres égaux, payables sans retard au cours de ces mêmes 4 trimestres.

La publicité comme les charges indirectes de production (hors main-d'œuvre) se répartissent également sur les 4 trimestres de N+1.

On admettra qu'il n'y a pas d'autres dotations aux amortissements que les 25 000 € mentionnés en frais indirects de production.

ANNEXE 8 — Organigramme de la société A

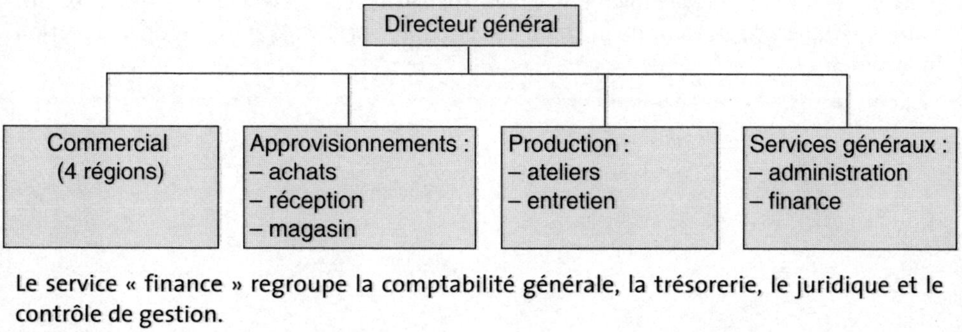

Le service « finance » regroupe la comptabilité générale, la trésorerie, le juridique et le contrôle de gestion.

ANNEXE 9 — Objectifs de progrès proposés par la direction

Au vu du budget prévisionnel N+1 tel qu'il est calculé, la direction estime que les résultats obtenus sont insuffisants et propose des objectifs de progrès à différents services.

1° *À la direction commerciale*, elle propose une augmentation des quantités prévisionnelles des ventes de 3 %. Après étude approfondie, la direction commerciale estime cet objectif réaliste si le budget de publicité passe de 2 à 2,5 % du chiffre d'affaires.

2° *À la direction de production*, elle propose la possibilité de faire face au développement des quantités vendues de 3 % pour P comme pour Q en respectant mieux les objectifs de constitution des stocks de produits finis. La direction de la production estime qu'un investissement de 100 000 € (investissement de capacité) permettra de produire 160 P de plus et 100 Q de plus (si nécessaire) ; d'autre part, un investissement de productivité permettra de diminuer les rebuts et retouches, donc de diminuer les quantités de matière et les temps de main-d'œuvre directe :

	P	Q
Matière A	19,5 kg	19,5 kg
Matière B	4,5 kg	6,5 kg
Main-d'œuvre directe	12,45 h	19,8 h

Cet investissement de productivité coûterait 70 000 €. Les deux investissements envisagés seraient amortissables en dix ans (linéairement suivant l'usage de la société A). Les équipements seraient disponibles chez le fournisseur et seraient opérationnels dès le début de janvier (règlement en janvier N+1). Il n'y a pas à envisager d'augmentation notable de la consommation d'énergie ni d'autres charges connexes (entretien...).

3° *Au service des achats*, elle propose de limiter à 8 000 kg le stock final de matière A. Le service pense pouvoir le faire sans inconvénient.

4° *Au service financier*, elle propose d'obtenir des délais de règlement plus courts de la part des clients mais plus longs de la part des fournisseurs. Après étude avec la direction commerciale et avec le service des approvisionnements, le service financier estime ne pouvoir le faire sans inconvénient grave (perte de clientèle, hausse des prix des fournisseurs). Le contrôleur de gestion, consulté, a approuvé la position de la direction financière.

Corrigé

Rappelons les options retenues et les contraintes.

Les propriétaires veulent :

– rentabiliser les capitaux propres d'au moins 5 % soit 5 % × 1 343 k€ = 67 k€. Sur quelle base de calcul ? Résultat avant impôts ou résultat avant impôts + les dotations aux amortissements ?
– privilégier l'autofinancement pour préserver l'indépendance.

Le corrigé indicatif suivant propose de calculer les budgets sur une situation moyenne avant prise en compte des éléments de l'annexe 9.

Le directeur des approvisionnements veut :

– atteindre les niveaux suivants pour le stock final de fin N+1 :
  – matière A : 9 000 kg,
  – matière B : 1 100 kg,
  – produit P : 1 500 articles (si possible ou en tout cas s'en rapprocher),
  – produit Q : 100 articles ;
– passer 60 % des achats de A et B au 1er semestre.

Précisions des ventes en quantité :

– P : + ou – 5 % ;
– Q : + ou – 10 %.

Saisonnalité des ventes en quantité :

– P : 40 % au 1er semestre, 60 % au second ;
– Q : 35 % au 1er et au 4e trimestre, 65 % au 2e et au 3e trimestre.

Contraintes techniques :

– production maximum : 6 500 P et 1 250 Q (en quantité) ;
– heures de main-d'œuvre directe : maximum 106 250 heures (12,526 500 P + 2021 250 Q = 106 250).

Budget des ventes

	P	Q	Total
1° Nord-Est 1er trimestre reste de l'année	1 200 × 440 = 528 000 €	125 × 640 × 0,25 = 20 000 € 125 × 576 × 0,75 = 54 000 €	602 000 €
2° Région parisienne 1er trimestre reste de l'année	2 500 × 440 = 1 100 000 €	525 × 640 × 0,25 = 84 000 € 525 × 576 × 0,75 = 226 800 €	1 410 800 €
3° Sud-Est 1er trimestre reste de l'année	800 × 440 = 352 000 €	300 × 640 × 0,25 = 48 000 € 300 × 576 × 0,75 = 129 600 €	529 600 €
4° Sud-Ouest 1er trimestre reste de l'année	1 500 × 440 = 660 000 €	150 × 640 × 0,25 = 24 000 € 150 × 576 × 0,75 = 64 800 €	748 800 €
5° total France 1er trimestre reste de l'année	6 000 × 440 = 2 640 000 €	1 100 × 640 × 0,25 = 176 000 € 1 100 × 576 × 0,75 = 475 200 €	3 291 200 €
Prix de vente moyen de Q : 651 200/1 100			592 €
CA moyen par trimestre :			822 800 €

Budget des frais commerciaux

Fixe des agents : 1 400 × 12 × 15 agents	252 000 €
Intéressement : 8 % de 2 M€ + 10 % de 800 000 € + 15 % de 487 680 €	313 152 €
Budget publicité : 2 % du chiffre d'affaires	65 824 €
Total	630 976 €

Programme de production (en quantité)

	P	Q
Ventes	6 000	1 100
+ Stock final	1 500	100
– Besoins bruts	7 500	1 200
– Stock initial	140	50
= À produire	7 360	1 150
Capacité de production	6 500	1 250
Production	**6 500**	**1 150**

L'objectif visé de stock final ne pourra probablement pas être atteint dans le cadre de l'hypothèse des ventes le plus probable. Il faut donc ramener le stock final de P à 640 (écart entre 7 360 et 6 500 = 860 et 1 500 – 860 = 640).

En réalité, on pourrait affiner le degré d'importance de cette prévision de stock final. Si nécessaire, on pourrait envisager des investissements ou encore un transfert éventuel de moyens de production destinés à Q pour la production de P.

Programme d'approvisionnement (en kg)

Matière	A	B
Consommation de matières premières		
Production de P		
6 500 × 20 kg	130 000	
6 500 × 5 kg		32 500
+ Production de Q		
1 150 × 20 kg	23 000	
1 150 × 7 kg		8 050
+ Stock final	9 000	1 100
= Besoins bruts	162 000	41 650
– Stock initial	5 000	5 000
= Achats	**157 000**	**36 650**

Le budget d'achats prévisionnels (matières premières) doit être réparti par trimestres en tenant compte des ventes prévisionnelles, des stockages, du souhait de la direction des approvisionnements de profiter des prix intéressants en juin N+1.

Budget d'achats prévisionnels (en kg et euros)

	Q	Matière A				Matière B				Total
		Q/ unité	Total	Px/ unité	Total	Q/ unité	Total	Px/ unité	Total	
1er trimestre										
Ventes										
22 % × 6 000 P	1 320	20	26 400			5	6 600			
20 % × 1 100 Q	220	20	4 400			7	1 540			
Dim. stock B							– 3 900			
Total			30 800	1,1	33 880		4 240	2,4	10 176	44 056
2e trimestre										
Ventes										
18 % × 6 000 P	1 080	20	21 600			5	5 400			
35 % × 1 100 Q	385	20	7 700			7	2 695			
60 % achats N+1										
Pour la vente										
20 % × 6 000 P	1 200	20	24 000			5	6 000			
5 % × 1 100 Q	55	20	1 100			7	385			
Pour les stocks										
60 % de 500 P	300	20	6 000			5	1 500			
60 % de 50 Q	30	20	600			7	210			
60 % de l'aug. du stock de A 4 000			2 400							
Total			63 400	1,1	69 740		16 190	2,4	38 856	108 596
T. 1er semestre			**94 200**		**103 620**		**20 430**		**49 032**	**152 652**
3^e^ trimestre										
Vente										
25 % – 20 % = 5 % × 6 000 P	300	20	6 000			5	1 500			
30 % – 5 % = 25 % × 1 100 Q	275	20	5 500			7	1 925			
Total			11 500	1,25	14 375		3 425	2,60	8 905	23 280
4^e^ trimestre										
Vente										
35 % × 6 000 P	2 100	20	42 000			5	10 500			
Stocks	165	20	3 300			7	1 155			
40 % × 500 P	200	20	4 000			5	1 000			
40 % × 50 Q	20	20	400			7	140			
40 % de l'augm. du stock de A			1 600							
Total			51 300	1,25	64 125		12 795	2,60	33 267	97 392
T. 2e semestre			**62 800**		**78 500**		**16 220**		**42 172**	**120 672**
Total année			**157 000**	**1,16**	**182 120**		**36 650**	**2,488**	**91 204**	**273 324**

Budget de production

Budget de main-d'œuvre directe

Produits	Production	Temps unitaires	Temps totaux	Taux horaire	Budget prévisionnel (k€)
P	6 500	12,5	81 250	20	1 625
Q	1 150	20	23 000	20	460
Total			**104 250**		**2 085**

Budget des charges indirectes de production

Ce budget, tel qu'il figure dans l'énoncé, doit être majoré des charges de main-d'œuvre indirecte. En effet, la main-d'œuvre de production n'est pas utilisée au maximum de sa capacité sur la production prévue (en ce qui concerne le produit Q dont la société A ne fabriquera que 1 150 unités pour une capacité de 1 250). Le temps de cette main-d'œuvre qui ne figure pas en « temps direct de production » figure évidemment avec les autres frais d'atelier, pour un montant de :

$$100\ Q \times 20\ h \times 20\ € = 40\ 000\ €.$$

Ce montant s'ajoute aux charges fixes.

Taux d'unité d'œuvre :

part variable : 92 000 € / 104 250 h = 0,8825 €/h

part fixe : (138 000 + 40 000)/104 250 h = 1,7074

Total : 2,5899 €/h

	Charges variables	Charges fixes	Total
Personnel			
Agents commerciaux	313 152	252 000	565 152
Main-d'œuvre directe	2 085 000		2 085 000
Frais indirects de production	29 000	70 000	99 000
Complément main-d'œuvre directe	40 000		40 000
Services généraux		230 450	230 450
Total coût du personnel	2 467 152	552 450	3 019 602
Par trimestre	616 788	138 112	754 900

Charges indirectes de production
(hors main-d'œuvre et amortissements)

Total annuel	63 000	43 000	106 000
Par trimestre	15 750	10 750	26 500

Charges indirectes des services généraux
(hors main-d'œuvre)

Total annuel		62 003	62 003
Par trimestre		15 501	15 501

Calcul du coût des produits

Concernant le calcul des coûts prévisionnels de P et Q en N+1, il faudra opter pour un coût partiel ou un coût complet.

	Coût du produit P			Coût du produit Q		
	variable	fixe	Total	variable	fixe	Total
Charges directes						
matières : 20 kg de A × 1,16 €	23,20		23,20	23,20		23,20
matières : 5 kg de B × 2,488 €	12,44		12,44			
matières : 7 kg de B × 2,488 €				17,36		17,36
main-d'œuvre : 12,5 h × 20 €	250		250			
main-d'œuvre : 20 h × 20 €				400		400
Total charges directes	285,64		285,64	440,56		440,56
Charges indirectes d'atelier						
unités d'œuvre : 12,5 h × 2,5899 + (0,8825 + 1,7074)	11,03	21,34	32,37			
unités d'œuvre : 20 h × 2,589				17,65	34,15	51,80
Coût atelier (direct + indirect)			318			492,36
Charges indirectes générales						
services généraux : 11,3 % du coût atelier			35,93			55,64
Coût complet (sauf frais financiers)			353,93			548
Prix de vente			440			592
Résultat analytique			86,07			44

NB : pour les frais de services généraux, on calculera, en pourcentage, le rapport :

$$\frac{\text{Frais des services généraux – Frais de la production}}{\text{Budget des SG/(achats + MOD + frais indirects de production + MO indirecte de production)}} = 0{,}113$$

Budget de trésorerie et des frais financiers

	1er trimestre N+1	2e trimestre N+1	3e trimestre N+1	4e trimestre N+1	au cours de N+2(2)
Disponible	216 400	– 3 977	5 410	481 507	204 470
+ Encaissements					
Créances(1) clients	309 000				
Ventes N+1		602 000	1 410 800	529 800	748 800
Redevances				30 000	
Total	309 000	602 000	1 410 800	559 800	
– Décaissements					
Intérêts/ emprunts		5 400			
Annuité/ emprunts(1)		5 000			
Fournisseurs	42 900				
Fournitures d'immobilisations(1)		40 000			
État IS(1) (3)	27 720				
Dividendes(1)			12 750		
Matières N+1		44 056	108 596	23 280	97 392
Personnel	754 900	754 900	754 900	754 900	
Publicité	16 456	16 456	16 456	16 456	
Ch. ind. production	26 500	26 500	26 500	26 500	
Ch. ind. services généraux	15 501	15 501	15 501	15 501	
Total	883 977	907 813	934 703	836 637	
Solde	– 358 577	– 309 790	481 507	204 470	
Emprunt CT demandés	360 000	320 000	0	0	
Remboursés					
Solde après emprunt	1 423	10 210	481 507	204 470	
Frais financiers à CT	5 400	4 800	0	0	
Solde final	**– 3 977**	**5 410**	**481 507**	**204 470**	

1. Postes figurant au bilan fin N.
2. Postes devant figurer au bilan fin N+1.
3. L'IS au titre de N+1 ne peut se calculer qu'avec le compte de résultat.

Compte de résultat prévisionnel (N+1)

	Produits
Production vendue	3 291 200
Variations de stocks[1] (stock final – stock initial)	
Produit P	178 576
Produit Q	27 721
Autres produits	30 000
Total	**3 527 497**
	Charges
Achats de matières	273 324
Variations de stocks (stock final – stock initial)	
Matière A	– 5 240
Matière B	8 263
Fournitures	30 000
Énergie	12 800
Total achats	319 147
Charges locatives	32 000
Entretien	26 000
Assurances	2 200
Publicité	65 824
Frais postaux	12 000
Études et Recherches	40 000
Total autres charges extérieures	178 024
Impôts et taxes	3 000
Personnel et charges sociales	3 019 601
Autres charges de gestion courante	2 003
Charges financières	15 600
Charges exceptionnelles	8 000
Dotations aux amortissements	25 000
IS	0
Bénéfice net (perte)	**– 42 878**
Total	**3 527 497**

NB : Le résultat négatif signifie la nécessité d'une itération budgétaire pour rechercher une rentabilité des capitaux propres qui s'approche des 5 % attendus.

(1) Stock final – stock initial.

L'essentiel de la section 1

En termes d'outils de gestion, la stratégie est formalisée dans le plan stratégique qui va ensuite être chiffré sur la base de deux ou trois années « glissantes » dans le plan opérationnel, outil d'articulation du court terme et du long terme.

La planification stratégique s'appuie sur des outils tels que la segmentation stratégique (positionnement des produits et services de l'entreprise entre des clientèles distinctes), le cycle de vie des produits (pour anticiper leur renouvellement) et l'effet d'expérience.

Le budget est la traduction concrète, quantitative et essentiellement économique des plans d'action décidés pour et par un responsable pour l'année à venir, en vue de l'atteinte des objectifs qu'il a négociés.

Le processus budgétaire se construit sur la base de l'horizon annuel. Il consolide les objectifs au niveau de chaque entité. Il est important de souligner non seulement les enjeux techniques du processus budgétaire (aboutir à des budgets coordonnés les uns par rapport aux autres et compatibles avec les équilibres financiers à court, moyen et long terme de l'entreprise) mais aussi les enjeux de pouvoir. Le processus budgétaire, à ce titre, est un jeu social interne à l'entreprise. Les budgets sont, en général, construits sur la base d'une vision hiérarchique et fonctionnelle de l'entreprise.

Les budgets sont déclinés sur la base du mois. Dans la mesure où il s'agit à la fois d'anticipation et d'engagement (à réaliser les objectifs), ils ne sont pas en théorie révisables. Une tendance actuelle visant à privilégier le réalisme conduit cependant à effectuer des reprévisions en cours d'exercice.

Section 2 LE CALCUL DES ÉCARTS ET LE CONTRÔLE BUDGÉTAIRE

Les budgets, on l'a vu, sont fixés par rapport à des objectifs et tiennent lieu d'engagement des responsables de chaque centre. Cette démarche prévisionnelle est engagée afin que les objectifs soient réalisés, ce qui vient en premier lieu justifier le suivi des réalisations et l'analyse des écarts. Sans eux, il n'y aurait pas d'effet-miroir donc pas d'actions correctives ni de phénomène d'apprentissage possible : la notion de pilotage n'existerait pas dans l'élaboration des budgets.

Cet ensemble budgets-suivi des réalisations (écarts) constitue le contrôle budgétaire et le premier pas, à travers un suivi de la performance financière, vers une gestion de la performance. Bien qu'il s'avère aujourd'hui incomplet dans une logique de pilotage, il a pendant longtemps constitué le cœur du contrôle de gestion. Ce contrôle budgétaire a tenu lieu de contrôle de gestion dans beaucoup d'entreprises, dans la mesure où il parvenait à remplir l'essentiel de la fonction contrôle. Il repose essentiellement sur une approche comptable, avec le calcul des écarts, et sur une logique économique et financière, avec un arrière-plan de management par les chiffres et de *responsibility accounting*. C'est cette forme de suivi, première historiquement et sans doute la plus instrumentalisée, qui va être présentée dans cette section. La dimension technique du calcul des écarts sera ici traitée. La section 4 abordera au contraire les aspects managériaux. Nous y décrirons les principes sous-jacents aux systèmes de *reporting* et la logique de contrat qui sous-tend le contrôle budgétaire dans sa conception première, dans les grandes entreprises.

Le calcul des écarts est construit sur un algorithme de calcul pouvant correspondre à différentes méthodes. Deux types d'approches principales se distinguent :

- les approches comptables analytiques, qu'elles soient françaises ou d'inspiration américaine, qui distinguent les écarts sur matières, les écarts sur main-d'œuvre – qui sont des frais variables directs –, et les écarts sur frais indirects variables et sur frais indirects fixes ;
- l'approche du contrôle budgétaire qui conduit à calculer autant d'écarts que nécessaire pour comprendre les déviations par rapport au budget. L'idée de référence est que l'on a construit un budget pour s'y tenir, et que tous les écarts doivent être expliqués et analysés. C'est cette méthode, intitulée méthode VRP (volume-rendement-prix), qui sera développée ici[1].

Celle-ci peut s'appliquer à chacun des postes, chacune des composantes du compte de résultat (du chiffre d'affaires par produit aux coûts indirects variables ou fixes) et permet ainsi de reconstituer pour chaque élément (chiffre d'affaires ou coût) du compte de résultat la nature et le montant de la déviation par rapport au budget.

1 À chaque type d'écart, un type de cause

Un écart par rapport au budget matérialise une déviation par rapport à la trajectoire que l'entreprise s'était initialement fixée. Chaque type d'écart correspond donc à un type de déviation, à une catégorie de phénomènes perturbateurs qui ont pu se produire. Il est possible de synthétiser l'ensemble des écarts, sous la dénomination VRP (volume, rendement, prix). On recense généralement trois grands types de perturbations.

1.1 L'écart de volume (ΔV)

Il rend visible le respect ou non par l'entreprise de l'hypothèse de niveau d'activité général. Avons-nous vendu et produit autant que nous l'avions espéré ? Sinon, quelles conséquences un niveau d'activité supérieur ou inférieur a-t-il sur notre résultat ?

Derrière cette question, se profile le problème de l'absorption des coûts fixes : la production, dans ce centre de responsabilité ou dans cette entreprise, a-t-elle été suffisante pour couvrir les coûts fixes comme prévu ? La méthode, qui sera présentée dans

1. Cette méthode a été initialement développée par plusieurs professeurs en contrôle de gestion du Groupe HEC, en particulier par H. Jordan.

ce manuel, simplificatrice dans un premier temps, se place dans la situation où ventes et production sont liées et où leurs niveaux d'activité varient de façon concomitante. Elle considère en quelque sorte qu'il n'y a pas « d'écarts sur stocks ».

Ce sont le plus souvent les commerciaux qui sont responsables et à l'origine de l'écart de volume.

1.2 L'écart de rendement (ΔR)

Parfois appelé aussi écart de quantité (ΔQ), il s'agit d'un écart sur les quantités de ressources consommées par les divers départements « producteurs ». La question est de savoir si les ressources ont été utilisées avec la productivité prévue au budget : a-t-on consommé la quantité standard de matières premières, de main-d'œuvre, etc., prévue pour un niveau d'activité donné ? Indépendamment de la variation du niveau d'activité global (qui a pu faire augmenter ou diminuer les coûts variables), la consommation de ressources pour produire une unité a-t-elle augmenté ou diminué ? On mesure entre autres ici le respect ou non de la gamme et de la nomenclature.

1.3 Enfin, l'écart sur prix (ΔP)

Il évalue le dérapage non au niveau des quantités consommées mais au niveau du coût d'acquisition des ressources. La matière première achetée était-elle plus chère ou moins chère que prévu (unitairement) ? Quelle conséquence cela a-t-il sur les résultats ? Il arrive aussi, pour le coût de la main-d'œuvre, que l'on parle d'écart sur taux plutôt que d'écart sur prix. Pour les coûts fixes, où il s'agit souvent d'une enveloppe budgétaire globale, l'écart sur prix est en général appelé écart de dépense.

1.4 L'écart sur mix (ΔM)

Il existe parfois un quatrième type d'écart, qui apparaît dans les entreprises en multiproduction vendant – à des tarifs différents – des produits différents : il s'agit de l'écart sur mix *(ΔM)*. Celui-ci transforme la méthode VRP en VMRP : l'écart sur mix est en effet une décomposition de l'écart sur volume par type de produit.

Exemple

> Une entreprise vend trois produits – A, B, C – qui représentent respectivement 20 %, 30 % et 50 % de son chiffre d'affaires. La société a vendu globalement 10 % de produits en moins : c'est l'écart sur volume qui en rendra compte. Mais, de façon plus fine, on remarque qu'on a vendu davantage de A (+ 30 %) que prévu, moins de B (– 20 %) et moins de C (– 10 %) ; le « mix produits » a changé par rapport au budget. La différence de tarification des trois produits va entraîner des conséquences sur le compte de résultat : c'est l'écart sur mix qui en rendra compte.

2 La matrice mnémotechnique VMRP

La matrice VMRP, pour approximative qu'elle soit (en particulier en matière d'évaluation des stocks), possède l'avantage de la simplicité pour calculer les types d'écarts que nous venons de mentionner. Elle propose une logique de compréhension des différents budgets flexibles et des écarts, plutôt qu'une vision comptablement juste de rectification du résultat, dans une comptabilité analytique en coûts standard.

L'approche suggérée part du budget pour reconstituer progressivement les écarts avec le réel.

Si :

- *V* est le volume d'activité, « l'extrant » d'un service, d'un département ou d'une entreprise, qui peut s'exprimer en nombre de produits ($V = n$ produits) ;
- *M* est le mix de ces produits ($VM = n_1$ produits A + n_2 produits B + … + n_i produits *I*) ;
- *R* est le rendement, le rapport entre « l'intrant » et « l'extrant », par exemple, $R = X$ kg/produits nécessaires à la fabrication ;
- *P* est le prix, le coût d'achat des ressources, par exemple $P = Y$ €/kg.

Alors le budget peut s'écrire comme la synthèse en euros de ces éléments :

$$\textbf{Budget} = \boldsymbol{VMRP} = (\boldsymbol{n_1}\,\mathbf{A} + \boldsymbol{n_2}\,\mathbf{B} + ... + \boldsymbol{n_i}\,\boldsymbol{I}) \times \boldsymbol{X} \times \boldsymbol{Y}\ \textbf{euros}$$

Dans le budget, les quatre composantes sont standard.

$$\textbf{Le budget est donc : } \boldsymbol{V_S \times M_S \times R_S \times P_S}$$

- Pour faire apparaître l'écart de volume, il suffit de calculer la différence avec le budget flexible ajusté au volume réel ; on introduit le volume réel tandis que tous les autres éléments restent inchangés par ailleurs.

Le budget flexible sur activité réelle est donc :

$$\boldsymbol{V_R} \times M_S \times R_S \times P_S$$

L'écart sur volume est la différence ($V_S\, M_S\, R_S\, P_S - \boldsymbol{V_R}\, M_S\, R_S\, P_S$).

- Puis on modifie de même progressivement les autres éléments pour calculer les autres écarts. L'écart sur mix est la différence entre le budget flexible sur activité réelle $\boldsymbol{V_R}\, M_S\, R_S\, P_S$ et le budget flexible sur activité et mix réels $\boldsymbol{V_R\, M_R}\, R_S\, P_S$.
- L'écart de rendement est la différence entre ce dernier budget flexible et le budget flexible sur activité, mix et rendement réels : $\boldsymbol{V_R\, M_R\, R_R\, P_S}$.
  La multiplication de ces trois éléments traduit en fait des quantités réellement consommées (n produits × Xkg/produits = nX kg).
  C'est pourquoi on parle plutôt de budget flexible ajusté sur consommations réelles, à propos de $\boldsymbol{V_R\, M_R\, R_R}\, P_S$.

L'écart sur rendement est donc : ($\boldsymbol{V_R M_R} R_S P_S - \boldsymbol{V_R M_R R_R} P_S$).

- Enfin, l'écart sur prix apparaît lorsque l'on rectifie le dernier élément, à savoir le prix. C'est donc la différence entre le budget flexible ($\boldsymbol{V_R M_R R_R} P_S$) et le réel ($\boldsymbol{V_R M_R R_R P_R}$). Il faut cependant être très attentif concernant ce dernier écart, car il se calcule sur les quantités achetées et non sur les quantités consommées. Si les deux diffèrent, on pourra avoir deux colonnes distinctes pour $\boldsymbol{V_R M_R R_R} P_S$, selon qu'il s'agit de consommations (pour calculer l'écart sur rendement) ou d'achats (pour calculer l'écart sur prix[1]).

La méthode peut être synthétisée par une matrice simple.

Budget	$V_S M_S R_S P_S$	
		Δ volume
BF sur **activité réelle**	$V_R M_S R_S P_S$	
		Δ mix
BF sur **activité et mix réels**	$V_R M_R R_S P_S$	
		Δ rendement
BF sur **consommations réelles**	$V_R M_R R_R P_S$	
		Δ prix
Réel	$V_R M_R R_R P_R$	

Où : $V = n_i$ produits $R = X$ kg/produit

$VM = \sum_1^1 n_j$ produits $P = Y$ €/kg

Figure 3.4 – La matrice mnémotechnique VMRP

3 Exemple de tableau de calcul des écarts

La matrice *VMRP* permet de comprendre la logique de calcul des différents écarts à partir du budget, en introduisant les budgets flexibles et en allant peu à peu vers le réel. Les écarts sur volume, sur mix, sur rendement et sur prix sont identifiés.

Cependant, chacun de ces grands types d'écarts, qui correspond à un phénomène perturbateur pendant la période, à une cause de déviation, peut être calculé pour chaque composante (chiffre d'affaires ou poste de coût) du compte de résultat. Cela permet une compréhension plus fine de ce qui s'est passé pendant la période, de l'incidence sur le compte de résultat, et permettra ultérieurement de rechercher les responsabilités en matière d'écarts, à partir à la fois de la nature de l'écart (volume, mix, rendement, prix) et de la composante du résultat concernée. Cette dernière partie présente un exemple de tableau de calcul des écarts. Les postes du compte de résultat apparaissent en ligne, les écarts et budgets flexibles en colonne. Ces derniers sont les mêmes que dans la matrice *VMRP*, mais sont désormais présentés verticalement. Le tableau 3.1, de plus, ne fait apparaître que trois types d'écarts (matrice *VRP*). Il suffirait d'introduire deux colonnes supplémentaires (Δ mix, budget flexible sur activité et mix réels) entre le budget flexible sur activité réelle et le Δ rendement pour calculer aussi, en situation de multiproduction, l'écart sur mix.

1. Ceci permet de « redresser l'erreur » de la méthode qui ne fait pas apparaître les écarts sur stocks (dans ce cas stocks de matières premières).

Tableau 3.1 –Tableau des écarts selon la matrice VRP

Composante du résultat / Phénomène perturbateur	Budget $V_S R_S P_S$	Δ Volume	Budget flexible sur activité réelle $V_R R_S P_S$	Δ Rendement	Budget flexible sur consommations réelles $V_R R_R P_S$	Δ Prix	Réel $V_R R_R P_R$
Chiffre d'affaires	Produit 1						
	Produit 2						
	…						
	…						
	…						
	Total						
Coûts directs variables	Produit 1						
Exemple : matières premières	Produit 2						
	…						
	…						
	…						
	Total						
Coûts indirects variables	S1						
Exemple : par section	S2						
	…						
	…						
	…						
	Total						
Coûts fixes	S1						
	S2						
	…						
Frais généraux							
Total Compte de résultat							

Cas d'application

L'entreprise B2 fabrique et vend trois types de cahiers et a récemment mis en place un système de contrôle budgétaire.

Les prévisions du mois sont les suivantes :

Chiffre d'affaires	Quantités	Prix de vente
Cahier 1	100 000	1,6 €
Cahier 2	120 000	2,4 €
Cahier 3	80 000	5 €

Les standards matières (papier) sont les suivants :

	Standard	Prix d'achat
Cahier 1	100 g	1,6 €/kg
Cahier 2	160 g	1,8 €/kg
Cahier 3	200 g	1,9 €/kg

La fabrication des cahiers passe par deux étapes :

	Cisaillage	Brochage
Cahier 1	5 minutes	10 minutes
Cahier 2	6 minutes	12 minutes
Cahier 3	7 minutes	15 minutes
Unité d'œuvre	heure de main-d'œuvre	heure machine
Coût de l'unité d'œuvre	1,2 €	1 €

Les charges de main-d'œuvre sont considérées comme fixes (payables mensuellement) et s'élèvent à 400 000 € charges sociales incluses. Les charges de structure sont de 240 000 €.

Les ventes ont été en réalité de :
- 105 000 cahiers 1 vendus en moyenne 1,56 € ;
- 122 000 cahiers 2 vendus en moyenne 2,44 € ;
- 78 000 cahiers 3 vendus en moyenne 4,8 €.

Les quantités de papier nécessaires à la production et à la vente de cahiers ont été les suivantes :

	Quantité	Coût d'achat effectif
Cahier 1	11 000 kg	17 010 €
Cahier 2	19 800 kg	35 800 €
Cahier 3	16 000 kg	30 400 €

Les opérations de fabrication ont été les suivantes :

– cisaillage : 31 000 heures à 36 400 € ;

– brochage : 62 000 heures à 61 200 €.

Les charges fixes de personnel ont été de 415 600 € et les charges de structure de 248 600 €.

Question :

Expliquez l'écart entre le résultat réel et le résultat prévu.

Note sur les charges variables :

Cisaillage				
Budget général				
Cahier 1	100 000	5	minutes	
Cahier 2	120 000	6	minutes	
Cahier 3	80 000	7	minutes	
Total		29 666,7	heures	× 1,2 = 35 600 €
Budget flexible				
Cahier 1	105 000	5	minutes	
Cahier 2	122 000	6	minutes	
Cahier 3	78 000	7	minutes	
Total		30 050	heures	× 1,2 = 36 060 €
Réalisé		31 000	heures	36 400 €
Brochage				
Budget général				
Cahier 1	100 000	10	minutes	
Cahier 2	120 000	12	minutes	
Cahier 3	80 000	15	minutes	
Total		60 666,7	heures	× 1 = 60 667 €
Budget flexible				
Cahier 1	105 000	10	minutes	
Cahier 2	122 000	12	minutes	
Cahier 3	78 000	15	minutes	
Total		61400	heures	× 1 = 61 400 €
Réalisé		62 000	heures	61 200 €

Tableau 3.2 — Matrice VRP pour la société B2 (en k€)

	Budget ($V_s \times R_s \times Ps$)	Total sur activité réelle	Budget flexible sur activité réelle ($V_s \times R_s \times Ps$)	Total	Écart de volume		Budget flexible sur consommations réelles ($V_s \times R_s \times Ps$)	Total	Écart de rendement		Réel	Écart sur dépense/prix	
Chiffre d'affaires													
Cahier 1	100 000 × 1,6	160 000	105 000 × 1,6	168 000	8 000	F					163 800	– 4 200	D
Cahier 2	120 000 × 2,4	288 000	122 000 × 2,4	292 800	4 800	F					297 680	4 880	F
Cahier 3	80 000 × 5	400 000	78 000 × 5	390 000	– 10000	D					374 400	– 15 600	D
Total		848 000		850 800	2 800	F		850 800			835 880	– 14 920	D
Coût en matières premières													
Cahier 1	100 000 × 0,1 × 1,6	16 000	105 000 × 0,1 × 1,6	16 800	800	D	11 000 × 1,6	17 600	800	D	17 010	– 590	F
Cahier 2	120 000 × 0,16 × 1,8	34 560	122 000 × 0,16 × 1,8	35 136	576	D	19 800 × 1,8	35 640	504	D	35 800	160	D
Cahier 3	80 000 × 0,2 × 1,9	30 400	78 000 × 0,2 × 1,9	29 640	– 760	F	16 000 × 1,9	30 400	760	D	30 400	0	D
Total		80 960		81 576	616	D		83 640	2 064	D	83 210	– 430	F
Coûts variables													
Cisaillage	29 666,7 × 1,2	35 600	30 050 × 1,2	36 060	460	D	31 000 × 1,2	37 200	1 140	D	36 400	– 800	F
Brochage	60 666,7 × 1	60 667	61 400 × 1	61 400	733	D	62 000 × 1	62 000	600	D	61 200	– 800	F
Total		96 267		97 460	1 193	D		99 200	1 740	D	97 600	– 1 600	F
Coûts fixes													
Personnel		400 000		400 000				400 000			415 600	15 600	D
Coûts de struct.		240 000		240 000				240 000			248 600	8 600	D
Total des coûts		817 227		819 036	1 809	D		822 840	3 804	D	845 010	22 170	D
Résultat		30 773		31 764	991	F		27 960	– 3 804	D	– 9 130	– 37 090	D

Corrigé

En ce qui concerne les ventes, il était prévu un chiffre d'affaires de 160 000 € pour les cahiers 1 qui a été en fait de 163 800 €. Le nombre de cahiers 1 vendus a été supérieur à ce qui était prévu car la demande de la rentrée scolaire s'est montrée plus dynamique que les prévisions, mais le prix de vente négocié auprès des centrales d'achat des grandes surfaces a été, lui, plus faible que prévu. L'écart sur volume est donc favorable et l'écart sur prix défavorable. On ferait ainsi la même analyse pour chacun des types de cahiers pour arriver, globalement, à un écart sur volume favorable de 2 800 € et un écart sur prix défavorable de 14 800 €, ce qui est très supérieur au précédent. De façon nette, l'écart global est de 12 120 € défavorable.

Pour les coûts en matières premières, les écarts sur volume favorables en termes de chiffre d'affaires sont défavorables en termes de consommation matières car si l'on a vendu plus, il a fallu produire plus et acheter plus de matières. Les prix d'achat ont peu varié par rapport à ce qui était prévu.

Des écarts sur rendement apparaissent d'autant plus que les plans de production ont été différents de ce qui avait été prévu, donc on s'est éloigné des normes, ce qui se constate aussi bien pour les standards matières que pour le cisaillage et le brochage. Si le plan de production avait été plus conforme à ce qui était prévu, les chances d'opérer selon les nomenclatures auraient été meilleures.

En ce qui concerne les charges fixes, aucune référence en termes de paliers de charges n'a été donnée. Toute la dérive peut par conséquent être considérée comme une dérive de prix. Si une référence avait été donnée en termes de paliers de charges fixes, on aurait mis en exergue un écart sur volume ; cet écart sur volume aurait été égal à la différence entre les nouvelles charges de structure et celles qui étaient prévues, l'écart sur prix étant calculé, pour sa part, par rapport à ce nouveau palier de charges fixes.

4 La logique du contrôle budgétaire

Le contrôle budgétaire est l'outil du contrôle par les résultats. Il repose sur une logique de contrat, selon laquelle la fixation d'objectifs (contrat) implique le suivi des résultats. Les résultats traduisent de façon chiffrée l'atteinte ou non des objectifs, qui reposent sur des standards.

La logique du contrôle budgétaire consiste, au-delà du calcul des écarts, à s'interroger sur les origines des déviations, aussi bien en termes de responsabilité – qui est responsable ? (c'est là un des aspects de la gestion de la motivation) – qu'en termes de pilotage – quels sont les produits ou les services concernés ? quelles sont les causes (volume, mix, rendement, prix) ? quelles sont les composantes du résultat concernées (chiffre d'affaires, charges variables, charges fixes…) ? Elle permet ainsi à l'entreprise de voir dans l'immédiat si elle progresse vers les objectifs de son échafaudage budgétaire et de réagir aux événements en temps utile, et à terme d'évaluer les performances des acteurs, d'améliorer les bases des prévisions et la qualité des choix stratégiques.

Il s'agit d'un outil étroitement lié à la comptabilité analytique qui opère, à nomenclature analytique donnée, une comparaison entre des objectifs et des réalisations. Il a permis la mise en œuvre de la gestion par exception qui consiste à prendre des décisions correctives sur la base des écarts significatifs entre les réalisations et les prévisions.

Le calcul et l'analyse des écarts par rapport aux standards permet donc :

- de valoriser rapidement les flux physiques et de permettre ainsi de construire le résultat *flash*, c'est-à-dire le résultat que l'on cherche à évaluer très rapidement en fin de mois ;
- de piloter à partir de l'analyse des écarts selon leurs causes pour prendre des mesures correctives ;
- de motiver en rendant possible le contrôle budgétaire.

En pratique, il s'agit de standards négociés car les standards idéaux sont inacceptables par les opérationnels, démotivants et induisent des écarts impossibles à interpréter, tandis que les standards historiques n'incitent pas à faire mieux, conduisent à l'immobilisme et ne correspondent plus à rien en période d'évolution rapide. Les standards sont donc l'expression du savoir-faire de l'entreprise mais ils ne sont bien sûr valides que par rapport à une comparaison avec les autres entreprises du même secteur. La fixation des standards s'est aussi beaucoup enrichie, durant les dernières années, des pratiques de comptabilité de gestion japonaises et en particulier du *kaizen costing*. La logique kaizen recouvre l'idée d'une amélioration continue. Son transfert dans les pratiques de gestion occidentales, par ignorance de son origine culturelle, l'a d'abord réduite à ses effets caricaturés – ceux d'une amélioration continue des standards – avant d'en intégrer peu à peu les enseignements en termes d'apprentissage collectif.

La réunion de contrôle budgétaire, en général mensuelle, consiste à réunir les personnes autour du tableau d'analyse des écarts afin de le commenter. Compte tenu de la nécessaire limitation de la taille du groupe, garante de l'efficacité de la réunion, il s'agit, autour d'un ordre du jour déterminé (lecture du tableau de l'analyse des écarts, mise en évidence des causes, propositions d'actions correctives en termes de responsabilité et de calendrier), de mettre en œuvre les principes de la gestion par exception.

L'essentiel de la section 2

Les budgets consacrent la représentation financière des objectifs de l'entreprise. En outre, ils constituent un engagement à réaliser ces objectifs. C'est pourquoi il est légitime d'en suivre les réalisations et prévisions. Ce dispositif constitue *le contrôle budgétaire* qui a longtemps été le cœur du contrôle de gestion par les résultats.

Un budget consiste à prévoir un volume, un rendement et un prix (V, R, P). L'analyse des écarts consiste, pas à pas, à décomposer la différence constatée entre réalisations et prévisions en écart sur volume, écart sur rendement et écart sur prix.

Principe de calcul :

Δ Volume	V_S	R_S	P_S	Budget
	V_R	R_S	P_S	Budget flexible sur activité réelle
Δ Rendement	V_R	R_R	P_S	Budget flexible sur consommation réelle
Δ Prix	V_R	R_R	P_R	Réel

Le calcul des écarts conduit à fonder un mode de gestion qui consiste à prendre les décisions correctives sur la base des écarts significatifs entre réalisations et prévisions, indiquant ainsi que les réalisations dérivent de trop par rapport aux engagements pris (pour autant, bien sûr, que le niveau des standards n'est pas en cause).

Le contrôle budgétaire repose aussi sur une animation liée à des réunions périodiques au cours desquelles les managers concernés commentent la situation sur la base des écarts calculés.

Section 3 LES « NOUVEAUX » INDICATEURS DU PILOTAGE DE LA PERFORMANCE FINANCIÈRE : ROI, EVA...

1 De la profitabilité à la rentabilité économique

On a assisté à partir des années 1990-2000, notamment avec le développement des fonds de pension américains, à un « grand retour de l'actionnaire » ; celui-ci a repris le pouvoir en matière de gouvernance des entreprises, en particulier cotées, et est devenu à nouveau le *stakeholder* principal à satisfaire. Cela s'est traduit dans un premier temps par une saine nécessité de prise en compte des capitaux investis dans l'évaluation de la performance financière des entreprises. Une focalisation exclusive, comme tend à l'avoir le contrôle budgétaire classique, sur le résultat opérationnel (l'EBIT, ou REX, ou encore MOP)[1] a fait place à un intérêt renouvelé pour les mesures financières incluant les capitaux engagés et donc les actifs immobilisés dans l'exploitation : immobilisations (nettes) et éléments du BFR (stocks, créances clients, dettes fournisseurs) sont devenus des éléments plus importants à gérer.

Deux mesures en particulier répondent à ce critère de prise en compte des capitaux engagés, ce sont :

- le ROI (*Return On Investment*), encore appelé ROCE (*Return On Capital Employed*) ou B/A (bénéfice sur actifs immobilisés) ;
- le bénéfice résiduel, souvent présenté dans sa forme modernisée d'EVA (*Economic Value Added*) ou création de valeur.

En réalité, aucun de ces indicateurs n'est vraiment nouveau, puisqu'ils sont la résurgence d'indicateurs financiers développés dès les années 1920 et 1930 par de grandes entreprises nord américaines (en particulier, Dupont de Nemours, puis General Electric). Mais ils ont repris le devant de la scène pour matérialiser la préoccupation grandissante à l'égard de la rentabilité dite économique (prenant en compte l'immobilisation d'actifs et leur coût d'opportunité) versus une simple profitabilité.

Dans les années 1990, le mouvement vers la création de valeur pour l'actionnaire et la volonté de responsabiliser les managers sur celle-ci a notamment conduit Stern Stewart à proposer d'utiliser l'EVA pour mesurer la création de valeur des centres d'investissement (et à promouvoir celle-ci à travers sa structure de conseil).

1. EBIT : Earnings Before Interests and Taxes.
REX : résultat d'exploitation.
MOP : marge opérationnelle.

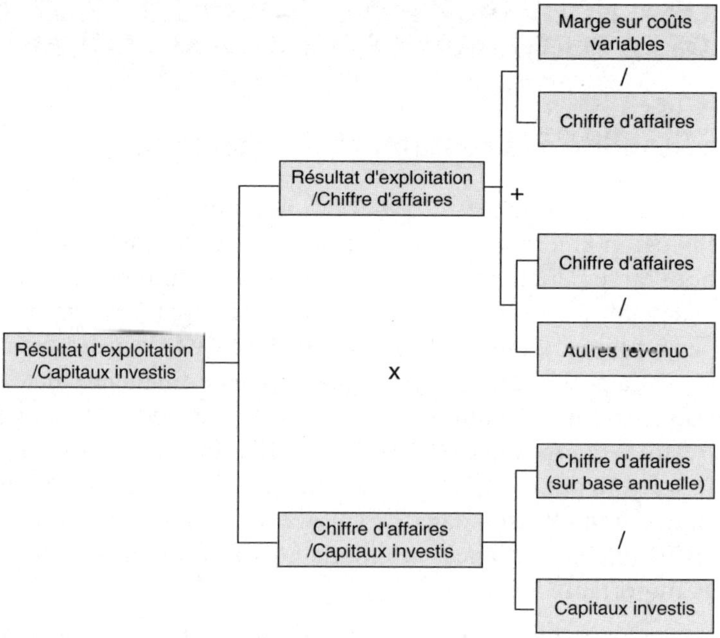

Figure 3.5 – Exemple de la trame d'analyse du *return on investment* proposée par A.P. Sloan chez Dupont de Nemours dans les années 1920 (pyramide des ratios)

L'EVA est donc une forme de bénéfice résiduel modernisé, c'est-à-dire un bénéfice opérationnel dont on déduit les frais financiers liés à l'immobilisation des actifs nets : on applique un taux correspondant au coût du capital.

EVA = Bénéfice opérationnel – Coût du capital (en %) × Actifs nets

Exemple – **Différence entre l'EVA et le bénéfice opérationnel**

	Société A	Société B
CA	1 000	1 000
Bénéfice opérationnel	150	120
Bénéfice/CA	**15 %**	**12 %**
Actifs nets utilisés	2 000	1 200
Coût du capital (taux)	9 %	9 %
Coût du capital (montant)	180	108
EVA	**– 30**	**12**

2 Du ROCE ou B/A, concept des années 1970-80, à l'EVA

Avant l'EVA, le B/A était le concept le plus utilisé dans les années 1970 et 1980 pour mesurer la performance financière (rentabilité économique).

Ce ratio soulève un certain nombre de questions de nature technique, qui peuvent en faire un piège en termes d'évaluation de la performance. En particulier, le B/A peut recouvrir de réelles différences de mode de calcul, tant au niveau du bénéfice que de l'actif.

Pour offrir une synthèse des principales questions à se poser, concernant le calcul du bénéfice du centre de responsabilité concerné, il faut s'interroger sur :

- la répartition des coûts du siège, pour s'assurer, conformément aux aspects développés dans la section 3, que rien ne va à l'encontre du principe de contrôlabilité en matière de mesure des performances ;
- les méthodes comptables utilisées, concernant les amortissements, la valorisation des stocks, etc ;
- les prix de cession interne qui ont prévalu au calcul du bénéfice de chacune des parties, lors d'échanges internes entre centres de responsabilité, et qui ont une influence prépondérante sur le niveau de chiffre d'affaires d'un des deux centres et le niveau de coût de l'autre (chapitre 2) ;

Concernant la mesure de l'actif, de nouvelles questions méritent aussi réflexion :

- L'actif doit-il être mesuré en valeur nette, valeur brute ou valeur de remplacement ? La valeur nette reste très largement l'approche la plus utilisée bien qu'elle présente un danger, en faisant apparaître à tort que les performances sont plus élevées en l'absence de nouveaux investissements. Les actifs anciens, davantage amortis, représentent en effet une faible valeur en actif net, et améliorent le B/A tandis que de nouveaux investissements se traduisent par un alourdissement très sensible de l'actif, qui pénalise le B/A. Cette méthode a pour inconvénient d'inciter les responsables, évalués à court terme sur le B/A, à ne pas investir. La valeur brute au contraire présente le travers opposé en incitant à investir à tout venant, et en espérant ainsi augmenter le bénéfice – à travers la productivité, par exemple – sans jamais voir l'actif croître. Imprudente au sens comptable, la valeur brute est de fait écartée par les entreprises car elle est par ailleurs éloignée de la valeur économique réelle des actifs. De ce dernier point de vue, la valeur de remplacement constituerait sans doute la meilleure alternative mais elle n'est que très rarement utilisée en raison de son caractère subjectif.
- À quel moment l'actif doit-il être mesuré ? Un actif mesuré à un instant précis, par exemple en fin d'exercice, incite le responsable à diminuer momentanément son actif de façon artificielle au moment de la mesure, par exemple à la clôture. L'idéal serait donc un actif moyen « en continu », reflet de la détention d'actif

moyen pendant toute la période. En l'absence de celui-ci, une mesure moyenne $\frac{(\text{actif net début période} + \text{actif net fin période})}{2}$ ou, mieux encore, mensualisée, est un moindre mal.

– Quelle partie de l'actif faut-il considérer ? C'est un actif net des ressources à court terme, supportées et négociées par le centre de responsabilité dont on mesure le B/A qui doit être pris en compte. Il mesure l'actif (et donc l'argent) immobilisé par le centre en question sous forme d'immobilisations, de stocks, délais de paiement client... mais aussi les éléments de passif à court terme (donc les ressources financières) dégagés par ce centre : le crédit fournisseurs est un exemple où la négociation des délais de paiement fournisseurs par les achats est essentielle.

À partir des années 1990, le ROI (ou B/A) a été de plus en plus critiqué, pour un panel de raisons. Il faut d'abord souligner que, psychologiquement et culturellement, certaines personnes peuvent être très réticentes à l'égard des ratios. Il s'agit de données abstraites, peu parlantes, ne renvoyant à aucune possibilité d'action concrète. Le ratio se prête particulièrement à la manipulation, car il masque les réalités en les synthétisant dans un indicateur agrégé. Il éloigne aussi de la réalité parce qu'il n'offre aucun montant en valeur absolue. Enfin, les ratios ne peuvent être additionnés comme le seraient des montants en euros ou en dollars. Dans le même temps, la baisse de l'inflation a rendu à nouveau possible l'utilisation d'une forme de bénéfice résiduel, trop délicate en situation inflationniste (voir section comparant l'EVA et le ROI plus loin).

Nous allons maintenant présenter plus en détail en quoi consiste l'EVA et en donner un exemple très simplifié d'utilisation comme critère d'évaluation de la performance, pour comparer l'impact des créances clients sur trois divisions d'un même groupe.

3 L'EVA ou la résurgence du bénéfice résiduel

Par rapport au bénéfice résiduel inventé historiquement il y a plus d'un demi-siècle, Stewart propose une liste de réajustements comptables sur le calcul du bénéfice, permettant de se rapprocher d'une valeur économique plus que comptable du résultat et de prendre en compte, voire de favoriser, le long terme de l'entreprise. Certains de ces réajustements sont désormais intégrés dans les comptes de sociétés cotées travaillant en IFRS. Pour les autres il existe toujours la possibilité de procéder à ces ajustements.

Devant la très longue liste de réajustements suggérés par la méthode de Stewart (un menu à la carte de 164 ajustements !), la plupart des entreprises n'ont retenu que quelques ajustements (4 ou 5), en fonction de leur activité et de ce qui était le plus significatif pour elles.

Exemples – **Réajustements possibles et suggérés par la méthode de Stern Stewart**

- Calcul des actifs nets : valeur comptable des actifs ou valeur de remplacement ?
- Coût du capital (taux) : appliquer des taux différents pour différentes activités d'un même groupe ?
- Amortissement et capitalisation du *goodwill*
- Amortissement et capitalisation des actifs immatériels
- Traitement des bénéfices/pertes exceptionnels
- Provisions pour créances douteuses
- Provisions pour obsolescence du stock

Cas d'application

RR a un réseau de ventes automobiles qui est très présent en Europe et s'étend au reste du monde. RR vend en particulier à travers trois divisions aussi appelées « régions » : Ouest-Europe (OE), Est-Europe (EE) et Asie.

RR règle comptant son fournisseur qui fait partie du même groupe et fabrique pour le monde entier un seul type de véhicule. La TVA est payable sur tous les véhicules vendus en Europe mais pas sur les véhicules vendus en Asie.

RR ne porte aucun stock : les véhicules sont sur place en dépôt, aux frais du fabricant.

- Prix d'achat du véhicule : 7 500 €/véhicule.
- Coûts de distribution (logistique, location installations, transport) : 4 500 €/véhicule.
- Commissions des agents commerciaux : 10 % du CAHT.
- Autres frais de fonctionnement : 1 000 €/véhicule.
- Coût d'acquisition du matériel de transport (amorti linéairement sur 5 ans) :
  - OE : 12 000 000 €
  - EE : 12 000 000 €
  - Asie : 12 000 000 €

En juillet, ventes et conditions de règlement :

RR Ouest-Europe : 2 000 véhicules à 15 000 €/unité — Délai de règlement : 30 jours

RR Est-Europe : 2 000 véhicules à 15 000 €/unité — Délai de règlement : 60 jours

RR Asie : 2 000 véhicules à 15 000 €/unité — Délai de règlement : 120 jours

Question :

Le WACC (coût moyen pondéré du capital, weighted average cost of capital en anglais, avant IS) étant de 10 % chez RR, chacune des divisions Ouest-Europe, Est-Europe et Asie a-t-elle créé ou détruit de la valeur en juillet ?

Corrigé

On va tout d'abord calculer le résultat opérationnel, ou EBIT, de chaque région, en retirant les coûts variables et fixes du chiffre d'affaires réalisé dans chaque région. Ces éléments étant identiques pour les trois régions, l'EBIT est bien entendu le même partout (800 Keuros dans chaque région, 2 400 Keuros au total).

On cherche ensuite à reconstituer le coût financier imputable à chaque région. Celui-ci est composé :

– du coût financier des immobilisations, qui dans ce cas simplifié est identique pour les trois régions (le matériel de transport est évalué au même montant, acheté au même moment et amorti de la même façon) ;

– et du coût financier des créances clients, qui elles diffèrent. La différence provient en large partie du délai de paiement client qui est très variable d'une Région à une autre, mais aussi de l'impact de la TVA qui dans ce cas est payable sur les produits vendus en Europe mais pas sur les véhicules vendus en Asie.

Ces coûts financiers sont calculés dans les parties basses du tableau en multipliant le WACC par la rotation de l'actif en question (détention de l'immobilisation pendant un mois, ou délai de paiement client) et par la valeur moyenne de cet actif.

Ils sont ensuite soustraits de l'EBIT en partie plus haute du tableau, pour obtenir l'EVA ou bénéfice résiduel de chaque Région, et au total pour RR.

En K euros	Ouest Europe	Est Europe	Asie	RR
Prix de vente	30 000	30 000	30 000	
– Achat	15 000	15 000	15 000	
– Distribution	9 000	9 000	9 000	
– Commission 10 %	3 000	3 000	3 000	
– Autres frais de fonctionnement	2 000	2 000	2 000	
– Amortissements (1/12 * 20 %/an)	200	200	200	
= EBIT (ou marge opérationnelle ou résultat d'exploitation)	800	800	800	2 400
– Coût financier des immobilisations	100	100	100	300
– Coût financier créances	299	598	1 000	1 897
= PROFIT RÉSIDUEL ou EVA	401	102	– 300	203
Capitaux immobilisés	12 000	12 000	12 000	36 000
*Coût financier des immos (avt IS) (10 % * 30/360j)*	100	100	100	300
CA HT	30 000	30 000	30 000	
CA TTC	35 880	35 880	30 000	101 760
* Durée de financement	*30/360	*60/360	*120/360	
Coût financier des créances (avt IS), 10 %	299	598	1 000	1 897

On voit ici, dans cette application extrêmement simplifiée, que malgré un résultat opérationnel identique et des immobilisations nettes également identiques, les trois régions vont avoir une performance financière très différente, du fait du coût des créances clients, très différent d'une région à une autre (le délai de paiement passe de 30 jours en Europe de l'Ouest à 120 jours en Asie...). Pour cette raison, la rentabilité économique de l'Asie est déficitaire...

3.1 La question du risque et du WACC

Le calcul de l'EVA pose un autre problème épineux, qui est celui du choix d'un coût du capital ou WACC (*Weighed Average Cost of Capital*). Celui-ci doit refléter la rentabilité attendue par les investisseurs, actionnaires ou bailleurs de fonds bancaires (endettement à court et long terme). Comme son nom l'indique, il est la moyenne pondérée des capitaux et des rentabilités attendues par les divers investisseurs et peut se calculer à partir d'éléments de passif au bilan.

Exemple

Pour une entreprise qui aurait :

- 100 000 euros d'endettement à court terme, à un taux de 16 %
- 400 000 euros d'endettement à long terme, à un taux à 6 %
- 500 000 euros de fonds propres avec une rentabilité attendue de 9 %

WACC = (100 000 × 16 % + 400 000 × 6 % + 500 000 × 9 %) / 1 000 000 = 8,5 %

La rentabilité attendue des investisseurs est en principe fonction du niveau de risque perçu pour une activité.

La question principale qui se pose dans un groupe dont le financement est centralisé et global (gestion de trésorerie), donc les taux unifiés, est de savoir comment néanmoins appliquer des WACC différents à des activités ou des divisions différentes, situées dans des zones géographiques ou pays parfois très différents en matière de risque, et donc de rentabilité attendue. Par exemple, des activités au Brésil, en Iran, en Allemagne, ou en Grèce n'auront probablement pas le même coût du capital... Difficile d'y appliquer un WACC unique, alors que les conditions de paiement et les risques opérationnels y diffèrent profondément, en nature et en montant. Si tous appartiennent au même groupe, le financement, global, s'opère pourtant sur le papier au même taux. Mais cela ne serait pas juste en matière d'évaluation de la performance, qui est ici notre sujet, car toutes ces activités ne créent pas le même risque pour l'entreprise, ni par ricochet pour ses bailleurs de fonds.

3.2 Pour quoi préférer l'EVA (ou le bénéfice résiduel) au ROI ?

Deux raisons au moins peuvent pousser à préférer l'EVA au ROI lorsque ses conditions d'utilisation (identification d'un WACC non inflationniste) sont réunies. La première tient au fait que l'EVA est plus en phase avec les intérêts de création de valeur pour les actionnaires (on parle d'« alignement » avec les intérêts des actionnaires) et incite les responsables à entreprendre des projets dès lors que ceux-ci créent de la valeur pour l'actionnaire, ce qui n'est pas toujours le cas du ROI. La seconde raison est que l'EVA se présente sous la forme d'un montant en valeur absolue tandis que le ROI est un ratio : en conséquence, l'EVA rend compte des effets de taille des entreprises/divisions, contrairement au ROI qui les masque. Deux exemples chiffrés permettent d'illustrer ces deux effets.

Premier effet : l'EVA est plus cohérent avec la création de valeur pour l'entreprise et ses actionnaires, car il incite au choix de projets porteurs de rentabilité économique pour l'entreprise.

Exemple **– Différence entre l'EVA et le ROI, calculs de choix d'investissements**

Effet d'un projet d'investissement sur le ROI et l'EVA :

Division	X	Y
Situation initiale		
Capital investi (actifs nets)	5 000	5 000
Bénéfice opérationnel	1 000	625
ROI	20 %	12,5 %
Projet d'investissement avec ROI supérieur au coût du capital		
Investissement	2 000	2 000
Bénéfice opérationnel	300	300
Situation finale		
Capital investi total	7 000	7 000
Bénéfice total	1 300	925
ROI	18,6 %	13,2 %
Variation de ROI	– 1,4 %	+ 0,7 %
Coût du capital (en %)	10 %	10 %
EVA initial	500	125
EVA final	600	225
Variation d'EVA	+ 100	+ 100
EVA du projet	+ 100	+ 100

On voit bien dans cet exemple que pour la division X, un projet pourtant créateur de valeur (+ 100), avec un ROI supérieur au coût du capital (15 % au lieu de 10 %), dégrade son ROI à court terme. Donc la division X rejettera le projet, manquant ainsi une occasion de créer de la valeur pour l'actionnaire. Seule la division Y, parce qu'elle a un ROI faible initialement, sera incitée à entreprendre le projet.

Second effet : l'EVA n'est pas un ratio, mais un montant absolu de valeur créée, donc il prend en compte la taille d'une activité et favorise la croissance. Au contraire, le ROI est parfois malthusien, car la taille ne compte pas, une activité de faible taille peut avoir un meilleur ROI qu'une grande entité : pourtant, au total et en valeur absolue, elle dégage moins de bénéfice, même après frais financiers.

Exemple **– différence entre l'EVA et le ROI, prise en compte de l'effet taille**

Division	A (petite)	B (grande)
Capital investi (actifs nets)	1 000	5 000
Bénéfice opérationnel	400	1 000
ROI	40 %	20 %
Coût du capital en %	10 %	10 %
Coût du capital en montant	100	500
EVA	300	500
Division	**C**	**D**
Capital investi (actifs nets)	5 000	5 000
Bénéfice opérationnel	1 125	1 000
ROI	22,5 %	20 %
Coût du capital en %	10 %	10 %
Coût du capital en montant	500	500
EVA	625	500

Ce tableau montre que l'EVA rectifie ou « réajuste » la performance financière de l'entreprise de sa taille. La division A, qui paraît très performante selon le ROI, crée néanmoins au total moins de valeur que la division B, certes moins performante en matière d'utilisation des capitaux investis, mais plus grande. L'EVA permet donc de maintenir l'incitation à la croissance du business, au lieu d'encourager la seule maximisation du rendement des capitaux investis.

En revanche, pour des entreprises ou divisions de même taille (C et D), ROI et EVA rendent compte de la performance de la même façon.

3.3 L'utilisation de l'EVA comme critère de performance

L'EVA semble adapté dans certains secteurs où l'on a voulu responsabiliser les managers sur leur consommation d'actifs. Les systèmes de rémunération variables qui se fondent sur l'EVA sont alignés avec les intérêts des actionnaires, et les managers sont incités à gérer des éléments de bilan sur lesquels ils ont une influence, pas seulement leur compte de résultat. Par rapport au ROI, l'EVA induit moins de myopie, de vision uniquement à court terme et les projets d'investissement dont la valeur actualisée nette (VAN) est positive sont encouragés.

Exemple

Par exemple, on a rencontré l'utilisation de l'EVA dans l'industrie cimentière, une industrie très décentralisée (transport onéreux), où localement les responsables sont en charge d'un important outil industriel ; il s'agit de les inciter à gérer celui-ci dans une perspective économique et de création de valeur pour l'entreprise. Ces secteurs constituent de rares exemples de mise en œuvre massive de systèmes incitatifs (bonus) fondés sur l'EVA, pour plusieurs échelons de management et pour un grand nombre de responsables.

Car *a contrario*, le calcul de l'EVA, avec les réajustements comptables, s'avère souvent complexe ; les bonus calculés sur l'EVA, avec des systèmes d'intervalle (la prime est en fait versée sur l'amélioration de l'EVA et non pas sur son montant absolu) et d'éventuelle « mise en banque » d'une partie du bonus les années fastes, sont souvent difficiles à appréhender pour les managers. Ils ont du mal à relier de façon simple et directe leur action à la prime qui leur sera finalement versée. Tous ces éléments de complexité dans l'utilisation ont eu tendance à freiner la diffusion de l'EVA comme base du système de rémunération de la performance. L'EVA, en tant que critère de mesure de la performance, est long à mettre en place et il suppose une action pédagogique importante auprès des managers. Sa mise en œuvre présente des difficultés techniques (par exemple, calcul précis des actifs nets pour chaque division, choix d'un coût du capital pour chaque division, réajustements comptables à effectuer). Enfin, si l'EVA peut être un moyen valable pour donner une perspective stratégique et financière aux responsables intermédiaires et les doter d'un meilleur sens des implications financières de leurs décisions, en centrant leur attention sur la création de valeur pour l'entreprise, ces mêmes responsables ont souvent le sentiment d'avoir peu d'emprise sur les éléments de bilan et que l'EVA est très éloigné des effets de leurs actions quotidiennes, donc ne constitue pas une très bonne mesure de leur performance individuelle. De plus, en tant que critère unique et financier, l'EVA comporte des limites intrinsèques, au même titre que le ROI, que nous développons dans la section 4.

L'essentiel de la section 3

Sous l'influence croissante des marchés financiers, beaucoup d'entreprises dans les années 2000 ont déplacé leur pilotage de la performance financière de simples notions de marge et profit vers des indicateurs prenant en compte la rentabilité économique des capitaux investis, tels que l'EVA ou le ROI. Tandis que le ROI présente les limites d'un ratio, l'EVA mesure la création de valeur en montant absolu. Ce dernier indicateur est bien aligné avec les intérêts des actionnaires, dont il permet de rendre visible et de partager dans l'entreprise la stratégie de création de valeur. En matière de choix d'investissements, l'EVA (contrairement au ROI) est également aligné avec la VAN (valeur actualisée nette, NPV – net present value en anglais).

Résurgence du concept de bénéfice résiduel des années 30, l'EVA permet de comparer la performance de divisions qui consomment différemment les ressources en actifs immobilisés de l'entreprise (immobilisations, stocks et créances clients en particulier), et/ou présentent un risque différent matérialisé par un coût du capital (WACC) différent (par exemple, dans des pays ou des zones géographiques différentes). La question du choix du WACC (coût moyen pondéré du capital) applicable à différentes activités au sein de groupes internationaux est d'ailleurs souvent complexe.

L'utilisation d'indicateurs de pilotage de la performance financière tels que l'EVA est donc bien adaptée pour responsabiliser localement les directeurs sur leur consommation d'actifs, en particulier dans des secteurs d'activité où cette consommation est très décentralisée. En revanche l'EVA se révèle une mesure très agrégée, sur laquelle la plupart des niveaux de management intermédiaire ont peu de possibilité d'action, et donc peu adaptée pour évaluer la performance individuelle de ces managers.

Section 4 LES LIMITES DU PILOTAGE DE LA PERFORMANCE FINANCIÈRE

1 La logique du *reporting* financier et du *responsibility accounting*

1.1 Un management « comptable », management par les chiffres

H. Gennen – PDG d'ITT aux heures de gloire de cette entreprise, dans les années 1960, a réalisé un véritable plaidoyer en faveur du management par les chiffres (*managing by numbers*). Dans cette perspective, le contrôle budgétaire, par la quantification de la performance qu'il induit, doit permettre de savoir, au niveau de la direction générale, pour combien chaque entité de l'entreprise a contribué à la performance (financière) globale. La contrepartie est bien sûr une large ignorance du comment et des éléments qualitatifs qui y sont associés (image de l'entreprise, satisfaction des clients, des employés, etc.).

Le reporting en particulier est symptomatique de ce type de management, puisqu'il s'agit de « rendre compte » de combien de marge a été générée au niveau du centre de responsabilité et de mettre en œuvre une consolidation interne par addition qui, en fin d'exercice, pourra être rapproché du résultat de la comptabilité financière. Aux États-Unis, le dispositif du reporting budgétaire et financier est couplé à celui du contrôle budgétaire et se focalise sur les écarts, dont la fréquence est en général mensuelle.

Dans cette approche, le résultat de chaque niveau est constitué de la somme des résultats des niveaux précédents plus le résultat propre à ce niveau.

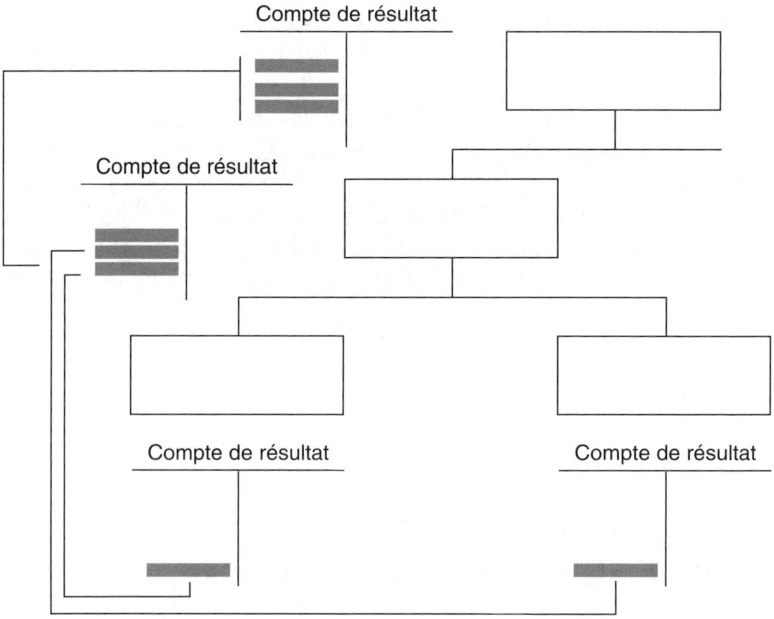

Figure 3.6 – La schématisation du système de *reporting*

Conceptuellement, le *reporting* s'appuie sur une vision de l'organisation et du management étroitement liée aux principes de la *responsibility accounting*, également développés aux États-Unis dans les années 1960. La *responsibility accounting* est un système de comptabilité managériale adapté à la structure de l'organisation de façon à ce que chaque manager ne visualise que le résultat des aspects dont il est responsable, c'est-à-dire de ce qu'il est sensé gérer.

Ce système de *responsibility accounting* appartient au *managerial information system*. Il a épousé l'idée théorique d'une production d'information en vue de prendre les « meilleures » décisions (voir le chapitre 9). Ceci amène à une focalisation sur le compte de résultat (par ligne de coût, chaque ligne de coût équivalant à une cause). La *responsibility accounting* sert à faire remonter les informations nécessaires à l'évaluation des performances afin de mesurer l'efficience des acteurs dans l'exercice de leurs responsabilités.

Certaines de ses faiblesses sont celles des dérives comptables :

- absence de vision intégratrice de la stratégie, puisque l'organisation est réduite à sa dimension comptable ;
- focalisation sur la consolidation et donc sur le niveau le plus élevé, au détriment des niveaux plus opérationnels ;
- orientation vers le passé plutôt que le futur ;
- lourdeur de la procédure qui induit un manque de réactivité.

Pour si nécessaires qu'ils soient, les résultats économiques et financiers et la quantification exclusive ont pour travers, d'une part, leur caractère à court terme, d'autre part, leur caractère *a posteriori*, et enfin l'absence d'explication sur les causes des déviations, en offrant une image simplifiée (parfois simpliste !) de la réalité.

Le ROI comme l'EVA, bien que dans une moindre mesure pour le second, partagent en tant que critères financiers de mesure de la performance ces limites.

Une gestion « myope » et à court terme

La « myopie » est fréquente avec ce genre d'indicateurs : on a toujours du mal à traduire et justifier les projets de recherche, de développement, d'innovation technologique au long cours, ainsi qu'un certain nombre d'activités discrétionnaires (de communication, ou de responsabilité sociale, par exemple, pourtant devenues si vitales). De tels investissements ne se justifient presque jamais dans les logiques de calcul de ROI ou d'EVA et pourtant toutes les entreprises en situation concurrentielle ont conscience du caractère essentiel de celles-ci pour leur pérennité et pour leur compétitivité à moyen terme. De plus, lorsque les indicateurs financiers se dégradent, il est souvent trop tard pour redresser la barre ; leur caractère a posteriori empêche d'anticiper les problèmes et de leur apporter des réponses tant qu'il en est encore temps…

Une gestion sans lien avec la compréhension des causes ni avec l'action

Par ailleurs, les indicateurs financiers n'apportent aucune compréhension des causes des problèmes ni de suggestion sur comment améliorer la situation. Par exemple, un indicateur financier n'a pas de lien explicite avec l'action : quand l'indicateur se dégrade, on ne sait pas ce qui s'est réellement passé ni quels sont les leviers d'action à utiliser en premier lieu, engendrant la nécessité d'une analyse complémentaire. Le ratio s'améliore ou se dégrade, cela est un constat, mais ne signifie pas grand-chose concrètement et n'indique en rien le chemin à prendre. Les critères financiers d'évaluation de la performance n'ont pas non plus d'autre lien avec la stratégie que celui d'un objectif très synthétique et global de création de valeur économique : l'indicateur ne traduit pas les objectifs stratégiques principaux, les engagements concrets de l'entreprise, ni la façon dont ils s'opérationnalisent dans les plans d'action et les principaux projets des responsables. Enfin, cette opacité a aussi des conséquences négatives sur le plan comportemental en étant une incitation aux tendances manipulatrices : il peut être tentant de faire bouger artificiellement l'indicateur synthétique (qui plus est lorsqu'il s'agit d'un ratio !) en masquant les réalités qu'il recouvre ; cela est d'autant plus vrai dans un contexte où les managers changent fréquemment de poste et peuvent être tentés de gérer leurs résultats financiers à court terme, tout en laissant les problèmes « dans le placard », prêts à ressurgir pour leur successeur quelques mois plus tard… La rotation rapide des postes fait que les managers n'auront pas à gérer eux-mêmes les conséquences par exemple d'un sous-investissement préalable.

Une gestion lourde, procédurière, et lente

Enfin, le contrôle budgétaire risque de tomber dans le piège de la lenteur et de la complexité. La démultiplication des calculs d'écarts finit par aboutir à un ensemble procéduralement lourd, dont les résultats sortent tardivement. En investissant massivement dans les systèmes d'information et technologies nouvelles, certaines entreprises réussissent désormais à avoir des résultats *flash* quelques jours à peine après la fin du mois, mais il reste aussi de nombreux cas où l'information n'est pas fiabilisée, où les réconciliations (par exemple entre les comptes consolidés et les écarts budgétaires) prennent beaucoup de temps, où les processus d'information comptables ne sont pas totalement maîtrisés et où les contrôleurs eux-mêmes avouent (en *off*) se perdre dans la complexité technique… Une telle information est bien entendu sans grand intérêt du point de vue du pilotage, car la réactivité des responsables doit être immédiate (voire anticipatrice !), elle n'attend pas la fin du mois en cas de risque ou d'opportunité majeurs, et les actions correctives n'ont de sens que si elles sont prises immédiatement. Le risque collatéral dans ces cas de figure existe que les dirigeants multiplient leurs demandes *adhoc* d'informations financières auprès des contrôleurs, alors même que les systèmes en place n'apportent pas de façon routinière une information fiabilisée…

1.2 Des postulats en matière de comportement humain

Au-delà des limites liées au caractère comptable de tels indicateurs, la *responsibility accounting* et le *reporting* concomitant sont associés à plusieurs concepts théoriques et reposent sur un certain nombre de postulats qui, en pratique, sont souvent loin d'être présents. Un premier lot d'hypothèses concerne les théories du comportement humain à l'œuvre dans l'organisation : le *responsibility accounting* et la décentralisation supposent une confiance des dirigeants et managers dans leurs équipes, une vision optimiste des motivations de l'homme au travail. Un second ensemble de postulats présuppose des situations organisationnelles qui seront développées en 1.3.

Le *reporting* financier et le *responsibility accounting* reposent sur un modèle de comportement théorique fondé sur la confiance et la délégation. Celui-ci, malheureusement, n'est pas toujours à l'œuvre en pratique : on observe tantôt des comportements peu délégateurs de la part de la hiérarchie, tantôt des comportements peu responsables et/ou peu autonomes de la part des managers opérationnels. Parfois même les deux types de comportement sont réunis dans un cercle vicieux qui empêche totalement le contrôle par les résultats de fonctionner.

Dès 1960, D. MacGregor a opposé la théorie X et la théorie Y du comportement et de la relation humaine au travail. C'est sur le modèle de la théorie Y que s'est bâti le contrôle de gestion par les résultats. Celui-ci suppose donc qu'une telle théorie soit concrètement à l'œuvre dans les organisations. Il s'appuie sur un modèle Y de comportement humain, allant de pair avec une direction participative par objectifs (DPPO), qui elle-même repose sur les théories de la motivation individuelle développées par F. Herzberg (1991) et A.M. Maslow (1954). Lorsqu'au contraire la DPPO et le contrôle de gestion par les résultats sont menés dans un climat mécaniste (celui de la théorie X) et sans animation, ils peuvent avoir des effets pervers importants. Ce sont les éléments essentiels de ces différentes théories, ainsi que les conséquences négatives de l'absence de comportements adaptés que nous décrivons dans cette partie.

La théorie X postule que l'homme éprouve une aversion innée pour le travail et fait tout pour l'éviter : en conséquence, le rôle de la hiérarchie est avant tout de contraindre, contrôler, diriger et même parfois menacer pour faire travailler. C'est une vision pessimiste qui pense également que l'homme ordinaire préfère être dirigé, guidé, sécurisé, qu'il souhaite éviter toute responsabilité et attend qu'on lui définisse précisément ce qu'il a à faire. Au contraire, la théorie Y, sur laquelle sont bâtis le contrôle de gestion par les résultats et la DPPO, nourrit une vision idéale, autonome et responsable de l'homme au travail : pour peu qu'on lui en donne l'occasion, l'être humain est capable d'initiative, il est digne de confiance et peut, seulement librement, se motiver et se réaliser à travers l'atteinte des objectifs qu'il s'est fixés, après entente avec sa hiérarchie. Le travail est alors vu comme source de satisfaction. L'homme ordinaire peut se diriger lui-même, dès lors qu'il accepte les objectifs de son travail ; il peut même rechercher les responsabilités ; il est source d'apport créatif dans l'organisation si le management est participatif. Sur ce point, la théorie Y de MacGregor est concordante avec la théorie de V.H. Vroom (1967), selon laquelle la motivation est facteur de performance, ainsi qu'avec les besoins « d'ordre supérieur » définis par A.H. Maslow, en particulier l'estime de soi (*self-esteem*) et l'autoréalisation (*achievement*).

Avec la direction participative par objectifs et la théorie Y, il s'agit de sortir du cercle mécaniste et bureaucratique du contrôle par les règlements et les procédures pour « contrôler avec les hommes et non contre eux ». Cela ne signifie pas l'absence totale de règles mais plutôt la nécessité, en complément, d'une participation et d'une négociation réelles, impliquantes pour les individus. Parmi les besoins décrits par A.H. Maslow, on ne cherche pas à agir sur les besoins physiologiques ni de sécurité, conditions nécessaires non suffisantes (puisqu'elles ne peuvent entrainer que mécontentement et insatisfaction en cas de défaut), mais à activer les besoins de liens sociaux, les besoins d'estime de soi et d'accomplissement ou épanouissement, capables eux de jouer positivement sur la motivation des individus lorsqu'on les amène à s'engager sur des objectifs.

C'est à cet endroit que le contrôle de gestion par les résultats risque de s'entrechoquer avec la conception des rapports humains prévalant réellement dans l'organisation. Alors que la théorie Y est supposée implicite dans les relations organisationnelles et en particulier hiérarchiques pour un bon fonctionnement du système délégataire, celle-ci n'existe pas en pratique, pour de multiples raisons, dans de nombreuses entreprises.

Une première raison est d'ordre socio-organisationnel : le contrôle de gestion par les résultats a parfois été inséré dans des organisations de nature précédemment bureaucratique, où prévalaient depuis des années des comportements de type X. La culture d'entreprise évoluant plus lentement que les outils, systèmes et procédures mis en place, on se trouve dans une situation où les centres de responsabilité, la fixation d'objectifs et le contrôle budgétaire existent, alors que les comportements autoritaires, peu délégateurs, d'un côté, et peu responsables, évitant le travail de l'autre côté, sont encore ancrés. C'est là un risque que D. MacGregor avait déjà lui-même dénoncé.

Une deuxième raison, éventuellement liée à la première, est d'ordre individuel : la théorie Y suppose que chaque responsable ait, dans l'organisation, intégré les préceptes de cette théorie et développe un comportement en conséquence à l'égard de ses subordonnés. Il ne s'agit pas, en effet, d'une vision du monde que doit avoir le contrôleur de gestion ou le directeur général, mais d'une approche qui doit être partagée par l'ensemble des responsables, puisque chacun est amené dans le quotidien à participer et à faire vivre le processus de délégation, de fixation d'objectifs, etc. Pourquoi la théorie Y et une attitude de confiance seraient-elles innées chez tous les responsables ? Chacun parvient plus ou moins bien, sait plus ou moins, a plus ou moins envie de déléguer, de responsabiliser, de faire confiance… en fonction de sa psychologie, de son intuition, son expérience, son goût du risque, mais aussi de sa culture.

De ce point de vue, on peut souligner que le contrôle de gestion par les résultats comme les théories du comportement qui le sous-tendent (DPPO, théorie Y, théorie de la motivation individuelle...) sont profondément d'origine nord-américaine. La culture nord-américaine, reposant sur la notion de contrat social inspirée des idées de J.J. Rousseau[1], encourage une telle vision de la vie en société, de la vie organisée. Le rapport d'égalité présupposé par la théorie Y est en effet semblable à la notion « d'échanges entre égaux » sous-tendant le « contrat » dans la société nord-américaine. De même, le besoin et la volonté de fixer des objectifs clairs et précis relèvent d'une conception de la relation hiérarchique comme relation client-fournisseur. Les objectifs sont alors les spécifications-produit attendues par le client. Mais la relation hiérarchique n'est pas toujours vécue ainsi par tous, dans d'autres contextes culturels.

Lorsque la DPPO et le contrôle de gestion par les résultats se déroulent non plus dans le climat humain qui vient d'être décrit, mais dans un contexte, dans une relation mécaniste, impersonnelle et sans animation, le risque est grand de voir ceux-ci se muer en une direction par objectifs bureaucratique, présentant un double effet pervers.

D'une part, le système de contrôle ne motive plus les responsables qui, au contraire, risquent de développer une coalition hostile : en effet un sentiment de frustration important peut naître d'une fausse participation, d'une négociation qui n'est qu'apparente.

D'autre part, un jeu dysfonctionnel est susceptible de se mettre en place où les responsables opérationnels réagissent en profitant de leur meilleure connaissance du terrain et de la maîtrise qu'ils ont de celui-ci. Ils se constituent ainsi des petits « matelas » de protection (*slack* organisationnel) car, connaissant toujours mieux les contraintes opérationnelles que leur hiérarchie, ils auront toujours des arguments et justifications à apporter. La fixation des objectifs et leur suivi s'en trouvent bien sûr totalement biaisés, dans un petit jeu de « réponse du berger à la bergère » où l'un cherche à tout maîtriser, tout vérifier, tout contrôler et au besoin à « épingler », et où l'autre esquive les reproches, bluffe l'adversaire et trouve toujours de bonnes raisons à toute situation. L'analyse stratégique du jeu des acteurs autour des phénomènes de pouvoir, élaborée en théorie par M. Crozier (1977), offre une perspective intéressante pour mieux comprendre ces phénomènes. M. Crozier souligne que les acteurs, loin d'être totalement rationnels, essaient en permanence d'accroître leur pouvoir personnel dans l'organisation et tentent de profiter de la maîtrise exclusive qu'ils peuvent avoir de « zones d'incertitude » pour les autres acteurs de l'organisation. Leur pouvoir, en tant que capacité à obtenir ce qu'ils souhaitent des autres, ne doit pas être confondu avec l'autorité, qui est elle le plus souvent d'origine hiérarchique : la source du pouvoir se trouve dans les degrés de liberté de l'individu, détenteur soit d'une compétence spécifique (expertise), soit de la maîtrise de relations vitales avec l'environnement (rôle commercial des associés dans l'ingénierie-conseil par exemple), soit de la détention d'information ou d'une meilleure connaissance des règles organisa-

1. Cet aspect est longuement développé par P. d'Iribarne (1989) : selon cet auteur, la fixation d'objectifs et le contrôle budgétaire sont perçus aux États-Unis comme un engagement contractuel, une relation client-fournisseur, d'égal à égal entre supérieur et subordonné.

tionnelles (fonction financière et contrôle de gestion par exemple). Lorsque l'autorité leur apparaît illégitime, les acteurs peuvent transgresser les règles du jeu en créant des zones d'incertitude à l'égard des détenteurs de l'autorité, sur les aspects qu'eux-mêmes maîtrisent. Loin d'une vision idéaliste de la motivation individuelle, une telle analyse place les phénomènes de pouvoir et le conflit au cœur de l'organisation ; elle rend cependant bien compte de situations dysfonctionnelles du contrôle de gestion par les résultats et/ou de la direction par objectifs. Lorsque le décalage devient important entre le système de contrôle mis en place, qui veut susciter l'autonomie et la délégation, et le comportement réel dans la pratique des responsables, le contrôle de gestion par les résultats tourne à vide, dénué de tout sens parce que ses présupposés fondamentaux sur le plan humain sont bafoués.

1.3 Les postulats sur le contexte organisationnel

En complément à tous ces postulats comportementaux, le *responsibility accounting* repose également sur des postulats concernant le contexte organisationnel. Nous avons déjà évoqué certains d'entre eux dans le chapitre 1, qui traite spécifiquement des questions de structure organisationnelle, et invitons le lecteur à y retourner pour une meilleure compréhension. Nous rappelons néanmoins ici ceux-ci, devenus de plus en plus rares dans les années 2010 :

- une organisation décentralisée, verticale, avec une structure simple et claire dans la délégation d'autorité ;
- le respect d'un principe de contrôlabilité par le manager qui est évalué à travers ce système : cela signifie que le manager doit avoir une maîtrise raisonnable des éléments sur lesquels il va être jugé ;
- la possibilité de fixer des objectifs de façon relativement prévisible.

Dans le contexte actuel, dans une majorité d'entreprises, aucun de ces principes fondamentaux n'est plus vraiment à l'œuvre de façon simple.

Une structure organisationnelle claire, simple et efficace

Le *reporting* se fait en principe par centres de responsabilité (*responsibility accounting*) qui doivent individuellement rendre des comptes sur leur gestion ; il dépend donc de la manière dont est conçue la structure organisationnelle. En théorie, beaucoup d'entreprises de toutes tailles estiment profitable de se décentraliser. La décentralisation permet une plus grande efficacité, en faisant en sorte que les décisions soient prises par les spécialistes (marketing, finance, production, relations humaines…) ou par ceux qui sont le plus près du terrain (marchés produits, segments de clientèle ou marchés géographiques)… à un niveau adéquat et sans en avoir en référer centralement, ce qui engendrerait un processus long et coûteux. Elle permet aussi en principe une plus grande satisfaction des managers de tous niveaux, qui peuvent s'épanouir en se sentant responsabilisés et autonomes dans leur travail. Nous avons vu aussi que la réalité des organisations du XXIe siècle est différente. Les ressources y sont souvent mutualisées (centres de ressources partagées, *shared services*), les structures sont souvent matricielles, avec deux, voire trois dimensions (par exemple, à l'échelle mondiale, une dimension « zones géographiques », mais aussi une dimension « fonctions – marketing, production, R&D » très forte et globalisée, et enfin une dimension « divisions produits »). L'interdépendance des équipes signifie que la performance est partagée dans le cadre de nouvelles formes d'organisations : réseaux, gestion de projets, suivi de processus transversaux, externalisation et nouvelles relations, plus étroites, avec les fournisseurs considérés stratégiques, dans le sens de délais toujours plus rapides et d'un flux optimisé, en continu…

Le respect du principe de contrôlabilité

Comme nous l'avons vu au chapitre 1, de telles formes d'organisation mettent à mal le principe de contrôlabilité. En théorie, le système comptable ne devrait prendre en compte, à un niveau donné, que les charges et les produits qui sont effectivement maîtrisés par ce centre/ce responsable. Évaluer sur des éléments qui vont au-delà de cette maîtrise et sortent de son périmètre aurait pour effet d'attirer l'attention sur des éléments sur lesquels le manager ne peut rien. En pratique, une « influençabilité » suffit, en ce sens qu'aucun responsable n'a une maîtrise complète, à 100 %, de son activité (un robot pourrait alors aussi bien prendre la place du manager selon des algorithmes définis !). Mais, lorsque l'environnement externe devient trop turbulent ou que les questions d'interdépendance deviennent très fortes dans la structure organisationnelle, l'influençabilité même devient une illusion. Le sentiment par le manager qu'il n'a qu'un très faible degré de contrôle sur ce sur quoi il est évalué peut alors devenir très démotivant.

Pour aller plus loin…

Le non-respect du principe de contrôlabilité

L'attribution mécanique des responsabilités dans la genèse des écarts risque de conduire au non-respect du principe de contrôlabilité en attribuant des responsabilités à tort. Les réactions violentes et les problèmes de chapelle, où chacun défend son clocher, sont fréquents en réunion de contrôle budgétaire, lorsque l'un ou l'autre des participants ressent que le principe de contrôlabilité a été bafoué. Le calcul des écarts repose sur des coûts standard. Les facturations internes étant réalisées en coût standard dans les entreprises, la logique du contrôle budgétaire voudrait que les écarts soient isolés là où ils se produisent dans le processus et qu'on rende bien responsable de l'écart celui qui a la maîtrise de gérer l'objectif en question. Par exemple, si les usines n'ont pas la maîtrise des achats, c'est la direction des achats qui sera tenue responsable de l'écart sur prix et les matières premières seront facturées toute l'année au coût standard aux usines ; ces dernières seront par contre responsables de l'écart sur rendement (quantités consommées).

☞

Exemple : Le médecin et le radiologue

> C'est le premier qui, à travers sa prescription, est responsable de la quantité d'actes ordonnés donc consommés. C'est à lui de maîtriser et de prévoir correctement cette quantité. Par contre, il n'est pas responsable d'éventuels dépassements d'honoraires en aval...

Toutefois, une telle approche ne résout pas tout car elle conduit en effet, à travers une vision rigide de la responsabilité individuelle, à sous-estimer les pôles de co-responsabilité : par exemple, la qualité de la production et même son rendement (sa productivité) peuvent dépendre de la qualité des achats ! Une matière première acquise meilleur marché pour un moindre niveau de qualité n'aura des répercussions financières négatives qu'en *aval*, au niveau des usines. Le climat, la confiance et le niveau de dialogue établis en réunion de contrôle budgétaire (et plus généralement, dans l'entreprise) sont déterminants de la façon dont le processus de contrôle va être vécu, de sa légitimité et donc de sa pertinence. Les responsables sont en général prêts à assumer une partie du risque dès lors qu'ils ont le pouvoir d'influencer largement (et non totalement) les résultats. Mais des réunions mensuelles gérées de façon procédurale peuvent conduire à une pratique rituelle dont le sens se perd peu à peu, aux dépens de la motivation et de la réactivité.

La capacité à fixer des objectifs de façon prévisible

Enfin, le *reporting* est également lié au système de fixation des objectifs. Le système, planificateur, vise à donner des objectifs spécifiques à chaque manager pour une période de temps donnée, et le *reporting* viendra mesurer le degré d'atteinte de ces objectifs en fin de période. Là encore, dans un environnement devenu extrêmement difficile sur le plan économique, et turbulent dans un contexte globalisé, la fixation d'objectifs devient de plus en plus un pari, une partie de poker ou un jeu de la boule de Crystal, où volontarisme et réalisme ont du mal à cohabiter… Fixer des objectifs atteignables devient de plus en plus ardu, les probabilités sont de plus en plus élevées que des événements totalement inattendus viennent perturber le cours des choses et modifier les prévisions. Les entreprises d'ailleurs se sont pour la plupart mises à faire des reprévisions (*forecasts* en anglais).

Pour aller plus loin...

L'« atterrissage » des reprévisions

De nombreuses entreprises se sont dotées de système de reprévisions (*forecasts* en anglais), en général trimestrielles, qui leur permettent de délivrer une nouvelle projection de leurs résultats fin d'année aux marchés financiers en même temps qu'elles publient leurs arrêtés trimestriels... La difficulté vient bien sûr du fait que ces reprévisions n'ont pas force de base d'évaluation pour les responsables, qui restent évalués sur le budget. Les entreprises ont le choix entre des reprévisions « glissantes », qui leur permettent de se départir du point focal des résultats de fin d'année pour anticiper sur un horizon de temps stable (en général, 12 à 18 mois), ou des reprévisions qui, à un moment, devront « atterrir » sur les chiffres du budget fixés un an plus tôt...

En conclusion, une évaluation strictement individuelle de la performance – au sens d'individualisée par centre de responsabilité – qui plus est sur un critère unique, comme le ROI ou l'EVA, rend très mal compte de l'évolution de nombreuses organisations dans les dernières décennies. L'évolution des méthodes de production et des méthodes d'organisation, couplée avec la pression financière qui pèse sur l'entreprise et les promesses faites aux actionnaires, ont induit un partage des responsabilités et du risque dans les organisations ; les « maillons les plus faibles » pénalisent désormais toujours les autres (parfois au-delà des frontières de l'organisation, notamment avec les fournisseurs) et l'interdépendance des équipes signifie que la performance est partagée. Toute la chaîne de valeur est alors impliquée dans la performance et il devient ardu d'isoler les responsabilités/les contributions individuelles à une performance collective.

2 Bonnes et mauvaises pratiques budgétaires : *beyond budgeting* et perspectives

Pour les raisons mentionnées ci-dessus, l'outil budget-contrôle budgétaire a souvent manqué à ses promesses et a fait l'objet de nombreuses critiques à partir de la décennie 2000, au point que certains dirigeants s'interrogent sur la pertinence de garder cet outil. Si peu d'entreprises s'en sont séparées, beaucoup en revanche ont éprouvé le besoin d'alléger l'outil, de le rendre plus flexible, moins détaillé, plus apte aux scénarios, et mieux utilisé *in fine*. Le budget et l'évaluation de la performance financière peuvent se décliner dans une version qui encourage la communication, la transparence et le partage des informations permettant d'élaborer des stratégies innovantes et réactives. Un usage moins comptable, plus « interactif », au sens de R. Simons, est possible pour le budget et le contrôle budgétaire. Celui-ci suppose toutefois que de bonnes pratiques soient à l'œuvre dans l'animation des outils, au-delà des seuls indicateurs financiers ou comptables. Ce sont ces enjeux que nous allons tenter de restituer dans cette partie.

Dans un premier temps, nous résumons les critiques adressées au budget traditionnel. Dans un second temps, nous envisageons les réponses qui peuvent être apportées :

- l'une, le *beyond budgeting*, propose tout simplement de se débarrasser du budget, de le supprimer dans l'entreprise et de le remplacer par d'autres outils et d'autres modes de contrôle ;
- une autre, plus modérée, propose de mieux animer le budget pour lui rendre son sens originel ; en évitant un certain nombre d'écueils de mise en œuvre, on peut rendre le budget plus interactif et efficace.

2.1 Les limites du budget traditionnel

Certains (Hope et Fraser, 2003, Jensen, 2003) ont prôné la suppression pure et simple du budget. Jack Welch, PDG de General Electrics, n'hésite pas à dire : *« Le budget est la peste des entreprises américaines. Il n'aurait jamais dû exister... Construire un budget est un exercice de minimalisation. Vous obtenez toujours le minimum des gens, parce que le but de chacun est de négocier pour avoir l'objectif le plus faible.* » Bob Lutz, chez Chrysler parle d'*instrument de répression* et Jan Wallander, PDG de la banque suédoise Svenska Handelbanken (voir encadré), d'*outil diabolique non nécessaire*... Qu'en retenir vraiment ? Quelles sont les suggestions, en matière de mesure de la performance, qui s'offrent comme alternative aux budgets (ou en complément de ceux-ci) ?

2.2 Quelles suggestions et alternatives ?

« Tuer » le budget : le beyond budgeting

Une première critique concerne le temps et les ressources consacrées au budget, qui paraissent disproportionnées par rapport à la valeur ajoutée de celui-ci. Le budget implique beaucoup trop de détails, des navettes budgétaires sans fin, et le temps passé a été chiffré dans certaines entreprises à 30 % de la charge de travail des managers pendant 4 mois, soit plus d'un mois de travail à temps complet dans l'année ! Tout cela pour reposer au final sur des données souvent obsolètes, parfois peu fiables, et rarement utiles à la prise de décision managériale... Le budget souffre aussi de son absence de flexibilité, qui peut-être très dommageable sur des marchés où la concurrence est rapide et intense : lorsque la philosophie de la planification étatique prévaut, elle peut nuire considérablement à la performance.

Dans des cas plus extrêmes, on cite aussi des exemples où le budget conduit, par effet pervers, à des comportements non éthiques : des exigences budgétaires trop rigides peuvent inciter les responsables à manipuler ou à jouer avec les chiffres, pour obtenir leur bonus ; les prévisions sont faussées ; les ventes sont forcées en fin d'année ; les différents niveaux hiérarchiques sont pris dans une spirale de fausses promesses, sans fondements, faites au niveau supérieur et *in fine* aux actionnaires. Les clôtures de fin d'année donnent lieu à de multiples arrangements pour maquiller les résultats, améliorer artificiellement ceux de l'année en cours ou au contraire constituer des matelas pour l'année à venir... En individualisant à outrance les responsabilités, le *responsibility accounting* mène à un manque de coordination des actions, à une prévalence des intérêts individuels, et peut même aller jusqu'au développement d'une culture de cynisme, défiance et suspicion qui gangrène peu à peu l'entreprise.

L'essentiel du problème toutefois réside dans les pratiques budgétaires, dans l'usage qui en est fait plus que dans les caractéristiques inhérentes de l'outil. Il ne s'agit donc pas nécessairement de se débarrasser du budget, mais bien de se débarrasser d'une culture qui favorise l'alignement, la conformité et le contrôle des objectifs au sens strict, au lieu de promouvoir l'apprentissage et l'esprit entrepreneurial.

Parmi les entreprises, peu nombreuses, qui se sont aventurées à une suppression complète du processus budgétaire, la banque suédoise Svenska Handelsbanken (voir encadré) a été pionnière en la matière dès le début des années 1970, mue par les fortes convictions de son PDG. Les entreprises qui ont renoncé au budget ont le plus souvent mis en place un système de mesure de la performance qui comporte tout ou partie des éléments suivants :

- un petit nombre d'indicateurs de performance clés (ou KPI pour *Key Performance Indicators*), de nature financière en haut de la hiérarchie et de nature plus opérationnelle au fur et à mesure que l'on descend dans l'organisation ; le suivi est très rapproché sur ce petit nombre d'indicateurs qui sont directement liés à la stratégie et à la performance de l'entreprise ;
- des objectifs d'amélioration de long terme pour les KPIs, et compris dans une fourchette, plutôt que fixes à court terme ;
- pas de standards ni de comparaison entre réel et standard, mais plutôt un *benchmarking* permanent sur les fonctions et indicateurs clés, en interne et en externe ; l'esprit de compétition et la pression des pairs sont jugés plus efficaces pour évaluer et encourager la performance que des standards prédéfinis ; au lieu de se battre contre soi-même, on se dépasse ainsi pour faire mieux que les autres dans les mêmes circonstances économiques et de marché (cela permet aussi d'éviter la question du recadrage des objectifs en situation d'incertitude) ;
- des reprévisions glissantes qui servent à éclairer le chemin, et non pas de contrat pour l'obtention de primes de performance ; les reprévisions se font sur un horizon de 5 à 8 trimestres, et le caractère glissant permet d'éviter les effets d'atterrissage budgétaire en fin d'année ;
- pas d'allocation prédéfinie des ressources, celles-ci sont mobilisées lors de besoins justifiés par une création de valeur.

Toutefois, les changements majeurs intervenus dans ces entreprises semblent être de nature organisationnelle plutôt que de concerner les outils de gestion proprement dits. Ces entreprises, du moins lorsqu'elles sont performantes, sont caractérisées par une organisation aplatie, avec la création d'entités autonomes, des *business units* nombreuses converties en centres de profit, voire responsables de leur création de valeur. Les entités opérationnelles, décentralisées, sur le terrain, disposent d'une réelle autonomie et d'un réel pouvoir (*empowered*) pour prendre des décisions de recrutement, d'utilisation des ressources ; cette liberté accordée et cette capacité à agir sont contrebalancées par des indicateurs qui prennent en compte le coût de telles ressources. Les systèmes et technologies de l'information sont très largement mobilisés dans ces entreprises, qui développent une information en temps réel, où les données sont accessibles en permanence à tout le monde, créant ainsi un effet panoptique qui renforce l'autodiscipline et l'autocontrôle. Dès lors que les systèmes d'information sont en place et opérationnels (ce qui reste une gageure), les responsables financiers et du contrôle de gestion, au lieu d'être les gardiens du budget et de passer beaucoup de temps à fiabiliser les chiffres, se muent en pédagogues des aspects économiques et financiers, auxquels ils doivent sensibiliser le plus possible les opérationnels.

Il semble en conclusion plus urgent de changer la culture que de supprimer le budget dans les organisations dont on cherche à améliorer la performance. Les outils et systèmes de gestion jouent souvent un rôle prépondérant dans le management du changement organisationnel. La suppression du budget, ou sa restructuration profonde, peuvent constituer un signal et offrir une structure qui accompagne le changement.

Exemple – **Svenska Handelsbanken (SH), un cas de beyond budgeting**

La banque suédoise SH a mis en place des pratiques de *beyond budgeting* dès 1972, sous l'impulsion d'un nouveau PDG alors, Jan Wallander. Il s'agit d'une banque de détail implantée en Scandinavie et au Royaume-Uni, de taille moyenne, comptant 550 agences et 20 bureaux en centre-ville. La banque a régulièrement surpassé toutes ses rivales et se classe parmi les meilleures au monde sur un certain nombre de ratios et d'indicateurs de performance bancaire. Elle a centré sa gestion sur un petit nombre de KPIs, incluant le ROE (*return on equity*), l'EPS (*earning per share*), la satisfaction client, le résultat net par employé et le ratio de coût/CA (coût/produit net bancaire, ou *cost-to-income* ratio en anglais). Sur ce dernier ratio, elle obtient par exemple une performance de 45 %, là où les banques françaises considérées performantes naviguent autour de 60 à 70 %.

L'organisation est très aplatie, avec seulement trois niveaux de management. La structure centrale est extrêmement légère, à la différence de la plupart des banques. 600 centres de profit sont identifiés, qui sont très autonomes, y compris dans la gestion de leurs clients. Cela attire beaucoup de jeunes managers désireux d'autonomie et de *challenge* et qui voient dans SH l'opportunité d'accéder assez vite à des postes intéressants, avec des responsabilités importantes. Le *turnover* (rotation des employés) est néanmoins très faible, car les salariés, recrutés pour leur goût pour l'autonomie, se sentent très souvent à l'aise dans une structure qui les met au défi sans être agressive.

Le système d'évaluation de la performance repose sur la compétition et la pression des pairs : les régions et les agences sont en concurrence pour améliorer les KPIs définis, et les résultats sont extrêmement visibles, car les moyennes et le classement de chaque agence sont communiqués à tous ; bien sûr, personne ne veut être dans les derniers du classement, en « queue de ligue » ; la visibilité est rendue possible et accrue par un système d'information rapide et efficace, qui donne également des indications sur les tendances et sur les reprévisions de trésorerie.

Entreprise scandinave, SH ne distribue pas de primes individuelles de performance, sauf pour les traders (bonus). Les récompenses individuelles existent, elles sont même nombreuses et importantes, mais elles sont non monétaires. *A contrario*, il existe un fonds monétaire commun, qui correspond aux sur-performances de l'entreprise dans son ensemble, et qui est redistribué à tous les salariés de façon égalitaire, indépendamment de l'ancienneté ou de la performance des individus. Il ne s'agit pas d'un *incentive*, mais d'une récompense sur les fruits de la performance partagés. Ceci contribue à un état d'esprit de contribution à une performance collective, et le travail en équipe est très prisé chez SH. Loin d'un schéma individualiste agressif, l'entreprise promeut les compétences et l'énergie individuelles au service du collectif (ce qui lui permet d'ailleurs de maintenir un faible *turnover*).

Les interrogations sur la capacité à généraliser l'exemple de SH…

- Est-ce l'absence de budget ou sa culture organisationnelle qui rend SH performante ?
- SH est une banque de taille moyenne : y a-t-il une autocensure à la croissance, qui dégrade toujours les ratios de rentabilité et de création de valeur à court terme ?
- L'exemple peut-il être transposé à tous les secteurs ? Le secteur bancaire de détail présente une structure décentralisée évidente et où les entités sont indépendantes ; cela est moins facile dans des industries où les interférences (performance jointe) entre fonctions sont multiples, comme par exemple l'automobile.
- Quels sont les effets négatifs à long terme de la transparence complète, de la concurrence entre agences, de la pression des pairs ? Le modèle est-il transposable ailleurs qu'en Scandinavie (où l'on trouve le plus grand nombre de cas de *beyond budgeting*) ?

Mieux animer le budget, éviter les écueils

Une alternative s'offre néanmoins à la suppression du budget : c'est celle d'un budget rénové qui retrouve son sens dans l'entreprise. Cela suppose que les postulats humains et organisationnels décrits plus tôt dans ce chapitre soient activés le plus possible. Cela nécessite aussi de prêter attention à ne pas tomber dans les pièges classiques qui peuvent dénaturer le budget et le transformer en un instrument inefficace, voire dangereux, tel que celui dénoncé par Wallander ou Welch.

Les difficultés de mise en œuvre sont nombreuses et peuvent rapidement aboutir à une perte de confiance des responsables opérationnels, qui décrédibilise le système de contrôle selon un cercle vicieux : la perte de confiance entraîne le dénigrement à l'égard du système, le dénigrement aboutit à un jeu ritualisé où les opérationnels ne font plus d'efforts pour s'impliquer ni donner à nouveau un sens au processus de contrôle.

Un premier piège concerne l'absence pure et simple ou le manque de cohérence entre le processus de contrôle et la définition de la nature des centres de responsabilité impliqués et évalués. Rien de pire en effet, pour un responsable qui se vit autonome, responsable de ses seuls résultats (par exemple commerciaux ou de profit) et donc comme patron d'un centre de profit, que d'être évalué sur les coûts qu'il a causés ou de devoir répondre à des demandes d'explication, suite à la mise en lumière de ceux-ci par le système d'information et de contrôle. Il existe alors un décalage important entre la représentation que se font les responsables de ce sur quoi ils devraient être jugés et ce qu'ils vivent en matière de système de contrôle de gestion. Cela les amène à déconsidérer rapidement ce dernier et suscite par contre en général beaucoup d'agacement de la part de la hiérarchie, qui a l'impression qu'on ne prend pas au sérieux ses efforts et demandes de structuration formelle du processus de contrôle.

Une deuxième difficulté majeure tient au calendrier budgétaire et au temps laissé pratiquement au processus de négociation et fixation des objectifs. Débuté trop précocement, le processus budgétaire donne lieu à trop d'incertitudes concernant la fixation des objectifs et aboutit souvent à de multiples corrections au fur et à mesure qu'on s'approche de la fin de l'année ; il tend aussi alors à être très dilué dans le temps, à traîner en longueur et à provoquer la lassitude de tous. Si par contre la négociation concernant la fixation des objectifs commence trop tardivement (en octobre par exemple), aucune place n'est réellement laissée dans le calendrier pour une négociation qui en soit vraiment une ni pour des « navettes budgétaires », garantes de la qualité de l'accord qui s'établit. C'est pourquoi le calendrier du processus budgétaire doit faire l'objet d'une attention toute particulière et, le cas échéant, d'un diagnostic porteur de recommandations d'amélioration. Celui-ci intègre bien sûr la taille de l'organisation (nombre de niveaux hiérarchiques), ses contraintes d'activité et surtout le rythme auquel se déroule le calendrier. Il n'existe pas de règle en la matière. Cependant, un calendrier harmonieux démarre en général vers la fin du mois de juin pour donner lieu à une fixation des objectifs définitive vers octobre et un budget détaillé établi début décembre. Il évite à tout prix les corrections tardives, arbitraires, frustrantes pour les opérationnels, qui tombent comme un couperet après un premier effort de dialogue qui n'a pas le temps d'être mené jusqu'au bout.

Une troisième erreur assez courante lors du processus de contrôle budgétaire est « le mélange des genres » : lorsque le rythme et le contenu des réunions ne sont pas clairement définis, on peut aboutir à de rares grand-messes qui cherchent à servir trop de fins à la fois, dans un lieu très solennel, peu propice aux échanges nécessaires. Il est par exemple malsain d'assimiler la fixation d'objectifs pour l'année à venir avec la discussion sur le suivi des résultats ou l'évaluation et les décisions de promotion des responsables. La négociation des objectifs est avant tout un processus individuel, qui se traite entre un responsable et sa hiérarchie. Le suivi des résultats doit, quant à lui, être effectué de façon régulière, par exemple mensuelle, par un petit groupe de responsables qui tentent ensemble de comprendre les causes des déviations et décident ensemble d'un « qui fait quoi » en matière d'actions correctives à conduire. Ces actions doivent être immédiates (il ne s'agit pas d'attendre le budget de l'année suivante), et les réunions de contrôle budgétaire ne doivent avoir qu'une relation très indirecte avec la fixation d'objectifs comme avec l'évaluation des responsables du point de vue des ressources humaines : les résultats actuels ne sont qu'un élément très partiel dans la négociation des objectifs de demain, de même qu'ils ne constituent qu'une partie des données concernant la promotion ou l'évolution de carrière des responsables. Ce dernier processus est d'ailleurs lui aussi hautement individuel, et fait l'objet d'entretiens ou discussions entre l'intéressé, son supérieur hiérarchique, le directeur des ressources humaines et d'éventuels autres responsables opérationnels concernés. Il faut absolument éviter la confusion entre ces différents niveaux et pour cela dissocier les réunions, chacune gardant sa finalité.

D'autres pièges existent dans la mise en œuvre du processus de contrôle et en particulier lors de sa première étape, à savoir la fixation d'objectifs. L'un assez courant et déjà dénoncé, consiste à confondre objectifs et prévisions : cela risque de conduire à des objectifs soit peu ambitieux, soit irréalistes, et en tout cas peu négociés. Un autre concerne la confusion fréquente entre coordination des objectifs des différents responsables et égalitarisme. Sous prétexte d'harmonisation des objectifs et de répartition équitable de l'effort, il peut être tentant de fixer les mêmes objectifs à tous les responsables, (par exemple, des objectifs de taux de croissance ou de réduction des coûts en pourcentage identiques dans différentes régions ou pour différents produits). Or cela est une aberration. Les objectifs sont par essence individuels, propres à un contexte économique ou concurrentiel, et liés à une stratégie d'entreprise ; ils n'ont aucune raison d'être les mêmes pour toutes les activités de celle-ci. La coordination ou l'harmonisation des objectifs signifie seulement que, globalement, une fois consolidés, les différents sous-objectifs des responsables doivent permettre d'atteindre le niveau de résultat ainsi que les autres objectifs, définis par la direction générale comme souhaitables pour l'ensemble de la société. Cela n'exclut pas que l'effort ou l'investissement, ou encore la réduction des coûts portent essentiellement sur certains secteurs plus que d'autres.

Toujours concernant le processus de négociation et fixation des objectifs, et parfois lié au problème de calendrier ci-dessus mentionné, une autre erreur peut avoir des conséquences négatives graves pour la légitimité du système de contrôle aux yeux des opérationnels : il faut à tout prix éviter les processus faussement participatifs ou faussement ascendants. Cela signifie qu'un discours participatif contrarié par une fixation d'objectifs brutale en bout de course, ou un processus faisant remonter les objectifs du terrain vers la direction générale[1], sans que celle-ci n'ait auparavant énoncé ses priorités, puis reléguant ceux-ci dans un second temps du fait de leur non-concordance avec les axes stratégiques, se révèlent plus frustrants pour les responsables opérationnels que des processus qui admettent leur caractère plus dirigiste dès le début. Mieux vaut énoncer les règles, les priorités, les contraintes avant d'entamer la négociation des objectifs que de laisser croire que tout est possible, puis de détruire les projets des uns ou des autres. Faute de quoi, le jeu budgétaire sera faussé l'année suivante : les opérationnels adopteront rapidement soit une attitude d'autocensure (dans le meilleur des cas), soit un comportement blasé, avec une absence de réelle réflexion sur les plans d'action à mettre en œuvre et les ressources nécessaires pour cela, puisque de toute façon, c'est la hiérarchie qui en décidera en dernier ressort. Enfin, l'irréalisme des dirigeants en matière de fixation d'objectifs peut aussi être dangereux, car les responsables peuvent être tentés de faire plaisir à leur hiérarchie et d'accepter, à moitié seulement, des objectifs qu'ils savent impossibles à atteindre.

Les erreurs de mise en œuvre du processus budgétaire trouvent également en général leur contrepartie au niveau du suivi et du contrôle budgétaire. Un piège majeur, et dont le diagnostic est aisé, consiste en un suivi très, trop détaillé et ne portant pas sur les points essentiels ou ayant tendance à les diluer dans la masse de chiffres suivis et analysés. Un tel état de fait est dangereux à double titre aux yeux des responsables : d'une part le caractère détaillé est vécu comme un contrôle tatillon, pointilleux et inquisiteur, en tous cas dans le contexte culturel français, d'autre part l'absence de pertinence et de mise en valeur des aspects primordiaux en fait un instrument qui n'a aucune utilité du point de vue de l'aide au pilotage. Le système de

1. *Bottom-up*.

contrôle risque, là encore, d'être rapidement déconsidéré. L'absence de gestion par exception est également souvent symptomatique de ce type de difficulté. C'est le cas par exemple d'un suivi budgétaire qui serait uniquement focalisé sur les coûts, de façon détaillée et exhaustive, alors que les objectifs du responsable seraient aussi ou surtout orientés vers le niveau d'activité ou la qualité.

Enfin, un dernier point est susceptible d'empêcher le processus de contrôle d'être opérant dans la pratique : ce sont les cas de figure (longtemps nombreux dans le secteur public par exemple) où aucun système de sanction/récompense ne peut véritablement accompagner le processus budgétaire. Il manque alors un ressort premier de la motivation, à savoir la perspective que des objectifs négociés, ambitieux et réalisés se traduisent par une marge de manœuvre professionnelle plus importante (en pouvoir, en autonomie, en moyens délégués si ce n'est en espèces sonnantes et trébuchantes sur un bulletin de salaire).

En épilogue, on peut noter que de nombreuses entreprises semblent actuellement chercher une voie médiane entre la suppression du budget et la rénovation en profondeur pour lui donner du sens. Beaucoup ont gardé le budget comme outil de routine, système de contrôle diagnostic, souvent en l'allégeant et le simplifiant au maximum (et parfois au détriment des écueils à éviter) : processus budgétaire court et ramassé dans le temps, fixation des objectifs assez tardive et topdown, nombre de lignes budgétaires et « maillage » réduits. Au lieu de faire évoluer leur outil budgétaire pour lui redonner du sens et lui permettre de remplir une fonction interactive (Simons, 2 000) d'animation, de communication, d'échange, et in fine d'apprentissage, ces entreprises se sont alors dotées d'autres outils plus interactifs par ailleurs : par exemple, un système de reprévisions (forecasts, rolling forecasts) sophistiqué et fortement interactif qui permet de suivre en permanence et rapidement l'évolution de la situation économique et de se projeter sur la situation en fin d'année en fonction de cette évolution ; ou encore, un outil de contrôle stratégique et opérationnel comme ceux que nous présentons au chapitre suivant (chapitre 4).

L'essentiel de la section 4

L'évaluation de la performance financière, que ce soit à travers les budgets, le contrôle budgétaire ou des indicateurs plus sophistiqués tels que la création de valeur (EVA©), est fondée sur le *reporting* et les théories du *responsibility accounting,* développés aux États-Unis dans les années 1960. À ce titre, ils présentent les limites d'un modèle reposant sur une modélisation exclusivement comptable et financière de l'entreprise, peu tournée vers la stratégie marketing et commerciale, mesurant plutôt des éléments du passé, et assez peu réactive. Ils sont aussi fortement remis en cause dans l'environnement du XXIe siècle où il devient difficile de fixer des objectifs de façon prévisible, où les nouvelles formes organisationnelles créent davantage ☞

☞

d'interdépendances et rendent la décentralisation et la performance individuelle en partie caduques. La notion de contrôlabilité en particulier est mise à mal dans de tels contextes.

C'est notamment pour ces raisons, et également pour leur lourdeur et leur manque de réactivité, que les budgets ont fait l'objet d'acerbes critiques dans les années 2000, avec l'émergence du courant *beyond budgeting*. Il semble néanmoins aujourd'hui que peu d'organisations ont complètement abandonné la budgétisation, mais elles ont allégé et simplifié leurs systèmes budgétaires, introduit des reprévisions qui permettent de se projeter plus fréquemment, et surtout cherché à rendre leurs systèmes de management de la performance plus stratégiques et plus interactifs. Cela s'est parfois opéré par une rénovation en profondeur du budget, mais aussi souvent par le développement d'outils ou de démarches de pilotage de la performance stratégique et opérationnelle (*balanced scorecards* et tableaux de bord stratégiques) étudiés au chapitre 4.

Questions

1 ■ Quels sont les liens entre le plan stratégique, le plan opérationnel et le budget ?

2 ■ Quels sont les principaux budgets fonctionnels qui contribuent à « l'architecture budgétaire » ? Quel est l'intérêt de documents de synthèse ?

3 ■ Quels sont les avantages et les inconvénients d'un calendrier long *versus* court d'élaboration du budget ?

4 ■ Quels sont les différents types d'écarts qui existent ? À quoi correspondent-ils ?

5 ■ L'écart sur prix se calcule-t-il sur des quantités consommées ou achetées ? Pourquoi ?

6 ■ Qu'est ce que la rentabilité économique ? En quoi diffère-t-elle de la profitabilité ? Quels sont les indicateurs financiers mesurant la rentabilité économique ? Pourquoi sont-ils devenus si importants au début du XXIe siècle ?

7 ■ Comment définit-on un WACC ?

8 ■ Pourquoi l'EVA est-il dans bien des cas un indicateur préférable au ROI pour évaluer la performance financière d'un manager ?

9 ■ Quelles sont les principales limites des indicateurs financiers liées à leur caractère comptable ? Quels effets dysfonctionnels de tels indicateurs peuvent-ils avoir ?

10 ■ À quels fondements théoriques se réfère l'évaluation financière de la performance des centres de responsabilité ? Quels sont les présupposés pour qu'un tel système fonctionne ? Pourquoi ces présupposés ne sont-ils que rarement réunis ?

11 ■ Quelles sont les limites du contrôle budgétaire dénoncées par les tenants du *beyond budgeting* ? Que proposent-ils ?

12 ■ Pensez-vous que le *beyond budgeting* soit *la* réponse aux limites du contrôle budgétaire ?

Chapitre 4 Le pilotage de la performance stratégique et opérationnelle

Le contexte d'incertitude de l'environnement actuel n'a pas tari le besoin d'instruments de pilotage en contrôle de gestion, mais il a profondément modifié les caractéristiques jugées primordiales pour ces outils.

Cela s'applique aux outils de gestion prévisionnelle : le budget, traduction monétaire de plans d'actions à court terme (qui devront rester souples et pouvoir s'adapter si de nouvelles conditions exogènes l'exigent), doit désormais être utilisé de façon plus interactive, et permettre de discuter de l'adaptation de la stratégie ; la planification stratégique doit reléguer ses vieux habits de *gosplan* pour laisser place à une méthode d'apprentissage et d'anticipation face à l'incertitude ; avec la méthode des scénarios, elle devient pour les responsables une habitude du « Que ferons-nous si ? ... ».

Au niveau des outils de suivi, de fortes critiques se sont élevées à l'encontre des versions les plus pures du contrôle budgétaire et du *reporting*, exclusivement financières et centrées sur le calcul d'écarts. De nouveaux outils de suivi de la performance, à la fois financière à court terme et non financière, souvent à plus long terme, viennent compléter utilement la palette traditionnelle. En France, le tableau de bord connaît un regain majeur d'intérêt et, aux États-Unis, son cousin germain, le *balanced scorecard* par opposition au *financial scorecard*, ne suscite pas moins d'enthousiasme.

Ce chapitre sera principalement consacré à ces approches et outils, tableaux de bord et *balanced scorecard*, qui ont fleuri à partir de la fin des années 1990[1].

La première section rappelle pourquoi et comment ces démarches ont émergé, ainsi que les principales qualités attendues de ces outils du contrôle de gestion – management de la performance.

La deuxième section présente les principaux aspects méthodologiques. Elle souligne tout d'abord qu'il s'agit de démarches de management, qui sont étroitement connectées avec la stratégie de l'entreprise. C'est par exemple ce qu'illustre la démarche du *balanced scorecard*, avec ses quatre perspectives et ses cartes stratégiques associées. Les éléments méthodologiques principaux du *balanced scorecard*, désormais très répandu, sont présentés. Un autre aspect méthodologique primordial à nos yeux dans ce type de démarches est la distinction conceptuelle entre les objectifs, les variables d'action et les plans d'action, que nous expliquerons et illustrerons dans cette partie.

Enfin, la troisième section traite de la mise en œuvre opérationnelle des outils de pilotage de la performance stratégique dans l'organisation, sous deux angles opposés et pourtant complémentaires. Tout d'abord, elle discute du choix des indicateurs, qui sont l'instrument de mesure associé aux objectifs, variables d'action et plans d'action précédemment identifiés. Elle évoque aussi les questions très pratiques de mise en forme des tableaux de bord en tant que système d'information. Mais surtout, cette section rappelle que, malgré l'hypothèse fondatrice, *you get what you measure*, la mesure seule ne suffit pas et il est donc nécessaire qu'elle soit intégrée dans une démarche de management.

1. Pour une présentation beaucoup plus complète et détaillée des démarches de pilotage de la performance stratégique et opérationnelle, on pourra consulter l'ouvrage *Tableaux de bord: donnez du sens à vos indicateurs*, Mendoza *et al.*, 2011, Groupe Revue Fiduciaire, qui est entièrement dédié à ces sujets.

Section 1 POURQUOI DES OUTILS DE PILOTAGE DE LA PERFORMANCE STRATEGIQUE ET OPERATIONNELLE ?

1 Répondre aux limites des outils financiers traditionnels

Sur un point essentiel, tableaux de bord et *balanced scorecard* se rejoignent. Le regain d'intérêt des premiers et le développement du second dans les années 1990 sont le fruit de préoccupations partagées par les entreprises des deux côtés de l'Atlantique et d'un refus de laisser les seuls indicateurs financiers gouverner l'entreprise. Réticence traditionnelle à l'égard de ceux-ci en France ou préoccupation plus récente aux États-Unis, avec la prise en compte des effets pervers sur le long terme d'une gestion financière à court terme, les reproches adressés aux indicateurs financiers sont les mêmes dans les deux pays :

- absence de caractère opérationnel, impossibilité de comprendre les causes des dérapages financiers lorsqu'ils se produisent en l'absence d'indicateurs de terrain, concrets ; mauvaise adaptation à l'action corrective nécessaire en gestion ;
- caractère rétrospectif, *a posteriori*, des indicateurs financiers, qui dénoncent souvent des problèmes déjà anciens ne se traduisant que tardivement par une dégradation des performances financières ;
- tendance à privilégier le court terme et à négliger ou dévaloriser les investissements ou projets de long terme, qui imposent des sacrifices sur les indicateurs financiers de court terme.

Ces limites ne sont pas seulement ressenties par les managers. Dès 1994, le rapport Jenkins, publié par l'AICPA (*American Institute of Certified Public Accountants*) faisait état d'une demande accrue en information de gestion de la part des investisseurs et des intermédiaires financiers. Pour les parties prenantes, *stakeholders* en anglais, la communication financière (*financial reporting*) doit laisser la place à un support informationnel plus large que l'on pourrait appeler la communication de gestion (*business reporting*). En France, les examens de l'expertise comptable comportent depuis 2007, une large proportion d'épreuves en pilotage de la performance et stratégie.

En conséquence, les démarches récentes du pilotage, face à l'incertitude qui caractérise l'environnement, mettent désormais l'accent sur trois qualités que doivent présenter les outils : être anticipateurs, explicatifs, et orientés vers l'action.

1.1 Des outils anticipateurs

Le caractère anticipateur des outils revêt deux formes. D'une part, ils doivent permettre d'envisager une série de futurs possibles, ainsi que leurs conséquences et les actions qui seront prises dans les différents cas de figure. L'usage de plus en plus fréquent de méthodes dites des scénarios correspond à cette idée : on envisage une multitude de situations possibles – bien que parfois très peu probables – et l'on s'interroge sur les plans d'actions à mettre en place dans chacune d'entre elles. Toute la gestion prévisionnelle s'appuie alors sur des alternatives, des plans d'urgence, ou de repli.

D'autre part, les outils doivent donner une information très « en amont » qui permette de détecter des signes annonciateurs bien avant qu'une situation ne se réalise. Ceci se matérialise par le choix d'indicateurs se situant au plus tôt dans le processus, qu'il s'agisse de processus commerciaux, d'assurance qualité, de production, etc. : par exemple, on préférera un carnet de commandes plutôt qu'un chiffre d'affaires encaissé. Les indicateurs, dans le tableau de bord comme dans le *balanced scorecard*, s'attachent à satisfaire cette nouvelle exigence. L'information en amont va également de pair avec la prochaine caractéristique attendue des outils, la compréhension des modèles de causalité entre événements : les signes annonciateurs d'une situation portent le plus souvent sur ses origines, contrairement au résultat, état de fait accompli devant lequel il est trop tard pour agir.

1.2 Le pouvoir explicatif des outils

Les outils doivent permettre, dans des situations de plus en plus complexes, de mieux comprendre les causes des effets constatés (coûts, résultats, *outputs*, etc.) et de mieux cerner les modèles de causalité, les relations de cause à effet. Sans cette compréhension, il est impossible d'agir, de tenter de trouver des réponses adaptées lorsque les indicateurs de pilotage se dégradent. La démarche Ishikawa (ou diagramme en arêtes de poisson), issue du mouvement pour la qualité, est tout à fait exemplaire de ce type de méthode et peut largement s'appliquer en contrôle de gestion. Elle fait apparaître toutes les variables (parfois exogènes et peu maîtrisables à court terme) qui ont un impact sur l'objectif défini.

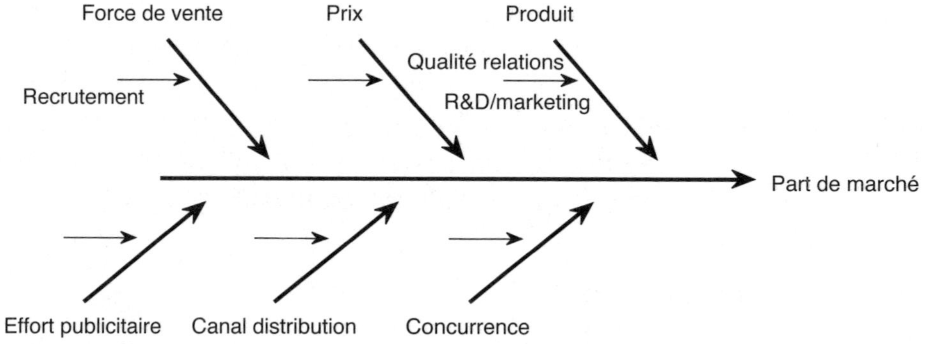

Figure 4.1 – Exemple de démarche Ishikawa en marketing

Pour aller plus loin...

La genèse des outils de pilotage : générer la performace

Dès la seconde partie des années 1980, la comptabilité d'activités et les modèles dits d'ABC (*activity based costing*) ont mis l'accent sur la compréhension des modèles de causes des coûts (indirects en particulier) à travers les notions d'inducteur et de générateur de coûts, et sur la non moins nécessaire compréhension des modèles de génération de la valeur dans les entreprises. Certains auteurs ont même traduit ABC par comptabilité « A Base de Causes » (M. Lebas, 1996). M. Lebas présente également un « arbre de performance » dans lequel la performance, multiforme et multicritère, est le feuillage d'un arbre dont le tronc est constitué par les processus, les activités, le travail, et dont les racines sont les facteurs explicatifs de la performance, telles que les compétences, les investissements, l'image des marques, la formation, les relations fournisseurs/clients et les partenariats, le contexte social, etc.

1.3 Des démarches orientées vers l'action

Les nouvelles démarches doivent être orientées vers l'action : elles offrent une mise en oeuvre concrète du déploiement des cibles et des objectifs stratégiques, et sont proches des plans d'action. L'orientation vers l'action découle en partie du pouvoir explicatif des outils : pour agir et choisir les plans d'action adaptés à un objectif, il faut disposer d'outils permettant de comprendre où se trouvent les effets escomptés – positifs ou négatifs – de l'action.

Il est important de souligner le mouvement de plus en plus prononcé, y compris dans des pays culturellement très imprégnés d'approches économiques et financières, vers un contrôle de gestion non exclusivement financier et au contraire préoccupé par un suivi des données physiques ou qualitatives. Ces dernières possèdent en effet la particularité d'être plus proches de l'opérationnel, de l'action au quotidien. Des recherches préalables ont mis à jour que les besoins d'information des décideurs changent selon le niveau hiérarchique et le degré d'opérationnalité de ceux-ci. Au niveau d'une direction générale, on aura ainsi davantage besoin de données financières, complétées par quelques données physiques seulement ; au niveau le plus opérationnel, au contraire, le besoin en information correspondant à des données physiques est très important et les données financières moins utiles. Plus on s'approche du terrain et de la prise de décision au quotidien, plus les données physiques et qualitatives prennent de l'importance ; au contraire, les données financières possèdent des qualités de synthèse et d'agrégation, d'autant plus appréciables que l'on doit avoir une vision d'ensemble d'une activité. Cependant elles ne prennent que peu en compte la multitude des micro-décisions concrètes qui font le quotidien de l'entreprise et la font avancer. C'est pour cette raison qu'un tableau de bord de direction générale doit aussi intégrer des indicateurs physiques ou qualitatifs susceptibles d'éclairer les données financières.

Un tableau peut résumer les caractéristiques attendues des outils de pilotage de la performance stratégique et opérationnelle par rapport aux outils comptables de suivi.

Tableau 4.2 – Caractéristiques des tableaux de bord de gestion par rapport aux outils comptables de suivi

Outils comptables de suivi	Tableaux de bord de gestion
Informations financières exclusivement	Incluent des données non financières voire non quantifiées
Informations produites en interne exclusivement	Possibilité d'inclure des informations extérieures
Contenu standard pour tous les responsables	Contenu adapté aux différents responsables
Périodicité en général mensuelle	Périodicité en fonction des possibilités d'action des responsables
Beaucoup de données, outils détaillés et exhaustifs	Très peu de données, centrées sur les points pertinents, importants, permettant d'agir
Présentations souvent rébarbatives	Souci de présentation attrayante et efficace
Longs à analyser	Rapide à lire, percutant
Difficiles à faire évoluer	Léger et évolutif
Lenteur d'obtention de l'information	Rapidité d'obtention

2 Genèse des outils de pilotage de la performance stratégique et opérationnelle

2.1 Les tableaux de bord stratégiques

C'est dans le contexte des nouvelles caractéristiques attendues des outils de contrôle de gestion que se sont inscrits les tableaux de bord dits stratégiques. Outil déjà ancien, le tableau de bord s'est modernisé et a opéré un retour en force, tant dans ses principes initiaux que dans sa mise en œuvre.

Il faut d'abord souligner l'ambiguïté terminologique dont les tableaux de bord font l'objet. On parle trop souvent de tableaux de bord, dans les entreprises, à propos d'outils de suivi exclusivement financiers, bâtis sans démarche structurée à partir des indicateurs jugés essentiels par les utilisateurs du contrôle budgétaire ou du *reporting*. De tels outils ne constituent clairement pas ce que nous appelons des « tableaux de bord stratégiques ». Ils sont tout au mieux une vision légèrement améliorée, allégée et plus conviviale des outils de suivi classiques de la performance. Comme la comptabilité générale, la comptabilité analytique, le contrôle budgétaire et le *reporting*, ils ne rendent compte que d'une performance financière. Les tableaux de bord au contraire se distinguent des autres outils de suivi du contrôle de gestion à trois niveaux :

– un arbitrage coût-précision-délai de l'information qui privilégie les délais d'obtention à un coût raisonnable, en renonçant à l'exhaustivité et à la précision ;

- la nature intrinsèque de l'information, qui rend compte d'une performance multicritère, et non pas d'une performance exclusivement économique et financière ;
- l'existence d'une démarche structurée et sélective en amont, qui dirige le suivi vers des indicateurs liés à la stratégie et à sa déclinaison dans l'action, et non vers tout ce qui est économiquement mesurable dans l'entreprise.

Il faut garder en tête que les tableaux de bord ont émergé en France de la pratique, à des niveaux de responsabilité opérationnelle intermédiaire. Les managers ont ressenti le besoin, pour gérer leurs entités, de se doter d'outils de gestion différents de ceux imposés par le *reporting*. Insatisfaits des systèmes de contrôle budgétaire et d'analyse, souvent tardive, des écarts, ils ont ainsi pris des initiatives pour se doter de systèmes de pilotage dans leur action quotidienne. Dès les années 1980, avec le développement de la micro-informatique individuelle, cela a pu donner lieu à un foisonnement de tableaux de bord locaux, mal reliés entre eux ou à la stratégie de l'entreprise. La tentation en effet était grande pour chacun de bâtir, en marge des systèmes de gestion de l'entreprise, son propre petit système, parfaitement adapté à ses besoins et facilement évolutif, sur PC. Cette tentation peut devenir un piège tout aussi dangereux que l'excès inverse du système standardisé imposé à tous.

À partir des années 1990, cette question a été résolue à la fois sur le plan pratique et sur le plan théorique. Sur le plan théorique, la question de la coordination des tableaux de bord entre eux et de leur lien avec la stratégie a été résolue par le travail de professeurs-consultants-chercheurs français, notamment à HEC. Ils ont développé la méthode OVAR et ses concepts-clés : objectifs, variables d'action, plans d'action, niveau de responsabilité[1]. L'existence d'une méthode est le gage de la qualité de la démarche. Les objectifs, datés et quantifiés, mesurent le résultat à atteindre ; les variables d'action sont les principales causes concourant à l'atteinte de l'objectif, elles doivent être maîtrisées par le responsable ; les plans d'action sont la déclinaison concrète, détaillée, des actions à entreprendre et correspondant aux variables d'action. La coordination est assurée par « l'emboîtement des tableaux de bord » des différents niveaux hiérarchiques, puisque les variables d'action du niveau de responsabilité (N) se transforment souvent en objectifs à un niveau (N–1). Grâce à un dialogue entre niveaux hiérarchiques et entre pairs, la cohérence est assurée dans l'organisation et le risque d'absence de lien avec les objectifs stratégiques disparaît. Chacun dispose ainsi de l'information pertinente à son niveau, dont une partie seulement fait l'objet d'une synthèse ou d'une agrégation au niveau de responsabilité supérieur.

Sur le plan pratique, les nouvelles technologies de l'information et les progiciels intégrés ont ouvert la voie à des systèmes sur mesure, flexibles, au sein d'un système

1. Ouvrages de référence :
– Löning *et al.*, *Le Contrôle de gestion*, 3e édition, Dunod, 2008, chapitre 4.
– Fiol, Jordan, Sulla, *Renforcer la cohésion d'une équipe*, Dunod, 2004.

d'information néanmoins intégré. En effet, ne pas laisser se multiplier des systèmes individuels non reliés et peu cohérents entre eux devenait une préoccupation majeure en termes de sécurité et de fiabilité de l'information. Dans les dernières années, les ERP (*Enterprise Resource Planning*) par exemple ont permis de concevoir des tableaux de bord dont la remontée d'information est rapide, fiable et partagée. Toutefois, la lourdeur de leur paramétrage peut remettre en cause l'évolutivité de ces systèmes, qui doivent donc être conçus autant que possible en laissant une marge d'évolution importante aux bases de données originelles et aux extractions possibles.

Conséquence de cette genèse historique, le terme « tableau de bord » est utilisé en France pour une variété d'outils qui ne répondent pas tous, loin s'en faut, au niveau d'avancement et aux critères de structuration des tableaux de bord stratégiques préconisés par cet ouvrage et par la doctrine française des années 2000. C'est pourtant ces derniers qui présentent des qualités indéniables :

- ils reposent sur une méthode rigoureuse et sur les concepts évoqués qui différencient l'action et les résultats de celle-ci ; la méthode distingue aussi les concepts (l'action, les résultats) et les indicateurs associés, servant à les mesurer ;
- ils comportent une recherche systématique, à chaque niveau de responsabilité, d'indicateurs de résultat et d'action ;
- ils deviennent un instrument de dialogue dans l'entreprise, de discussion entre différents niveaux hiérarchiques sur les objectifs de chacun et sur les moyens maîtrisés ; la démarche d'élaboration des tableaux de bord se veut une démarche souple et une occasion de mettre en lumière les problèmes de management, les ambiguïtés éventuelles, par un dialogue sur les objectifs et leviers d'action à chaque niveau ; c'est à cette condition que peut s'accroître la cohérence dans l'organisation;
- ils procèdent d'une vision émergente de la stratégie qui, loin d'être imposée par les contingences extérieures et les dirigeants, est construite tout au long du processus d'élaboration des objectifs et des allers et retours liés au choix des indicateurs de suivi.

2.2 Les travaux théoriques sur le *balanced scorecard*

Issu des travaux d'un professeur-consultant américain, R. Kaplan, et d'un consultant fondateur de l'unité de recherche de KPMG, D. Norton, le *balanced scorecard* est né au début de la décennie 1990. Le livre pionnier de Kaplan et Johnson, *Relevance Lost* (*La pertinence perdue*) en 1987, qui posa la première brique de la comptabilité d'activités, dénonçait déjà l'exclusivité des indicateurs financiers.

« Les mesures à court terme devront être remplacées par de multiples indicateurs non financiers qui constituent de meilleures cibles et ont une meilleure valeur prédictive quant aux objectifs de rentabilité à long terme de l'entreprise. » (1987, p. 259)

Le *balanced scorecard*, développé par le Nolan Norton Institute à partir du début des années 90, est devenu un outil de plus en plus diffusé dans les entreprises, souvent mis en place avec l'appui de sociétés de conseil. Une première phase d'élaboration de l'outil a consisté en réunions bimensuelles d'une douzaine d'entreprises au sein du Nolan Norton Institute, pour définir les grandes lignes d'un outil « équilibré » entre le court et le long terme, entre les résultats et l'action (le processus), entre les mesures financières et les mesures non financières. Kaplan et Norton introduisent ensuite l'outil sur quelques sites pilotes ; ils se rendent compte alors que les dirigeants utilisent spontanément le *balanced scorecard* non seulement pour mesurer la performance, mais aussi pour communiquer et déployer les objectifs stratégiques. À partir de 1993, l'outil est diffusé de façon plus large, avec un nombre croissant de *balanced scorecards* mis en place. La dimension managériale de l'outil prévaut petit à petit sur la dimension d'instrument de mesure, les indicateurs opérationnels recherchent la cohérence avec la stratégie de l'entreprise et portent en priorité sur ses processus-clés.

Présenté initialement par ses concepteurs comme un outil d'évaluation de la stratégie et de mesure de la performance, le *balanced scorecard* est devenu dans la pratique un instrument, voire un système de management, en tous cas un outil de contrôle de gestion à part entière. Il permet de communiquer et de déployer la stratégie, de fixer des objectifs opérationnels à chacun, bref d'orienter les comportements à travers la responsabilisation, la motivation et l'évaluation des individus, et d'aider au pilotage.

Le *balanced scorecard* est donc une démarche de direction générale qui cherche à déployer sa stratégie tout au long des lignes hiérarchiques, du haut vers le bas. On rend visibles pour l'ensemble des niveaux hiérarchiques les indicateurs « importants » au regard de la stratégie (« *You get what you measure* ») et on associe l'atteinte des objectifs sur ces indicateurs à l'évaluation de la performance individuelle, c'est-à-dire à la rémunération, aux promotions, etc. On s'assure ainsi que les managers, à tous les niveaux de l'entreprise, s'approprient la stratégie définie au plus haut niveau.

Par ailleurs, le *balanced scorecard* est un produit de conseil, mis en place par des consultants américains : relativement standardisé, il doit rester assez simple pour être communiqué et vendu, quitte à sacrifier parfois en rigueur de la méthode. Il repose ainsi sur quatre dimensions faciles à identifier et à rendre opérationnelles : la performance financière, les mesures relatives à la relation avec le client, les mesures portant sur les processus internes, et enfin les compétences humaines.

Pour aller plus loin...

La théorie sur le Balanced scorecard, évolution des travaux de Kaplan & Norton

Dès 1992, Kaplan et Norton publient un article dans la *Harvard Business Review*, "The balanced scorecard – measures that drive performance" (Jan-Feb 1992) qui date la création de l'outil par le professeur et le consultant.

Le premier ouvrage de Kaplan & Norton, *Translating strategy into action : the balanced scorecard*, en 1996, est le fruit de leurs cinq premières années de développement du modèle et de ses applications pilotes. Les auteurs insistent primordialement sur la façon dont l'outil BSC, un *reporting* quadri dimensionnel au plus haut niveau de l'entreprise, permet de rendre compte de la stratégie de l'entreprise dans un ensemble cohérent de mesures de performance. L'aspect « équilibré » de l'outil, avec à la fois des indicateurs financiers et des indicateurs non financiers, est mis en avant.

Le deuxième ouvrage, en 2000, *The strategy focused organization : how BSC companies thrive in the new business environment*, tire les leçons des expériences opérationnelles de BSC dans plus de 200 organisations, aussi bien publiques que privées : pour les directions générales qui ont mis en œuvre le BSC, ce n'est pas l'outil de mesure de la performance multidimensionnelle qui est particulièrement intéressant (les dirigeants savent bien, intuitivement, quels indicateurs suivre tous les mois), mais bien l'utilisation de ces indicateurs pour communiquer et déployer la stratégie en interne, pour permettre son appropriation par les managers de tous niveaux. Le BSC devient une démarche de management et non pas seulement un instrument de mesure au plus haut niveau. Cette évolution va de pair avec la mise en place, aux échelons inférieurs, d'indicateurs alignés avec ceux du BSC des dirigeants, donc la création d'instruments de mesure aux niveaux N-1, N-2... Les dirigeants ont bien reconnu dans le BSC l'outil de management stratégique qui leur permet d'aligner l'organisation avec leur stratégie. Les indicateurs ainsi déployés deviennent aussi la base d'un système d'évaluation de la performance donnant lieu à des primes : l'atteinte des objectifs sur les critères définis déclenche des bonus et fonde les systèmes de rémunération variables. Fruit de très nombreuses expériences sur le terrain, cet ouvrage est à notre sens le plus convaincant des trois.

Enfin, leur troisième ouvrage, en 2003, *Strategy maps : converting intangible assets into tangible outcomes*, met en avant les « cartes stratégiques » qui servent de point de départ à la démarche du *balanced scorecard*. Il s'agit d'établir les relations causales existant entre les indicateurs sur les différentes dimensions : par exemple, on établira le lien entre une amélioration des processus internes (service et accueil personnalisés aux clients qui reviennent), une plus grande fidélité client qui en découle *et in fine* une amélioration de la rentabilité. Cet ouvrage peut aussi être considéré comme une manifestation du retour vers la formulation de la stratégie : en travaillant en équipe sur la constitution d'une carte stratégique, on peut élaborer ensemble un projet stratégique commun pour le futur, renforcer la cohésion de l'équipe dirigeante et faire progresser la stratégie, par un apprentissage organisationnel collectif de l'équipe de direction.

En conclusion, on voit qu'une démarche structurée s'impose, en amont de la mise en place des indicateurs, pour concevoir les outils de pilotage de la performance stratégique et opérationnelle. La conception des tableaux de bord commence ainsi indépendamment des systèmes d'information et des outils comptables et de suivi de la performance pré-existants, par une démarche de réflexion sur les objectifs et les variables d'action dont dispose chaque niveau de responsabilité. Ce long travail de réflexion et de mise en place d'une structure de délégation est ensuite relayé par un exercice de choix des indicateurs, calqués sur les objectifs, variables d'action et plans d'action définis.

L'essentiel de la section 1

Les outils et démarches de pilotage de la performance stratégique et opérationnelle, comme par exemple les tableaux de bord stratégiques ou les *balanced scorecards*, se sont développés pour répondre aux limites des outils de pilotage financier traditionnels. Ces démarches se veulent en particulier plus anticipatrices, plus proches de la stratégie qu'elles cherchent à décliner en identifiant, selon un modèle de cause-à-effet, les générateurs de performance, et plus proches également de l'action quotidienne des managers. Elles ont donné lieu à d'importants travaux théoriques, aux États-Unis à partir du milieu des années 90 avec le *balanced scorecard* de Kaplan & Norton de la *Harvard Business School* et en France également, avec notamment le développement d'une méthode, OVAR (Objectifs – Variables d'Action – Responsabilités), par un petit groupe de professeurs d'HEC.

Section 2 MÉTHODOLOGIE DES DÉMARCHES DE PILOTAGE DE LA PERFORMANCE STRATÉGIQUE ET OPÉRATIONNELLE

1 Des démarches stratégiques : exemple de la méthode du *balanced scorecard* et de la carte stratégique

1.1 Les quatre perspectives du *balanced scorecard*

Le *balanced scorecard* ou tableau de bord prospectif est présenté par Kaplan et Norton comme un outil prospectif et équilibré entre :

- des indicateurs situés en amont (*leading indicators*), mesures portant sur les générateurs de performance (*performance drivers*) ;

– et des indicateurs situés en aval (*lagging indicators*), mesures portant sur les résultats (*current operating performance*).

Le *balanced scorecard* se veut un support permettant de définir des objectifs datés et quantifiés appartenant à quatre perspectives différentes. La qualité finale de l'outil est garantie par l'existence d'indicateurs relatifs à chacune des quatre dimensions :

– des mesures financières, correspondant à des objectifs économiques à court terme, qui peuvent varier en fonction des secteurs d'activité ou de la stratégie ; par exemple, le chiffre d'affaires, le taux de croissance, le chiffre d'affaires réalisé par les nouveaux produits ou les nouveaux marchés, domineront les activités en croissance ; les mesures de rentabilité telles que résultat net, marge brute, EVA (valeur ajoutée économique), ROI (retour sur investissement), sont essentielles pour les activités parvenues à maturité et devant financer le développement de l'entreprise par ailleurs ; les produits en fin de cycle de vie sont souvent focalisés sur des indicateurs financiers à court terme, délais de récupération financiers (*payback ratio*) et solde de trésorerie ;
– des indicateurs portant sur la relation commerciale et le capital-clientèle ; au-delà des traditionnelles mesures de chiffre d'affaires, de part de marché, de rentabilité-clients, de satisfaction et fidélité clients, les concepteurs du *balanced scorecard* insistent sur les indicateurs d'action et les attributs fournis par l'entreprise pour maintenir la satisfaction des clients à un niveau élevé : attributs du produit/service, relation-client, image et réputation de l'entreprise ;
– des indicateurs correspondant à des objectifs d'amélioration des processus internes, visant à améliorer la productivité et la qualité à un moindre coût ; aux méthodes classiques de réduction des coûts, de ré-ingénierie des processus ou même de *kaizen costing* (amélioration progressive), Kaplan et Norton ajoutent la focalisation sur les processus-clés stratégiques, afin de faire porter la mesure et l'effort sur ceux-ci en premier lieu ;
– des indicateurs tentant de capter l'apprentissage organisationnel, qui concernent les compétences humaines dans l'entreprise ainsi que les systèmes et les procédures organisationnelles.

Voir la figure 4.3, page suivante.

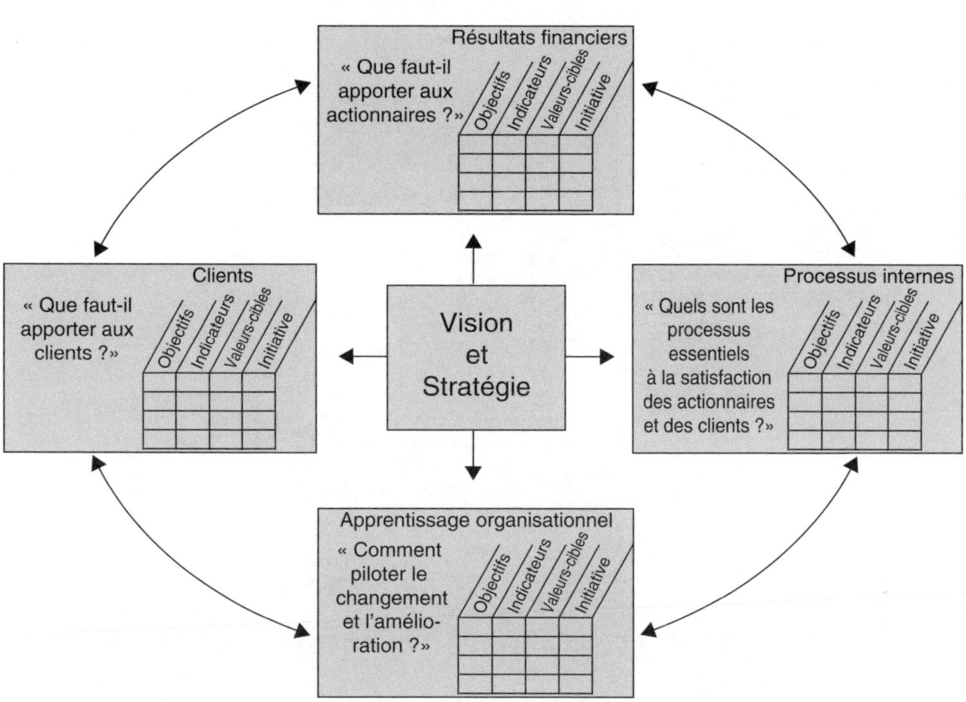

Source : Robert S. Kaplan et David P. Norton, « Using the Balanced Scorecard as a Strategic Management System », *Harvard Business Review* (janvier-février 1996), p. 76. Reproduction autorisée.

R.S. Kaplan & D.P. Norton, *Le tableau de bord prospectif*, 1998.

Figure 4.3 – Un support pour traduire la stratégie en objectifs opérationnels

Le *balanced scorecard* est particulièrement facile à appréhender dans la distinction entre les quatre dimensions mesurées. Par contre, la confusion subsiste sur les relations de cause-à-effet établies par le modèle. Il semble que le *balanced scorecard* crée une hiérarchie entre les quatre perspectives ci-dessus, et subordonne les trois autres dimensions à la dimension financière. Les objectifs financiers restent le but ultime et leur mesure s'impose *in fine*. Le capital-client, les processus et l'apprentissage organisationnels ne sont que les moyens pour atteindre des objectifs financiers. De façon non totalement explicite chez les auteurs, les quatre dimensions s'inscrivent dans une hiérarchie où les compétences humaines permettent le développement organisationnel et l'amélioration des processus, qui à leur tour contribuent à la satisfaction-client, et servent *in fine* les objectifs financiers de l'entreprise. La recherche des relations de cause-à-effet entre les actions opérationnelles menées et les résultats financiers est saine. Néanmoins, en créant cette hiérarchie, le risque existe de tomber à nouveau dans le piège de la primauté accordée aux objectifs financiers, à court terme.

Voici la façon dont Kaplan et Norton présentent les liens de causalité entre les quatre dimensions du BSC :

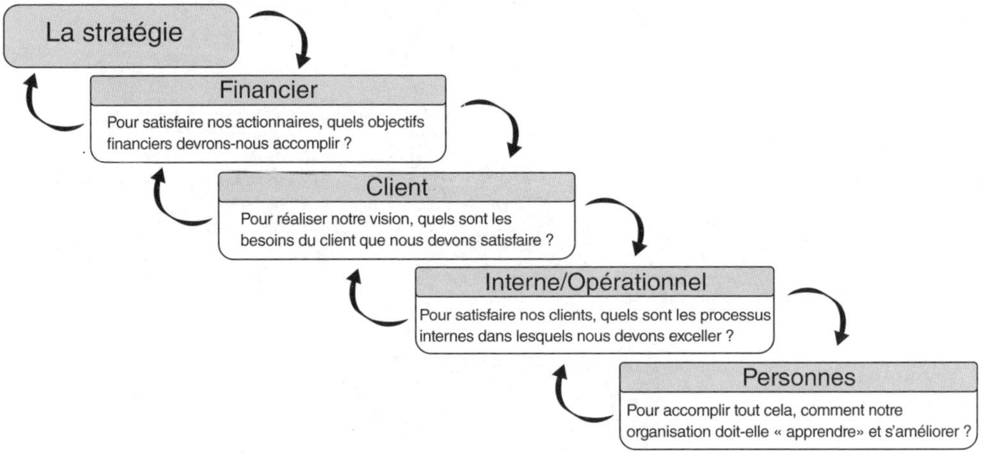

Figure 4.4 – Les quatre perspectives du balanced scorecard et leurs liens

Enfin, le *balanced scorecard* est un outil à caractère générique. On peut s'interroger si toutes les entreprises ont vraiment besoin des quatre perspectives mentionnées, et on peut plutôt penser que le secteur d'activité, la situation concurrentielle et la stratégie de l'entreprise ont une influence sur ses besoins d'information.

Rien n'oblige donc à avoir quatre perspectives exclusivement, ni en particulier celles-là.

Exemple

Par exemple, des organisations du secteur public, ou des ONG, sont susceptibles d'avoir des *stakeholders* différents de ceux d'une entreprise classique du secteur privé, et à ce titre d'avoir d'autres dimensions.

D'autres secteurs encore sont traditionnellement sensibles aux questions de sécurité et de risque (nucléaire, BTP...) et plus récemment, de nombreuses entreprises se sont interrogées sur la nécessité d'intégrer la gestion du risque dans leur système de management de la performance stratégique et opérationnelle, par exemple en introduisant une cinquième perspective consacrée à de tels objectifs et indicateurs. De nombreux travaux académiques plaident d'ailleurs en faveur d'une gestion du risque intégrée avec le pilotage de l'activité et du business, permettant une compréhension des générateurs de risque, plutôt que gérée indépendamment par des équipes et des systèmes tournés vers la vérification et la conformité aux règles.

Pour aller plus loin...

D'un point de vue conceptuel, le *balanced scorecard* introduit par ailleurs une distinction entre les indicateurs « amont » (*leading indicators*) et les indicateurs « aval » (*lagging indicators*). Cette distinction correspond en théorie également à des relations de cause-à-effet, d'action à résultat, au sein de chaque dimension. L'ambiguïté demeure chez Kaplan et Norton entre les deux directions de cause-à-effet : celles-ci sont-elles en premier lieu entre les quatre perspectives (financière, client, organisationnelle, et humaine), ou bien entre les *leading* et les *lagging indicators* de chaque perspective ?

On constate dans les exemples de mise en œuvre du *balanced scorecard* que la plupart des indicateurs développés sont des indicateurs de résultat. L'ambiguïté théorique aboutit peut-être à une absence de recherche systématique de chacun des deux types d'indicateurs (action et résultat), pour chaque perspective. Mais les indicateurs d'action correspondant à la perspective client par exemple se résument-ils aux indicateurs de résultat sur les processus organisationnels ? Sans doute pas... De ce fait, l'outil perd une partie de sa valeur prospective. Les indicateurs d'action sont en effet les clignotants qui passent au rouge bien avant que les résultats n'en pâtissent, et qui nous donnent les moyens de comprendre où et en quoi l'action est déficiente.

1.2 Le *scorecard*

Les quatre (ou cinq) perspectives sont alors déclinées dans une matrice qui permet :

– d'un côté d'identifier les objectifs et les projets (on parle aussi d'actions, ou d'initiatives) qui vont permettre d'atteindre ces objectifs ;

– et par ailleurs de quantifier le suivi en choisissant les indicateurs qui mesureront le degré d'avancement vers l'atteinte des objectifs et/ou la réalisation des plans d'action ; l'indicateur est l'instrument de mesure, et le degré d'avancement sur l'indicateur sera comparé à la cible, qui est le montant que l'on s'est fixé à atteindre pour l'indicateur en question.

Nous reviendrons plus largement dans le point suivant (2) sur les concepts qui sous-tendent le BSC ou TDB (objectifs, action, indicateurs, etc.) car une bonne compréhension conceptuelle et méthodologique de ceux-ci est essentielle à la construction d'un *scorecard* cohérent. Le tableau ou *scorecard* peut alors se présenter comme ci-après (déclinaison par le cabinet Nexance spécialisé dans la mise en œuvre de BSCs) :

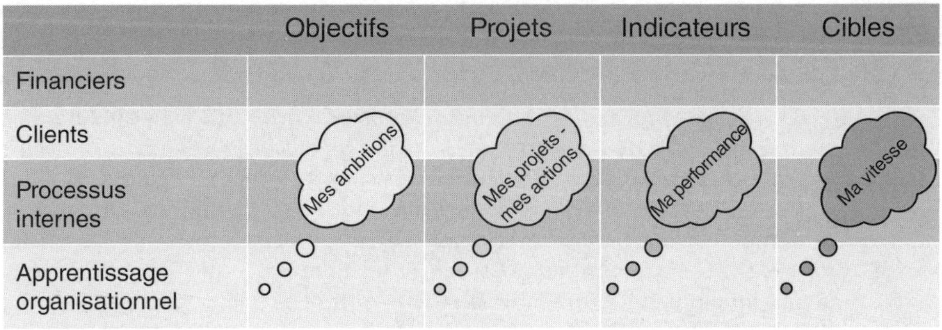

D'après le cabinet Nexance.

Figure 4.5 – Le BSC, un système de pilotage stratégique 4X4

1.3 La carte stratégique ou *strategic map*

Avant de revenir sur les concepts essentiels qui sous-tendent tout outil de pilotage de la performance stratégique et opérationnelle, il faut souligner que, comme leur nom générique l'indique, le *balanced scorecard* ou le tableau de bord stratégique doivent reposer sur une démarche stratégique. Bien sûr, la stratégie n'est pas immuable, loin d'être entièrement prédéfinie et elle est en principe aussi alimentée par les outils de pilotage mêmes dans un va-et-vient d'apprentissage organisationnel.

Les outils de pilotage de la performance stratégique sont en principe nourris par une réflexion et des analyses stratégiques du type SWOT – *Strengths, Weaknesses, Opportunities, Threats* (Porter, 1980) : les forces, les faiblesses de l'entreprise sont identifiées, les opportunités, les risques (ou menaces) sont également considérés, avant de décider des objectifs (ou du moins des intentions) stratégiques de celle-ci. Kaplan & Norton proposent dans la démarche du *balanced scorecard* de faire précéder la construction des indicateurs et des cibles (la partie *scorecard* proprement dite) d'une démarche collective de construction d'une carte stratégique. C'est l'élaboration, *ad minima* au niveau de l'équipe de direction générale, et si possible de façon plus partagée dans l'entreprise, d'un modèle spécifique à l'entreprise, sur-mesure, garantissant que l'ensemble des mesures conduit *in fine* aux objectifs stratégiques (très largement financiers pour Kaplan et Norton).

Nous présentons ci-après deux exemples de carte stratégique :

- le premier correspond à une banque de détail qui cherche à accroître sa rentabilité économique en élargissant son mix de chiffres d'affaires ;
- le second est le leader mondial sur un marché de services à haute valeur ajoutée dans le domaine de la recherche et de l'information sur les marques et brevets.

Exemple 1

La banque de réseau cherche à accroître *in fine* sa rentabilité économique, mesurée par la création de valeur (EVA, performance financière). Pour cela, elle a décidé de suivre une stratégie d'élargissement de son portefeuille produits/clients qui devrait lui permettre d'accroître son chiffre d'affaires, en diversifiant celui-ci.

Pour atteindre ces objectifs, au niveau de la perspective clients, la banque a identifié qu'il faudrait améliorer le niveau de confiance des clients dans sa capacité à fournir un conseil financier de qualité. Cela suppose de mieux identifier et comprendre les différents segments de clientèle (par tranche d'âge et CSP), de développer une offre produits plus variée permettant de répondre aux besoins différenciés de ces segments, et enfin de développer la capacité à vendre du multiproduit (capacité d'un agent à conseiller et vendre plusieurs produits au même client). Trois indicateurs pourront être retenus pour mesurer l'atteinte de ces objectifs de la perspective clients : les scores de satisfaction dans les enquêtes menées auprès des clients, le taux de rétention des clients (et les raisons de leur changement éventuel) et des mesures de la profondeur de la relation client (nombre de comptes ou produits différents avec la banque, par exemple).

De tels objectifs clients ne peuvent être atteints qu'à travers une satisfaction des employés chargés de les mettre en œuvre. Trois axes principaux d'amélioration et objectifs peuvent être fixés à ce niveau : améliorer les compétences des conseillers financiers (formation nouveaux produits, par exemple), améliorer les outils d'information dont ils disposent sur les clients (il s'agit par exemple de doter les conseillers directement en clientèle d'informations sur le client à travers une base de données riche et bien tenue à jour) et enfin aligner le système de rémunération variable avec les objectifs. Des indicateurs sont là encore développés et proposés pour mesurer l'amélioration progressive des processus internes et des éléments concernant la motivation des employés.

La figure 4.6 rend compte d'une telle carte stratégique : voir p. 150.

Exemple 2

Un second exemple concerne une entreprise leader mondial sur un marché de services à haute valeur ajoutée dans le domaine de la recherche et de l'information sur les marques et brevets. Elle est spécialisée dans la publication d'informations à destination des entreprises et des professionnels. Voir la carte stratégique, figure 4.7 p. 151, dans une logique semblable à celle de l'exemple précédent.

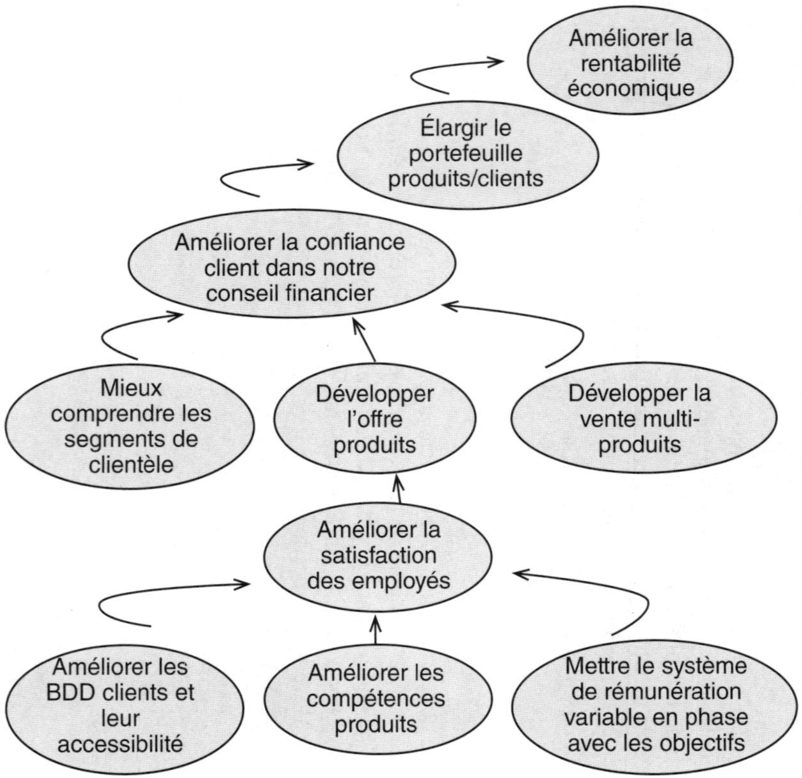

Indicateurs

Financiers

- EVA
- Croissance du CA
- Part des différents segments dans le CA

Clients

- Mesures de la satisfaction-client
- Mesures de la fidélité-client (taux de rétention)
- Mesures de la profondeur de la relation-client (montants moyens, nombre de comptes/de produits, etc...)

Processus internes

- Mesures du développement des nouveaux produits
- CA généré par les nouveaux produits
- Nombre d'heures moyen passé en contact-client
- Ratio de vente croisée multi-produits

Apprentissage

- Mesures de la satisfaction des employés
- Heures/journées de formation produits
- Suivi des projets d'amélioration système pour commerciaux
- Scores de motivation des employés

Figure 4.6 – Carte stratégique d'une banque de réseau

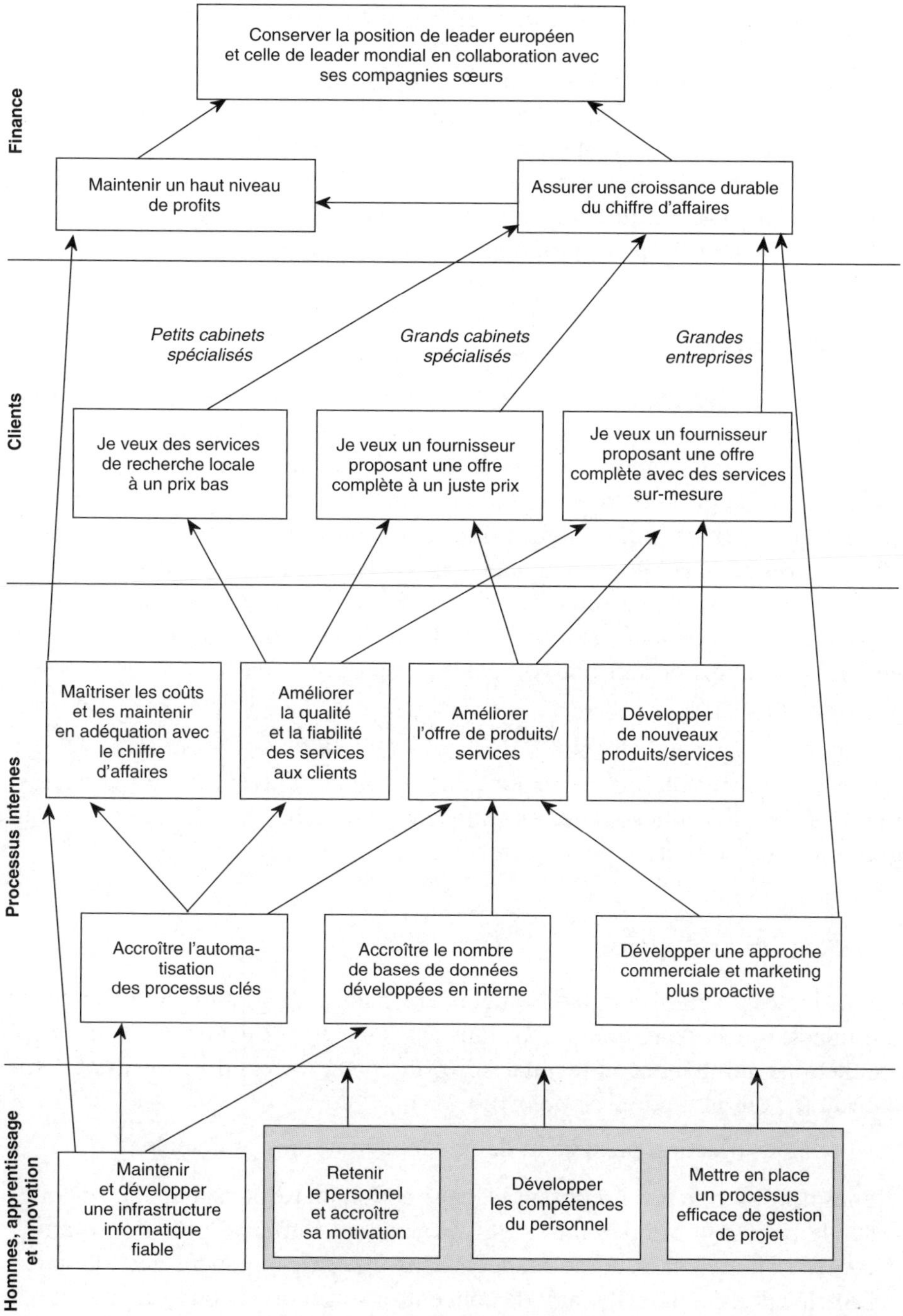

C. Mendoza, M.-H. Delmond, F. Giraud, H. Löning et A. de Font-Réaulx, *Tableaux de bord et Balanced scorecards*, Groupe Revue Fiduciaire, 2005, p. 194.

Figure 4.7 – Carte stratégique du leader des services à haute valeur ajoutée dans les domaines de l'information et de la recherche sur les marques

2 Les concepts : objectifs, variables d'action, plans d'action

Le point 1 a souligné que les outils de pilotage de la performance stratégique et opérationnelle tels que le *balanced scorecard* sont avant tout des démarches de management, étroitement connectées avec la stratégie de l'entreprise. Cependant, un autre aspect méthodologique crucial dans ce type de démarches est la compréhension de la distinction entre les différents concepts, à savoir entre les objectifs, les variables d'action et les plans d'action, que nous expliquerons et illustrerons ici.

2.1 Les objectifs

Les objectifs constituent les domaines de *résultat* où il est essentiel pour l'entreprise d'obtenir un succès et de bonnes performances. L'objectif fait en général l'objet d'un contrat négocié servant de base à l'évaluation des performances du responsable. Lorsqu'un responsable s'interroge sur ses objectifs, il est essentiel de souligner que ceux-ci sont en petit nombre, constituent des points sur lesquels ses résultats seront mesurés et déterminants pour son évaluation. Cela signifie aussi que les objectifs sont la déclinaison quantifiée et datée, opérationnelle des buts généraux ou missions incombant au responsable. Leur formation doit être claire, précise, située dans le temps et doit pouvoir faire l'objet d'une mesure ou du moins d'une évaluation objective.

On dit parfois qu'un objectif doit être « SMART » – Spécifique, Mesurable, Actionnable/maîtrisable par le responsable, Réaliste et ayant un horizon de Temps défini. Les objectifs sont souvent formulés avec un verbe, en évitant les formulations vagues ou imprécises du type « optimiser »…

2.2 Les variables d'action

Les variables d'action sont les éléments critiques de la gestion dont l'évolution est déterminante sur le résultat et conditionne le succès ou l'échec. Ce sont les principaux chemins qui mènent au résultat, les principaux leviers d'action dont dispose le responsable pour atteindre ses objectifs.

Les variables d'action présentent deux caractéristiques principales :

– elles doivent être peu nombreuses, car l'action du responsable doit se concentrer sur le petit nombre de causes qui provoquent l'effet le plus important ; cette caractéristique est issue du respect, dans un environnement gestionnaire, d'un principe d'efficience. Il s'agit de concentrer son action là où l'on peut maximiser le résultat en retour. Ce principe découle de la loi de Pareto (règle des 80/20, selon laquelle 20 % des causes produisent 80 % du résultat) : on s'intéresse au petit nombre de causes, maîtrisables par le responsable, qui ont le principal impact sur le résultat ; pas d'exhaustivité donc, mais une démarche sélective.

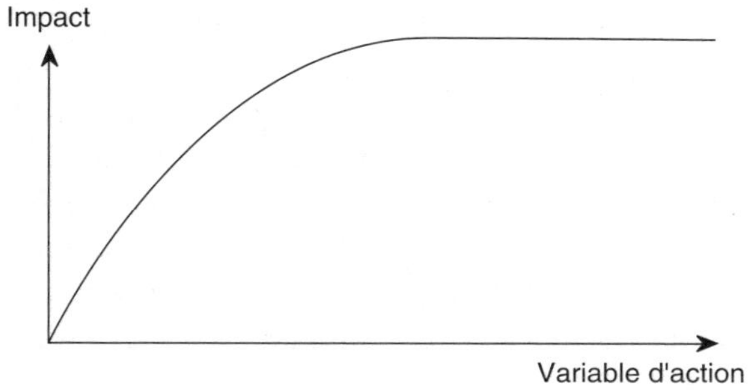

Figure 4.8 – Démarche Pareto dans la recherche des variables d'action

– elles doivent être maîtrisables et « actionnables » par le responsable, c'est-à-dire que celui-ci doit avoir la possibilité d'exercer son action pour influer sur la variable. Certaines causes ont parfois une influence prépondérante sur le résultat, mais sont hors de portée, hors du champ d'action du responsable : elles ne constituent pas alors des variables d'action ; tout au plus devient-il intéressant de les suivre à titre indicatif pour comprendre ce qui se passe, mais elles ne peuvent fonder la base de l'action ni de l'évaluation du responsable. À titre d'exemple, la météo est un facteur déterminant de la récolte pour un viticulteur, mais n'est pas pour lui une variable d'action.

Au-delà de ces deux caractéristiques essentielles, les variables d'action doivent correspondre aux critères énoncés au début de chapitre 4 (section 1), à savoir :

– elles sont prédictives du résultat vis-à-vis duquel elles sont dans une relation de cause à effet ;
– elles sont anticipées dans le temps par rapport au résultat ;
– elles sont mesurables.

Un petit schéma concrétise la signification d'une variable d'action :

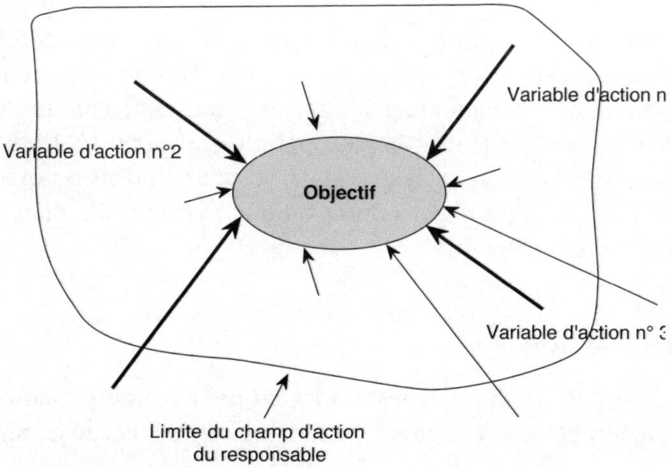

Figure 4.9 – Qu'est-ce qu'une variable d'action ?

La littérature en contrôle de gestion ou en management utilise parfois les notions de variable clé, point clé, facteur clé de succès ou encore levier d'action. Aucun de ces termes ne nous paraît, d'un point de vue terminologique et conceptuel, correspondre aussi bien aux caractéristiques et définition retenues que celui de variable d'action[1]. Le terme de « variable » insiste à la fois sur le caractère causal de celle-ci par rapport à l'objectif et sur son importance déterminante pour le succès ; le complément « d'action » souligne le caractère concret et opérationnellement transposable de la variable, sur laquelle le responsable doit pouvoir agir.

Les variables d'action étant causales par rapport à l'objectif, elles se situent le plus souvent en amont de celui-ci et leur suivi passe en général par des indicateurs très anticipateurs par rapport à l'indicateur de résultat. Par exemple, les ventes (objectif) vont résulter notamment du niveau de satisfaction client (variable d'action). Si la satisfaction client devient un objectif, on pourra considérer que le niveau de qualité offert pour le produit-service est lui-même une variable d'action déterminante pour la satisfaction. Le choix des variables d'action pertinentes par rapport à un objectif passe par le repérage des éléments importants et significatifs (démarche Pareto évoquée ci-dessus), mais aussi par celui d'éléments vitaux ou difficiles à maîtriser. Les variables « vitales » sont en général assez stables, mais leur dégradation, souvent inattendue, peut avoir des conséquences rédhibitoires pour l'atteinte de l'objectif : un bon exemple pourrait être le niveau des stocks. D'autres variables enfin peuvent faire l'objet d'une attention particulière dans la mesure où elles présentent une forte volatilité, ou bien la moindre variation de leur part conditionne fortement le résultat. Cela peut être le cas dans une situation de concurrence très serrée, ou dans un contexte où la marge sur coût direct unitaire est très faible et très volatile, transformant rapidement une performance en contre-performance et *vice versa*. On peut penser, par exemple, au prix du kérosène dans le transport aérien.

Dans tous les cas, les variables d'action doivent rester peu nombreuses car les possibilités d'action des responsables ne sont pas illimitées, en temps, comme en budget. Il s'agit donc d'abandonner les fantasmes d'exhaustivité de l'information pour concentrer son action là où l'impact attendu par rapport à l'objectif est le plus fort. Il est raisonnable de limiter les variables d'action à trois ou quatre par objectif au maximum. Rien n'interdit par contre qu'une variable d'action agisse sur plusieurs objectifs simultanément.

2.3 Les plans d'action

Sans plan d'action, un objectif reste un vœu pieu et une variable d'action lettre morte. Car le repérage des variables d'action nous donne la cause, mais non la façon

1. Le terme « levier d'action » étant cependant celui qui s'en rapproche le plus.

d'agir sur celle-ci pour parvenir à l'objectif[1]. La différence entre une variable d'action et un plan d'action est la différence entre le pourquoi et le comment, ou encore entre le chemin à suivre et le moyen de locomotion. À quoi sert de disposer d'une bonne carte si je n'ai pas de véhicule (et éventuellement d'essence) ? L'élaboration du plan d'action est aussi l'heure du « qui fait quoi ». Ainsi, celui-ci est constitué d'une liste d'actions assorties d'un calendrier, d'un ensemble de moyens (humains, budgétaires, etc.), et d'indicateurs de suivi. Surtout il désigne nommément un responsable, en charge de son avancement. Enfin, il pourra être judicieux de toujours prévoir un plan d'urgence, un plan de secours face à un scénario catastrophe ou plus simplement face à un retard du plan d'action.

2.4 Quelques exemples

Après ces premiers éléments théoriques de terminologie, donnons maintenant quelques illustrations pratiques. On peut commencer par des situations de la vie quotidienne sans portée pour l'entreprise, avant d'en venir progressivement à des applications organisationnelles.

Exemple 1 – Le régime alimentaire

Imaginons une situation où la mission générale de l'individu soit un hédonisme corporel : « être en bonne santé et de belle apparence physique ». Un but affiché pourra alors être de perdre du poids. Ce but ne se transforme en objectif qu'au moment où il est daté et quantifié : ainsi, perdre 5 kg dans les 4 mois qui suivent. Deux variables d'action peuvent être identifiées (on pourra contester leur pertinence) : le régime alimentaire et la pratique sportive.

Un plan d'action doit alors être mis en place, correspondant à chacune des variables. Celui-ci pourra par exemple prendre la forme suivante :

- éliminer les sucreries, les desserts, les grignotages entre les repas ;
- restreindre la consommation de matière grasse ;
- limiter la consommation d'alcool à un verre par semaine ;
- pratiquer une heure de natation par semaine ;
- ne plus prendre les ascenseurs mais monter/descendre à pied ;
- faire 45 minutes de marche par jour.

On voit bien apparaître les différentes catégories : objectif, variables d'action, plan d'action. Un système de suivi et de pilotage pourrait être mis en place pour assurer l'efficacité du dispositif, avec le choix d'indicateurs de résultat – probablement le poids affiché par la

1. Il est à noter que le *balanced scorecard* de Kaplan et Norton n'offre pas la distinction conceptuelle, pourtant importante à nos yeux, entre variable d'action et plan d'action, fusionnés dans une même colonne « projets ou initiatives ». Il nous semble essentiel de bien identifier les principaux **points clés**, nécessaires points focaux, peu nombreux, sur lesquels l'attention et l'action doivent porter, avant d'entrer **dans le détail** tout aussi nécessaire des plans d'action.

balance – et d'indicateurs d'effort, constatant le respect ou le non-respect du plan d'action, sur ses différentes composantes. Si la satisfaction intrinsèque, enfin, d'avoir perdu du poids ne suffit pas, on peut envisager un système sanction-récompense destiné à accroître la motivation (par exemple, l'autorisation d'acheter de nouveaux vêtements).

Exemple 2 – L'examen

Un étudiant peut se fixer pour objectif, dans le cadre d'une mission globale consistant à accroître sa valeur sur le marché du premier emploi, de réussir un examen (par exemple, une UV de contrôle de gestion pour un étudiant en gestion). La note obtenue à l'examen sera une mesure de l'atteinte de l'objectif ; c'est donc un indicateur. Parmi les variables d'action dont dispose l'étudiant, on peut considérer certaines comme essentielles. Par exemple : l'assiduité en cours, le temps accordé à la discipline en préparation et révision des cours, la forme physique et psychique le jour de l'examen et (peut-être) le niveau de connaissances générales dans les disciplines fondamentales préalables au cours. Le plan d'action pourra consister à :

- être présent à tous les cours ;
- passer au minimum 1 h 30 à préparer/réviser le cours entre chaque séance ;
- consacrer n journées complètes, de 10 heures au moins, à la révision du cours et à la préparation de l'examen ;
- pratiquer régulièrement toutes les semaines 1 heure de sport au moins dans les six semaines précédant l'examen ;
- dormir au moins 8 heures par nuit dans la semaine qui précède l'examen.

Là encore, au-delà de l'indicateur de résultat, un système de suivi (avec d'éventuelles prises d'actions correctives) des variables d'action et du plan d'action peut être mis en place.

Ces exemples nous permettent de revenir sur la distinction conceptuelle et pratique entre objectif et variable d'action. Si la distinction théorique, telle que nous l'avons présentée, est essentielle et très claire, en pratique les responsables ont parfois du mal à reconnaître un objectif d'une variable d'action. Ces dernières, comme dans l'exemple qui suit, ont tendance à s'assimiler à des sous-objectifs, selon une structure arborescente. Cela tient au fait que, dans la réalité, les variables d'action d'un niveau peuvent devenir les objectifs d'un autre niveau, créant un degré de confusion tant que les responsabilités n'ont pas été clairement définies.

Exemple 3 – La qualité du service après-vente

Prenons maintenant l'exemple, dans le domaine professionnel, d'un objectif d'amélioration, en trois mois, de la qualité du service après-vente d'une société de télécommunication. Cet objectif peut se situer dans un but organisationnel plus global de satisfaction des clients, et être mesuré à travers, d'une part le nombre de réclamations et/ou relances client et d'autre part le résultat d'une enquête de satisfaction des clients réalisée par sondage. On pourra alors avoir l'arborescence présentée dans la figure 4.10.

Pour compléter cette démarche en entreprise, il serait nécessaire de définir précisément pour chaque variable d'action et chaque plan d'action de quelle responsabilité celle-ci ou celui-ci relève, à qui incombe la tâche de mener à bien le plan d'action défini. On pourrait aussi mettre en place des indicateurs et un système de suivi. Au-delà des indicateurs de résultat déjà suggérés, portant sur l'objectif (= nombre de réclamations et/ou relances + résultats de l'enquête de satisfaction), une multitude d'indicateurs portant sur les variables d'action ou sur les plans d'action peut être imaginée :

- mesure du degré de satisfaction de clients quant aux délais d'intervention,
- évaluation des délais d'intervention par équipe, par technicien, par type d'intervention,
- évaluation du délai moyen de prise en charge d'une intervention,
- satisfaction des clients/qualité des prestations fournies,
- satisfaction des clients/capacité de réponse du technicien à leurs questions,
- évaluation de la satisfaction et de la motivation des techniciens,
- appréciation de la qualité de l'outil de travail par les techniciens,
- nombre de jours de formation moyen/an/technicien,
- état d'avancement de la mise en place du système de pilotage...

Cette liste non exhaustive – et n'ayant pas vocation à l'être ! – doit faire l'objet d'arbitrages, de choix de référentiels et d'une structuration. Un tel travail fait l'objet d'un approfondissement spécifique en section 3 de ce chapitre.

L'essentiel de la section 2

Pour bien concevoir des outils ou démarches de pilotage de la performance stratégique et opérationnelle, il est important de se doter d'une méthodologie rigoureuse. Le *balanced scorecard* propose certains éléments méthodologiques intéressants, qui se sont diffusés. Il organise les objectifs et les indicateurs autour de quatre perspectives différenciées et inter-reliées, une perspective actionnaire (financière), une perspective clients, une perspective des processus internes et une perspective d'apprentissage organisationnel qui regroupe les aspects humains, organisationnels et les systèmes. Il propose aussi de se doter de cartes stratégiques qui analysent les relations de cause-à-effet entre les différents objectifs, au service de la stratégie globale (souvent financière pour des entreprises privées). Ces éléments théoriques peuvent utilement être complétés par une compréhension plus fine des concepts d'objectifs, de variables d'action et de plans d'action, ainsi que par des recommandations méthodologiques précises dans le choix de ceux-ci.

	Sous-objectifs (variables d'action)	Variable d'action	Plan
Objectif : Améliorer en 3 mois la qualité du SAV	Réduction des délais d'intervention	Informatisation du traitement des demandes	– Réception de l'appel par une standardiste. – Saisie sur informatique de la demande d'intervention. – Transmission de la demande d'intervention à l'unité technique responsable du produit et de la zone géographique.
		Mise en place d'un système de relance interne	– Prise en charge sous 24 heures de la demande d'intervention par un technicien. – Suivi de la prise en charge des demandes d'intervention par un service de relance. – Relance de l'unité technique si la demande n'est pas prise en charge sous 24 heures.
		Suivi des dossiers de demande	– Réalisation de l'intervention dans les trois jours qui suivent la demande. – Clôture du dossier de demande d'intervention.
	Amélioration de la qualité des interventions	Formation des techniciens	– Organisation de formations portant sur les produits de l'entreprise. – Organisation de formations portant sur les notions de service client (comment parler au client, informer les techniciens sur des sujets concernant le secteur). – Il devra s'agir de formations courtes mais régulières (tous les 6 mois par exemple). – Des formations complémentaires pourront être organisées si des faiblesses sont décelées. – Les techniciens pourront être testés sur les connaissances acquises.
		Motivation des techniciens	– Évaluation régulière des résultats de chaque technicien. – Réalisation chaque année d'un entretien d'évaluation. – Redéfinition du rôle de chef d'équipe qui devra suivre de près les performances des techniciens, donner des conseils et organiser son équipe. – Évaluation de la satisfaction des techniciens à l'égard de l'entreprise et de leur chef d'équipe. – Participation des techniciens à des séances de réflexion pour améliorer leur travail et leurs outils de travail.
		Mise à disposition des outils nécessaires à l'intervention	– Participation active des techniciens à la conception des outils de travail. – Mise à la disposition des techniciens d'un outil de travail interactif qui leur permette d'interroger à distance un centre capable d'apporter des réponses aux problèmes posés.
	Amélioration des systèmes de pilotage de la qualité	Processus de fixation d'objectifs	– Fixation d'objectifs en matière de qualité de prestations. – Participation des techniciens à la définition des objectifs, le tout orchestré par le chef d'équipe. – Définition d'un plan d'action pour atteindre ces objectifs par l'équipe de travail.
		Processus de mise en œuvre	– Mise en place effective du plan d'action.
		Processus de suivi	– Conception d'un questionnaire de satisfaction des clients à l'égard de l'intervention. – Questionnaire remis au client en fin de prestation. – Analyse des réponses des clients par une cellule spécialisée. – Résultats envoyés au chef d'équipe. – Chaque technicien est informé de ses performances. – Mesure des écarts performances/objectifs.
		Processus d'analyse et de prise d'actions correctives	– Redéfinition des objectifs en matière de qualité des prestations fournies.

Figure 4.10 – Exemple de démarche objectifs – variables d'action – plans d'action pour la qualité d'un service après-vente

Section 3 MISE EN ŒUVRE OPÉRATIONNELLE DES OUTILS DE PILOTAGE DE LA PERFORMANCE STRATÉGIQUE

Dans cette section, nous envisagerons les deux composantes d'une mise en œuvre « réussie » d'un système de pilotage de la performance stratégique et opérationnelle : d'une part, les aspects très pratiques liés au choix des indicateurs et au montage technique du système d'information, d'autre part les enjeux humains et comportementaux, très concrets aussi, qui entourent ces sujets et sont déterminants de l'efficacité managériale de ces systèmes.

1 Les indicateurs et le système d'information

L'étape de choix des indicateurs consiste à définir des indicateurs pour chacun des objectifs et chacune des variables d'action. Il ne faut à ce stade pas oublier qu'un indicateur n'est qu'un instrument de mesure d'une réalité nécessairement plus nuancée, et qu'à ce titre aucun indicateur n'est parfait ni exhaustif. On peut garder en tête le petit schéma suivant.

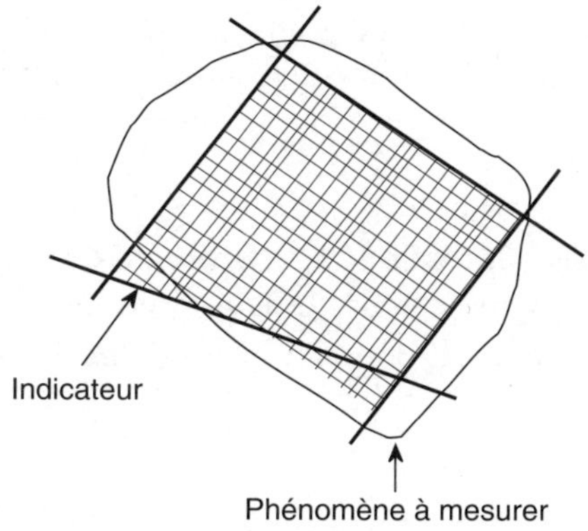

Figure 4.11 – L'indicateur, un instrument de mesure imparfait

Nous examinerons dans cette partie successivement :

- les différents types d'indicateurs qui existent et leur complémentarité ;
- les qualités principales que doivent posséder les indicateurs ;
- le choix essentiel d'un système de référentiel pour interpréter et donner une signification aux résultats de la mesure ;
- enfin, quelques aspects de la mise en forme informatique de tels projets.

1.1 Indicateurs de résultat, indicateurs d'action : du suivi des objectifs au suivi des plans d'action

En pratique il est important de se doter d'un bon équilibre entre :

- les indicateurs qui vont mesurer l'atteinte des résultats ; ce sont ceux qui portent sur les objectifs définis et ils sont appelés **indicateurs de résultat** (*lagging indicators* dans la méthode de Kaplan & Norton) et sont une mesure d'efficacité des actions ;
- les indicateurs qui permettent de suivre le bon déroulement des actions : ils mesurent la réalisation des actions (a-t-on bien réalisé les actions que l'on avait prévu de réaliser ?), et l'avancement des projets (ceux-ci avancent-ils au rythme prévu ?) et sont appelés **indicateurs d'action** (*leading indicators* dans le *balanced scorecard*).

Les seconds répondent à la question « a-t-on fait quelque chose ? » tandis que les premiers s'interrogent sur « cela a-t-il servi quelque chose ? ».

Exemple

Pour un régime alimentaire, l'indicateur de résultat est simple : c'est le poids mesuré sur le pèse-personne ; les indicateurs d'action pourront inclure le nombre de calories quotidiennes absorbées, le nombre de grignotages effectués entre repas, le nombre de sucreries, verres d'alcool et desserts consommés, ou encore le temps hebdomadaire consacré à différentes activités physiques (marche, vélo, course à pied, natation, etc.).

Il est essentiel de ne pas confondre les indicateurs de résultat intermédiaire (portant sur les objectifs) et les indicateurs d'action, certes prédictifs du résultat mais portant sur les causes de celui-ci, donc en général sur les variables d'action ou les plans d'action.

Exemple

Un résultat à un examen blanc réalisé en cours d'année ou de semestre ou un chiffre d'affaires mensuel entrent dans la première catégorie (indicateurs de résultat intermédiaire), tandis que le nombre d'heures passées à réviser ou le nombre de clients visités entrent dans la seconde (indicateurs d'action). Dans l'exemple précédant, la pesée hebdomadaire indiquera le résultat intermédiaire (le résultat final étant mesuré par exemple au bout de deux ou trois mois), tandis que les indicateurs d'action se concentreront sur les efforts réalisés.

Bien sûr, le plus important n'est pas de « s'être agité » mais *in fine* c'est l'efficacité des actions et les résultats obtenus qui comptent. C'est ce qu'on appelle communément la « culture du résultat » ; beaucoup d'organisations privées ou publiques ont au cours des dernières années tenté de renforcer celle-ci et d'améliorer ainsi le sens de la responsabilité individuelle et de l'engagement sur les chiffres (les résultats) de chacun dans l'organisation. C'est pourquoi on y portera une attention particulière.

Mais ceux-ci une fois encore ne renseignent pas sur comment **améliorer** le résultat. Dans une très large majorité de cas, la non atteinte des résultats est prévisible et inscrite dans la non-réalisation (ou mauvaise réalisation) des plans d'actions. C'est pourquoi avant de remettre en cause les objectifs fixés on regarde les indicateurs d'action et on s'interroge en premier lieu sur les indicateurs portant sur les plans d'action. Si ceux-ci ont bien été réalisés en temps et heure, alors on peut s'interroger sur le lien entre les plans d'action et les variables d'action identifiées : les indicateurs d'action choisis sont-ils pertinents ? Les plans d'action sont-ils assez exigeants (en niveau) ? Sont-ils en phase avec les variables identifiées ?

Exemple

- Une variable d'action identifiée dans une activité B-to-C est l'acquisition de clients nouveaux.
- Le plan d'action prévoit des actions d'acquisition de fichiers clients, de ciblage et d'amélioration de la qualité de ceux-ci, et de démarchage téléphonique (mesuré par le nombre de prospects obtenus en ligne).

Un tel plan d'action est peut-être en décalage avec la variable d'action sur deux points au moins :

– les clients en question sont une population active, âgée de 25 à 35 ans, et le démarchage téléphonique n'aboutit que rarement; une campagne par SMS, sur Internet ou sur les réseaux sociaux aurait davantage d'impact pour les « toucher » ;

– par ailleurs, l'efficacité de l'action est incertaine, car le fait de contacter un client potentiel (que ce soit au téléphone, par SMS ou Internet) ne dit rien sur la capacité à transformer le prospect en client nouveau, à le faire passer à l'acte d'achat/essai.

Si les plans d'action sont bien conçus, bien mesurés, et en phase avec la variable d'action, on peut alors successivement s'interroger sur les variables elles-mêmes (avons-nous identifié les variables qui ont le plus d'impact sur les résultats ?) : par exemple, il est incertain que la pratique sportive fasse perdre du poids… Et seulement en dernier lieu, si les variables d'action identifiées sont les plus pertinentes et le niveau quantitatif d'exigence également, alors les objectifs pourront être questionnés.

Quelques autres exemples peuvent utilement aider à comprendre ces différents types d'indicateurs :

Exemple 1

Objectif : augmenter le nombre d'actions de merchandising réalisées.

Variable d'action : former le personnel de vente au merchandising.

Indicateurs de résultat = nombre de vendeurs ayant réalisé une action ou plus de merchandising ; nombre total d'actions de merchandising réalisées.

Indicateurs d'action = pourcentage du personnel passé en formation à une date donnée ; consommation du budget formation.

Exemple 2

Pour une Direction commerciale régionale (DCR) dans une activité B-to-B de ventes et installation d'équipement bureautique-informatique :

Objectif : augmenter le CA de la région ; indicateur de résultat = CA mensuel et annuel réalisés.

Variable d'action : motivation de l'équipe d'ingénierie commerciale.

Plan d'action : amélioration du système de management de l'équipe ingénierie commerciale ; mise en place d'indicateurs d'effort et de motivation, suivi mensuel de ces indicateurs par le DCR et mise en place d'actions correctives trimestrielles.

Concrètement, le DCR s'assied mensuellement avec chacun des membres de son équipe d'ingénieurs commerciaux ; ensemble, ils donnent un score et examinent l'évolution mensuelle de la motivation de l'ingénieur commercial en question sur 5 critères : motivation par rapport au métier de la vente ; motivation par rapport aux clients servis dans son périmètre ; motivation par rapport aux produits vendus ; motivation par rapport à l'ensemble de l'équipe de vente (ses pairs), motivation par rapport à son niveau de salaire. Lorsqu'une tendance négative est identifiée sur l'un des critères, le DCR a trois mois pour décider avec l'ingénieur commercial d'une action corrective et la mettre en place (changement ou évolution de poste, de périmètre clients, augmentation salariale, remontée d'information en développement produits, etc.).

Chaque indicateur sera pourvu **d'un montant ou d'une valeur, qu'on appelle la cible**. Cette cible (ou *target*) sera comparée à la valeur réalisée. Dans certains cas (qui restent une minorité), deux niveaux de cible seront fixés pour un indicateur : un engagement ferme et absolu qui est le montant minimal à atteindre (et déclenchera par exemple l'octroi d'une prime variable ou d'un bonus), assorti d'une seconde cible plus ambitieuse encore qui correspondra à l'obtention de 100 % du variable/du bonus pour une performance jugée exceptionnelle. Le niveau et le montant exigés en cible sur chaque indicateur sont bien sûr le fruit d'une expérience pratique et d'une connaissance empirique intime du terrain et des marchés. Ils sont un élément essentiel dans la motivation des salariés dont la performance est évaluée sur les indicateurs.

Enfin, il est important de bien faire **la distinction entre un indicateur et la source de l'information** dont on va tirer la valeur de l'indicateur. Le tableau suivant en présente des exemples.

Tableau 4.12 – Différence entre indicateur et source d'information

Objectifs	Indicateurs associés	Source
1. Rentabilité	– Marge sur coûts directs des différents segments/produits – REX, EBITDA, Free Cash flow – Ratio Bénéfice/Actifs	Service comptable Service contrôle de gestion : comptes de résultat analytiques, tableau de financement
2. Qualité de service	– Pourcentage de commandes livrées à temps et complètes – Synthèse qualitative des lettres de réclamation	Service livraison Service consommateur : système ERP, bloc X ou Y ou Z
Variables d'action	**Indicateurs associés**	**Source**
1. Qualité production	– Nombre de produits fabriqués refusés au contrôle qualité – Liste des chantiers qualité en cours et avancement	Service qualité de l'usine
2. Prise de commandes	– Carnet de commandes sur les six prochains mois – Nombre de nouveaux clients – CA des dix premières références	Comptabilité clients et administration des ventes

1.2 Les qualités requises des indicateurs

Qu'il s'agisse d'indicateurs de résultat ou d'action, ceux-ci doivent posséder ou se rapprocher le plus possible d'un certain nombre de qualités, pour éviter au maximum les effets dysfonctionnels que nous évoquerons en partie 3.2 de ce chapitre. Ces qualités constituent une feuille de route, des critères à garder le plus possible en tête au moment du choix des indicateurs. La simplicité est souvent à privilégier, car elle est garante d'une meilleure fiabilité (elle évite les erreurs et la manipulation) et d'une meilleure compréhension de l'indicateur, qui le rend plus facile à interpréter et le rapproche de l'action. Un équilibre délicat cependant reste à trouver avec le caractère synthétique de l'indicateur et sa capacité à être consolidé pour les niveaux supérieurs de management. On a vu précédemment en effet que plus on monte dans la hiérarchie, plus les indicateurs financiers sont prégnants, certes parce qu'on se rapproche des attentes des actionnaires, mais aussi parce que les indicateurs monétaires ont le pouvoir d'être additionnés plus facilement que les indicateurs physiques. Les points suivants décrivent les principaux critères à privilégier dans le choix des indicateurs.

Des indicateurs clairs et faciles à interpréter

Nous recommandons de préférer toujours la simplicité sur le caractère synthétique d'un indicateur. Il vaut mieux trois indicateurs simples et peu ambigus, qu'un seul indicateur très synthétique mais d'un calcul compliqué. Font notamment partie des indicateurs compliqués les ratios un peu élaborés et les indices contenant des pondérations de critères. Ils réduisent en effet beaucoup de choses à un seul chiffre et n'offrent qu'un diagnostic limité, dans la mesure où on ne sait pas quel critère ni quelle composante du ratio s'est détérioré. Il est parfois intéressant de disposer d'un indice synthétique sur un sujet donné (ex. : évolution du prix d'un panier d'achats pour mesurer l'évolution moyenne du prix des achats ; score qualité obtenu au terme d'une revue générale des procédures et résultats qualité), mais il est recommandé d'accompagner cet indice d'indicateurs plus simples ou au minimum de commentaires permettant de comprendre pourquoi le chiffre a changé. De la même façon, on préfère des indicateurs physiques plus parlants, directement maîtrisables et à gérer, du type « nombre de défauts » et « causes », à des indicateurs financiers « intelligents » en apparence : coût des défauts, coût de la garantie, coût de l'absentéisme, etc.

Des indicateurs fiables

Une information fiable est une information issue d'une procédure appliquée avec rigueur sans omission. Les modes de calcul doivent dans la mesure du possible être stables d'une période sur l'autre. On ne voit pas comment un décideur pourrait se fier à des chiffres produits de façon aléatoire, et qui ne sont donc comparables ni à un historique, ni à une norme. De fait, le premier rôle du contrôleur de gestion à l'égard des chiffres présentés est d'en garantir la fiabilité. Ceci signifie également qu'en cas de création d'un nouvel indicateur, un effort très important doit être fait d'emblée pour formaliser la procédure de recueil et de calcul et pour s'assurer de son application correcte, sans quoi le contrôleur s'expose à devoir sans arrêt refaire les calculs derrière les fournisseurs d'informations, ce qui est sans doute nécessaire lorsque les circuits ne sont pas fiables mais une très mauvaise allocation de son temps.

Des indicateurs essayant de limiter les effets pervers

Lorsqu'une forte pression est mise sur le décideur pour « tenir les chiffres du budget », celui-ci va être très attentif aux informations contenues dans son tableau de bord et va s'efforcer de prendre des décisions à même de faire changer les chiffres dans le sens désiré. C'est d'ailleurs bien ce qu'on lui demande. Mais ce faisant, il trouvera peut-être des moyens de faire bouger les chiffres qui sont des effets pervers au sens où l'action sert l'indicateur mais non la santé globale de l'entreprise.

Les indicateurs mettent en lumière certains événements et en occultent d'autres. Il faut donc s'efforcer de penser *a priori* aux éléments occultés qu'il faudrait mettre en lumière pour éviter des décisions mauvaises pour l'entreprise. Comme nous l'avons souligné, un indicateur est un instrument de mesure et à ce titre capte toujours imparfaitement le phénomène à mesurer. Il est souvent réducteur, souvent à court terme et le risque est grand, en mettant le projecteur sur un indicateur, que le dernier s'améliore sans que ce soit toujours le cas de la gestion !

Un exemple de ces problèmes est la pratique assez courante qui consiste à évaluer principalement la performance des vendeurs sur le chiffre d'affaires, alors que ceux-ci maîtrisent aussi largement les délais de règlement. Si on omet les comptes clients dans le tableau de bord commercial, la tentation risque d'être grande de pousser les ventes en laissant filer les délais de règlement et par conséquent en dégradant la trésorerie de l'entreprise.

Des indicateurs mesurant au plus tôt

Un des objectifs des tableaux de bord est d'aider les responsables à anticiper sur les résultats à venir. L'une des manières de le faire est de s'efforcer chaque fois que possible, sur un thème donné, de choisir les indicateurs les plus en amont possible par rapport au résultat. Par exemple, dans le suivi du chiffre d'affaires, on n'envisage pas de se passer du carnet de commandes qui donne de précieuses indications sur le chiffre d'affaires des périodes à venir. En amont du carnet de commandes, on suivra les réponses faites par les vendeurs à des appels d'offres dans les métiers qui s'y prêtent et l'activité de prospection plus généralement. De même pour le volet « dépenses », on s'efforcera de procéder à un suivi des engagements (en relation avec le système comptable).

Des indicateurs partagés et cohérents d'un tableau de bord à l'autre

Pour finir, rappelons qu'il est sain pour une entreprise que ses managers puissent discuter sur une base commune des événements affectant l'activité, et cela n'est possible que si les différentes personnes mesurent de la même façon les mêmes phénomènes. Sinon il y a fort à parier qu'une partie des réunions consacrées à l'analyse des résultats sera utilisée au rapprochement des différents chiffres. Cette question du partage de l'information est essentielle pour la bonne coordination des initiatives.

Le tableau de bord du comité de direction, document unique communiqué à tous les directeurs, couvrant tous les aspects importants de la vie de l'entreprise, sur lequel se fait la réunion mensuelle d'analyse des résultats, est d'ailleurs celui qui répond le mieux à cette exigence de partage, puisque la source est unique.

Une autre façon d'atténuer les problèmes d'interprétation lorsque l'information est partagée, ce qui est nécessairement le cas dès lors qu'un service fournit de l'information à un autre, est de faire figurer systématiquement, dans chaque parution du tableau de bord, la définition des indicateurs et leur source. En cas de conflit d'interprétation, il sera toujours possible de se reporter à ce glossaire. Par ailleurs on ne saurait que trop insister sur l'importance des commentaires accompagnant les chiffres ; cela devrait être une règle générale que toute fourniture d'information à un service par un autre soit accompagnée d'une analyse.

1.3 Le choix du référentiel

Une étape essentielle est aussi, avec le choix des cibles, de prévoir les références des indicateurs choisis. Un indicateur chiffré sans base de comparaison ne sert en effet à rien car il est impossible de l'interpréter. « Un chiffre ne parle jamais seul » : il doit donc toujours être accompagné d'un autre qui permet au lecteur de savoir si la situation est bonne ou non.

Parmi les sources possibles pour les références, on mentionnera les suivantes :

- le budget ou l'objectif que l'on s'est fixé,
- l'année précédente ou une période précédente de référence (le semestre par exemple),
- la concurrence (référence possible soit grâce à l'achat de l'information à des sociétés de services spécialisées – panels marketing par exemple –, soit par le recueil direct par l'entreprise elle-même – pour les prix pratiqués par la concurrence par exemple),
- un établissement comparable de la même entreprise,
- une entreprise non concurrente avec laquelle on a passé des accords d'échanges d'information.

De toutes ces références, deux doivent être privilégiées chaque fois que possible :

- le *budget ou l'objectif* qui est, lorsque les prévisions ne sont pas trop incertaines, la meilleure des références car il indique la cible à atteindre (qui est en théorie atteignable bien qu'ambitieuse) compte tenu du contexte particulier de la période concernée et des moyens dégagés. Cette référence est en particulier supérieure à celle de l'année précédente qui est peu utile si l'environnement ou la structure de l'entreprise ont évolué fortement ;
- *la référence concurrentielle*, car la compétitivité de l'entreprise ne réside pas dans la performance absolue de l'entreprise telle qu'on peut la lire dans le budget, mais dans sa performance relative. Il ne suffit pas d'atteindre les cibles que l'on s'est fixées, il faut faire aussi bien, voire mieux que les autres.

Le choix des références est une étape importante de la construction du tableau de bord car, outre la pertinence des chiffres utilisés, se joue également le volume d'information convoyé.

Si pour l'indicateur « chiffre d'affaires », par exemple, on choisit comme références dans le réel le mois et le cumul, dans le budget le mois et le cumul, et dans l'année précédente le mois et le cumul, il faut prévoir dans le tableau de bord l'affichage de six nombres pour un seul indicateur. Si, en plus, on souhaite calculer des écarts, on se retrouve vite avec six autres informations, ce qui porte à douze le nombre de chiffres à générer pour cet unique indicateur. Il n'est pas difficile d'imaginer que l'on va vite être débordé.

Pour aller plus loin...

Quelles références choisir ?

Le conseil que nous donnons est de se contenter de la référence budgétaire quand celle-ci est fiable, et de préférer calculer l'écart en cumul en projection à la fin de la période budgétaire concernée plutôt qu'à la fin du mois.

Tableau 4.13 — Exemple de référence budgétaire pour des indicateurs de chiffre d'affaires et bénéfice

Date de parution : le 5 avril N, Budget annuel

Mois de mars N				Cumul à fin décembre		
N	Budget	Écart N/ Budget		Cumul réel prévu à fin d'année	Budget cumul à fin d'année	Écart réel/ Budget
[1]	[2]	[3]		[4]	[5]	[6]
			CA			
			Coûts			
			Bénéfice			

La colonne [4] est la seule un peu compliquée à calculer : il faut prendre le chiffre des réalisations cumulées à la fin mars et y ajouter le budget des mois restant à parcourir, soit des mois d'avril à décembre.

L'écart calculé en colonne [6] est en fait strictement égal au nombre que l'on obtiendrait en calculant l'écart sur les cumuls à la fin du mois de mars, mais, pour le lecteur, son sens est différent. Dans la présentation recommandée, son sens est « si nous continuons comme cela, même si nous réalisons tout ce qui est prévu pour les mois à venir, nous serons à la fin décembre au-dessus (au-dessous) du budget de tant ». Dans la présentation classique (écart sur les cumuls à la fin du mois concerné), son sens est « À la fin de ce mois, nous avons une avance (un retard) cumulé(e) de tant ». La première présentation est une incitation à rattraper dans les mois à venir le retard accumulé en cas d'écart négatif.

On notera également l'astuce de présentation qui consiste à faire figurer le libellé des lignes au milieu et non en bout de tableau. Cela donne une meilleure lisibilité.

Si bien sûr une référence concurrentielle existe pour l'indicateur concerné, on l'ajoutera au tableau.

1.4 La mise en forme du système d'information

Nous n'avons pas de prétention dans cet ouvrage à traiter des aspects informatiques de projets de tableaux de bord, aspects parfois très lourds, parfois au contraire extrêmement légers, en fonction de la performance des systèmes informatiques de l'organisation. De nombreuses entreprises se sont dotées dans les dernières d'années de systèmes puissants de traitement de l'information, aussi bien financière et comptable que physique, opérationnelle, logistique, commerciale et de tous les systèmes de flux et processus, à travers notamment la mise en place, souvent longue et coûteuse, d'ERP. Ces investissements massifs portent parfois leurs fruits au moment de la mise en place de tableaux de bord, en simplifiant considérablement l'accès à une base informationnelle unifiée. En particulier, lorsqu'ils arrivent à bien fonctionner, en phase de maturité, les ERP améliorent grandement la fiabilité des chiffres, évitent le temps interminable passé avant ou parfois même pendant les réunions à réconcilier les chiffres, à s'assurer que les hypothèses de calcul des uns et des autres sont les mêmes, et donc les chiffres comparables. C'est autant de temps qu'il vaut mieux passer à discuter des enjeux du business et des inférences que l'on peut avoir des chiffres pour la prise de décision.

Toutefois, même lorsque des ERPs n'ont pas encore été mis en place, ou dans de plus petites sociétés, un certain nombre de préconisations peuvent être suivies pour améliorer la qualité finale des tableaux de bord, dans leur forme de système d'information permettant le suivi des indicateurs. Ce sont celles-ci que nous formulons dans les pages qui suivent.

La confrontation avec les données disponibles

Lors de l'étape de choix des indicateurs, une préoccupation récurrente est celle de la disponibilité des indicateurs. Il est clair qu'*in fine* ne pourront être mis dans le tableau de bord que des indicateurs disponibles, mais il faut se garder de la tentation de ne penser aux indicateurs qu'à partir de ce qui est disponible au moment de la conception. Souvent il faut peu de chose pour élargir le champ des informations disponibles : nouveaux calculs faits à partir des fichiers existants, exploitation de documents non exploités jusque-là, achat d'informations externes, création de nouveaux supports et procédures de recueil d'informations.

Nous recommandons par conséquent de procéder en deux temps : dans un premier temps, on cherchera quels seraient idéalement les indicateurs de suivi des objectifs et des variables d'action qu'il faudrait utiliser. Dans un second temps seulement, on cherchera si ces indicateurs sont possibles à obtenir pour un coût raisonnable compte tenu de leur intérêt. Lors de cette seconde étape, on est naturellement amené à amender le premier objet, mais on a au moins la certitude d'avoir essayé de renseigner tous les indicateurs souhaités. On ne voit en effet pas pourquoi il faudrait se passer de certains indicateurs sous prétexte que le système d'information en place présente des lacunes.

Il est préférable, en cas d'échec à court terme d'obtention de l'information nécessaire, de faire figurer dans le tableau de bord un encadré, renseigné par un texte issu du responsable du thème concerné, plutôt que d'enlever ce thème du tableau de bord. C'est ce que nous appelons les « indicateurs littéraires » : mini-rapports écrits, ils remplacent avantageusement le chiffre lorsque l'information ne peut être disponible sur le sujet au moment de la création de la rubrique dans le tableau de bord (ensuite, si cela en vaut la peine, on cherchera des procédés de quantification), lorsque le thème abordé est éminemment qualitatif et se prête à la rédaction de commentaires (ex. : sujets abordés par les clients dans leurs réclamations du dernier mois), ou lorsqu'il s'agit de rendre compte de façon ponctuelle d'un sujet (ex. : suivi d'un plan d'action non récurrent de durée limitée et pour lequel la création d'indicateurs est coûteuse).

La présentation visuelle des tableaux de bord

Il faut maintenant penser à mettre en page cette liste d'indicateurs : quels indicateurs sur quelles pages ? Combien de pages ? Quels graphiques à quels endroits ? Où mettra-t-on le glossaire (ensemble des définitions des indicateurs) et les commentaires ? etc. Plusieurs règles de base peuvent être énoncées pour orienter ce travail.

- **Privilégier une présentation standard**

La présentation des différentes pages du tableau de bord doit s'efforcer d'être standard : mêmes caractères et couleurs utilisés, mêmes endroits pour inscrire les titres des thèmes, la date des informations, les commentaires (qui se situent par exemple toujours à gauche du tableau de chiffres ou du graphique qu'ils accompagnent, dans un encadré), la définition des indicateurs (si toutes les définitions ne sont pas rassemblées en fin de document comme on le voit parfois). Cette standardisation est essentielle à l'agrément et à la facilité de lecture. Le lecteur retrouve toujours la même configuration, ce qui lui permet de se consacrer au fond plutôt que de passer son temps à décoder la forme.

- **Élaborer une mise en page précise**

L'ordre de mise en page doit être cohérent avec l'importance accordée au sujet. C'est ainsi que l'on aura tendance à consacrer les premières pages du tableau de bord aux aspects les plus importants de la vie de l'entreprise, et donc souvent aux objectifs et aux variables d'action les plus influentes. De même, dans une page donnée, on mettra le plus important et le plus synthétique en haut à droite, et le moins important ou le plus détaillé en descendant vers le bas ; lorsqu'on feuillette un document, on sait en effet que l'œil se porte toujours en priorité sur la page de droite, en haut, et qu'il descend cette page avant de se porter sur la page de gauche.

• **Choisir des graphiques pertinents**

Les graphiques doivent être utilisés à bon escient : il ne s'agit pas en effet d'introduire des graphiques pour « faire joli ». Ceux-ci doivent apporter une véritable valeur ajoutée. Leur force principale par rapport à un tableau de chiffres est qu'ils en offrent un résumé. Cela n'est possible que parce qu'un seul axe d'analyse est choisi, alors que face à un tableau on en possède au moins deux (les lignes et les colonnes) mais souvent bien plus (selon que l'on analyse une ou plusieurs rubriques et compte tenu de la grande variété des calculs de ratio possibles). S'est-on dès lors assuré que ce qui est présenté dans le graphique est vraiment l'information la plus importante à tirer du tableau de chiffres ?

Par ailleurs, compte tenu de la place que prennent les graphiques, il faut savoir ne pas en abuser et n'en mettre que sur les sujets majeurs. Il est en effet plus intéressant d'avoir de l'information bien résumée sur les sujets importants que sur les sujets marginaux.

Pour finir, nous ne saurions que trop recommander l'utilisation, chaque fois que possible, de courbes ou de graphiques en cumul qui ont selon nous l'immense avantage de mettre en perspective les réalisations par rapport à l'objectif.

La fréquence des tableaux de bord

Une dernière question concerne la fréquence des tableaux de bord et avec laquelle on souhaitera suivre les différents indicateurs. Celle-ci est en général contingente du niveau de responsabilité concerné par le tableau de bord, afin de respecter le principe d'indicateurs reliés à la prise de décision. Plus on est proche de l'opérationnel, de l'action quotidienne, plus la fréquence aura tendance à s'intensifier. Plus on va vers la prise de décision stratégique, moins la fréquence sera élevée. Ainsi un chef d'équipe de production souhaitera disposer d'une information journalière ou au moins hebdomadaire sur des éléments tels que les temps improductifs et leur cause, ou encore les rebuts et leur cause. Un directeur d'usine se contentera d'une information mensuelle (ou par quinzaine) sur l'efficience (temps improductifs) ou les mêmes rebuts.

Après cette longue partie sur les préconisations de mise en œuvre concrète des indicateurs et des tableaux de bord, il est temps de souligner que les indicateurs et la mesure sont une composante intéressante pour le management mais ne sauraient se substituer à la prise de décision ni à l'action managériale. Cette idée simple et fondamentale est pourtant souvent oubliée en pratique et peut conduire à des excès, voire des échecs cuisants du contrôle de gestion et du management – réduit à la seule mesure – de la performance…

2 Manager ne se résume pas à mesurer !

Malgré l'hypothèse fondatrice de la mesure et du management de la performance, *you get what you measure*, la mesure seule ne suffit pas car elle est manipulable et dissimule presque toujours des effets dysfonctionnels sur le plan des comportements. Il est donc nécessaire qu'elle soit intégrée dans une démarche de management, pour laquelle elle peut servir de point de départ le plus objectif et transparent possible, mais à laquelle elle ne peut se substituer[1]. Les décisions et les actions, tout comme l'évaluation de la performance individuelle, peuvent être éclairés par les indicateurs, mais les choix restent (et doivent rester) humains, fondés sur des convictions et non exclusivement appliqués de façon mécanique. De plus, les indicateurs eux-mêmes découlent de choix stratégiques et humains.

2.1 La mesure peut avoir des effets dysfonctionnels, parfois graves

La mesure peut avoir des effets dysfonctionnels pour plusieurs raisons.

Tout d'abord, un indicateur n'est qu'une représentation, une photo, de la réalité, dont elle ne peut donc pas capter toutes les dimensions. La représentation est un miroir trouble, à des degrés variés, du phénomène qu'elle cherche à capter. L'indicateur ne mesure pas de façon complète ce qu'on veut améliorer, mais toujours légèrement « à côté ». La fable de l'idiot qui cherche de nuit ses lunettes sous le réverbère illustre bien ce phénomène : un homme qui a perdu ses lunettes dans la rue les cherche sous un réverbère ; une amie qui le croise lui demande ce qu'il cherche, et ne voyant rien elle-même, s'il est bien certain d'avoir perdu ses lunettes à cet endroit : « Non, répond l'homme, je n'en sais rien mais c'est le seul endroit qui est éclairé et donc je ne peux pas chercher ailleurs ».

Le problème réside bien dans le *you get what you measure* : **la mise en place d'un indicateur fait que la mesure sur cet indicateur s'améliore** (le responsable de l'indicateur en question va tout faire pour cela) mais cela ne signifie pas nécessairement que la variable d'action elle-même progresse, car la tendance du responsable sera de se focaliser pour trouver des moyens d'améliorer les scores sur l'indicateur seulement.

1. Pour une analyse plus détaillée et complète de ces phénomènes et des questions relatives aux enjeux organisationnels et humains autour de l'utilisation des indicateurs, on peut se référer à la troisième partie de l'ouvrage *Tableaux de bord: donnez du sens à vos indicateurs*, Mendoza *et al.*, 2011, Groupe Revue Fiduciaire. Le chapitre 8 en particulier est entièrement dédié à ce sujet et suivi de deux cas réels dans de grandes entreprises, l'une de services, l'autre industrielle, dans les chapitres 9 et 10.

Exemple

Un responsable jugé sur le pourcentage de livraisons réalisées à temps, et qui fixe lui-même les délais de livraison va être incité à rallonger les délais prévus et à repousser les dates de livraisons. À court terme, son indicateur personnel, donc son évaluation, s'améliorera, puisqu'en faisant passer les délais de 4 à 6 semaines par exemple, il obtiendra des pourcentages de 99 % au lieu de 80 %. Mais en réalité, la performance réelle s'est dégradée (les délais moyens sont passés de 4,2 semaines à 5 semaines). Et l'entreprise risque fort de perdre des contrats avec des clients rebutés par un délai de 6 semaines, alors qu'un concurrent est capable de proposer une livraison en 35 jours garantie.

Dans de tels usages, une focalisation trop exclusive sur les indicateurs et non sur la gestion fait que les indicateurs perdent leur sens. Cela justifie l'importance de suivre les recommandations émises dans la précédente partie 3.1 : le choix des indicateurs est primordial et requiert beaucoup de vigilance, de réflexion. Il ne faut pas hésiter à faire évoluer les indicateurs lorsque cela est nécessaire ; il est bien sûr préférable de bien les penser avant leur mise en place, mais leurs effets dysfonctionnels ne sont pas toujours facilement détectables tant qu'on ne les utilise pas.

Au-delà de leurs limites intrinsèques, **les indicateurs recèlent de nombreux problèmes d'utilisation par le management**. Souvent introduits pour de bonnes raisons, ils peuvent être peu à peu dévoyés surtout si les managers ne sont pas formés et n'en font pas un usage approprié :

- les managers évalués sur ces indicateurs, comme on l'a vu au précédent point, risquent de les manipuler ou de se focaliser de façon trop étroite sur leur amélioration ;
- les managers responsables hiérarchiques en charge de l'évaluation peuvent être tentés de les appliquer de façon mécanique et de faire l'économie personnelle d'un effort de compréhension des situations dans lesquelles se trouvent leurs collaborateurs.

Pire, dans certains cas, les indicateurs se substituent tout simplement à des échelons intermédiaires de managers qui disparaissent ou sont cantonnés à des rôles d'exécution requérant peu d'exercer leur autonomie ou sens du jugement.

Les bonnes raisons pour introduire un système d'indicateurs de pilotage de la performance stratégique et opérationnelle sont nombreuses : celui-ci promeut en effet davantage d'objectivité, davantage de transparence dans l'évaluation de la performance, ce qui est plus motivant pour les responsables ; il encourage l'effort et le récompense, ce qui concourt à l'efficacité de l'entreprise ; il représente aussi une réelle amélioration par rapport à des systèmes de management entièrement financiers, reposant uniquement sur des résultats comptables.

En revanche, des problèmes peuvent surgir :

- lorsque les cibles sont inatteignables, il existe une perte de sens associée ; la pression toujours plus forte à atteindre des résultats que les managers savent inatteignables constitue une incitation à manipuler et tricher avec le système, donc à dévoyer les indicateurs ;

Exemple – **Le *call center***

Des salariés rémunérés en fonction du nombre d'appels pris en ligne avec une exigence très élevée sur la cadence sont incités à ne traiter que les demandes « faciles » des clients ; un client qui arrive donc avec une demande un peu spécifique ou un problème atypique a de fortes chances dans un tel système de voir sa conversation interrompue abruptement, comme si la ligne était coupée... L'employé aura tout simplement raccroché au-delà de 2 ou 3 minutes passées avec celui-ci !

- lorsque les indicateurs s'éloignent de la réalité qu'ils représentent et deviennent désincarnés ; ce caractère désincarné peut se manifester à deux niveaux :
  - par une absence de dialogue : une très faible ou nulle interactivité existe entre pairs ou avec la hiérarchie, chacun est laissé seul en face de ses indicateurs ; l'indicateur est alors vécu comme un couperet, non comme une aide à la gestion ;
  - par une absence de mise en contexte du chiffre : l'indicateur induit alors une perte de vue des réalités qu'il recouvre, tout devient possible dans le maniement des chiffres et des ratios, alors que tout n'est pas organisationnellement ni humainement possible...

Ce dernier problème est générique à la mesure et à la comptabilité qui sont une représentation, un monde virtuel et donc déconnecté des réalités. Par exemple, dans certaines situations, les moyens ne sont pas réunis pour atteindre les objectifs, mais l'indicateur ne le dit pas, et le pouvoir des chiffres est tel que seule la personne est tenue responsable sans qu'on entende ses demandes.

Exemple – **Les services d'accueil d'une Caisse primaire d'Assurance-maladie**

L'Assurance-maladie vient d'investir et a entrepris une rénovation en profondeur de ses systèmes informatiques, pour les rendre plus fiables et surtout pour diminuer le temps de traitement d'un dossier standard de 12 à 8 minutes. Malheureusement, les nouveaux systèmes sont entrés en fonction et ont remplacé les anciens sur les ordinateurs des agents qui accueillent le public dans les CPAM, sans que ceux-ci n'aient été tous formés (le plan d'action de formation prévu en parallèle a pris du retard, notamment en raison de problèmes d'absentéisme ou de faibles effectifs dans certains points d'accueil, qui empêchent les présents de s'absenter pour formation aux dates prévues). La conséquence est que les malheureux employés, ayant beaucoup de difficultés avec le nouveau système (changé 3 fois en 6 mois, car la mise en place s'est faite par paliers successifs) passent non plus 12 minutes en moyenne mais plutôt 20 minutes par usager, et ne sont pas toujours capables de répondre à ses questions/demandes, devant alors recourir à une ancienne procédure manuelle. Le mécontentement des usagers grandit, car les temps d'attente s'allongent (ils sont passés au cours du dernier mois d'une heure trente à deux heures vingt en moyenne par usager dans l'agence en question), ceux-ci sont plus agressifs à l'égard des employés du centre, et les taux d'absentéisme du personnel augmentent alors mécaniquement… Bref, il ne fait pas bon être responsable de cette agence…

Les indicateurs peuvent ainsi dissimuler une gestion désincarnée qui génère de la souffrance au travail ou des problèmes de motivation qui éclateront plus tard, parfois de façon dramatique.

Les indicateurs peuvent aussi masquer des diversités de situation par des moyennes chiffrées ; si l'on a perdu de vue la réalité, on ne voit pas qu'une analyse plus fine est nécessaire (par exemple, une moyenne du nombre d'élèves par classe dans un établissement du second degré peut masquer des réalités très variées selon les disciplines).

Parfois issus d'une saine volonté d'amélioration pour enlever les matelas dus à une gestion précédente trop laxiste, les indicateurs peuvent devenir dangereux si, après avoir contribué à une réelle amélioration de l'efficience et rencontré certains succès, ils continuent mécaniquement leur travail. Si le management ne voit pas et n'intervient pas à un moment donné pour changer la nature des objectifs ou s'apercevoir que les gisements d'amélioration sont épuisés dans un domaine, et qu'il va falloir chercher des idées de progression ailleurs, les mêmes indicateurs qui ont été source d'amélioration peuvent devenir très dysfonctionnels.

2.2 Des démarches de management primordiales par rapport aux outils de mesure

Lors de la mise en œuvre d'un système d'indicateurs de pilotage de la performance stratégique et opérationnelle, il faut toujours garder en tête que **l'indicateur lui-même doit être issu d'une réflexion stratégique et d'une discussion de management**. Derrière les indicateurs, il doit y avoir un projet d'entreprise. La démarche de management est primordiale par rapport à l'outil de mesure. C'est la raison pour laquelle il est conseillé de commencer par une démarche de management de type carte stratégique et identification des objectifs/variables d'action/plans d'action. Les indicateurs en découlent, et non le contraire.

Un *balanced scorecard* par exemple n'est pas seulement un outil de mesure de la performance combinant des mesures financières et non financières (comme la première version, en 1992, de Kaplan & Norton pourrait le laisser croire). Un BSC doit *a minima* comporter une description et une analyse des relations de cause-à-effet décrivant la stratégie, sur laquelle l'équipe dirigeante s'entend. Et mieux encore, il peut devenir la **pierre angulaire d'un système professionnalisé de management**, où non seulement des objectifs sont fixés, mais où l'on va également pouvoir travailler de façon latérale et verticale sur la façon d'atteindre les objectifs : on va donc discuter des plans d'action, de ceux qui paraissent les plus efficaces, faire des choix et prendre des décisions de façon renouvelée et concertée (selon le principe des systèmes interactifs de R. Simons, 1995). Cela suppose du temps, et de la confiance, deux aspects parfois mis à mal dans les entreprises sous pression. En période de crise, il est en effet plus difficile de dégager ce temps et d'avoir cette confiance, mais d'autant plus important de se « serrer les coudes » !

La démarche de management en principe précède la construction de l'outil de mesure ; puis la mesure et le management doivent s'accompagner mutuellement, en parallèle, dans un équilibre toujours difficile à établir durablement, surtout dans de grandes structures. Les chiffres alimentent la discussion stratégique et opérationnelle, qui s'en nourrit pour les dépasser. Régulièrement, la discussion amène à faire évoluer des objectifs, des plans d'action, ainsi que des indicateurs…

Il est aussi intéressant de souligner qu'en pratique, **le processus de mise en place de ces démarches s'avère souvent plus important que l'outil final qui en découle.** Le projet de mise en œuvre d'un outil de pilotage stratégique et opérationnel peut constituer un temps primordial de discussion et de mise en cohérence de l'organisation autour des objectifs stratégiques.

Enfin, **l'évaluation de la performance ne peut pas être fondée de façon mécanique sur les indicateurs**. Les indicateurs peuvent servir de base objective, mais ils constituent un point de départ et non le point final d'une conversation, d'un débat. La nécessité d'entendre et d'écouter les arguments autour des chiffres, des indicateurs, avant de prendre des décisions provient du risque fort d'inefficacité en cas contraire : le système devient alors démotivant et souvent inopérant. Un bon système d'évaluation de la performance est complexe, un subtil équilibre entre performance individuelle et collective, entre performance objectivée et une part d'appréciation personnelle ; le tout doit rester lisible et relié à l'action de ceux qui sont évalués !

2.3 Quelques suggestions pour donner du sens aux indicateurs

Un minimum de cohésion et de confiance sont nécessaires dans l'entreprise, dans l'absolu, et notamment pour mettre en œuvre une démarche de pilotage de la performance. Si les comportements et le climat sont déjà dégradés, tout est difficile… et les outils de pilotage de la performance stratégique et opérationnelle auront du mal à être efficaces et à jouer leur rôle. Dans un contexte où la confiance et le temps font défaut, où la forte pression n'est pas assortie d'une recherche de compréhension des phénomènes, il est quasiment certain que les systèmes d'indicateurs ne seront pas bien utilisés… Lorsque ce minimum de confiance et de valeurs communes est acquis au contraire, il est possible de concevoir un système de pilotage de la performance fondé sur des indicateurs qui aient du sens pour les collaborateurs. Deux recommandations fondamentales peuvent alors être formulées.

D'une part, **il est conseillé de suivre une méthodologie rigoureuse,** qui se rapproche des éléments méthodologiques et théoriques proposés dans les parties précédentes de ce chapitre, en particulier :

- **mener une démarche stratégique préalable**, une discussion sur les objectifs, les variables d'action et les plans d'action au sein de l'équipe de direction concernée ;
- **conduire un travail de fond sur les indicateurs** et sur les qualités ou effets pervers potentiels de ceux-ci. Là encore, il devrait s'agir d'un travail collectif ; de vraies discussions naissent souvent du choix des indicateurs, car c'est à ce moment-là que d'éventuels désaccords se matérialisent plutôt que sur de grandes options stratégiques.

Pour suivre une méthodologie de qualité, il ne faut **pas hésiter à travailler avec des spécialistes de ces méthodes** ; ceux-ci surtout ne doivent pas faire le travail à la place des opérationnels de l'entreprise, mais ils doivent en permanence baliser les étapes et garder un regard critique sur le processus de mise en place de ces démarches et outils de management de la performance stratégique et opérationnelle.

D'autre part, il faut se poser la question de la finalité de l'outil ou de la démarche. Pourquoi l'entreprise ou l'organisation en question cherche-t-elle à mettre en place un pilotage de la performance stratégique et opérationnel ?

Le fait même de choisir de se doter d'une telle démarche ou outil et d'entamer ce processus de réflexion est un acte fort de management. Parfois l'initiative et la décision sont venues du *top management,* notamment lors d'une prise de fonction, parfois au contraire c'est un acte isolé de contrôleur de gestion qui malheureusement a alors des risques de ne pas aboutir. Lorsque l'initiative vient de l'équipe dirigeante au plus haut niveau, souvent une conduite du changement culturel dans l'organisation est associée à un tel projet, qui est alors un véritable outil de management. Une simple amélioration du système d'information à la marge ne suffit pas à faire avancer de tels projets.

Les objectifs cependant peuvent être plus ou moins ambitieux et combinés ou non. Par exemple, cherche-t-on en priorité à :

- promouvoir l'engagement et la responsabilité individuelle ?
- contrebalancer une culture trop exclusivement financière ?
- améliorer les systèmes de rémunération de la performance ? Pourquoi ? Pour les rendre plus objectifs et transparents ? Pour les rendre plus attractifs et plus en ligne avec le marché de l'emploi ? Pour l'une des raisons ci-dessus ?
- communiquer et déployer la stratégie ?
- mettre l'organisation « en cohérence », créer une plus forte convergence des buts (la mission même du contrôle de gestion), et faire en sorte que tous ou du moins la plupart soient motivés à aller dans la même direction, bien comprise ?

Dans tous les cas, se lancer dans un projet de mise en place d'outil de pilotage de la performance sans en comprendre le sens, c'est être quasiment assuré que les indicateurs et le système n'auront pas de sens pour leurs utilisateurs quelque temps plus tard…

Pour aller plus loin...

Quelques différences et similitudes entre Balanced Scorecards et tableaux de bord

Les tableaux de bord et le *balanced scorecard* sont deux outils, nous l'avons vu (section 1, §1) nés de préoccupations similaires dans les entreprises dans le courant des années 1980-1990 : un besoin de plus grande réactivité, donc d'une information plus rapidement obtenue et plus directement interprétable, un besoin de mettre en phase les objectifs des dirigeants et les décisions et actions quotidiennes « sur le terrain », etc. Ces deux outils ont néanmoins, comme nous l'avons également souligné (section 2.§1. et section 3.§2.), des historiques profondément différents.

Au total, la distinction fondamentale se situe entre d'une part un outil né au début des années 1990 du travail de consultants, qui ont d'abord construit celui-ci avec l'aide et l'appui d'une douzaine d'entreprises intéressées par un *balanced scorecard*, puis l'ont diffusé à grande échelle dans les entreprises nord américaines (et plus récemment européennes), et d'autre part un outil plus ancien, mais dont la pratique est moins homogénéisée. Le *balanced scorecard* est un outil relativement standardisé, simple et facile à communiquer, et procédant d'une gestion *top-down* (hiérarchique de haut en bas) de la mise en oeuvre de la stratégie.

Au contraire, les tableaux de bord, nés dans les bureaux des différents responsables opérationnels, puis conceptualisés à partir des années 1980-1990 par des professeurs-chercheurs, font l'objet d'une beaucoup plus grande diversité en pratique. Un grand nombre de systèmes d'information revendiquent dans les entreprises l'appellation de tableau de bord, alors qu'il n'existe qu'un petit nombre de tableaux de bord réellement stragégiques. Ce nombre est d'autant plus limité que les professeurs-chercheurs qui l'ont conceptualisé se sont livrés à un faible nombre de missions de conseil (seulement celles nécessaires à son élaboration théorique et à sa validation pratique) et que l'élaboration du tableau de bord au sens où nous le présentons ici requiert une formation méthodologique rigoureuse. Néanmoins, plus nombreux sont les systèmes d'information qui, sans être fondés sur cette démarche méthodologique rigoureuse (OVAR), peuvent être comptés au nombre des tableaux de bord dans la mesure où ils captent l'essentiel des objectifs et principes de cet outil :

a) un système de mesure non seulement financier mais comportant aussi des indicateurs quantitatifs non financiers, voire qualitatifs ;

b) un système d'information qui privilégie la rapidité et le coût d'obtention de l'information par rapport a sa précision ;

c) un système d'information adapté aux besoins des opérationnels tout en étant fondé sur les objectifs stratégiques, dont il offre une déclinaison au niveau opérationnel.

Le troisième point (c) est celui qui fait le plus souvent défaut ; alors que les deux premières conditions (a et b) sont le plus souvent réunies dans les systèmes d'information se proclamant « tableau de bord », la troisième est encore souvent absente. Elle est pourtant à nos yeux une condition *sine qua non* pour accorder le qualificatif de « tableau de bord ».

L'essentiel de la section 3

La mise en œuvre des démarches et outils de pilotage de la performance stratégique et opérationnelle suppose enfin d'être vigilant en pratique à la fois sur le choix technique des indicateurs, sur les questions de mise en forme et de ressources informatiques dont sont issues les données, et enfin et surtout sur l'esprit qui anime ces démarches.

Pour le choix des indicateurs, il faut notamment veiller à l'équilibre entre les indicateurs de résultat et les indicateurs d'action, à fixer des cibles réalistes, et à bien distinguer l'indicateur de sa source d'information. Les indicateurs doivent rester simples, être clairs et faciles à interpréter, être anticipateurs et mesurer au plus tôt, et enfin être fiables, partagés et cohérents d'un niveau organisationnel à un autre. Le choix d'un référentiel des indicateurs et de la fréquence du tableau de bord stratégique ne doit pas être négligé.

D'autre part, il est important de garder en mémoire que le management ne peut se résumer à la mesure. La mesure peut avoir des effets dysfonctionnels, parfois graves. D'une part, un indicateur ne capte jamais parfaitement ni de façon complète le phénomène qu'il cherche à capter ; d'autre part, la seule mise en place d'un indicateur fait que la mesure sur cet indicateur s'améliore, sans que cela signifie nécessairement que la variable d'action elle-même progresse. De plus, les indicateurs recèlent de nombreux problèmes d'utilisation par le management. Souvent introduits pour de bonnes raisons, ils peuvent être peu à peu dévoyés surtout si les managers ne sont pas formés et n'en font pas un usage approprié. L'évaluation de la performance en particulier ne peut pas être fondée de façon mécanique sur les indicateurs.

Pour donner du sens aux indicateurs, premièrement, il est conseillé de suivre une méthodologie rigoureuse, reposant sur une démarche stratégique préalable, ainsi que sur un travail de fond sur les indicateurs et sur les qualités ou effets négatifs potentiels de ceux-ci. D'autre part, il faut se poser la question de la finalité de l'outil ou de la démarche. Pourquoi l'entreprise ou l'organisation en question cherche-t-elle à mettre en place un pilotage de la performance stratégique et opérationnel ?

Questions

1 ■ Quelles sont les qualités attendues des démarches et outils de management de la performance stratégique et opérationnelle ?

2 ■ En quoi ces outils et démarches se distinguent-ils du contrôle budgétaire et du *reporting* ?

3 ■ Quelles sont les caractéristiques et étapes méthodologiques essentielles d'une démarche et d'un outil de pilotage de la performance stratégique et opérationnelle ?

4 ■ Quelles sont les quatre perspectives du *balanced scorecard* ? Qu'est-ce qui les différencie ? Comment s'articulent-elles ? Donner au moins un exemple.

5 ■ Quelles sont les différences entre un objectif, une variable d'action et un plan d'action ? Définir chaque concept et donner au moins un exemple.

6 ■ Qu'est-ce qu'un indicateur ? Donner un exemple concret d'un objectif, d'indicateur de résultat, de cible, de fréquence et de source d'information associés.

7 ■ Quelle est la différence entre un indicateur de résultat et un indicateur d'action ? Donner deux exemples.

8 ■ Donner deux exemples au moins de mesures (indicateurs) qui peuvent être dysfonctionnelles et expliquer pourquoi.

9 ■ À quoi faut-il veiller (citer au moins trois points) pour qu'un outil ou une démarche de pilotage de la performance stratégique et opérationnelle ait du sens (ne devienne pas dysfonctionnelle) ?

10 ■ Quelles sont les conditions de mise en œuvre « réussie » de tels outils/démarches ? En citer trois au moins.

11 ■ À quoi servent de telles démarches et outils ? Quels objectifs managériaux peuvent-ils servir ? En citer au moins quatre distincts.

Partie 3 La fonction de contrôle de gestion, le métier de contrôleur

Le contrôle de gestion a jusqu'ici été présenté comme un savoir construit sur des techniques et des pratiques. C'est aussi, comme cela a été souligné dès le début de l'ouvrage, un métier. Il s'agit le plus souvent dans les entreprises d'une fonction. À ce titre, le contrôle de gestion est également ce que fait le contrôleur de gestion, et c'est sur cet aspect que nous allons focaliser la troisième partie de cet ouvrage.

Si c'est un métier, cela signifie qu'il existe un profil du contrôleur de gestion et que les offres d'emplois doivent permettre de le préciser, même si le marché « gris » des contrôleurs de gestion (promotion interne aux entreprises) est particulièrement important. Définir le contrôle de gestion à partir du métier du contrôle, c'est être capable d'en décrire les composantes. Le métier du contrôleur est fondamentalement lié à la logique de la collecte et du traitement des informations de gestion, comme à celle de la structuration et de l'adaptation des procédures de gestion. C'est aussi un métier dont la composante relationnelle est importante.

Il est enfin traditionnel de distinguer la position d'animateur d'un système établi de celle de concepteur et/ou d'animateur du changement. C'est l'observation de la diversité des situations dans l'entreprise qui permet de dégager des constantes.

L'existence d'un métier avec une personne, qui peut être qualifiée de « contrôleur de gestion », va également de pair avec l'existence d'un service bien spéficique de l'entreprise, le service « contrôle de gestion ». Toutefois, son rattachement, sa place dans la structure de l'entreprise, ses modalités de fonctionnement, son organisation interne peuvent varier.

Les deux chapitres qui constituent cette partie s'intéressent à ces deux aspects :

- les profils et les rôles du contrôleur de gestion ;
- le contrôleur de gestion dans l'organisation.

Chapitre

5

Qui est et que fait le contrôleur de gestion ?

Issu de pratiques taillées sur mesure pour une poignée de grandes entreprises dans la première moitié du vingtième siècle, le contrôle de gestion s'est progressivement défini comme une discipline (Anthony, 1965). Il ne faut pas pour autant oublier que c'est avant tout une fonction de l'entreprise. Aujourd'hui, des hommes et des femmes sont des « contrôleurs de gestion », et exercent un métier bien précis. Sont-ils les seuls à assurer la fonction de contrôle ? Ce serait une erreur de le croire. Dans la définition du contrôle de gestion qu'il nous livre, Anthony (1965) rappelle à juste titre qu'il s'agit d'un ensemble de processus par lesquels les managers s'assurent de l'atteinte efficace et efficiente des objectifs de l'organisation. Ce sont donc les managers qui exercent cette fonction. Mais, pour ce faire, ils doivent s'informer et mettre en place les processus auxquels Anthony fait référence. S'assurer, c'est « vérifier », mais aussi « faire en sorte que ». Les contrôleurs de gestion apportent aux managers les différents moyens d'accomplir ces tâches, en animant l'ensemble des systèmes de contrôle mis en œuvre dans l'entreprise.

Dans la mesure où ces systèmes diffèrent d'une organisation à une autre, où leurs degrés de développement sont inégaux, les pratiques et les profils correspondant à ce métier se révèlent contrastés. Qui plus est, la période que nous traversons semble transitoire en termes de pratiques comptables et financières. Le contrôleur de gestion est-il un producteur de chiffres, un administrateur de systèmes (d'information notamment), un *business partner* ? Il est essentiel de cerner la diversité des profils correspondant au métier de contrôleur de gestion.

Section 1 LES PROFILS DU CONTRÔLEUR DE GESTION

La fonction contrôle de gestion se concrétise en postes à pourvoir. Le minimum que l'on soit en mesure d'attendre du contrôleur de gestion, c'est qu'il remplisse les rôles qui lui sont assignés généralement : maîtriser le cœur du métier en termes d'information, posséder les capacités relationnelles adéquates à l'animation des procédures et à l'assistance du manager et contribuer à transformer l'entreprise.

Le contrôleur de gestion risque ainsi d'appartenir à une espèce particulièrement rare eu égard à l'étendue et à l'éclectisme de ce qui lui est demandé. Voyons ce qu'il en est à partir de quelques exemples d'offres d'emploi qui, pour avoir une valeur informative indéniable, n'en réduisent pas moins la description du profil à ses caractéristiques officielles. Il ne faut pas en effet sous-estimer l'importance du « marché gris » des contrôleurs de gestion, c'est-à-dire celui de la promotion interne aux entreprises, marché qui joue, en ce domaine, un rôle particulièrement important.

1 Profils et offres d'emploi

Les descriptions de postes et de profils de contrôleurs de gestion offerts sur le marché du travail ont eu tendance à s'homogénéiser jusqu'au début de la décennie 2000. La relation aux opérationnels, qui apparaissait comme une nouvelle priorité du métier, est remise en cause par les pratiques nouvelles mises en évidence dans la seconde moitié de la décennie. Plus que jamais, les offres d'emploi offrent un portrait éclectique de la fonction de contrôleur, aussi bien dans les grandes entreprises que dans les PME. Ce phénomène relève peut-être de l'internationalisation des pratiques comptables et des métiers chargés de les mettre en œuvre. Nous aborderons les différents aspects de cette évolution dans la suite. Voici trois exemples récents d'offres d'emploi, qui permettent de juger de cette variété.

gestion - finance

Controller*

Groupe international, leader sur son secteur d'activité.

Proche Paris (93) ◆ H/F ◆ 55/60 K€

Rattaché(e) au Directeur Financier, vos responsabilités s'articuleront autour des axes suivants :

- ◆ la supervision de la production des comptes sociaux ainsi que de tous les documents comptables, fiscaux et sociaux obligatoires,
- ◆ la prise en charge de l'intégralité de la comptabilité du groupe : gestion de la fiscalité française (déclarations fiscales et sociales, tax proof...), suivi du cash pooling, suivi des paies externalisées,
- ◆ la supervision et la prise en charge des clôtures et du reporting mensuel à destination du groupe : organisation des remontées d'informations (normes IFRS), synthèse et contrôle (exhaustivité, qualité, pertinence) des travaux de clôture et de révision,
- ◆ la contribution directe à l'amélioration du contrôle interne de qualité au sein de la sphère comptable : définition de process comptables et des contrôles clés afférents, optimisation du système d'information pour une meilleure organisation financière,
- ◆ l'animation et le management d'une équipe composée de 9 collaborateurs,
- ◆ les relations avec les prestataires externes (cabinet d'audit, banques...).

Vous êtes issu(e) d'une formation supérieure comptable de type DESCF, DEC ou école de commerce/MBA et possédez une expérience d'au moins 5 années acquise en cabinet d'expertise/audit et/ou en entreprise au sein d'un environnement international.

Vous savez faire preuve d'aisance, de conviction, d'écoute et de diplomatie. Votre crédibilité, votre autonomie, votre extrême rigueur ainsi que votre sens du travail en équipe et de la conduite de projets seront autant d'atouts pour réussir à ce poste. Anglais courant.

*Responsable Comptable et Reporting

Merci d'adresser votre CV par e-mail (format WORD) : finance@michaelpage.fr avec en objet la référence FETA 530414 à Eglantine Tancray (Bureau de Neuilly-sur-Seine).

Michael Page, leader du conseil en recrutement spécialisé •
122 bureaux dans 19 pays / www.michaelpage.fr

Michael Page
FINANCE & COMPTABILITÉ

Contrôleur(se) financier (H/F)

Ile-de-France – Paris 17 | CDI
Publié le 24 février 2012

À propos de notre client :

Éditeur de logiciels et de services en forte croissance.

Description du poste :

Rattaché(e) directement au CFO, vos principales missions seront les suivantes :

Revenu et marges :

- support aux équipes commerciales ;
- participation à l'ensemble du processus d'étude et de réponse aux appels d'offres (établissement de contrats, appel d'offres, note de présentation) ;
- préparation des éléments de facturation ;
- supervision des outils de CRM (rédaction et optimisation de procédures).

Règlement et recouvrement client :
- suivi des règlements clients ;
- gestion et optimisation du DSO.

Relation avec les filiales :
- supervision de la production des comptes sociaux de la filiale et garantie du respect des obligations comptables, fiscales et sociales locales ;
- travail en étroite collaboration avec les équipes comptables et financières locales ;
- participation et accompagnement des filiales sur les sujets suivants : élaboration et suivi des budgets, suivi du *forecast*, optimisation de la trésorerie, supervision des reportings mensuels des filiales, gestion des clôtures annuelles des filiales (établissement, compte de résultat et annexes).

De plus, vous êtes chargé(e) de l'optimisation des procédures, de l'organisation de la remontée du *reporting* d'activité et participez à différentes missions transverses en collaboration avec le CFO.

Profil recherché :

Diplômé(e) d'une école de commerce et/ou équivalent universitaire, vous justifiez d'au moins cinq ans d'expérience en contrôle financier, idéalement au sein d'une entreprise du secteur Service ou IT.

La maîtrise d'un outil de CRM serait un véritable atout pour ce poste. Les outils bureautiques courants (notamment Excel) doivent être parfaitement maîtrisés. Un anglais courant est indispensable.

Disponible et réactif(ve), vous êtes force de proposition. Vous développez un bon sens des priorités et savez gérer plusieurs dossiers en même temps. Impliqué(e), rigoureux(se) et méthodique, vous aimez relever des challenges.

Contact : Michael Page

Référence de l'annonce : FMMC590706

Votre candidature sera transmise à ....

Contrôleur(se) de gestion (H/F)

Alsace – Alsace – 1 h Nord de Strasbourg | CDI

Matériaux de construction

Publié le 28 février 2012

À propos de notre client :

Notre client, groupe industriel international multisite, recherche pour un de ses sites industriels (150 salariés) un(e) contrôleur(se) de gestion.

Description du poste :

Sous la responsabilité du directeur financier France et en lien avec le directeur du site, vous assurez le contrôle de gestion du site industriel.

Pour ce faire, vos principales responsabilités sont les suivantes :

- le calcul et le suivi de l'évolution des coûts de production et des prix de revient ;
- le pilotage ou le suivi des stocks : rotation, obsolescence, inventaires, valorisation ;
- la conduite de la démarche budgétaire et l'animation du *reporting* ;
- la production et l'animation des outils de pilotage d'activité à destination des opérationnels du site ;
- le contrôle du respect des procédures internes ;
- l'optimisation du système d'information ;
- le calcul de rentabilité des projets d'investissement ;
- la participation aux opérations de clôture.

Profil recherché :

De formation Bac +4/5 en finance/gestion (ESC, universitaire), vous disposez d'une expérience d'au moins trois ans en contrôle de gestion industriel. Une bonne maîtrise des outils bureautiques et des systèmes d'information est requise (la connaissance de l'ERP JDE est un plus). Anglais et allemand opérationnels, courants.

Autonomie, rigueur et sens de l'organisation, investissement, vous permettront de mener à bien vos missions. Des déplacements réguliers sont à prévoir.

Contact : Michael Page

Référence de l'annonce : HFBO591197

Votre candidature sera transmise à ....

Contrôleur(se) de gestion opérationnel (H/F)

Pays de Loire – Nantes (44) | CDI

40 000 – 45 000 €

Chauffage, Climatisation, Plomberie

Publié le 13 mars 2012

À propos de notre client :

Notre client, filiale d'un groupe international, est spécialisé dans le génie climatique et électrique sur le Grand Ouest.

Description du poste :

Rattaché(e) au directeur général de la filiale et responsable d'une équipe de deux personnes, vous développez les outils de gestion afin d'améliorer la maîtrise des risques et la qualité des prévisions.

Vous intervenez dans l'analyse mensuelle de l'activité et du compte de résultat des agences. Vous suivez la rentabilité des chantiers et le calcul des marges à l'avancement en veillant à la rentabilité.

Vous animez le processus budgétaire par centre de profit et effectuez le *reporting* mensuel à la direction du groupe.

Profil recherché :

De formation supérieure de type école de commerce ou 3e cycle universitaire option finance, vous justifiez de cinq ans d'expérience minimum dans une fonction opérationnelle en contrôle de gestion au sein d'un environnement multisite, industriel ou BTP. Doté(e) d'un excellent sens de la communication, votre sens relationnel et votre approche terrain vous permettront d'accompagner les opérationnels dans le cadre des projets et de la vie de l'entreprise ainsi que de développer la culture financière de votre périmètre. Vous êtes force de proposition. Votre dynamisme et votre implication seront des atouts décisifs pour réussir dans vos missions.

Contact : Michael Page

Référence de l'annonce : FFGI591290

Votre candidature sera transmise à ....

Source : www.michaelpage.fr

Michael Page Finance & comptabilité, dans sa demande (n° 1) de *controller*, met clairement l'accent sur les outils comptables et financiers. Cette offre permet d'appréhender la vision anglo-saxonne actuelle de ce qu'est un *controller* et la confronter à celle exposée dans le présent ouvrage. La production des données de la comptabilité financière et l'animation de *reporting* sont au cœur du métier décrit. Le suivi est focalisé sur les données financières (trésorerie, fiscalité...). Si contrôle il y a, ce n'est plus celui de la gestion, mais bien celui des processus de génération de données comptables. L'offre fait d'ailleurs allusion au « contrôle interne ». Le *controller* est rattaché directeur financier. Son profil est idéalement celui d'un comptable (rigueur et qualités rédactionnelles sont requises). Ce retour au « contrôleur-vérificateur » ne correspond pas à ce que l'on attend traditionnellement d'un contrôleur de gestion[1]. Néanmoins l'influence du Sarbanes-Oxley Act (2002) ou de la loi de sécurité financière (2003) ont amené, notamment dans les grands groupes internationaux (et donc leurs filiales, même de taille modeste), à réformer la fonction de contrôle. L'évaluation de l'investissement, la gestion des budgets sont alors confiées à d'autres fonctions.

L'offre (n° 2) pour un contrôleur financier rend compte de fonctions plus traditionnelles. Il se pose en support de la fonction commerciale (élaboration de réponse à des appels d'offre, supervision des outils de gestion de la relation clients ou CRM, *credit management*). Il peut arriver qu'une entreprise de taille moyenne comme cet éditeur de logiciels dispose déjà d'un appareillage de contrôle complet et efficace. Ainsi, la personne qui prendra ce poste devra animer les systèmes budgétaires, les *forecasts*, le *reporting*. Le contrôleur financier est rattaché au directeur financier (CFO).

Le poste (n° 3) proposé par un fabricant de matériaux de construction rend compte d'un profil hiérarchiquement proche du terrain, et plus polyvalent. Les missions confiées ici sont directement conçues au service de la direction du site. Bien que maillon local du système de contrôle du groupe, ce contrôleur doit, au-delà de l'animation du *reporting* (qui certainement lui prendra beaucoup de temps) réaliser des études et fournir des supports de suivi aux opérationnels. Comme pour les postes précédents, la rigueur, l'implication sont les qualités requises prioritairement.

Dans sa demande de contrôleur de gestion opérationnel (n° 4), le client de Michael Page insiste sur le sens de la communication, l'ouverture d'esprit et le sens du relationnel. Il est vrai que, comme dans l'offre n° 3, la relation aux opérationnels semble être essentielle aux yeux de l'employeur. Ce descriptif de poste permet aussi de rappeler que l'exercice du métier de contrôleur peut s'accompagner d'une fonction managériale lorsqu'un service de contrôle, même restreint (ici deux personnes) doit être géré.

1. On pourra objecter à cet exemple que le système anglo-saxon distingue clairement les fonctions de *management accountant* et de *controller*. Néanmoins, on peut noter que dans les entreprises nord-américaines en particulier, la fonction de *controller*, initialement orientée vers la gestion du cycle d'investissement et la rentabilisation des actifs, se recentre depuis peu sur le *reporting* et le traitement de l'information comptable. Dans le même état d'esprit, aujourd'hui en France, un contrôleur de gestion peut être appelé à remplir les mêmes missions, même si sa fonction initiale était plus proche de celle d'un *management accountant*.

Les perspectives de carrière sont tout aussi diverses que les postes. Elles reflètent elles aussi la coexistence, sur le marché de l'emploi, des conceptions traditionnelles et plus modernes du métier de contrôleur. Selon les organisations, les évolutions possibles correspondent à :

- une ascension hiérarchique dans des fonctions contrôle ou plus généralement financières ;
- une ascension hiérarchique dans des fonctions opérationnelles ;
- une ascension vers la direction générale du fait de la position d'observation exceptionnelle constituée par le contrôle.

Les exemples fournis par ces quatre offres illustrent, quoique très partiellement, les évolutions constatées ou anticipées par des observateurs de la profession dans les années 1990 et celles - plus récentes – dues à la mise en œuvre des normes IAS-IFRS et à l'application des lois de sécurisation de l'information comptable (à partir de 2003-2005). Les premières étaient censées remettre en cause les approches exclusivement comptables du métier de contrôleur. Les secondes, au contraire, marquent un retour de la fonction de contrôle à la pure vérification et à la conception de procédures comptables. À ce jour, les deux tendances coexistent, et semblent se partager les pratiques de contrôle notamment dans les grandes structures quand on ne demande pas aux contrôleurs de développer concomitamment les deux champs de compétences.

Pour aller plus loin…

Vers le modèle du *business partner* ou le pur *reporting* comptable ? Tendances divergentes dans l'évolution des profils des contrôleurs de gestion

R. Danziger, en 1995, proposait deux profils-types du contrôleur de gestion. Dans les années 1990, on pouvait présenter le premier profil comme traditionnel, et le second comme émergent. Au début des années 2000, l'étude des offres d'emploi laissait penser que les exigences nouvelles deviendraient dominantes.

Traditionnellement, le contrôleur de gestion d'une entreprise est un homme ou une femme, dont l'expérience est essentiellement fonctionnelle. Les qualités que l'on exige de lui sont la rigueur, la compétence technique (pour ne pas dire comptable), la maîtrise des outils mathématiques, statistiques et informatiques. Ses tâches consistent à élaborer ou du moins formaliser les plans, les budgets, et à effectuer les tâches de reporting. Son rythme d'activité est aligné sur les cycles comptables et la routine de l'entreprise. Il est perçu comme l'homme de la direction générale et de la ligne hiérarchique.

Les exigences plus récemment attachées à la fonction de contrôle concernent la connaissance du terrain. E. Chiapello (1990) fait remarquer le peu d'intérêt que les opérationnels portent au contrôle de gestion. On peut en comprendre les raisons dans le cas où le contrôleur ne sait opposer au langage du terrain que celui de la comptabilité. C'est pour pallier cette dissonance que des organisations cherchent aujourd'hui à recruter des contrôleurs qui ont

☞

☞

déjà acquis une expérience opérationnelle, ou du moins à ménager à ces derniers des plans de carrière qui privilégient l'alternance entre postes fonctionnels et opérationnels. Dans ce nouveau contexte, la fonction de contrôle peut contribuer au décloisonnement de l'entreprise, à une articulation plus précise entre la stratégie et la gestion quotidienne des opérations, tout en devenant un support effectif au management, à quelque niveau que ce soit dans l'échelle hiérarchique. Dans les offres d'emploi actuelles, l'expérience opérationnelle supplante celle en cabinet d'audit.

Cette évolution, très nette depuis la deuxième moitié de la décennie 1990, ne doit pas occulter l'émergence de nouvelles pratiques de contrôle, issues de l'application des nouvelles normes comptables et des lois de sécurisation des informations financières. De fait, la mise en œuvre des standards IAS-IFRS a nécessité une nouvelle allocation des ressources humaines dans les fonctions comptables et financières de l'entreprise. Par ailleurs, le Sarbanes Oxley Act et la loi de sécurité financière française très largement inspirée du texte américain instituent la fonction de contrôle interne. Dans le cadre des ré-allocations rendues nécessaires par ces dispositions nouvelles, les rôles des contrôleurs de gestion ont pu être reconfigurés en missions de contrôle financier, au sein desquelles le *reporting* et la mise en place de procédures comptables ont pris une place prépondérante.

La sixième édition de l'enquête HEC-DFCG réalisée par H. Jordan (2004) révèle que les contrôleurs de gestion sont de plus en plus fréquemment rattachés à la direction financière (dans près de trois quarts des cas dans les grandes entreprises). Cette même étude indique que les missions des contrôleurs se recentrent sur le *reporting* financier. Plusieurs indices concourent à confirmer cette tendance. Tout d'abord, le traitement des indicateurs financiers et de suivi budgétaire prend une place croissante dans les activités des contrôleurs, au détriment d'informations plus opérationnelles ou qualitatives. De surcroît, les contrôleurs perdent progressivement l'autorité qu'ils détenaient sur la planification, la comptabilité analytique et les systèmes d'information de gestion. Enfin, les opérationnels sont de moins en moins impliqués dans les opérations telles que le choix des objectifs, l'élaboration des budgets, et l'analyse des écarts. La collaboration s'établit donc avec les instances centrales (DAF, DG), et le contrôleur est progressivement incité à négliger l'action locale. Il en résulte, sur le fond, un retour en force des systèmes de contrôle « rétrospectifs » (24 % des grandes entreprises en disposent en 2004, contre 11 % en 1998), au détriment des systèmes dits « intégrés » (i.e. articulant le plan stratégique à des plans opérationnels et autorisant les reprévisions).

Cette tendance nouvelle se révèle contraire à celle mise en évidence dix ans plus tôt par R. Danziger. On ne peut pas pour autant dire qu'elle se substitue à elle. Les chiffres de l'enquête HEC-DFCG révèlent une évolution, mais montrent en même temps que les pratiques sont plus contrastées que jamais.

Que dire de la situation du contrôle de gestion aujourd'hui ? Des conceptions très contrastées des missions assignables au contrôle de gestion coexistent encore. Le remplacement de la norme IAS 14 par l'IFRS 8 en 2009 renforce l'importance de l'information de gestion dans la communication financière des sociétés cotées. Sous le régime de l'IAS 14, les entreprises devaient communiquer leur résultat par secteur d'activité et zone géographique. Désormais, l'IFRS 8 réclame que les marges soient fournies par segment opérationnel, c'est-à-dire par composante d'une entité « dont les résultats opérationnels sont régulièrement examinés par le principal décideur opérationnel de l'entité ». En d'autres termes, le *reporting* de gestion fourni par les contrôleurs devient une base d'information externe. Cette tendance alimente les exigences comptables à l'égard du métier.

☞

☞
En parallèle, le discours sur le contrôleur de gestion *business partner* ne cesse de prendre de l'ampleur. Le terme, en anglais, désigne communément les partenaires d'une alliance. Le terme se retrouve aujourd'hui dans des descriptions de poste, où l'on présente *financial controller*, « contrôleur de gestion », et *finance business partner* comme synonymes. Dans la forme si ce n'est dans le fond, ce nouveau vocable désigne un rééquilibrage de la fonction vers le support à la stratégie et à la création de valeur, à travers la réalisation d'études sur mesure, l'optimisation de processus, l'élaboration de cartes stratégiques, de tableaux de bord, etc. Une dernière orientation de métier s'est imposée avec le développement du contrôle interne. Les contrôleurs de gestion peuvent à juste titre être considérés comme particulièrement experts dans l'élaboration de méthodes et de procédures, et à ce titre, ils sont appelés à participer, voire à diriger, la mise en place des dispositifs de contrôle interne.

Homme du *reporting* ? Partenaire-consultant ? Garant des méthodes et des bonnes pratiques ? Un contrôleur de gestion peut assumer l'une ou plusieurs de ces fonctions, comme les offres d'emploi étudiées en début de chapitre le montrent. L'entreprise, son secteur, les normes auxquelles elle est soumise, et le mode de management sont certainement des facteurs déterminants des différences de pratiques.

2 Quelle formation pour les contrôleurs ?

Le noyau dur d'une formation de contrôleur de gestion est constitué des connaissances comptables, financières et fiscales. Dans les compétences techniques dont il doit disposer, le contrôleur de gestion possède de solides bases en comptabilité de gestion, en comptabilité financière et en finance d'entreprise. Outre l'école de rigueur qu'elles constituent, ces disciplines s'enrichissent aujourd'hui de nouvelles exigences en technicité comptable, financière et fiscale. Dans les grandes entreprises en particulier, la connaissance des méthodes de consolidation aux normes IAS-IFRS, la maîtrise des produits et méthodes de financement et de placement à court terme peuvent constituer des atouts supplémentaires. Du moins, les entreprises concernées proposent aux jeunes embauchés la possibilité d'acquérir des formations complémentaires à ce sujet.

Ce substrat, récemment recentré sur des problématiques techniques, ne doit pas occulter la nécessité pour un contrôleur d'aborder les situations d'entreprise avec un sens pratique, de l'analyse et de la synthèse confirmé. À cet égard, les métiers de l'ingénieur fournissent des approches de terrain complémentaires à la comptabilité et à la finance. Connaître les processus quand ils sont complexes, savoir en fournir une modélisation lisible et exploiter ces modèles sont le premier pas dans la « mise sous contrôle ». Dans une démarche budgétaire, dans le choix d'une comptabilité analytique comme dans celui d'indicateurs, la capacité à fournir un modèle simple d'une entreprise ou d'une *business unit* devient une qualité distinctive.

Au-delà des connaissances financières, un contrôleur de gestion doit donc être doté d'une solide assise dans les domaines de l'organisation, des systèmes d'information, des ressources humaines, et des techniques d'expression.

– L'organisation est un champ de connaissances essentiel. Sur le plan conceptuel, la théorie des organisations fournit des cadres d'analyse pour les situations auxquelles le contrôleur peut être confronté. Sur le plan plus immédiatement pratique, un contrôleur de gestion doit savoir organiser un service, ou du moins déceler les dysfonctionnements dans l'organisation d'une entité.
– Les systèmes d'information et leurs fondements informatiques sont une spécialité nécessaire pour le contrôleur de gestion, qui endosse des responsabilités en la matière. Dans de petites organisations, il peut avoir à développer lui-même une application informatique de gestion. Dans les autres cas, il en sera l'utilisateur. Utiliser un système d'information ne signifie pas seulement dérouler des menus pour obtenir des données. Cela suppose aussi savoir pratiquer des extractions, des retraitements, des paramétrages, qui requièrent une bonne connaissance du système utilisé. Avec le développement des ERP (*Enterprise Resource Planning*), qui requièrent des connaissances spécifiques à l'outil installé, les entreprises ont pris l'habitude de former ou faire former leurs jeunes contrôleurs avant que ces derniers ne prennent leurs fonctions.
– La gestion des ressources humaines permet au contrôleur de relier son activité à l'évaluation de la performance et aux systèmes de sanction-récompense. Elle élargit la démarche prévisionnelle d'un cadre strictement financier à celui des compétences.
– Les techniques d'expression peuvent s'acquérir en formation initiale, lorsqu'il s'agit de savoir rendre les chiffres intelligibles, mais aussi par l'expérience professionnelle, du fait de devoir comprendre et adopter le langage du terrain. Au-delà des techniques à proprement parler, le contrôleur de gestion doit pouvoir comprendre *a priori* les préoccupations de ses interlocuteurs. Par exemple, on peut exiger de lui de connaître les techniques de marketing, notamment s'il doit fournir des chiffres nécessaires à la détermination d'une politique de prix ou plus généralement, à la gestion d'une gamme de produits.
– Les humanités sinon garantes, du moins nécessaires au développement d'une pratique professionnelle éthique et responsable.

Il est aujourd'hui plus facile qu'autrefois d'être contrôleur de gestion sans être passé par l'audit et sans avoir tout ou partie des certificats supérieurs de l'expertise comptable. Un tel cursus garantit une rigueur, une aisance dans le traitement des problèmes comptables et une capacité à fiabiliser les chiffres. Répondre à ces exigences sera certainement suffisant pour assurer la fonction de contrôleur dans certains postes particuliers. Mais, lorsque les progressions de carrière sont en jeu, d'autres critères revêtent autant, si ce n'est plus, d'importance au regard de la pratique quotidienne du contrôle de gestion. Le débat sur la formation des contrôleurs se fait finalement l'écho des tendances contradictoires observées dans les évolutions du métier : parlons-nous d'une fonction exclusivement financière, ou d'une mission plus large, qui intègre une dimension de conseil interne ? L'évolution des rôles du contrôleur révèle la variété des réponses fournies à cette question sur le terrain.

Pour aller plus loin...

Garantir l'équilibre du profil des contrôleurs – les programmes d'excellence dans la fonction financière

La progression de carrière des contrôleurs s'opère par le parcours professionnel pour l'essentiel, et repose aussi sur la formation. Les recruteurs valorisent particulièrement les programmes de formation permanente :

- généralistes en contrôle pour permettre à des opérationnels d'accéder aux fonctions de contrôleur ;
- ciblés pour mettre à jour des connaissances (dans le domaine fiscal) ou élargir les champs de compétence (gestion par activité, *balanced scorecard*, etc.).

Toutefois, la base de la formation une fois dans l'entreprise est l'expérience, et les plans de carrière, s'ils sont bien conçus, peuvent contribuer à enrichir le bagage des contrôleurs de gestion et élargir les possibilités d'évolution dans la structure. Les contrôleurs de gestion deviennent, depuis une décennie, l'objet de programmes de fidélisation RH. Un grand industriel français a récemment lancé un programme d'excellence dans la fonction financière. Constatant une adéquation parfois partielle des compétences des contrôleurs de gestion à leur poste, une typologie de profils a été élaborée. On distingue ainsi les spécialistes :

- de la production de chiffres, voués au *reporting* et à la consolidation des marges ;
- du conseil/études, ou encore *business partners* ;
- des méthodes, consacrant l'essentiel de leurs missions au contrôle interne (précisément à la fiabilisation de l'information).

Ces trois profils sont conformes aux tendances d'évolution du métier mentionnées plus haut dans ce chapitre. L'objectif du programme d'excellence est de favoriser la mobilité des meilleurs potentiels d'un profil à l'autre, en France et à l'étranger. Ne pourront devenir directeurs financiers que les contrôleurs qui auront occupé un poste dans chacune des spécialités. Ce choix de la spécialisation conjointe à la diversification des parcours dans la durée est suffisamment rare pour être souligné.

3 Où va le métier de contrôleur ? Des profils aux rôles du contrôleur de gestion

La réponse à la question dépend de la conception globale que l'on adopte de la fonction contrôle. Comme nous avons pu le voir, les orientations prises à cet égard varient considérablement d'une entreprise à l'autre.

Si la conception du contrôle adoptée par l'entreprise est autoritaire, le métier de contrôleur possède un avenir dans le sens où il faudra toujours « l'œil du maître ».

Si cette conception est démocratique, le contrôleur en tant que tel tend à disparaître puisque la fonction contrôle est remplie par les managers. M. Fiol et P. Jouault suggèrent à cet effet de substituer au terme de contrôle de gestion celui de contrôle de direction, le contrôleur devant assurer une fonction d'accompagnement et de remise en cause des décisions managériales. On a pu croire que le développement des performances des systèmes d'information pousserait particulièrement dans cette direction. On se rend compte aujourd'hui que la complexité et la lourdeur d'utilisation de ces systèmes rendent nécessaire une assistance aux managers dans l'utilisation de ces outils (paramétrage, extraction, formalisation et interprétation des données pertinentes).

Quoi qu'il en soit, ces conceptions demeurent liées à la vérification *ex post* et donc à la gestion par les résultats. « S'assurer », pour reprendre le terme de R.N. Anthony, signifie « vérifier » mais aussi « faire en sorte ». On peut ainsi souscrire au propos de V. Malleret[1] quand elle intitule un de ses articles : « du contrôle de gestion au management de la performance ». C'est ainsi qu'elle met l'accent sur la nécessité de contrôler les facteurs de compétitivité au lieu d'être l'animateur d'un seul management par les résultats. Le métier du contrôleur s'en trouve de ce fait élargi et enrichi par la nécessité de s'intéresser à la genèse des résultats par référence aux données d'environnement. C'est sans doute la direction qu'il est aujourd'hui possible d'indiquer si l'on songe au métier du contrôleur.

On pourrait donc présenter le contrôleur de gestion à partir des tâches ou des activités qui lui sont confiées et qui apparaissent fréquemment sur les offres d'emploi : prévision budgétaire, analyse des écarts, *reporting*[2], mise au point des procédures d'information sont autant de tâches classiques, étroitement liées aux différents outils du contrôle de gestion. Pourtant, il faut donner un sens à l'ensemble de ces opérations et listes d'outils. C'est le but des sections suivantes, qui regroupent des pratiques apparemment hétéroclites en missions autant que possible homogènes. C'est aussi l'occasion de donner la parole aux contrôleurs pour évoquer leur travail au quotidien.

Au cœur du métier de contrôleur, se trouve l'information de gestion, sa collecte, sa diffusion, son organisation. Parmi les tout premiers rôles du contrôleur, on peut donc identifier un rôle d'administrateur des procédures et des systèmes d'information, mais aussi un rôle d'animation de ces mêmes procédures et systèmes, qu'il s'agit de faire vivre et auxquelles il faut donner un sens dans l'entreprise.

Au-delà de ce cœur informationnel, on trouve parfois **un rôle plus prononcé de conseil et d'aide à la décision**. Celui-ci peut prendre des formes diverses, allant du simple délégué aux études économiques aux figures plus engagées de « conseiller du prince », « fou du roi » ou encore de « copilote », responsable engagé dans la coproduction du budget et des résultats. Dans tous les cas, ces rôles portent en eux la profonde ambiguïté de la mission (et de la perception par les autres) du contrôleur de gestion : quel client interne le contrôleur sert-il en premier lieu ? S'agit-il de sa direction ou des (directions) opérationnel(le)s ? S'agit-il du siège ou de ses interlocuteurs locaux ?...

1. Véronique Malleret : « Du contrôle de gestion au management de la performance » in « L'école des managers de demain », Economica, Paris, 1994.
2. Défini comme « la remontée d'informations financières de la filiale vers le siège ».

Un dernier rôle, enfin, est celui **d'architecte des procédures, du système d'information et de l'organisation**.

Dans notre tentative de description des rôles possibles pour un contrôleur de gestion, l'ordre choisi pour les évoquer est relatif à la fréquence probable des rôles exercés. Tous ne le sont pas, dans toutes les circonstances. Mais les premiers soulignés sont plus souvent rencontrés dans la pratique. Sans être normatif sur les voies à suivre pour un contrôleur de gestion, nous essaierons de décrire les différents choix et alternatives possibles, en restant réalistes sur le quotidien du plus grand nombre de contrôleurs. Au-delà de la description et des témoignages, nous aborderons aussi ce vers quoi le métier de contrôleur devrait – au sens normatif – tendre dans les années à venir.

Enfin, avant de présenter plus en détail les rôles qui viennent d'être différenciés, il est bon de souligner que cette distinction des rôles répond à des fins pédagogiques et que, dans la pratique, ceux-ci s'imbriquent souvent. L'analyse de ces rôles est par ailleurs illustrée d'exemples de propos de contrôleurs de gestion. Quand ces derniers ne sont pas cités intégralement, nous en reprenons des fragments par guillemets.

Section 2 AU CŒUR DU MÉTIER DE CONTRÔLEUR : L'INFORMATION

1 De la collecte des données à l'organisation de l'information

Si le cœur du métier de contrôleur reste bien l'information et si cette « étiquette » est restée inchangée, le contenu du métier relatif au rôle informationnel du contrôleur a par contre été bouleversé en l'espace de trente ans, du fait de la démultiplication des puissances d'investigation informatiques. On est passé, pour être simple et caricatural, de l'âge de la calculette à celui des bases de données relationnelles ; on arrive au point où les systèmes d'information (informatiques) ont désormais un impact structurant sur l'organisation, afin de tirer le meilleur parti d'outils et de logiciels devenus incontournables sur le marché. De même, de nombreuses entreprises sont en train de rénover leurs logiciels de consolidation, ce qui n'est pas sans répercussion sur les pratiques du *reporting*… Tous ces bouleversements techniques ont induit une évolution majeure du rôle d'informateur du contrôleur de gestion : le problème n'est plus de produire, de sortir des données, mais de façonner, traiter, sélectionner l'information, et de la commenter. En bref, l'étape essentielle est désormais celle où l'on fait « parler les chiffres » (au-delà des chiffres bruts, des synthèses, des tendances, des comparaisons, des explications). La teneur des activités informationnelles du contrôleur dépend aussi de la nature de l'information qu'il doit traiter (du comptable-physique à l'environnemental-stratégique), donc du niveau hiérarchique auquel il est rattaché et de sa situation dans l'entreprise.

Un autre enjeu du métier tient à la remontée et à la diffusion de l'information. La pratique montre que selon l'entreprise, l'information peut être largement diffusée par les moyens informatiques, ou retenue à partir de certains niveaux pour des raisons de confidentialité ou de politique interne. On comprend aisément que la connaissance des orientations stratégiques de certaines entreprises soit limitée à quelques personnes de la direction. Ainsi, dans une entreprise d'armement française, circule la légende du « petit livre rouge », élaboré par certains dirigeants et le ministère de la Défense, que le directeur financier du groupe dit lui-même n'avoir jamais vu. À l'opposé, on conçoit plus difficilement la rétention d'information au niveau des entités opérationnelles. Pourtant, ce type de dysfonctionnement est fréquent et s'explique souvent par des tensions au sein de l'organisation.

Par exemple, dans une entreprise industrielle du secteur de l'énergie, les tableaux de bord des sites de production remontaient au contrôle de gestion groupe avec des pages déchirées – celles comportant les indicateurs environnementaux. Nous avons pu constater des situations comparables dans le cas des relations maison-mère filiale après l'acquisition récente de cette dernière. La rétention d'informations pourtant essentielles (ne serait-ce qu'à l'élaboration du budget), devient une manière pour la filiale de préserver une relative indépendance. Lorsque les dysfonctionnements du processus de contrôle atteignent ce niveau de difficulté, le contrôleur ne peut pas y répondre sans l'intervention (directe ou indirecte) de la direction.

Le traitement de l'information comptable et de gestion est soumis depuis peu à des contraintes analogues à celles qui pesaient jusqu'ici exclusivement sur la production des données comptables. La mise en place des normes IAS-IFRS nécessite l'usage d'informations de gestion dans le *reporting* financier. La valorisation des immobilisations nécessite aujourd'hui plus que jamais l'intervention des contrôleurs de gestion. Le format de l'*income statement*, compte de résultat au format IAS se rapproche de celui des comptes de résultat analytiques. Il tend d'ailleurs à se substituer à ces derniers, au prix d'une perte d'information sur des marges (marge sur coûts variables, marges sur coûts spécifiques) qui ne sont plus calculées qu'à la demande. Les lois de sécurisation de l'information comptable parues ces dernières années contribuent à concentrer le travail du contrôleur sur la fiabilisation des circuits de remontée d'information.

Il est donc essentiel de rappeler que le contrôleur doit non seulement organiser une information pertinente et fiable, mais avant tout, créer les meilleures conditions pour sa collecte. Cette démarche passe notamment par l'administration des procédures et des systèmes d'information.

2 De l'administration à l'animation des procédures et des systèmes d'information

L'honnête description du métier de contrôleur de gestion exige de ne pas sous-estimer la partie administrative du travail du fournisseur d'information.

Comme pour toutes les opérations de nature administrative, il est souvent d'ailleurs à cet endroit demandé au contrôleur de gestion de contribuer à la performance économique de l'entreprise en gagnant d'année en année en productivité de ses services : le double objectif est à la fois de gagner du temps-homme – ie de réduire les effectifs attachés à des routines comptables administratives – et de gagner des jours, d'écourter les délais de livraison de l'information, d'être capable de sortir les résultats ou le *reporting* plus tôt. L'atteinte de cet objectif passe par des systèmes informatiques, de nouveaux logiciels et une reconception des systèmes, une réorganisation des procédures (qui peut rejoindre le rôle d'architecte-rénovateur des systèmes évoqué plus loin).

Pour ne pas se leurrer, près de 50 % du temps des contrôleurs – et jusqu'à 95 % dans des cas de figure peu satisfaisants – est passé à assurer la fiabilité des informations délivrées et le respect des échéances du calendrier routinier qui rythme la vie d'un contrôleur. Cela va de l'audit de procédures, vérification de leur application ou éventuellement reconception de schémas de saisies multiples pour assurer la fiabilité des données, à la préparation budgétaire annuelle qui mobilise les contrôleurs sur la période septembre-décembre ou encore aux échéances de sortie du suivi budgétaire et *reporting* qui « bloquent » les premiers jours du mois (des cinq aux vingt premiers jours du mois, selon les cas de figure). On aurait pu penser que le développement des systèmes d'information intégrés tendrait néanmoins à réduire ces délais, et à permettre au contrôleur de se consacrer à d'autres tâches. Pourtant, les directions financières préfèrent en général mettre à profit ce progrès technique pour accroître la fréquence de *reporting* (du semestriel au trimestriel, ou du trimestriel au mensuel). Pour cette raison, les contrôleurs consacrent une part croissante de leur temps à la gestion de l'information.

Toutefois, au-delà de l'administration des systèmes d'information et procédures, le rôle d'animation de ceux-ci devient primordial. Les procédures, les systèmes ne sauraient être uniquement des routines, des mécaniques, sous peine de perdre tout intérêt de management et donc tout sens aux yeux des opérationnels. Or ce sont ces derniers qui doivent alimenter les systèmes : leur démotivation et manque d'intérêt se traduisent donc tôt ou tard sur la qualité, fiabilité et pertinence, de l'information. C'est pourquoi le contrôleur doit aussi animer, faire vivre les systèmes et les procédures et se trouver dans une démarche permanente de pédagogie et de légitimation de ceux-ci. En pratique, le temps passé et accordé à la négociation budgétaire, à l'analyse et la discussion des résultats, etc., est lié à différents facteurs. La culture d'entreprise, son climat plus ou moins participatif en termes de management sont un élément non négligeable. Les contraintes de temps et de rythme pesant sur le contrôleur ont également un fort effet induit : de ce point de vue, l'aplatissement des structures et la diminution des effectifs du personnel administratif (y compris dans les services de contrôle de gestion), qui tendent à faire peser le poids des routines sur ceux qui restent, n'ont en moyenne pas facilité la situation dans les dernières années. Enfin bien sûr, la personnalité du contrôleur (et de son directeur opérationnel !) et la façon dont il conçoit son métier sont également essentielles. On rejoint un certain nombre de questions posées au point suivant (3.) sur le rôle relationnel du contrôleur : jusqu'où va-t-il ? Qu'est-ce qui, à ses yeux et ceux de la hiérarchie, doit être animé par lui ou par la hiérarchie opérationnelle, à son initiative ou à celle de la hiérarchie ? Quel est le degré d'ingérence et de questionnement par le contrôleur dans l'élaboration budgétaire, etc. ?

Section 3 LA RELATION AVEC LES MANAGERS

1 Quelle relation avec les managers : les assister/aider à la décision, les conseiller, ou coproduire les résultats ?

Le rôle traditionnel, et certainement le moins gratifiant du contrôleur auprès des managers est celui « d'œil du maître ». Le contrôleur se doit de savoir si les « droits à décider » délégués par le supérieur à ses subordonnés sont respectés et assumés. Ce rôle demeure fondamental. Sans délégation, il n'y a pas besoin de contrôle. Comme nous l'avons vu, il y a néanmoins plusieurs manières d'assumer ce rôle. La vérification en est une, mais elle n'en exclut pas d'autres. Le contrôleur de gestion participe à l'élaboration des contrats passés entre supérieurs et subordonnés hiérarchiques, entre membres d'équipes transversales, entre ces équipes et la hiérarchie. Ce rôle rejoint en partie celui d'animateur, ne serait-ce qu'en ce qui concerne l'élaboration du budget. Il en résulte que le contrôleur peut être un facilitateur, puisqu'il agit à l'interface des différents niveaux de management.

Pour les managers auxquels il est directement rattaché, le contrôleur de gestion est couramment considéré comme « délégué aux études économiques » : cela consiste à réaliser le chiffrage économique et assister les managers en formulant des recommandations sur des projets ou des questions spécifiques. C'est par exemple le cas pour étudier la phase d'industrialisation qui succède à celle de la définition d'un nouveau produit ou d'un nouveau service. Cette étude consiste à véritablement concevoir le dimensionnement de l'appareil qui servira à mettre en œuvre le produit ou le service. Ce rôle, assez répandu, reste décliné dans une version bien cantonnée à la sphère d'aide à la décision et au rôle conventionnel du contrôleur : aider à la décision sans se substituer en aucune façon au décideur. Néanmoins, il apparaît comme un volet assez motivant du métier, parce que les études portent en général sur des aspects opérationnels, non routiniers et ayant un impact potentiel fort.

Cependant, certains contrôleurs envisagent leur rôle dans une version plus engagée de la relation avec les managers. Ils se vivent alors comme « conscience économique des responsables opérationnels » et développent leurs compétences relationnelles (qualité des contacts, sens de la pédagogie…) pour s'autoriser une attitude critique de questionnement, de remise en cause permanente. Ce rôle plus engagé, qui correspond souvent à des profils plus *senior*, exige un grand sens de la diplomatie et une forte déontologie professionnelle pour résister à la tentation de se substituer à l'opérationnel.

Un contrôleur de gestion siège évoque sa relation aux opérationnels : « Mon rôle est celui d'un objecteur de conscience des RO [responsables opérationnels]… Je leur demande en permanence des explications : pourquoi tant de personnel ? pourquoi tel investissement, tel matériel ? pourquoi ces stocks ? et au bout du compte, au lieu de les harceler, je crois qu'ils ont l'impression que ça les aide… »

Il peut par ailleurs connaître deux inflexions légèrement différentes :

– L'une consiste à voir dans le contrôleur de gestion un responsable engagé dans la coproduction du budget et des résultats ; si les pièges de dérive décisionnelle de la part du contrôleur sont évités, celui-ci peut se vivre comme d'autant plus critique et attentif qu'il est « mouillé », engagé et responsable, mais pas décideur !
– Une autre approche, aboutissant à un comportement sans doute assez proche, décrit le contrôleur de gestion comme conseiller du prince, selon l'image du fou du roi : questionneur permanent, empêcheur de « décider en rond », il est tout sauf un « béni-oui-oui » et s'inscrit non pas en homothétie de pensée et de comportement avec le décideur mais dans un débat critique et contradictoire avec celui-ci.

C'est peut-être là l'idéal du *business partner* dont on parle aujourd'hui.

Un grand dirigeant d'entreprise, cité par R. Danziger, nous dit : « Pour prendre une grande décision, je prends mon directeur financier et mon contrôleur de gestion sous le bras. »

Que signifie plus précisément coproduire budget et résultat ? Si l'on veut faire en sorte que les responsables opérationnels soient engagés par leur budget, il faut que celui-ci soit fiable c'est-à-dire cohérent, bien réparti par poste, correctement mensualisé. Le contrôle a un rôle essentiel dans ces étapes car il est là pour s'assurer qu'il y a une réalité physique derrière les chiffres et que cette réalité n'est pas absurde. Or dans la réalité, les systèmes de remontée des chiffres du budget ne « bouclent » pas avec le bilan, le compte de résultat et la trésorerie comme cela se passe dans les modèles. Le plus souvent, le contrôleur de gestion fait remplir et remonter des séries de tableaux. Le niveau de trésorerie obtenu par synthèse de ces documents peut être absurde par rapport à celui qui résulte du compte de résultat de la comptabilité. C'est au contrôle de gestion de s'en rendre compte avant que les budgets ne soient acceptés. Comment lui demander sinon de prendre ses responsabilités sur des chiffres absurdes ?

Si le contrôleur de gestion sait qu'il fait partie du comité de direction et qu'il sera, lui aussi, tenu responsable des écarts par rapport au budget, il fera certainement très attention aux données collectées en testant le caractère raisonnable des chiffres et leur cohérence. La partie d'un écart liée à une mauvaise construction de l'ensemble budgétaire sera alors limitée.

Par ailleurs, le contrôle de gestion peut aussi être tenu responsable des réalisations au sens où il est de son rôle :

- de servir d'aiguillon pour aider les décideurs à redresser les résultats avant qu'il ne soit trop tard ;
- de ne pas être surpris tous les mois par les chiffres (rien de pire qu'un contrôle de gestion qui ne sait pas où on va quinze jours avant la fin du mois)...

Dans les systèmes de contrôle de gestion où il y a de nombreuses reprévisions, il est difficile d'admettre que celles-ci partent dans tous les sens et qu'elles ne convergent pas peu à peu vers les réalisations. Être capable d'anticiper ses chiffres est lié à la maîtrise qu'a un contrôleur des événements, maîtrise certes informationnelle mais essentielle pour aider un directeur opérationnel à anticiper.

Est-il normal qu'un contrôleur de gestion ne connaisse pas les effectifs du mois avec précision, ou l'ordre de grandeur des frais généraux, ou ne fasse pas provisionner, en cas d'incident, fournisseur, client... ?

Pour qu'il y ait cette maîtrise informationnelle essentielle à un bon management, il lui faut fiabiliser les procédures et les circuits d'information et sortir de son bureau !

2 Les clients internes du contrôleur

Sommairement, on peut identifier quatre catégories de clients internes pour le contrôleur de gestion :

- le supérieur hiérarchique direct ;
- les collègues opérationnels ;
- le contrôle de gestion central ;
- la direction générale du groupe.

La fonction contrôle de gestion repose sur une ambiguïté, plus ou moins levée dans les entreprises, lorsque les clients internes prioritaires du contrôle n'ont pas été déterminés. Cette ambiguïté s'accompagne en général d'un problème de perception de la part des responsables opérationnels, qui ne savent pas à quoi s'en tenir. Dans un tel cas, il y a fort à parier que la perception deviendra rapidement négative ou du moins les réactions prudentes, de la part de services qui considéreront le contrôle de gestion comme étant « à la solde » de la direction générale. L'ambiguïté, de même nature dans les deux cas, peut exister au moins à deux niveaux :

- Le contrôleur de gestion considère-t-il son supérieur hiérarchique direct (par exemple un directeur opérationnel) comme son « client privilégié » ou va-t-il en premier lieu servir les besoins de ses collègues opérationnels (*i.e.* de la ligne hiérarchique) au même niveau que lui ?

- Le contrôleur de gestion est-il assujetti prioritairement au contrôle de gestion central, dont dépend souvent son évolution de carrière, et qui détient sur lui une autorité fonctionnelle, ou bien va-t-il faire corps avec sa hiérarchie opérationnelle et les besoins locaux ? Va-t-il privilégier le directeur général du groupe et le contrôleur de gestion du groupe, ou bien sa direction locale ?

Dans les deux cas de figure, le contrôleur se voit pris dans des enjeux de carrière et de perception, potentiellement négative, par ses différents interlocuteurs. Le risque pour celui-ci, du point de vue de la hiérarchie fonctionnelle et du siège, est de passer pour quelqu'un de déloyal, qui ne soit pas suffisamment coopératif et soumis, en quelque sorte d'être un franc-tireur qui joue un double jeu. Du côté des opérationnels, le danger est d'être perçu dans le pire des cas comme un « œil du maître », ou encore, dans des versions édulcorées, comme un « empêcheur de tourner en rond » toujours prêt à mettre des bâtons dans les roues, un contrôleur-vérificateur sans aucune valeur ajoutée opérationnelle.

La seule issue pour le contrôleur, sans doute, pour échapper à ce dilemme, est de tenter d'apporter une valeur ajoutée concrète la plus importante possible afin de se légitimer aux yeux des opérationnels, autrement qu'en étant peu regardant et trop sympathique avec eux. C'est précisément cette valeur ajoutée opérationnelle qui devrait permettre au contrôleur d'avoir par ailleurs une attitude de questionnement, un regard critique et pertinent à l'égard des mêmes opérationnels, y compris pour le compte de la direction. Le piège à éviter à tout prix par contre serait d'être tenté de prendre la place de l'opérationnel : en aucun cas le contrôleur ne doit se transformer (ni se comporter !) comme un décideur.

Section 4 ARCHITECTE ET/OU RÉNOVATEUR DE SYSTÈMES

La situation de l'entreprise sans système d'information et au degré 0 du contrôle de gestion tend à devenir plus rare aujourd'hui sauf pour les PME ou entreprises en création. Le véritable travail d'architecte-créateur de système est en conséquence lui aussi peu répandu. En revanche, il est essentiel qu'un contrôleur soit en permanence un réformateur : on trouve ici le rôle qui consiste à s'interroger sur ses propres pratiques et remettre en cause les systèmes d'information et de contrôle existants. Ce rôle de rénovateur de systèmes prend des accents différents selon le niveau de responsabilité auquel opère le contrôleur : un contrôleur de gestion d'établissement(s) ou de société sera à même de s'interroger sur les pratiques (par exemple, méthodes de calcul des coûts) de telle ou telle usine au regard de leur pertinence et des normes du groupe, tandis qu'un directeur du contrôle de gestion (siège) pourra remettre en cause l'architecture globale du système d'information et initier, avec l'aval de la Direction Générale, des changements majeurs dans sa fonction. Très souvent, dans les dernières années, les entreprises se sont assuré l'appui de cabinets de conseil en organisation pour mener à bien des réorganisations importantes du flux, des systèmes et du processus d'information. Le directeur du contrôle de gestion est alors le chef d'orchestre tandis que les contrôleurs plus opérationnels ont un rôle essentiel de relais, de bâtisseurs dans leurs entités : sans être décideurs ni nécessairement architectes du nouveau système, ils doivent, pour le succès de celui-ci, être très actifs dans sa construction et dans sa mise en œuvre.

> *Le contrôleur de gestion groupe d'un laboratoire pharmaceutique* : « L'un des pans du projet global dont j'ai la charge consiste à mettre en place un système unifié d'information financière, permettant de réconcilier les données des divisions et du niveau groupe. Il y a de nombreux sous-projets liés à celui-ci. En fait, je mets en œuvre une stratégie de contrôle de gestion, de sorte que les règles de délégations, le système de *reporting*, l'utilisation de SAP, et l'implication patrimoniale de chaque filiale soient en cohérence. »

Certes, la participation à la mise en place de nouveaux systèmes d'information intégrés a été l'un des aspects essentiels du métier de contrôleur dans les dernières années. Mais on peut constater y compris dans les entreprises qui ne peuvent ou ne veulent pas investir dans de tels systèmes (en raison de leur coût très élevé), que les contrôleurs sont appelés à concevoir ou à renouveler les outils de contrôle. Ainsi, ces entreprises développent des tableaux de bord en parallèle des supports de *reporting* traditionnels, ou encore des systèmes de prix de cession interne autrefois réservés aux grands groupes.

À travers la transformation des systèmes d'information ou la simple rénovation des outils d'évaluation, le contrôleur-architecte contribue aussi plus largement à faire changer l'entreprise. Il est rare en effet que la remise en cause et un nouveau *design* des systèmes ne soient pas étroitement liés à des transformations de l'organisation. Il est alors difficile pour le contrôleur d'agir isolément dans son champ d'activité conventionnel et de ne pas être partie prenante de changements, parfois substantiels, dans les structures et l'organisation de l'entreprise. Ce sont souvent les structures de responsabilité qui sont à nouveau pensées, tantôt à travers une nouvelle définition des centres de responsabilités et de leur nature (dans la perspective hiérarchique divisionnelle ou fonctionnelle classique), tantôt à travers une mutation plus profonde vers des structures matricielles, accordant davantage de place aux approches dites horizontales à savoir les projets ou les processus. La refonte du flux informationnel, la reconception des systèmes d'information permettant de mesurer la performance de processus transversaux engendrent ou vont alors de pair avec une réflexion sur l'adaptation des structures de l'entité ou de l'entreprise.

Le métier de contrôleur de gestion, notamment dans son rôle d'architecte ou de rénovateur de systèmes, consiste à rendre cohérentes les actions de l'entreprise dans le temps. Les travaux de J. Méric (1998, 2000) ont permis de mettre en évidence la temporalité comme une variable essentielle du contrôle. Une exigence à l'endroit des contrôleurs est de ne jamais négliger le court terme au profit du long terme (ou vice-versa), mais au contraire d'articuler en permanence ces deux dimensions. Lorsqu'il développe un outil de gestion, un contrôleur se doit de mettre en perspective les données immédiates et court-termistes, ou encore de décliner la mesure liée aux objectifs à long terme en indicateurs plus proches de l'action quotidienne. Le travail du contrôleur de gestion s'inscrit traditionnellement dans cette logique, quoique l'articulation du long terme et du court terme relève toujours d'un exercice délicat. Néanmoins, les évolutions récentes de la gestion des entreprises sont marquées par la nécessité d'anticiper et de réagir (ou du moins par la prise de conscience de cette nécessité). L'architecture et la conception des systèmes de contrôle doivent désormais en tenir compte, en s'alignant sur les changements profonds que connaissent les méthodes de production ou d'administration des services. Le développement de cette nouvelle temporalité du contrôle fait peser de nouvelles responsabilités sur les contrôleurs, notamment dans leur rapport aux dirigeants et aux opérationnels.

Section 5 UNE PRATIQUE CONTRASTÉE

Trois dimensions paraissent, en conclusion, faire partie intégrante du métier de contrôleur :

- une dimension de contenu, qui est celle du traitement et de l'analyse de l'information ;
- une dimension relationnelle, qui concerne l'interdépendance entre le fournisseur (d'information) et ses clients internes que sont les managers ;
- une dimension organisationnelle, qui touche à la refonte des systèmes d'information et son impact sur les structures de l'organisation.

Chaque dimension peut être pratiquée de façon minimaliste ou au contraire développée par le contrôleur, en fonction de sa personnalité et d'un certain nombre de facteurs de contingence évoqués ci-dessous. Par ailleurs, il faut souligner que la pratique tend à privilégier la dimension de contenu et, dans une moindre mesure, la dimension relationnelle, au détriment de la dimension organisationnelle.

Pour aller plus loin...

Les contrôleurs expriment une frustration croissante au regard d'activités déséquilibrées

L'étude HEC-DFCG menée par H. Jordan en 2004 montre que les tâches effectuées par les contrôleurs de gestion sont pour plus de la moitié du temps de travail consacrées à la dimension de contenu ou de fonctionnement, c'est-à-dire la production et la fiabilisation de données. Cette répartition du temps peut être résumée dans le tableau suivant, qui illustre une frustration croissante au regard des attentes des contrôleurs depuis 1998.

Répartition des activités du contrôleur de gestion

1998 \ 2004	Temps effectivement consacré	Temps qu'il souhaiterait consacrer
Architecture	20 % 16 %	22 % 20 %
Fonctionnement	55 % 56 %	37 % 34 %
Animation des hommes	25 % 28 %	41 % 45 %

Tableau tiré de Jordan, 2004.

Il est donc important pour le contrôleur de garder en tête les trois dimensions de son métier, de maintenir sa volonté d'opérer sur les trois et d'exercer les trois rôles. Un schéma peut synthétiser une situation théorique idéale.

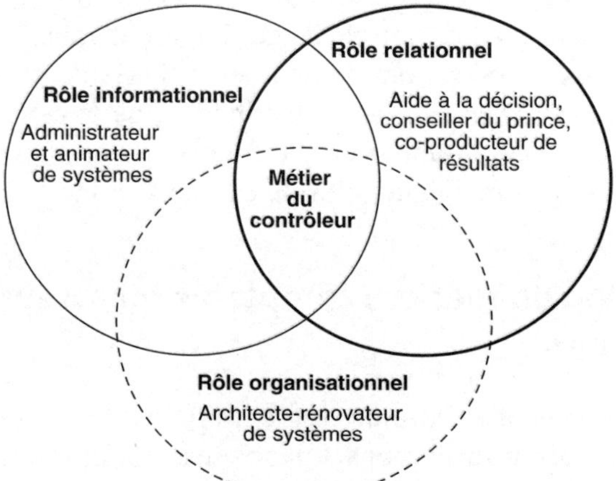

Figure 5.1 – Les trois rôles du contrôleur

Comme nous venons de le souligner, la pratique est cependant plus contrastée et un certain nombre de facteurs viennent influencer la réalité quotidienne du métier de contrôleur. Parmi ceux-ci, on trouve principalement le secteur d'activité de l'entreprise, sa taille, la nationalité de la maison-mère, le degré d'avancement et de développement des systèmes de contrôle, la nature de l'entité à contrôler et la place du contrôleur considéré dans la structure, ainsi que le niveau de responsabilité auquel opère le contrôleur de gestion. L'histoire de la genèse du contrôle de gestion dans l'entreprise et la culture organisationnelle de celle-ci (plus ou moins commerciale, financière ou industrielle par exemple) jouent également un rôle majeur. Sans présenter une analyse exhaustive de l'impact de ces différents facteurs de contingence, on peut tenter de donner quelques exemples illustrant l'influence de ces divers éléments, parfois liés entre eux. Chacun, en fonction de ses souhaits d'approfondissement, pourra étudier plus ou moins en détail les exemples proposés, ou réfléchir à d'autres types de situations.

1 Le secteur d'activité de l'entreprise

Dans l'industrie, la comptabilité analytique est souvent lourde. Les processus de production y sont décrits de manière très fine (parfois à l'excès). Par voie de conséquence, la lourdeur des systèmes d'information conduit à subordonner le contrôle de gestion à la fonction financière. Cependant, l'évolution récente des méthodes de production et le développement des systèmes d'information intégrés ont offert aux contrôleurs de gestion industriels la possibilité de se rapprocher des opérationnels.

Dans les services, ce sont les besoins de pilotage qui sont à l'origine du contrôle de gestion. L'absence de stocks permet d'éviter de nombreux problèmes de valorisation, et les méthodes induites par la gestion en flux tendus et en juste-à-temps y existent de fait depuis longtemps déjà. Le contrôle de gestion traditionnel (*i.e.* financier) demeure ainsi subordonné aux fonctions qui pilotent les activités de service (par exemple, les managers opérationnels dans la grande distribution, ou la cellule « organisation » de certaines entreprises). Dans d'autres cas, le contrôle de gestion est promu au rang des instruments de pilotage stratégique (c'est le cas dans certaines banques).

2 La conception du métier : comptable ou acteur du changement ?

Plus on s'élève dans la hiérarchie de l'entreprise, plus les données traitées sont d'ordre financier. Les informations financières, quoique critiquables, possèdent des qualités de synthèse indéniables. Peut-on dire pour autant qu'elles limitent le contrôleur de groupe, par exemple, à un rôle de comptable ? On peut constater aisément que ce n'est pas le cas. La nature des données à traiter n'est donc pas le seul facteur déterminant. En d'autres termes, elle ne peut pas constituer un prétexte pour les entreprises qui pratiquent un contrôle de gestion comptable. Il faudrait plutôt y voir une manifestation des conceptions du contrôle que les entreprises ont retenues.

On peut opposer ici les propos d'un contrôleur de gestion, fonctionnel au siège d'un groupe pétrolier :

> « Je suis arrivé ici avec un bon bagage sur les systèmes d'information. Cela n'a pas suffi. J'ai dû me former très rapidement à la comptabilité. On m'a donné la possibilité de passer mon DECF en formation continue, cours par correspondance. Parce qu'ici, le travail d'un contrôleur, c'est avant tout un travail de comptable. Il faut brasser de l'information comptable. »

et ceux d'un contrôleur de gestion d'un laboratoire pharmaceutique de pointe, de taille moyenne :

> « Le progrès dans l'entreprise passe par le changement. Cela passe par les projets obligatoirement. J'ai une fonction routinière pour 20 %. J'ai une mission de levier de changement à 80 %. Je passe 80 % de mon temps en projets effectifs. Le projet global dont je suis en charge : faire passer l'entreprise à ce que l'on pourrait appeler l'état de l'art du pilotage d'entreprise. »

3 La taille de l'organisation

Lorsqu'il s'agit de grandes entreprises multinationales, en particulier d'origine nord-américaine, la fonction contrôle de gestion est très orientée vers le *reporting* et la consolidation comptable. Les systèmes d'information, définis de façon centralisée par la maison-mère, sont souvent extrêmement formalisés et conçus dans un esprit premier de remontée d'information financière. Dans ce contexte, les clients opérationnels du contrôleur sont souvent les derniers servis.

Les propos d'un contrôleur de gestion de branche opérationnelle d'un groupe alimentaire international illustrent cette situation :

> « Je suis pris entre deux feux. La maison-mère me demande d'effectuer un *reporting* fréquent. De son côté la filiale me demande des informations spécifiques, plus du terrain que du comptable. Et en plus, je suis chargé d'accorder les budgets supplémentaires aux commerciaux et au marketing. J'ai délégué la partie routine, le *reporting*, à mon subordonné, et je garde les décisions lourdes pour moi. Pour ce qui est l'information-filiale, nous partageons, selon nos disponibilités. »

Les groupes internationaux ont toujours été confrontés à la complexité des processus de consolidation, qu'il s'agisse de la démarche budgétaire ou du *reporting*. La difficulté pour les contrôleurs locaux a longtemps résidé dans la nécessité de s'adapter au langage de la maison-mère. Aujourd'hui, les normes comptables internationales nécessitent un effort d'adaptation, mais du moment où elles sont quasi universelles, cet effort ne doit être consenti qu'une bonne fois pour toutes.

Si les entreprises multinationales américaines sont très marquées par le formalisme strict du contrôle financier, de grands groupes internationaux français ont également joué la carte d'un *reporting* et d'une consolidation financiers et très centralisés. Dans un groupe comme Saint-Gobain, cela est étroitement lié à une genèse financière du contrôle dans un univers où la logique industrielle domine. La teneur des informations financières n'est cependant pas uniformisée dans les filiales du groupe. Dans les produits de conditionnement en verre, Saint Gobain distingue trois catégories d'entités : les usines, productrices de *float* (plaques de verre), les ateliers (transformation du *float*), et les magasins (distribution de gros ou de détail). En cohérence avec cette catégorisation, l'information financière est spécialisée. Le *reporting* des usines se concentre sur le cycle d'investissement (i.e. le haut de bilan, le coût de la dette et la rentabilité des actifs immobilisés), alors qu'il est consacré au cycle des opérations dans les magasins (i.e. la gestion du BFR). Dans les ateliers, la logique de suivi de la performance est mixte. Elle porte tant sur le haut que sur le bas du bilan. L'approche retenue par Saint Gobain permet ainsi de modérer les effets d'un *reporting* très financier, et d'offrir aux responsables opérationnels des indicateurs qui les concernent en premier chef.

Pour autant la taille de l'entreprise détermine aussi la relation qu'elle entretient avec les marchés financiers. Les grands groupes, comme nous l'avons déjà souligné, accroissent considérablement la fréquence de *reporting* auprès des investisseurs, et cela provoque des changements profonds dans la teneur des travaux effectués par les contrôleurs de gestion.

> *Le directeur financier de la branche industrielle d'un grand groupe :* « Lorsque j'ai débuté chez un concurrent, j'assurais un *reporting* trimestriel des données à destination des actionnaires. Cela me laissait clairement le temps de me consacrer à des études de coûts, des estimations de marge, des missions ponctuelles. Aujourd'hui, je demande à mon équipe de garantir un *reporting* mensuel pour les actionnaires, et hebdomadaire pour la direction. Certes, ils disposent de meilleurs outils que ceux que j'utilisais il y a treize ans, mais les outils ne font pas tout. Aujourd'hui, les petits nouveaux qui veulent progresser doivent passer par le *number crushing* (moulinage de chiffres) pour quelques années. »

Les PME-PMI représentent encore un univers différent, où la pratique du contrôle de gestion est à la fois plus opérationnelle et plus variée, beaucoup moins spécialisée. On peut reprendre ici les propos d'un contrôleur de gestion d'un grand maroquinier français, entreprise de taille moyenne :

> « Certains de mes collègues pilotent des Boeing, disons qu'ils ont le pilote automatique. Chez nous, on navigue à vue. C'est un Blériot 11. Aujourd'hui, on peut dire que chaque collection peut remettre en cause l'existence de l'entreprise. Tout est à faire. Il faut mettre en place un processus budgétaire consolidé, construire des tableaux de bord, etc. »

Il est relayé par les propos d'un contrôleur de gestion d'une PME industrielle de province à forte valeur ajoutée (en passe de devenir DAF) :

> « J'ai été embauchée ici il y a trois ans. Il fallait d'abord que je choisisse un logiciel de comptabilité de gestion, adapté à la taille de l'entreprise. Ensuite, j'ai pris le temps de construire mes premiers tableaux de bord. Mais ç'a été difficile. La comptabilité analytique prenait tout mon temps [...]. Les rythmes sont infernaux, mais on a l'impression d'apporter beaucoup. J'aurais eu du mal à travailler au contrôle dans un grand groupe. J'ai besoin de voir autre chose que des M€. »

La variété des tâches qui incombent aux contrôleurs des PME-PMI ne doit pas éclipser les difficultés qui peuvent être les leurs, notamment lorsqu'ils doivent mettre en place des outils nouveaux. Ils sont confrontés plus directement à la suspicion des opérationnels, et les outils qu'ils développent doivent être économes en temps et en argent. Le contrôleur de gestion d'une petite entreprise de formation professionnelle nous fait part de ces contraintes :

> « Nous ne savons rien pour l'instant de ce que coûte une formation. Il faut pour cela développer une comptabilité analytique qui n'existe pas. La direction nous demande au moins un coût par formateur, mais ce n'est pas évident à déterminer. Nous voyons très vite les limites de notre méthode. Les informations que nous demandons aux formateurs ne nous parviennent qu'en partie ou pas du tout. Ils prétextent qu'ils n'ont pas le temps. Je vous dirai aussi qu'ils ne savent pas pour l'instant à quelle sauce ils vont être mangés, et que ça les inquiète. »

4 La place du contrôleur de gestion dans la structure

La place du contrôleur de gestion est également déterminante de l'importance relative des rôles qu'il sera amené à jouer et du contenu de son travail. Comme nous l'avons déjà souligné, le niveau de responsabilité est important dans la capacité à influencer l'organisation et à être moteur du changement en matière de systèmes de contrôle : quelle que soit la taille de l'entreprise, il faut pratiquement arriver au plus haut niveau de la fonction pour pouvoir initier et mener de réels projets de réorganisation des systèmes. Au-delà de cet aspect déjà souligné, on peut aussi insister sur le contraste entre le travail d'un contrôleur de gestion opérationnel, situé sur le terrain, en usine ou dans un établissement décentralisé et le métier d'un contrôleur de gestion fonctionnel, rattaché à la direction du contrôle de gestion du siège. La dimension relationnelle et d'aide à la décision cède souvent le pas, dans le second cas, à une expertise professionnelle d'autant plus forte que l'organisation du service de contrôle de gestion du siège sera le plus souvent structurée par type d'outils du contrôle (*reporting*, budget, reprévisions, etc.). La progression professionnelle peut à cet égard susciter des surprises, comme c'est le cas pour ce contrôleur de gestion région :

> « Sur site, je touchais à tout : budget, *reporting*, bien sûr, mais aussi la gestion administrative des ressources humaines, les études économiques ponctuelles, le développement d'outils spécifiques. Alors, j'ai progressé… enfin, c'est comme cela que je l'imaginais.

Arrivé au siège, je me suis retrouvé dans le service chargé de suivre les immobilisations d'un réseau régional. Depuis je ne vois plus que des achats, de l'entretien et de l'amortissement de matériel. Je dois avouer que si je n'avais pas commencé sur le terrain, je pourrais accomplir ma mission sans savoir si mon entreprise produit des petits pois ou transporte des voyageurs. »

Depuis peu, les services de ressources humaines tendent à proposer des intitulés de postes plus précis, de manière à différencier plus aisément les missions et les fonctions. Cela permet aujourd'hui de distinguer, comme on peut le constater auprès de l'APEC, les fonctions de contrôle financier, industriel, ou commercial.

En conclusion, on peut noter que les facteurs identifiés comme pouvant déterminer les rôles assignés aux contrôleurs de gestion l'ont été à la suite de conversations – avec des hommes et femmes du métier – et d'études de cas, sur une base empirique. Nous ne prétendons ni en livrer une liste exhaustive, ni garantir qu'il s'agisse, pour reprendre des termes statistiques, de variables indépendantes. En revanche, cette analyse doit permettre respectivement aux professionnels et aux futurs diplômés de repérer les caractéristiques génériques de leur métier ou de leurs futures fonctions. Ces informations doivent aussi leur permettre d'anticiper les évolutions du métier qu'ils exercent ou auxquels ils se destinent, afin d'éviter le développement d'un sentiment de frustration que certaines études mettent en évidence.

L'essentiel

L'activité du contrôleur de gestion se caractérise par les rôles qu'il assume. Un rôle se définit comme la relation du contrôleur aussi bien au contenu de son travail qu'à ses différents clients internes dans l'entreprise.

On distingue les rôles suivants :

- la collecte, la diffusion et l'organisation de l'information de gestion ;
- le conseil et l'aide à la décision ;
- la structuration des procédures de gestion, du système d'information et d'organisation.

Il est important de souligner la nécessité d'analyser et de commenter l'information, ainsi que la qualité des études.

Les clients internes du contrôleur de gestion sont :

- pour ses proches, le supérieur hiérarchique direct et les collègues opérationnels ;
- pour sa hiérarchie, le contrôleur de gestion central et la direction générale.

L'activité du contrôleur de gestion relève de pratiques contrastées et de métiers très différenciés suivant les secteurs d'activité, les entreprises, le niveau de responsabilité. Il peut, dans ce dernier cas, remplir un rôle d'acteur du changement.

Questions

1 ■ Récupérez des annonces et analysez-les suivant les rôles proposés dans ce chapitre.

2 ■ Le contrôleur de gestion doit-il être nécessairement expert comptable, ou du moins expert en comptabilité ?

3 ■ Comment justifier le fait que certaines entreprises placent des ingénieurs aux postes de contrôle opérationnel ?

4 ■ Qu'entend-on lorsque l'on souligne que le contrôle de gestion est un service fonctionnel ?

5 ■ Comment voyez-vous les évolutions du métier de contrôleur ?

6 ■ Quels sont les principaux avantages/inconvénients d'un poste de contrôle de gestion ?

– au siège d'une société/en usine ?

– au sein d'une multinationale/dans une PME ?

7 ■ Quels sont les principaux rôles possibles pour un contrôleur de gestion ?

8 ■ Comment les activités d'un contrôleur de gestion peuvent-elles s'inscrire dans le temps ?

Chapitre

6 Le contrôleur de gestion dans l'organisation

Le contrôle de gestion est une fonction au service du management de l'entreprise, et en particulier de la ligne hiérarchique. En cela, il appartient à la catégorie des services fonctionnels. Il ne produit pas, il ne vend pas, il ne gère pas la relation avec les fournisseurs. Il agit plus précisément en tant que support aux activités principales. Mais il n'est pas un simple prestataire de services interne comme le serait un département juridique ou informatique. Les contrôleurs de gestion renseignent les managers sur l'utilisation des ressources et l'atteinte des objectifs. Pour cette raison, la place qu'on leur donne dans l'organisation est un déterminant majeur de leur efficacité. Ce positionnement doit répondre à quatre problématiques que la pratique quotidienne du métier soulève.

En premier lieu, un service de contrôle de gestion doit faire remonter des informations impartiales au siège en même temps qu'il assiste les opérationnels ou les managers locaux sur lesquels il renseigne. Son statut dans l'organigramme de la société ou du groupe détermine donc largement sa légitimité, sa capacité d'action et plus généralement le confort avec lequel il exerce ses fonctions.

Ensuite, les contrôleurs doivent organiser leur service et leurs propres activités. À ce titre ils endossent le rôle de manager et doivent entretenir au quotidien un réseau de relations avec leurs pairs, supérieurs et subordonnés dans la structure.

Enfin, le contrôle de gestion est appelé à coopérer avec d'autres services ou activités de l'entreprise. À la direction générale, il assiste la formulation et le suivi de la stratégie, au service des ressources humaines, il fournit les données susceptibles d'alimenter l'évaluation de performance des managers. Mais il interagit aussi avec des fonctions dont le rôle est complémentaire et parfois recoupe le sien. Il s'agit de la gestion des risques, du contrôle interne, de l'audit interne, fonctions qui ont récemment gagné en importance, et dont les relations avec le contrôle de gestion méritent d'être étudiées.

Section 1 À QUELLE ENTITÉ RATTACHER LE CONTRÔLE DE GESTION ?

En raison de son caractère fonctionnel, tel qu'il a été décrit précédemment, un service de contrôle de gestion (CG) peut être rattaché à la direction générale (DG), à la direction administrative et financière (DAF), ou encore aux directeurs ou responsables opérationnels (DO/RO) comme les figures suivantes permettent de le visualiser.

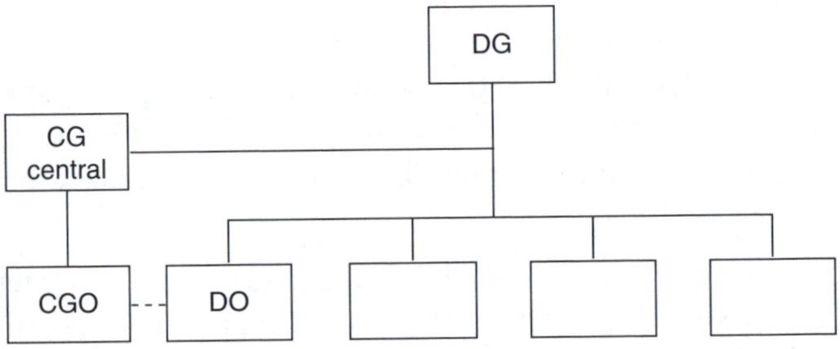

Figure 6.1 – Rattachement du contrôle à la direction générale

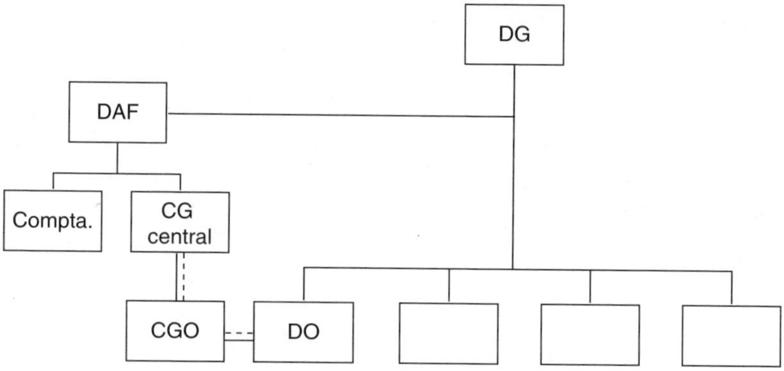

Figure 6.2 – Rattachement du contrôle de gestion à la direction financière

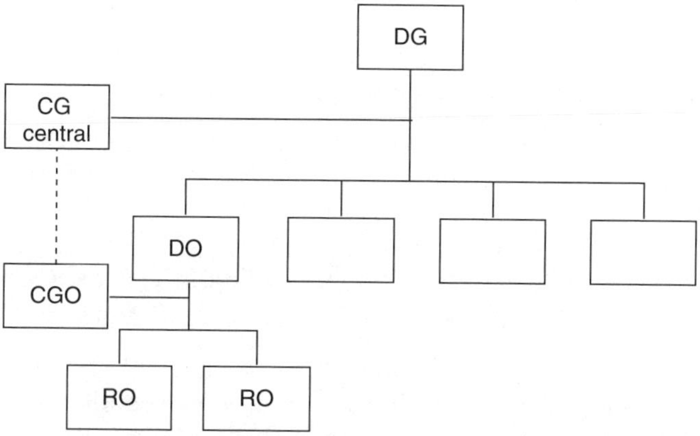

Figure 6.3 – Rattachement du contrôle de gestion à ses clients internes

Dans quelque entreprise que ce soit, la mission d'un service de contrôle de gestion devrait être intimement liée à la nature de l'entité à laquelle il est subordonné. Cette partie présente un ensemble de critères au travers desquels les différentes possibilités de rattachement sont évaluées. La grille qui en résulte se conçoit à la fois comme guide à la création de services de contrôle de gestion et comme moyen d'analyser une organisation existante.

Pour un contrôle de gestion central, les trois lieux de rattachement pratiqués sont la direction générale, la direction financière et le niveau local. Au niveau local, le contrôle de gestion peut être rattaché hiérarchiquement à la direction générale ou à la direction financière, ou encore être en relation directe avec les entités opérationnelles.

Les critères de rattachement du contrôle de gestion peuvent se résumer schématiquement par trois exigences. La première concerne l'indépendance du contrôle, la seconde porte sur la proximité du contrôle et de ses clients, enfin la troisième s'intéresse à la disponibilité de l'information.

1 L'indépendance des services de contrôle

Qui dit rattachement hiérarchique dit subordination. Dans la mesure où l'information de gestion constitue le cœur du métier du contrôleur, il est préférable que ce dernier soit indépendant de ceux qu'il doit contrôler. C'est une règle élémentaire, que l'évolution du contrôle de gestion (vers les rôles de conception, d'aide à la décision) a remise en question. L'indépendance du contrôle de gestion a plusieurs modes de manifestations, parmi lesquels :

– l'acuité et la pertinence du traitement de l'information de gestion ;

Monsieur R., Contrôleur Groupe chez un grand industriel : « Chaque fois que je reçois le tableau de bord des branches d'activités, je me rends compte qu'une ou plusieurs pages de ces tableaux ont été retirées. Pourtant, j'ai maintes fois expliqué aux contrôleurs l'intérêt de ces informations pour le groupe, mais les contrôleurs-branches sont rattachés aux managers locaux. Ils n'en font qu'à leur tête, ou plutôt qu'à la tête de leur patron. »

– les délais de remontée de cette information.

Monsieur R. : « Pour l'information peu importante je reçois tout dans les délais. Quand je ne reçois pas les tableaux de bord budgétaires dans les temps, c'est qu'il y a anguille sous roche. »

L'organisation du contrôle en service fonctionnel rattaché à la direction générale est à cet effet la plus apte à garantir l'indépendance de cette activité (figures 6.1 ou 6.3).

Le contrôle de gestion doit de surcroît conserver une certaine indépendance dans d'autres domaines que la remontée d'information. Un exemple : le contrôle de gestion est chargé, entre autres, d'évaluer l'opportunité et le coût de certains investissements. Afin de ne pas soumettre ces choix aux seules contraintes liées aux sources de financement, il peut être préférable pour l'entreprise (à partir d'une taille qui le permette, bien sûr) de séparer les organes de financement (*treasurer*) de ceux de choix d'investissement (*controller*). Or, en France, il est fréquent de voir le contrôle de gestion subordonné à la direction administrative et financière (figure 6.2).

Traditionnellement en France, la direction financière, plus communément baptisée Direction Administrative et Financière, était principalement chargée de la comptabilité. En Amérique du Nord, les rôles sont plus clairement répartis : schématiquement, le contrôle de gestion est chargé de la gestion de la valeur (*controller*), alors que la finance est chargée de la gestion des fonds (*treasurer*). Les deux fonctions sont coordonnées par un CFO (*Chief Financial Officer*), mais elles demeurent nettement indépendantes. En pareil cas, les systèmes de contrôle de gestion doivent intégrer la comptabilité, mais ne pas s'y subordonner.

Au regard de ce critère, le rattachement idéal s'effectue auprès de la direction générale. Le contrôle de gestion possède sa propre direction et s'organise en service fonctionnel en parallèle du reste de la structure (cf. figures 6.1. ou 6.3). Reste à savoir quels clients internes le contrôle de gestion décentralisé sert en premier lieu : est-il rattaché au contrôle de gestion central (6.1) ou au responsable opérationnel (6.3) ?

2 La proximité du contrôle avec les opérations

Le rôle de conseil et d'aide à la décision des contrôleurs de gestion se développant, une nouvelle exigence se fait jour : de plus en plus, les contrôleurs doivent parler « la même langue » que leurs interlocuteurs directs, opérationnels ou managers. Les activités du contrôleur doivent donc être en grande partie orientées vers les entités dont il a la charge. On l'imagine mal dépourvu d'une connaissance minimale du métier de ses clients internes. Dans ce contexte, la proximité entre contrôle et terrain est nécessaire. On pourrait croire que pour ce faire, partager les locaux de ses clients, faire partie intégrante du service suffit. Il n'en est rien. Pour pouvoir répondre à cette exigence, l'attache doit être d'ordre hiérarchique. Le contrôle de gestion local, s'il est rattaché à une direction centrale, risque de se consacrer exclusivement à la remontée d'information vers le sommet de l'organisation.

> *Monsieur B., contrôleur de gestion d'une filiale française de grand groupe industriel américain :* « L'antenne suisse de la maison-mère nous demande un *reporting* mensuel extrêmement fouillé. On se demande bien ce qu'ils peuvent en faire. En plus, c'est du financier pur sucre qu'ils demandent, et en dollars, s'il vous plaît ! Personnellement, je préférerais m'occuper des données physiques que me demandent les gens de la filiale, j'entends les responsables opérationnels. Ce travail serait très intéressant, mais voilà le problème : je n'ai pas une minute à consacrer à ça ! »

Ce critère appelle un rattachement direct à la hiérarchie opérationnelle, avec des liens fonctionnels entre contrôle central et contrôle local assez distendus (cf. figure 6.3). Cette situation s'est très largement généralisée désormais. L'animation du réseau des contrôleurs par le contrôle de gestion central reste cependant très variable.

3 La disponibilité des données

Une première question est de savoir qui a autorité sur les informations de gestion. Le développement des ERP (*Enterprise Resource Planning*) donne aujourd'hui à cette problématique une moindre acuité. Néanmoins il permet d'expliquer certains rattachements de services de contrôle de gestion à la comptabilité ou à la finance. À ses débuts, et aujourd'hui encore dans les entreprises organisées de manière traditionnelle, ou de petite taille, le contrôle de gestion est rattaché à la direction administrative et financière. En termes de traitement des données comptables, les avantages sont de plusieurs ordres. Par une telle organisation, on peut en effet :

– éviter les ressaisies de mêmes données ;
– éviter la formation de deux canaux parallèles d'information (comptabilité et contrôle) dans lesquels transitent les mêmes données de base ;
– et ainsi s'assurer d'une plus grande fiabilité des informations produites.

On comprend en quoi l'avènement des bases de données centralisées a pu apporter une réponse partielle à ces préoccupations.

Pour aller plus loin...

L'apport des bases de données

Une base de données centrale permet d'y concentrer l'ensemble des données physiques et comptables dont peuvent avoir besoin indifféremment comptables et contrôleurs.

Il existe deux manières de structurer une base de données, l'une hiérarchique, l'autre relationnelle. Dans une base de données hiérarchique, une nomenclature universelle, un plan guide l'utilisateur vers l'accès aux données qu'il recherche. Pour ce qui nous intéresse, le modèle est généralement une déclinaison du plan comptable général, ou un plan comptable analytique adopté par l'entreprise. Dans le premier cas, les comptables utilisent directement les données, que les contrôleurs doivent retraiter, ou enrichir. Les bases de données actuelles sont relationnelles mais il reste, bien sûr, les installations antérieures bâties sur une structure hiérarchique. Dans une base de données relationnelle, au contraire, les données sont accessibles à l'aide d'*items* qui leur sont attachés, ce qui ne force aucun acteur à se contraindre à la nomenclature employée par d'autres.

Les ERP (*Enterprise Resource Planning*) se fondent sur les bases de données relationnelles. Leur développement actuel tient au fait qu'ils constituent une base d'informations (financières et autres) unique et cohérente pour l'entreprise. Leur intérêt réside aussi dans le fait qu'elles peuvent intégrer les informations tout au long de la *supply chain*. On assiste ainsi à une intégration progressive (par l'information) des systèmes de contrôle du fournisseur initial au client final (s'il s'agit d'une entreprise). Il advient souvent que la demande d'intégration provienne de l'aval de la chaîne de valeur. Ainsi certains constructeurs automobiles l'imposent à leurs équipementiers, lesquels l'imposent à leurs sous-traitants.

Le critère de disponibilité des données, même si c'est de moins en moins le cas, appelle une organisation où le contrôle et la comptabilité sont rattachés à une direction financière, lorsqu'ils ne sont pas confondus. On est ici face à une tradition propre au pays d'origine (les États-Unis) et à la façon dont on conçoit la fonction (cf. figure 6.2.). Comme le montre l'étude HEC-DFCG de 2004, cette pratique qui caractérisait il y a dix ans les groupes anglo-saxons tend à devenir le lot commun. À cette date, 73 % des réponses provenant de grandes entreprises confirment le rattachement du contrôle de gestion à la direction financière. La progression de ce mode de fonctionnement s'explique par l'internationalisation des pratiques et des contraintes légales pesant sur la production du *reporting* financier. Elle assure une indépendance vis-à-vis des opérationnels, comme nous l'avons déjà souligné. En revanche, elle suscite un mode de contrôle centripète et le désengagement progressif du management local.

Le tableau de synthèse suivant rappelle les principaux avantages et inconvénients potentiels de chacun des rattachements possibles, pour un contrôle central et local.

Tableau 13.1 – Avantages et inconvénients des différents rattachements du contrôle de gestion

	Contrôle central		Contrôle local	
	Avantages	**Inconvénients**	**Avantages**	**Inconvénients**
Direction financière	– accès facilité à l'information comptable, – partage du système d'information, – système économique.	– contrôle de gestion très comptable, – déconnection par rapport au terrain (« canal parallèle »).	– remontée d'information comptable facilitée, – relative indépendance vis-à-vis du management local.	– contrôle centripète, – faible prise en compte des spécificités et des besoins du terrain.
Direction générale	– autonomie par rapport aux comptables, – indépendance du contrôle, – position plus proche du conseil interne et l'aide à la décision.	– système coûteux, – risque de contrôle bureaucratisé et détaché des affaires.	– autonomie par rapport aux comptables, – indépendance du contrôle.	– risque de déconnexion par rapport au terrain, – risque de contrôle centripète.
Directions opérationnelles	En cas de rattachement hiérarchique à la Direction Financière ou la Direction Générale, on se retrouve dans les cas décrits ci-dessus.	En cas de rattachement hiérarchique à la Direction Financière ou la Direction Générale, on se retrouve dans les cas décrits ci-dessus.	– proximité du terrain, – les contrôleurs sont au service du terrain.	– remontée d'information vers la direction générale moins fiable, – risque d'un contrôle « à la solde » du management local.

Section 2 L'ORGANISATION INTERNE DU SERVICE CONTRÔLE DE GESTION

Jusqu'ici, le propos pouvait porter tant sur un contrôleur pris individuellement que sur un service de contrôle de gestion. À présent, il convient de considérer le contrôleur comme chef de service, ou comme chef d'équipe.

Un contrôleur central ou contrôleur-siège va devoir gérer une équipe et un réseau de contrôleurs de gestion disséminés dans l'organisation, responsabilité qui s'ajoute à la précédente.

1 Logique d'organisation d'un service de contrôle de gestion

Organiser un service, c'est en premier lieu assigner des tâches, des missions, des fonctions à chacun des membres de l'équipe. Reste à savoir comment procéder à cette distribution des rôles. En tenant compte du fait que le contrôle de gestion fonctionne autour d'un ensemble précis d'outils (budgets, tableaux de bord, plans d'actions…), une voie « classique » s'impose : « une personne (ou un groupe de personnes) par outil ». Cette méthode semble *a priori* devoir s'imposer : elle est simple, privilégiant les fonctions et donc favorisant le développement d'une expertise sur chaque outil. Elle n'en présente pas moins des inconvénients notoires. De fait, les outils de contrôle de gestion exigent une forte cohérence entre eux. Le fait de confier un outil par personne appelle un cloisonnement du processus, auquel on ne peut remédier que par une consultation constante des uns et des autres au sein du service (en particulier au moment des négociations budgétaires), ce qui peut entraîner une perte de temps et d'énergie considérable. De surcroît, l'orientation « outils » ne favorise pas le développement des missions de conseil interne, ou encore celle d'architecture, dans la mesure où elle concentre les activités sur une mécanique de contrôle, et fait obstacle à toute perception un tant soit peu englobante du système. Il est donc nécessaire de souligner la faible autonomie de chaque personne du fait du manque de vue de l'ensemble et d'y ajouter l'existence de rythmes de travail très irréguliers dans l'année, donc une mauvaise répartition de la charge de travail.

On peut préférer à cette organisation technique, fréquente dans les sièges de groupes de taille importante, une structure par clients internes : une personne (ou une équipe) est assignée à une entité de l'entreprise, pour laquelle elle gère les outils, produit de l'information, fournit du conseil. Elle a de surcroît une marge de manœuvre pour concevoir et articuler des outils spécifiques à son ou ses clients. Cette méthode requiert elle aussi une consultation régulière des membres de l'équipe, ne serait-ce que pour s'accorder sur les contraintes budgétaires de chacun ; mais, une fois ces contraintes posées et un ensemble d'objectifs défini, les membres de l'équipe peuvent travailler de manière quasi-autonome. Cette organisation offre donc les services d'un « vrai » conseil et, dans la mesure où elle débouche sur une meilleure connaissance des problèmes des opérationnels, elle conduit à une meilleure efficacité quand il s'agit de coproduire les résultats.

C'est donc au contrôleur de gestion, en tant que chef de service, de procéder à ce type de choix.

2 Le contrôleur – manager

Un contrôleur de gestion, lorsqu'il dirige un service, devient à son tour un manager. Outre les missions d'organisation du travail évoquées ci-avant, il doit, en tant que chef de service, recruter, former, évaluer le personnel dont il a la charge. C'est là un ensemble de tâches qui entrent en concurrence avec les activités de contrôle. Un professionnel du contrôle de gestion est susceptible d'occuper assez vite ce poste (trois ou quatre années d'expérience suffisent). Toutefois, si le contrôle de gestion est très centralisé au siège, le poste de chef de service peut être hiérarchiquement important quand, de plus, il s'occupe de comptabilité. Un tel service peut ainsi atteindre une cinquantaine de personnes. Après avoir décentralisé les services fonctionnels dans les années 1970-1990, les entreprises font aujourd'hui marche-arrière. Par souci d'efficience et de fiabilisation de l'information comptable (la dispersion des sources d'information étant un facteur de risque), les services producteurs de chiffres sont à nouveau centralisés, ou organisés par *pools*. On note aussi une tendance à l'externalisation des services comptables (une grande banque française a mis récemment en place des plateformes comptables en Inde et en Hongrie).

3 Les réseaux de contrôleurs de gestion

Dans une grande entreprise, un contrôleur de gestion central est à la tête d'un réseau de contrôleurs. Pour assurer un minimum de cohérence dans ce réseau, il doit saisir la structure du réseau, et s'assurer que les contrôleurs ont un langage commun.

Lorsque le réseau de contrôleurs est organisé comme un service fonctionnel, le long d'une ligne hiérarchique spécifique au contrôle de gestion, elle-même rattachée à la direction générale ou à la direction financière, la branche contrôle de gestion fonctionne comme n'importe quelle autre entité, hiérarchisée et cohérente, à cela près que chaque niveau opérationnel est lié à un client spécifique (à savoir chacun des niveaux du *line management*).

Cette organisation est néanmoins rare. Le plus souvent, dans les grands groupes, les contrôleurs de chaque niveau sont rattachés hiérarchiquement aux niveaux qui sont leurs clients internes (figure 6.4).

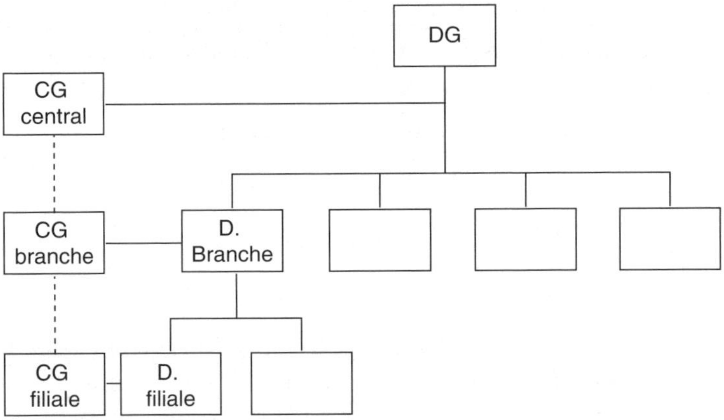

Figure 6.4 – Organisation du contrôle de gestion en entité fonctionnelle

Dans un tel cas, les liens entre contrôleurs sont distendus et le risque existe que le réseau ne fonctionne plus ou mal. Il est alors essentiel de créer des opportunités informelles de rencontre entre contrôleurs pour leur permettre d'échanger et d'entretenir un langage et un niveau de qualité homogène dans leur travail. Cela peut notamment passer par des actions de formation internes, spécifiques à la fonction contrôle, ainsi que par une animation plus large du réseau (journées à thème, etc.). Enfin, la gestion des carrières des contrôleurs joue un rôle essentiel en la matière.

Cette gestion, comme le suggèrent certaines offres d'emploi dans le chapitre précédent, consiste à recruter et promouvoir les contrôleurs de poste en poste. À ce titre, elle permet d'obtenir de la part des contrôleurs décentralisés une fidélité aux préoccupations du contrôle de gestion central. Par cette gestion, le contrôle de gestion décentralisé est amené, de fait, à servir deux supérieurs : son directeur opérationnel auquel il est rattaché hiérarchiquement et qu'il doit satisfaire à court terme et la filière contrôle de gestion à laquelle il est rattaché fonctionnellement, et dont dépend sa progression hiérarchique à long terme.

Section 3 QUEL ESPACE D'ACTION RÉSERVER AU CONTRÔLE DE GESTION ?

De par sa nature, le contrôle de gestion entre en liaison avec d'autres activités et d'autres fonctions de l'entreprise. C'est le cas bien sûr avec l'informatique, plus globalement, avec les activités du « chiffre » comme on vient de le voir, mais aussi avec les activités et fonctions de l'entreprise pour lesquelles le contrôle intervient pour récupérer des données afin de les traiter et aider à en assurer le pilotage. On touche là à l'ambiguïté de la distinction qui doit être opérée entre le métier de contrôle de gestion au sens professionnel du terme et le processus de contrôle, inhérent à tout acte de management. On traitera ici de l'aspect professionnel (les métiers du contrôle). En théorie, les limites sont relativement claires, et les interfaces assez bien définies. Dans la pratique, cela n'est pas nécessairement le cas.

Le problème est plus aigu depuis que se sont développées les activités de contrôle interne, d'audit interne et de gestion des risques. Au gré des réformes, des lois et des innovations managériales, elles se sont accumulées, et leur présence simultanée dans une même organisation soulève des problèmes de territorialité (qui fait quoi ?), de légitimité, et d'identité professionnelle. On tentera ici de présenter les domaines d'exercice de ces activités, et les relations qu'elles peuvent et devraient entretenir entre elles pour assurer leur complémentarité.

1 L'extension des activités de contrôle à la stratégie et à la gestion des ressources humaines

Le contrôle de gestion assiste traditionnellement le *line management*. Il assure la transmission de la stratégie du sommet à la base hiérarchique de l'entreprise. Toutefois, ses instruments et ses activités peuvent être mis au service d'autres fonctions de la structure, en particulier la direction générale et les ressources humaines.

1.1 Le contrôle stratégique

Anthony (1965) distinguait dès les années 1960 le contrôle de gestion du contrôle stratégique et du contrôle opérationnel. On a longtemps assimilé le contrôle stratégique à la planification à moyen et long terme, puis à son suivi. Si cette pratique demeure encore répandue, de nouvelles démarches sont venues la compléter. Aujourd'hui, les contrôleurs rattachés aux directions d'entreprise ou de *business units* sont sollicités pour contribuer à l'élaboration du *business model* de ces entités. Ils participent notamment à la formulation des mécanismes de création de valeur, à la détermination des seuils de rentabilité d'une affaire, à la proposition d'états financiers prévisionnels, à l'évaluation d'investissements.

La relation du contrôleur aux dirigeants dépend donc de la manière dont ces derniers conçoivent la stratégie. Si les managers demeurent attachés à la conception traditionnelle du stratège planificateur, les contrôleurs de gestion sont appelés à assurer la déclinaison des orientations à long terme dans des plans opérationnels et des budgets à l'échelle des entités de l'organisation. Si l'entreprise adopte, à l'inverse, une vision renouvelée de la stratégie, les contrôleurs sont sollicités pour fournir leur conception de l'architecture de valeur, pour analyser les processus, puis faciliter l'allocation de ressources par activité. La veille stratégique est aussi parfois rattachée à cet aspect, mais ce cas demeure rare, et spécifique à certains secteurs, la haute technologie en particulier.

N. V., au Contrôle Stratégique dans une entreprise de construction aéronautique : « À partir des plans, on établit des indicateurs – le nombre d'appareils vendus par compagnie, par zone géographique par nous et par la concurrence, l'état des carnets de commande, et ce que l'on sait de la concurrence à ce sujet. C'est la base. On le compare à ce qu'on s'est fixé comme objectif, etc. C'est classique. À côté, on met en place des systèmes de veille concurrentielle : de combien parvient-on à abaisser nos coûts sur tel composant, par rapport à tel concurrent. On essaie de savoir quelles sont les conditions d'approvisionnement des concurrents auprès de leurs fournisseurs. C'est particulièrement intéressant quand ces fournisseurs sont les nôtres. »

H.D., Contrôleur de gestion groupe d'un voyagiste : « Le rachat d'un réseau de distribution concurrent nous a demandé beaucoup de travail. En relation avec la direction financière, nous avons étudié comment on pourrait rentabiliser chaque ligne d'activité. Certaines ne posaient pas de problèmes, mais d'autres, comme les voyages organisés... Nous avons fait le tri ! Et pour celles qu'on ne pouvait pas abandonner, nous avons mis en place des règles de gestion : aucun voyage n'est lancé sans tel nombre minimum de clients. La stratégie, c'était notamment de savoir quels itinéraires étaient les plus demandés et les plus rémunérateurs, mais il a fallu fouiller les archives de la nouvelle filiale pour savoir. Après ça, il a été possible de savoir quel *cash* annuel on dégagerait sur l'affaire. »

1.2 Le contrôle de gestion social

Il existe au moins deux raisons pour lesquelles le contrôle de gestion doit entrer en interaction avec les ressources humaines. Tout d'abord, le contrôle de gestion évalue la performance des services, et par conséquent celle de personnes. En tient-on compte dans les entreprises ? La réponse communément admise repose sur l'idée suivante : le contrôle de gestion produit des informations qui, jointes à d'autres considérations, permettent d'évaluer des personnes ou des groupes de personnes, mais cet apport ne saurait se substituer aux modes d'évaluation traditionnels, tels les entretiens individuels. La pratique des *bonus* individuels et des parts variables de la rémunération fondées sur l'atteinte des objectifs (le plus souvent financiers) a eu tendance à se généraliser dans les entreprises au cours des dernières années. Elle est cependant plus ou moins bien acceptée, en fonction des contextes culturels, lorsqu'elle est liée de façon très systématisée et automatisée à des mesures exclusivement financières.

En second lieu, les outils de contrôle spécifiques à la gestion du personnel, tels les tableaux de bord sociaux, ont tendance à se développer. Ils demeurent cependant la chasse gardée des directions des ressources humaines, et ne sont que rarement confiés au contrôle de gestion.

M. R. Contrôleur de Gestion Groupe dans une entreprise du secteur de l'industrie lourde : « Dans les tableaux de bord, au niveau (n–1) et (n–2), il faut intégrer tous les aspects de la gestion, et pas seulement le financier. Quand je dis tous les aspects, j'entends ce qui est important. Néanmoins, les Ressources Humaines ont un tableau de bord spécifique qu'elles ne communiquent pas aux autres fonctionnels. »

Le faible degré de coopération entre contrôle et ressources humaines peut être dommageable, même s'il est tout à fait compréhensible que ces dernières ne souhaitent pas s'inféoder à une logique financière. Les DRH reconnaissent avoir du mal à s'approprier les outils de contrôle de gestion social, et ils ne les conçoivent ni ne les exploitent au meilleur de leur potentiel. Les compétences des contrôleurs de gestion pourraient être mises à contribution pour concevoir une métrique adaptée aux besoins de la fonction RH, développer des formats d'outils exploitables, et partager une expérience du recueil d'information : une relation à inventer tant elle est peu pratiquée.

2 Audit interne, contrôle interne, gestion des risques, contrôle de gestion : Quelles attributions ? Quelles relations ?

Les activités de contrôle dans l'entreprise ne se résument plus au contrôle de gestion ni au contrôle de production. De nouvelles activités, de nouveaux dispositifs se sont développés, par rapport auxquels les contrôleurs de gestion doivent se situer, et avec lesquelles ils doivent coopérer.

2.1 Le contrôle de gestion et l'audit interne

L'audit interne est ainsi défini par l'IIA (Institute of Internal Auditors) :

> « L'Audit Interne est une activité indépendante et objective qui donne à une organisation une assurance sur le degré de maîtrise de ses opérations, lui apporte ses conseils pour les améliorer, et contribue à créer de la valeur ajoutée.
>
> Il aide cette organisation à atteindre ses objectifs en évaluant, par une approche systématique et méthodique, ses processus de management des risques, de contrôle, et de gouvernement d'entreprise, et en faisant des propositions pour renforcer leur efficacité. »
>
> Source : The Institute of Internal Auditors, 2000.

Du point de vue de la finalité, l'audit interne se définit prioritairement comme une instance de vérification, secondairement comme un prestataire service interne. On distingue d'ailleurs l'audit de conformité (à des référentiels internes ou externes) à l'audit d'optimisation (ou de productivité).

Comme il l'a été rappelé, le contrôleur développe aujourd'hui son rôle de conseil interne. On pourrait alors l'imaginer « marcher sur les plates-bandes » de l'audit interne. Il semble que cela ne soit pas le cas, et ce pour plusieurs raisons :

– les interventions des auditeurs sont ponctuelles, alors que le contrôleur agit en continu ;

– l'audit interne est, en règle générale, concentré sur la conformité de procédures, alors que le contrôle (du moins au niveau local, et s'il s'en donne les moyens) effectue un conseil plus fondamental (cf. son rôle d'architecte, et d'aide à la décision).

Il existe des modes de coopération entre audit interne et contrôle de gestion. Le contrôle de gestion agit dans les intervalles de temps qui séparent deux missions d'audit. L'un rend une analyse précise et symptomatique d'éventuels dysfonctionnements ou améliorations, l'autre fait en sorte que d'ici la prochaine mission, le problème soit réglé ou encore que de nets progrès soient enregistrés. En second lieu, l'audit interne veille à ce que les procédures de saisie de données comptables ou physiques soient respectées. La fiabilité des données exploitées par le contrôleur de gestion dépend donc du travail de l'audit interne.

Monsieur V., contrôleur d'unité opérationnelle dans une grande entreprise d'emballages plastiques : « la mission d'audit, même si ça ne fait pas le bonheur de tous, c'est la pause, le moment de poser le crayon, les outils, la souris, et de se dire : où j'en suis ? Ce n'est pourtant pas facile, ni agréable sur le coup. L'année dernière, grâce à eux, je me suis rendu compte que nous comptabilisions nos achats aux standards d'il y a quatre ans ! Tout ça parce que les Achats faisaient les saisies sans réfléchir aux données qu'ils entraient ! »

Le contrôle de gestion est une entité de l'entreprise auditable comme une autre. Les auditeurs internes repèrent des risques liés à l'activité. Ceux-ci peuvent concerner :

– la fiabilité de l'information produite (les causes possibles de risque étant une faible indépendance vis-à-vis des opérationnels, la qualité des processus de recueil ou de transfert de données, des systèmes d'information défaillants) ;
– la pertinence de cette information (causes possibles : processus d'élaboration des outils sans prise en compte des avis des opérationnels, faible appropriation des instruments) ;
– la ponctualité de l'information (causes possibles : techniques, retards de saisie ou de traitement).

Pour aller plus loin...

Les *Post Completion Reports* (PCR) ou audits de post-évaluation modifient profondément la conception – jusqu'ici quelque peu laxiste – que l'on pouvait avoir du choix d'investissement. Ils consistent notamment à comparer les résultats (*cash-flows*, VAN, TRI) de projets d'investissement (une fois ceux-ci parvenus à leur terme) aux chiffres prévisionnels qui avaient conduit à leur adoption. L'avantage de la démarche se conçoit aisément : il n'est plus possible de modifier les données pour qu'elles aillent dans le sens d'une décision déjà prise en cas de sérieux doutes sur la rentabilité du projet. À l'inverse, on peut craindre que de telles mesures freinent les initiatives d'investissement à l'avenir.

2.2 Le contrôle de gestion et le contrôle interne

Le contrôle interne a d'abord désigné les dispositifs destinés à maîtriser les opérations et prémunir l'organisation de certains risques :

> « Le contrôle interne est l'ensemble des sécurités contribuant à la maîtrise de l'entreprise. Il a pour but d'un côté d'assurer la protection, la sauvegarde du patrimoine et la qualité de l'information, de l'autre l'application des instructions de la Direction et de favoriser l'amélioration des performances. Il se manifeste par l'organisation, les méthodes et les procédures de chacune des activités de l'entreprise, pour maintenir la pérennité de celle-ci.[1] »

Par exemple, le bridage des accès internet pour des employés est une opération de contrôle interne, destinée à prévenir ce que Taylor appelle la « flânerie » au travail. Le gardiennage des locaux et des stocks est une opération de contrôle interne au même titre.

Plus récemment, sous l'impulsion du COSO et de lois conçues en réaction à des scandales financiers (Sarbanes Oxley en 2002 aux États-Unis et Loi de Sécurité Financière en France en 2003), le contrôle interne s'est orienté principalement vers les dispositifs de fiabilisation de l'information comptable.

Le contrôle interne est ainsi défini par le COSO :

> « Le contrôle interne est un processus, défini et mis en œuvre par le conseil d'administration, le management et le personnel de l'entreprise, visant à fournir une assurance raisonnable que les objectifs suivants sont atteints :
> – fiabilité de l'information comptable et financière ;
> – efficacité et efficience de la conduite des opérations financières ;
> – respect des lois et des réglementations applicables. »
>
> Source : COSO (Committee of Sponsoring Organizations of the Treadway Commission), 2004.

Conformité, fiabilité, maîtrise des risques sont donc les objectifs majeurs du contrôle interne. Le contrôle de gestion prend part et se soumet aux obligations de contrôle interne à plusieurs titres[2].

Tout d'abord, il doit désormais effectuer un rapprochement des informations comptables et de celles dites non-comptables, destinées au pilotage. Ensuite, la qualité des prévisions qu'il fournit est contrôlée, notamment lorsque celle-ci permet de fournir des évaluations d'actifs (en référence aux normes IAS-IFRS).

La première de ces missions s'est amplement invitée à l'agenda des contrôleurs de gestion, et se trouve très fréquemment mentionnée dans les offres d'emploi comme un point central de leur mission (voir le chapitre 6). Pour le reste, la pratique des entreprises est très contrastée pour ce qui concerne la mise en œuvre du contrôle

1. Conseil de l'Ordre des Experts Comptables, 1977.
2. Source : cadre de référence de l'AMF (Autorité des marchés financiers) sur le contrôle interne (2007-2008).

interne. Certaines créent un service dédié, avec des responsables du contrôle interne, voire des « contrôleurs internes » (un métier reconnu désormais dans les référentiels d'emploi), d'autres choisissent de diffuser la responsabilité des processus dans la structure, notamment auprès des contrôleurs de gestion.

> V.S., Contrôleur interne d'une entreprise énergétique : « La première chose à maîtriser, c'est le progiciel de comptabilité. Nous travaillons avec SAP pour notre comptabilité. Mais les données qui sont stockées dans les bases de données doivent refléter la réalité du terrain. Nous devons donc connaître le terrain. Les contrôleurs de gestion nous aident au rapprochement entre comptabilité et données de gestion. »

Comme pour l'audit interne, le contrôle de gestion est acteur et objet du contrôle interne. Il se soumet à des procédures, à des dispositifs de fiabilisation, en même temps qu'il peut assister le contrôle interne dans le pilotage de ses activités, en raison de sa meilleure connaissance du *business* (voir le point suivant sur la gestion des risques). Ces quelques exemples suggèrent que la pratique du contrôle interne n'est pas unifiée, et que la relation entre les deux types de contrôle demeure très contingente au contexte organisationnel.

2.3 Le contrôle de gestion et la gestion des risques

Le COSO 2 (depuis 2002) se concentre non plus sur le contrôle interne mais sur la gestion des risques en entreprise dont il est devenu le cadre de référence sous le label *Enterprise Risk Management Framework*. Parallèlement à ce qui s'est opéré dans la banque, la gestion du risque d'entreprise a évolué de la maîtrise des mécanismes financiers (solvabilité, liquidité, marché, prix, signature) vers celle plus générale des dysfonctionnements ou des événements pouvant compromettre la pérennité de la société ou du groupe. Dans ce contexte, la démarche suit deux voies distinctes :

- l'identification des risques qui peuvent affecter l'organisation ;
- leur maîtrise dans les limites de l'appétence au risque de l'entreprise.

> « Le management des risques est un processus mis en œuvre par le conseil d'administration, la direction générale, le management et l'ensemble des collaborateurs de l organisation. Il est pris en compte dans l'élaboration de la stratégie ainsi que dans toutes les activités de l'organisation. Il est conçu pour identifier les événements potentiels susceptibles d'affecter l'organisation et pour gérer les risques dans les limites de son appétence pour le risque. Il vise à fournir une assurance raisonnable quant à l'atteinte des objectifs de l'organisation. »
>
> Source : COSO-ERM Le Management des risques – Cadre de référence, 2006.

Si le COSO 2 intègre le contrôle interne au management des risques, il n'est fait aucune allusion au contrôle de gestion dans ce cadre de référence. Tout au plus est-il fait mention du *reporting* financier ou non financier et de sa fiabilisation.

Si, par sa nature, le contrôle de gestion contribue à minimiser certains risques (ceux liés à l'asymétrie informationnelle entre les managers et leurs subordonnés), la relation entre les deux fonctions reste à inventer, et les entreprises s'en chargent le plus souvent. Les activités du contrôle de gestion peuvent apparaître dans les cartographies de risque réalisées par les contrôleurs internes (comme par les auditeurs internes, voir ci-avant). En parallèle, il peut participer à l'élaboration des « tableaux de bord de risque » de l'entreprise, ou incorporer une perspective risque dans les tableaux de bord stratégiques ou les BSC.

Pour aller plus loin...

Le contrôle de gestion des risques

Des entreprises et des organisations publiques développent en Europe et aux États-Unis la pratique d'un « contrôle de gestion des risques ». La démarche consiste à surveiller et piloter les processus de gestion des risques. Par la mise en évidence d'écarts entre les niveaux de risque acceptables pour la structure et ceux constatés, il permet d'engager un processus d'apprentissage en vue d'une meilleure maîtrise des risques dans le futur. Le support privilégié de la démarche est le tableau de bord, où est consigné un suivi :

- des plans d'action ;
- de la cartographie des risques et de son évolution par les démarches de détection ;
- des risques avérés, de leur cause, et des dommages consécutifs.

L'essentiel

Un service de contrôle de gestion peut être rattaché à la direction générale, à la direction financière ou encore aux managers opérationnels.

Par ailleurs, l'organisation interne de l'activité contrôle de gestion varie, suivant les entreprises, tant à l'intérieur des services de contrôle que dans les relations qui constituent les réseaux de contrôleurs.

Le niveau de rattachement va influer sur :

– l'indépendance des services de contrôle par rapport à la direction générale, la direction financière ou les managers opérationnels ;
– la proximité de ses clients ;
– la disponibilité des données.

Le contrôleur de gestion est aussi le manager de son équipe et, à ce titre, il doit organiser son service par types d'outils ou par types de clients. Il doit aussi se préoccuper des carrières de ses subordonnés.

Le contrôle de gestion entre aussi en relation avec d'autres activités et d'autres fonctions de l'entreprise, qu'il s'agisse des fonctions du « chiffre » ou de fonctions exerçant d'autres types de contrôle (le contrôle de gestion social, par exemple, en relation avec les ressources humaines).

Le développement de l'audit interne, du contrôle interne et de la gestion des risques contribue aussi à renouveler les fonctions du contrôle et ses points de focalisation.

Questions

1 ■ Pourquoi le contrôle de gestion tend-il à être rattaché à la direction générale à la création du service ?

2 ■ À quel schéma de rattachement pensez-vous que le contrôle de gestion réponde le plus souvent dans une entreprise multinationale, pourquoi ?

3 ■ Pensez-vous que l'avenir d'un service de contrôle de gestion puisse aujourd'hui se concevoir indépendamment de la direction informatique ? Expliquer.

4 ■ Le contrôleur de gestion dans son activité de chef de service doit-il avoir les mêmes qualités que celles d'un manager opérationnel ? Sinon, précisez les qualités spécifiques qui doivent être les siennes.

5 ■ Le contrôle de gestion est-il un instrument de gestion des risques dans l'entreprise ?

6 ■ Quelles sont les différences fondamentales entre la démarche de contrôle de gestion et celle d'audit interne ?

Partie 4 Les « nouveaux » enjeux du contrôle

La quatrième partie de cet ouvrage est consacrée aux « nouveaux » enjeux du contrôle de gestion. Qu'est-ce que cela signifie ? Qu'entend-on par « nouveaux » enjeux ? Pourquoi cette quatrième partie traite-t-elle de sujets apparemment aussi hétéroclites que le contrôle des activités de service, le contrôle de gestion environnemental ou encore la relation entre décision et contrôle de gestion ? Quel lien existe-t-il entre tous ces éléments et quelle est leur justification ?

Moins classique que les trois précédentes dans un ouvrage pédagogique, cette partie traite de sujets assez peu abordés en cours, mais qui sont essentiels pour la pratique du contrôle de gestion, dans le contexte actuel des entreprises. Ne pas présenter de telles thématiques reviendrait à priver la discipline d'une partie de sa pertinence pratique. Ces chapitres sont des chapitres de réflexion qui incitent à penser et analyser les enjeux plutôt que des chapitres orientés vers l'outillage du contrôle de gestion et ses usages. Nous considérons que cette approche est totalement complémentaire de la précédente, même si elle oblige le lecteur à plus d'effort de compréhension.

Trois thèmes peuvent être plus spécifiquement évoqués, selon trois directions différentes ; ils seront traités dans les chapitres 7, 8 et 9 respectivement.

Une première thématique concerne la mutation des activités économiques : sans même parler des activités toujours plus nombreuses non lucratives ou « hors champ » de l'économie, il est important de voir qu'on ne contrôle plus que peu d'activités industrielles et par contre qu'on contrôle des activités immatérielles, de services, tertiaires au sens large, toujours en importance croissante. Ces activités de service se rencontrent aussi bien dans les entreprises industrielles (qualité, SAV, maintenance, activités « administration », etc.) que dans les entreprises de service (banques, assurances, hôtellerie, restauration, tourisme, etc.) en développement dans l'économie. Elles font l'objet de problématiques spécifiques de contrôle face auxquelles les outils classiques du contrôle de gestion sont souvent inopérants. Un volet majeur de cette question est constitué aujourd'hui par l'introduction des logiques du contrôle de gestion dans les services publics.

Une deuxième perspective est ouverte sur la responsabilité sociale de l'entreprise et, à travers elle, sur le contrôle de gestion environnemental. Le champ de la responsabilité sociale de l'entreprise tend en effet à recouvrir la question environnementale. Dans les deux cas, il faut souligner l'importance du développement des normes. Toutefois, comme on le verra, le contrôle de gestion environnemental est en train de se développer à partir d'outils et de méthodes qui lui sont spécifiques.

Un dernier enjeu est évoqué concernant le contrôle de gestion. Quels sont donc les enjeux de la relation entre information, décision et contrôle, tant pratiques que conceptuels ? Voilà une thématique pouvant faire l'objet d'une réflexion essentielle : c'est peut-être même *toute la relation entre information et décision qui doit être à nouveau pensée*. Si le contrôle de gestion est avant tout un processus informationnel, s'il se vit avant tout dans un rôle de pourvoyeur d'information, que reste-t-il de lui ? Les décisions « essentielles » pour l'entreprise sont-elles vraiment prises sur la base de l'information produite par le contrôle de gestion ?

Chapitre

7 Le contrôle de gestion des services

Historiquement, le contrôle de gestion a été conçu puis mis en place dans et pour des entreprises industrielles. Son utilisation dans des activités de service génère deux types de réflexions.

D'une part, il faut s'interroger sur l'effort de transposition et d'adaptation requis : les outils et méthodes du contrôle de gestion s'adaptent-ils sans difficulté à des activités tertiaires ? Certains concepts ou outils doivent-ils être aménagés pour prendre en compte les spécificités de ces activités ? Faut-il avoir recours à des méthodes particulières pour contrôler les services ?

D'autre part, ce travail effectué pour adapter le contrôle de gestion à des situations spécifiques révèle les hypothèses sur lesquelles repose le contrôle de gestion traditionnel et ses limites. Il permet donc d'enrichir la vision que l'on a de celui-ci et génère en retour une évolution des outils et méthodes de contrôle. On a ainsi pu observer que certains outils développés initialement pour des activités de service, comme par exemple le développement d'indicateurs non financiers, étaient repris dans des systèmes de contrôle dédiés à l'ensemble des entreprises.

C'est pourquoi ce chapitre adopte une approche « différentielle » : au lieu d'offrir un panorama général du contrôle de gestion dans les services, il s'organise autour des principales caractéristiques des services qui peuvent poser problème pour la mise en œuvre de leur contrôle et propose des solutions qui tiennent compte de leurs particularités. Ce chapitre se présente donc comme un complément au reste du manuel, car, comme nous venons de le dire, la transposition au secteur des services incite à une réflexion plus générale sur le contrôle de gestion lui-même.

Section 1 LES SPÉCIFICITÉS DU CONTRÔLE DES ACTIVITÉS DE SERVICE

Pour bien cerner les spécificités du contrôle de gestion dans les services, il faut d'abord préciser, même de façon rapide, la notion de service. Nous verrons ensuite que quatre éléments distincts constituent des obstacles au contrôle de gestion des activités de service.

1 Qu'appelle-t-on « service » ?

Une première approche consiste à recenser (c'est-à-dire à faire des listes) des industries de service. Ainsi, traditionnellement, l'INSEE considère que les services appartiennent au secteur tertiaire (défini « en creux » comme n'étant ni le secteur primaire ni le secteur secondaire !) et y inclut la distribution, le transport, le tourisme, la santé, l'éducation, etc. Dans cette approche par secteurs d'activité, on peut également isoler des sous-ensembles qui présentent des caractéristiques propres : les secteurs de la banque et de l'assurance, par exemple, ont pour particularité de traiter et de transformer essentiellement des informations (et non des clients ou des biens physiques) tandis que le secteur public et/ou l'administration se distinguent par leur statut et leur mission.

Cette approche ne suffit pas à recenser toutes les activités de service puisque chacun peut observer que des entreprises des secteurs primaire et secondaire (tout comme des entreprises du secteur tertiaire) possèdent des services internes, qualifiés selon les cas de services support, services fonctionnels, services généraux, etc.

Une seconde approche consiste à rechercher une définition des services. Peu d'auteurs s'y sont risqués, et parmi les définitions proposées, nous retiendrons ici celle de Gadrey, qui est à la fois pertinente et opérationnelle : « Une activité de service est une opération, visant une transformation d'état d'une réalité C, possédée ou utilisée par un consommateur (ou client ou usager) B, réalisée par un prestataire A à la demande de B, et souvent en relation avec lui, mais n'aboutissant pas à la production d'un bien susceptible de circuler indépendamment du support C. » (L'économie des services, 1992, p. 18)

Enfin, la troisième approche, celle qui est utilisée par la plupart des travaux de management spécialisés dans le domaine des services, procède en dressant la liste des caractéristiques distinctives des services sans en donner une définition générique. Ainsi, depuis plusieurs décennies, on indique que les services sont intangibles, peu capitalistiques, consommateurs de main-d'œuvre, etc. Ces caractéristiques sont plus ou moins marquées selon les services observés et ne permettent pas de qualifier, de façon absolue, une activité de service. Plus récemment, un consensus s'est établi sur le fait qu'une activité de service présentait, au moins durant une partie de son processus de production, une **interaction,** qui peut prendre la forme d'une **coproduction**, entre le client et le prestataire de service.

En conclusion, nous retiendrons :

1. Qu'il est préférable de s'attacher à la notion **d'activité de service**, moins étroite et moins figée que celle de secteur des services.
2. Que la plupart des activités dites « de service » présentent des similitudes du point de vue du contrôle de gestion. Ce sont ces similitudes que nous allons étudier dans la suite de cette section.

2 Finalisation de l'activité et définition du résultat

La première caractéristique des activités de service, du point de vue du contrôle de gestion, est la difficulté que l'on peut avoir à définir la mission, les objectifs des activités et de façon corollaire, à définir, puis à mesurer leurs résultats. Cette difficulté est elle-même causée par deux facteurs : des ambiguïtés dans la finalisation de l'activité et la complexité de la notion de résultat.

Le contrôle de gestion suppose que l'on puisse définir (et mesurer) des objectifs. Or deux types d'activités de service posent problème à cet égard : les activités de caractère politique et les services fonctionnels. Prenons deux exemples : si l'objectif d'un maire est d'être réélu, va-t-on construire un système de contrôle de gestion dans la mairie à partir de cet objectif ? Le plus souvent, la réponse à cette question est négative. On imagine aisément la confusion qui peut naître ultérieurement de cette dualité entre objectifs affichés et objectifs réels. De la même façon, si l'on interroge les membres d'une entreprise sur les objectifs de la direction des ressources humaines, les réponses seront probablement différentes selon que l'on s'adresse à la direction générale, aux directions opérationnelles ou à la direction des ressources humaines elle-même.

Ainsi, il peut y avoir ambiguïté, absence de consensus ou même conflit dans la définition de la finalité et donc des objectifs de certaines activités de service.

La nature des activités de service fait que la notion de résultat, voire même de production, est complexe. Qu'appelle-t-on résultat ? Où et quand doit-on le mesurer ? Ces questions n'ont pas de réponses toutes faites. Le résultat d'une DRH se mesure-t-il en nombre de journées de formation et en nombre de personnes recrutées ? Ou en satisfaction des utilisateurs internes ? À court terme ou à long terme ? La performance d'un service achat dépend-elle des prix d'achat, du nombre de commandes traitées par acheteur ? Ou aussi du respect des délais de livraison, de la qualité des marchandises ?

3 Coproduction du service

Dans une activité de service, il est fréquent que producteur et utilisateur s'associent pour produire ensemble le service ; c'est ce que l'on appelle la coproduction. L'enseignement en est un bon exemple, de même que les relations entre services opérationnels et services fonctionnels (par exemple un service informatique et un service utilisateur travaillant ensemble à une nouvelle application).

Or, la coproduction conduit nécessairement à une coresponsabilité et donc à des difficultés pour attribuer à chacun sa « part de responsabilité » dans le résultat. L'étudiant a-t-il échoué parce que l'enseignant était un mauvais pédagogue ou parce ce qu'il n'a pas assez travaillé ?

Ce manuel a montré que la notion de responsabilité du manager était centrale dans le processus de contrôle de gestion. On voit ici que, dans certaines activités de service, l'autonomie du manager et donc sa responsabilité sont remises en cause et doivent en conséquence être définies de façon différente.

4 Le caractère discrétionnaire des activités

Le contrôle de gestion est fondé sur le fait qu'un manager observant ses résultats et cherchant à atteindre des objectifs va agir sur un certain nombre de ressources qu'il maîtrise pour infléchir le cours des événements. Que se passe-t-il si le manager ne sait pas quelle action choisir, ne sait pas quelles sont les conséquences d'une action, n'en connaît pas précisément le coût ? Nous qualifierons de discrétionnaires les activités pour lesquelles **le lien entre moyens et résultats** est peu ou mal connu. Elles sont fréquentes dans les activités de service : dans quelle mesure l'accroissement du nombre de chercheurs favorise-t-il le dépôt de brevets ? La dotation budgétaire d'un hôpital est-elle en rapport avec les services qu'il rend à la collectivité ?

La méconnaissance du lien entre moyens et résultats peut provenir d'une mauvaise définition du résultat (voir ci-dessus) mais aussi de la complexité, du caractère aléatoire et peu répétitif des processus de travail. Quelle qu'en soit la cause, cette méconnaissance pose un problème majeur au contrôleur de gestion. Comment allouer des ressources à des activités si l'on ne sait pas quel sera le résultat de cette affectation ? Plus précisément, il faut envisager deux types de risques :

- celui d'allouer trop de ressources à une activité qui ne le justifie pas (et ce faisant d'en pénaliser d'autres) ;
- celui de ne pas allouer assez de ressources à une activité qui peut se révéler stratégique dans le futur.

5 Les services d'interface

Dans le domaine de la gestion des opérations, on définit les services comme des processus de production ayant un point de contact physique entre le client et le processus. À ce point de contact, appelé interface, la production et la consommation de service sont simultanées. Ce type de situation peut avoir deux conséquences sur le contrôle de gestion.

- Puisque le service doit être en contact avec le client, il est le plus souvent multisites (par exemple les chaînes de restauration), réparti sur l'ensemble du territoire que l'entreprise souhaite couvrir. On aura donc un problème spécifique de contrôle lié à l'existence d'un grand nombre de petits établissements dispersés géographiquement.
- Puisque le service est consommé au moment où il est produit, le contrôler *a posteriori* n'a pas d'incidence sur le service rendu à un client donné. Il faudra donc privilégier des modes de contrôle qui permettent une action anticipée sur la performance.

Section 2 LE CONTRÔLE DES ACTIVITÉS DISCRÉTIONNAIRES

Nous allons maintenant nous intéresser au cas particulier des activités discrétionnaires, qu'elles appartiennent à des services internes ou à des entreprises de service. Comme nous l'avons vu, les activités discrétionnaires posent au contrôleur des problèmes de description et de mesure des résultats, d'allocation des ressources. Il s'agit donc essentiellement d'adapter le dispositif de mesure et d'évaluation des performances. C'est ce que nous traiterons dans cette partie en présentant successivement un cadre général d'évaluation des activités discrétionnaires puis un panorama des méthodes d'évaluation disponibles.

1 Un cadre général d'évaluation

L'évaluation des performances d'une activité de service (incluant l'évaluation des ressources et des résultats) requiert l'existence de trois dispositifs distincts :

- un système de description de l'activité, doté d'un jeu d'indicateurs de mesure, qui conduit à un nouveau modèle d'évaluation des performances ;
- un système d'agrégation, permettant d'effectuer des synthèses (ratios, moyennes, etc.), à partir des mesures élémentaires du système de description ;
- et un référentiel, c'est-à-dire un ensemble de valeurs de références, permettant de porter un jugement sur les résultats obtenus. Ce référentiel peut être constitué de missions, de système de valeurs, d'objectifs, de standards externes ou internes, etc.

1.1 Un modèle d'évaluation des performances adapté aux services

La nature des informations qui doivent se trouver dans le système de description de l'activité est propre aux activités de service. Ces informations constituent quatre sous-groupes que nous allons décrire ci-dessous :

- Des informations concernant **les moyens (ou ressources) consommées par l'activité**. Le plus souvent, ces informations sont disponibles ; elles proviennent du système budgétaire ou de la comptabilité de gestion.
- Des informations concernant ce que nous appellerons les ***outputs* ou réalisations**. Il s'agit de la « production » du service, prise au sens matériel et immédiat du terme, mesurée « à la porte du service ». Le nombre de factures, le nombre de jours de formation, le nombre d'actes médicaux sont des mesures d'*outputs*.
- Des informations concernant ce que nous appellerons **l'impact**. Il s'agit ici de savoir dans quelle mesure le travail effectué par le service lui permet d'accomplir sa mission, de satisfaire ses clients, qu'ils soient internes ou externes. Par exemple, le nombre de rondes de police effectuées est une mesure de réalisation tandis que le taux de criminalité est une mesure d'impact. De même, le nombre de jours de formation à la qualité est une mesure de réalisation tandis que le taux de rebut des produits fabriqués est une mesure d'impact.

  Nous avons vu plus haut que la notion de résultat dans les services était complexe. On voit ici qu'il est nécessaire d'avoir recours à un dispositif à deux niveaux pour la cerner[1].

1. La décomposition en deux niveaux est indicative et on peut tout à fait envisager des dispositifs à 3 ou 4 niveaux de résultats intermédiaires.

– Des informations concernant ce que nous appellerons les **intrants**, c'est-à-dire les éléments (clients, informations, demandes diverses) qui entrent dans le service mais qui sont distincts des ressources qui vont contribuer à la transformation de ces intrants. Par exemple, le nombre de demandes d'achats, le nombre de clients à un guichet, le nombre de demandes d'assistance informatique sont des mesures d'intrants.

Les mesures d'intrants sont le plus souvent négligées dans les services. Leur connaissance (en termes quantitatifs et qualitatifs) est pourtant nécessaire pour connaître la performance d'un service. Un enseignant dont la classe obtient de mauvais résultats ne dit-il pas que celle-ci était constituée de mauvais élèves à la rentrée ? Et un responsable de projet informatique que son client interne avait mal défini ses besoins ?

L'introduction des notions d'intrants et d'impact a modifié le modèle traditionnel de mesure de performance utilisé en contrôle de gestion. En effet, le modèle traditionnel transforme des coûts en produits ou en résultats. Pour traiter le cas des services, nous avons introduit deux catégories d'inputs, les ressources et les intrants et deux catégories d'outputs, les réalisations et les impacts. (Voir figure 7.1)

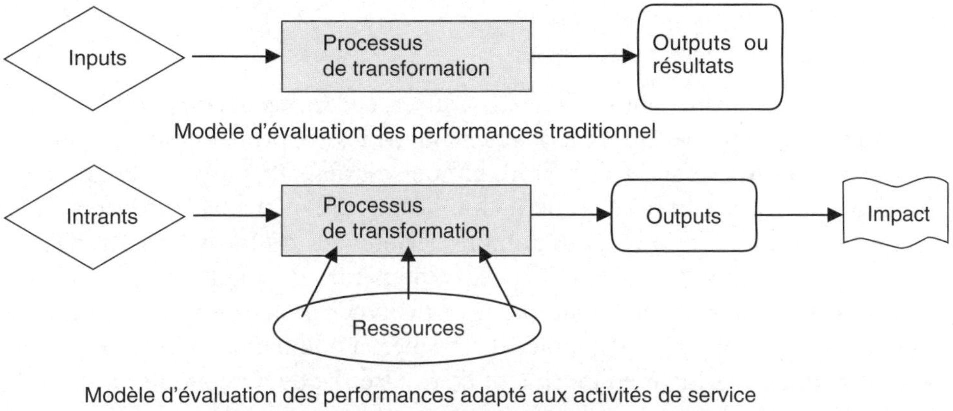

Figure 7.1 – Les deux modèles d'évaluation des performances

1.2 Le processus d'évaluation des performances

Les données élémentaires du système de description des activités de service doivent être ensuite agrégées et comparées à un référentiel pour constituer le **processus** d'évaluation. La figure 7.2 présente l'ensemble de ce dispositif d'évaluation des performances.

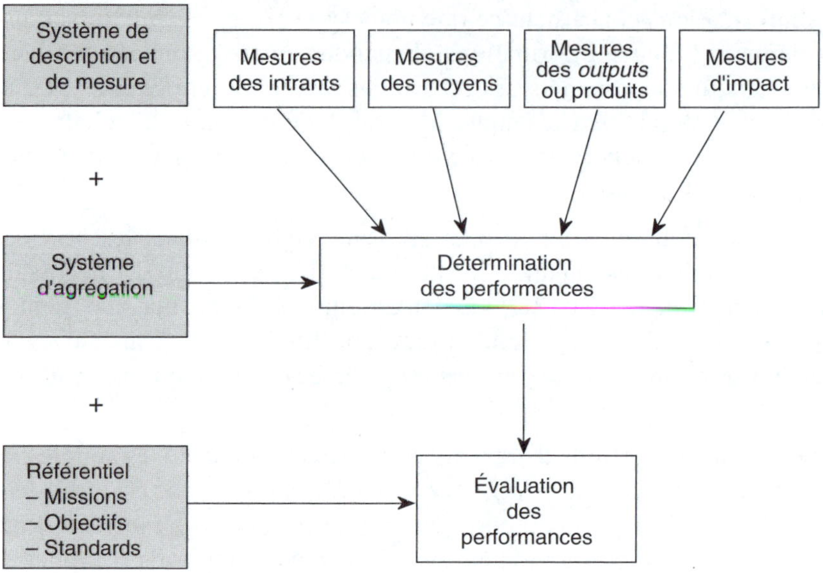

Figure 7.2 – Le processus d'évaluation des performances des activités de service

Ce schéma appelle deux remarques :

1. Les mesures d'impact sont difficiles à réaliser, coûteuses et souvent biaisées par des événements extérieurs. Il est donc tentant de les supprimer pour les remplacer par des mesures de réalisations, voire par des mesures de moyens. Plutôt que de chercher à évaluer l'impact d'une action de formation sur les compétences des personnels, on mesurera donc le nombre de journées de formation, ou même le budget de formation. Ce faisant, on risque de perdre de vue la mission finale du service. Il faut insister sur le fait que les trois types de mesure (moyens, réalisation, impact) présentent des qualités différentes et complémentaires. Le développement excessif de l'une au détriment de l'autre risque de conduire à des effets pervers dans l'évaluation des services.
2. Si l'évaluation des performances, dans son aspect formel, a lieu lorsque l'on compare les performances obtenues au référentiel, elle a en réalité commencé lors de la construction et de la définition du système de description et de mesure. Cette étape revêt donc une importance stratégique, encore accrue lorsqu'on se trouve dans une situation où la finalité du service ne fait pas l'objet d'un consensus clair. La confrontation portant sur les indicateurs de mesure de performance sert alors de substitut à une discussion sur les objectifs.

Tableau 7.1 – Exemples de mesures d'intrants, de moyens, d'outputs et d'impacts

	Mesures d'intrants	Mesures de ressources	Mesures de réalisations	Mesures d'impact
Un service de recrutement	Nombre de demandes en provenance des services utilisateurs par niveau de qualification, type de contrat, etc. Répartition des demandes sur l'année	Coût de l'activité recrutement : salaires, annonces, sous-traitance, etc. Temps passé par les managers opérationnels en recrutement	Nombre de personnes recrutées classées par niveau, type, durée de contrat	Satisfaction des clients internes concernant : Les personnes recrutées Le processus de recrutement Le turnover des personnes récemment recrutées La satisfaction, la promotion des personnes recrutées
Une école de commerce	Nombre d'étudiants admis/nombre de candidats Note du dernier candidat admis	Budget de l'école Nombre d'heures d'enseignement Coût de l'équipement informatique % de professeurs permanents	Nombre de diplômés par année Nombre de publications	Délai moyen pour trouver un premier emploi Nombre d'anciens occupant un poste de direction ou membres d'un CD x années après diplôme Salaires moyens des diplômés
Un service Achats	Nombre de demandes en provenance des services utilisateurs Qualité des demandes : précision, en urgence ou non, planifiées ou non	Coût du service achats Nombre de visites chez des fournisseurs Temps passé en réunions/groupes de travail avec des utilisateurs	Nombre de commandes émises CA achats Nombre de fournisseurs gérés	Niveau de prix achats Satisfaction des clients internes Mesures des délais de livraison, de la qualité des produits achetés

2 Les méthodes d'évaluation des performances des services

Les méthodes d'évaluation des performances utilisées dans les organisations peuvent être regroupées en deux grandes familles ; la première famille comporte des méthodes qui s'efforcent d'établir un lien entre moyens et résultats. Elles ne conviennent qu'à des activités faiblement discrétionnaires. La seconde famille regroupe toute une série de méthodes qui se caractérisent par la personne ou le service effectuant l'évaluation.

Les méthodes d'évaluation de la première famille

- Les coûts standards : comparable à ce qui se fait dans l'industrie, cette méthode peut s'appliquer à des services répétitifs, peu innovants comme l'entretien général, la comptabilité.
- La comptabilité d'activités : elle permet une recherche des facteurs générateurs de coûts et de résultat dans le service, et peut donc faciliter la compréhension de la relation moyens-résultats.
- Les ratios de performance : ce sont le plus souvent des ratios exprimant la productivité, qui donnent une appréciation globale, mais souvent grossière, de l'efficience du service. Parmi les plus fréquents, on peut citer le nombre de commandes par acheteur, le pourcentage de chiffre d'affaires dédié à la recherche, la part d'effectifs dans les fonctions administratives, le pourcentage de la masse salariale consacrée à la formation, etc.
- Les méthodes coûts-avantages complexes (tel le BBZ) qui, par des analyses détaillées, service par service, permettent d'associer un montant de ressources à un volume d'activité et de réalisations du service.
- Les méthodes d'organisation qui consistent à effectuer une analyse approfondie d'un service pour déceler les dysfonctionnements et les améliorations possibles. Parmi ces méthodes, on peut citer, par exemple, l'analyse de la valeur administrative. Il faut souligner toutefois que l'on sort ici du contrôle de gestion en ce sens que les outils en question visent plus l'amélioration que l'évaluation des performances.

Depuis une dizaine d'années, les techniques de comparaison et d'amélioration des performances par l'analyse de ratios ont été développées et partiellement rénovées sous l'appellation de *benchmarking*.

Les méthodes d'évaluation de la deuxième famille

- L'évaluation par le marché : elle consiste à comparer un rapport coût-prestation interne au rapport coût-prestation proposé par d'autres entreprises sur le marché. Elle peut déboucher sur l'externalisation de certains services internes.
- L'évaluation par le supérieur hiérarchique, plus ou moins formalisée, mais comprenant le plus souvent au minimum un entretien annuel.
- L'évaluation par les pairs, c'est-à-dire par des personnes qui n'appartiennent pas nécessairement à l'entreprise mais qui possèdent le même type d'expertise que celle des services à évaluer. Cette méthode concerne avant tout les activités de recherche.
- L'autoévaluation : c'est celle qui est pratiquée par le service lui-même ; le risque associé à cette forme d'évaluation est la substitution d'objectifs locaux aux objectifs que l'organisation aurait souhaité assigner au service.

– L'évaluation par les clients internes : elle consiste à demander aux utilisateurs internes d'un service de porter un jugement sur la prestation dont ils bénéficient. Ce type d'évaluation s'inscrit dans la lignée des actions de qualité totale et conduit souvent à l'élaboration de contrats clients-fournisseurs internes.

– L'évaluation par des experts extérieurs est effectuée par des conseils, des cabinets d'audits, des organismes spécialisés qui possèdent une bonne connaissance des spécificités de l'activité de service considérée mais n'appartiennent pas à l'entreprise.

Quelques remarques

Au-delà du recensement de ces différentes méthodes, deux points doivent être soulignés :

1. On assiste actuellement à un développement, fort nécessaire, de méthodes destinées à mieux apprécier le résultat de l'activité de service et non pas seulement à réduire les coûts ou les effectifs. Les méthodes fondées sur l'établissement de ratios ou de standards de qualité, de délai, ainsi que le recours à des plans d'action, permettent de contrôler les différents projets mis en œuvre au sein des services internes. Ceci est d'autant plus important que les services internes gèrent non seulement des activités récurrentes mais aussi et surtout des actions de conduite de changement (nouveaux systèmes d'information, de comptabilité, d'évaluation du personnel, programmes qualité totale).

2. L'ensemble des méthodes que nous avons présentées ne constitue pas une « panacée universelle » permettant de contrôler des activités discrétionnaires, qui, nous l'avons vu, ne possèdent pas les caractéristiques requises pour le fonctionnement normal d'un système de contrôle de gestion. Les entreprises sont donc amenées à mettre en œuvre des solutions qui leur permettent de contourner le problème de la mesure des résultats *a posteriori*. Parmi ces solutions, on peut citer les trois grandes orientations suivantes :

   – le contrôle des processus et procédures de travail, qui, jouant le rôle d'une assurance qualité, donne une présomption de résultat satisfaisant ; cette forme de contrôle est largement répandue dans les services informatiques et la recherche,

   – le contrôle par des structures adaptées, qui consiste à rechercher une organisation optimale des services internes, tant sur le plan géographique que hiérarchique pour tenter de concilier la proximité avec l'utilisateur, les économies d'échelle et la préservation d'une expertise,

   – le contrôle par la culture qui, lui, s'appuie sur les processus de recrutement, de renforcement des valeurs d'entreprise, afin de remplacer un contrôle *a posteriori* par un contrôle *a priori*, ou, si l'on préfère, un contrôle des résultats par un contrôle des comportements.

Section 3 LE CONTRÔLE DES ENTREPRISES DE SERVICE

Dans cette partie, nous nous intéressons plus particulièrement aux entreprises dont le métier principal est le service. Dans un premier temps, nous présenterons les différents aspects de la gestion du couple coût-valeur dans une entreprise de service en nous appuyant sur un schéma général ; puis nous étudierons la prise en compte des particularités organisationnelles des entreprises de service (réseaux, multisite) dans la définition des systèmes de contrôle de gestion. Enfin, nous examinerons les spécificités du pilotage de la qualité de service.

1 La gestion du couple coût-valeur

La figure 7.3 met en évidence les principaux éléments sur lesquels devrait porter le contrôle d'une entreprise de service. Le point de départ est le service offert au client, ou aux différents segments de clientèle, que l'on peut appeler aussi offre de service. Le client, s'il consomme effectivement le service offert, ne connaît que la perception qu'il a de ce service, perception qui peut dépendre d'un grand nombre de facteurs : la concurrence, l'image du service, l'humeur du client, etc.

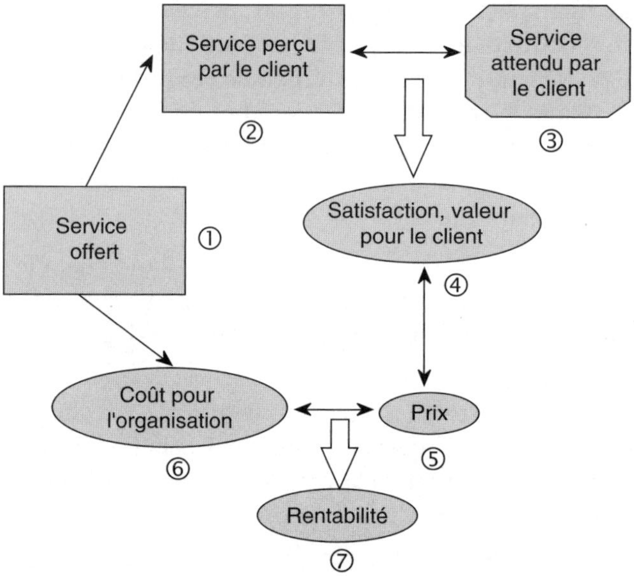

Source : V. Malleret, d'après M. Lebas – Groupe HEC, 1995.

Figure 7.3 – Schéma général de la performance d'une entreprise de service

La théorie du marketing des services[1] nous apprend que la satisfaction du client dépend de l'écart entre la perception qu'il a du service consommé et les attentes qu'il avait de ce service. Enfin, la satisfaction éprouvée par le client, la valeur qu'il accorde au service, la comparaison avec des offres de concurrents font qu'il est prêt à payer un certain prix pour l'obtenir.

Si l'on examine maintenant la partie inférieure de ce schéma, on voit qu'il y a un lien entre le service offert et le coût pour l'organisation. C'est dans l'amélioration du rapport entre coût et service offert que l'on peut situer toutes les actions destinées à accroître la productivité (gestion des opérations de service).

Enfin, la confrontation entre le coût et le prix permet de déboucher sur la rentabilité de l'entreprise de service.

Les différentes fonctions de l'organisation, par exemple la fonction marketing, jouent un rôle primordial dans ce schéma, mais il incombe au contrôle de gestion d'appréhender la performance dans tous les aspects que nous venons de décrire. L'amélioration de la performance d'une entreprise de service passe par la compréhension des relations entre les différents éléments de ce schéma, et en particulier par la maîtrise des liens qui existent entre les coûts générés par la délivrance d'un service et la valeur que ce service apporte aux clients. Dans une perspective d'amélioration des performances, il est utile de repérer les éléments de ce schéma sur lesquels l'entreprise peut agir, même de façon partielle :

- La définition de l'offre de service résulte de la stratégie et des choix marketing de l'entreprise.
- Le service attendu par le client peut être partiellement modelé par l'entreprise, grâce à une meilleure formulation de l'offre de service, à une clarification et à une formalisation des termes du contrat. Mais il ne peut être entièrement contrôlé par l'entreprise, pour tous les clients, en toutes circonstances.
- La perception du service par le client, sur laquelle l'entreprise ne peut agir que de façon très indirecte : on sait que certaines actions de communication, le contexte de réalisation du service, la façon de traiter les défaillances peuvent influencer la perception du client. Mais celle-ci dépend également de beaucoup de facteurs psychologiques délicats à maîtriser.
- Le coût du service dépend de l'organisation opérationnelle du service, sa définition étant fixée. Il s'agit ici de mobiliser des actions d'amélioration des processus opérationnels de production des services.
- Le prix des services est également fixé par l'entreprise.

C'est en agissant sur ces paramètres que l'entreprise modifiera la perception de valeur créée par le client, pourra moduler ses prix et améliorera *in fine* sa rentabilité.

1. Cette théorie est sur, certains points, contestable, en particulier pour les services complexes dans lesquels l'attente n'existe pas de façon formalisée lorsque le client entre en contact avec l'entreprise de services.

2 La prise en compte des particularités organisationnelles

Le service n'étant pas stockable (et donc pas transportable), il faut, soit que le client se déplace jusqu'au lieu où le service est produit, soit que le service aille à la rencontre du client, en démultipliant les points de délivrance du service. C'est pourquoi la plupart des entreprises de service sont des entreprises multisites, disposant de capacités de production aux endroits où le client souhaite consommer le service (lieux touristiques, bassins d'habitation), soit des bureaux, agences locales, régionales qui servent d'interface entre l'entreprise de service et ses clients (fournisseurs d'eau, d'électricité, de téléphonie, banques, etc.).

Le fait d'être fréquemment « éclatée » sur des sites multiples (par rapport à l'entreprise industrielle qui a tendance à concentrer ses activités de production) incite l'entreprise de service à porter une attention particulière :

- Au contrôle de gestion : quelle délégation accorder aux responsables locaux, comment les contrôler ?
- Au contrôle opérationnel : comment s'assurer que le service proposé dans toutes les unités est bien exécuté, et conforme à la promesse faite au client à un niveau national ou mondial ?

Par ailleurs, le contrôle de gestion *a posteriori* (contrôle par les résultats) a un rôle moindre dans les entreprises de service pour deux raisons :

- d'une part, pour un client donné, un contrôle *a posteriori* ne peut restaurer la qualité de service ;
- d'autre part, nombre d'entreprises de service fonctionnant en réseau, la non-performance constatée dans une entité pénalise les autres entités avant même qu'une boucle de contrôle ait pu se mettre en place et apporter des améliorations dans l'unité défaillante.

Il faut donc privilégier des formes de contrôle préventives.

Enfin, s'il existe des entreprises de service en réseau dans lesquelles les unités sont relativement indépendantes les unes des autres en termes de performance (comme par exemple l'hôtellerie), il en est d'autres, comme la distribution, le transport, dans lesquelles les performances des entités sont étroitement dépendantes les unes des autres : ainsi, un retard au point de départ empêchera la livraison du colis à temps, quels que soient les efforts de l'unité chargée de la distribution au point d'arrivée. La question de la délimitation des responsabilités et de l'évaluation des managers dans le cas de « réseaux imbriqués » devra donc prendre en compte cette coresponsabilité de fait.

Pour ces différentes raisons, les entreprises de services ont tendance à structurer de façon spécifique la délégation de responsabilité et à mobiliser des modes de contrôle qui viennent compléter le contrôle par les résultats *a posteriori*.

2.1 L'organisation de la délégation

Pour faciliter le contrôle du produit/service dans les unités, il est fréquent que l'offre de service soit définie au niveau central. Ceci réduit d'autant la marge de manœuvre des managers locaux, et donc les besoins de contrôle. Ce contrôle du produit/service s'effectue en deux étapes : au moment de la définition de l'offre de service et au moment de l'exécution du service.

Au moment de la définition du service, l'entreprise peut fixer de façon plus ou moins précise un certain nombre de paramètres de l'offre de service :

- l'architecture des sites (forme, couleurs, tailles) ;
- les procédures de travail, soit sous forme de cahier des charges, soit parce qu'elles dépendent d'un système de production commun (par exemple le réseau informatique d'une banque) ;
- les prix et la politique commerciale ;
- la nature des services offerts (produits d'épargne ou d'assurance dans les réseaux bancaires, menus enfants dans les chaînes de restauration, etc.).

Ce contrôle *ex ante* sera complété par des audits qui revêtent les formes les plus diverses (inspections, clients mystère, contrôles d'hygiène, etc.) destinés à vérifier que les procédures mises en place sont respectées.

2.2 La multiplication des modes de contrôle

Deux modes de contrôle apparaissent fréquemment en complément du contrôle par les résultats dans les entreprises de service : le contrôle par les règles et procédures et le contrôle par les personnes.

Le contrôle par les règles et procédures consiste à encadrer de façon précise les processus de travail, les modes de fonctionnement, la prestation de service. Il recouvre pour partie la notion de centralisation de la définition du produit et du processus que nous avons décrite ci-dessus. Mais il peut également s'appliquer à des organisations de service non hiérarchiques, comme les réseaux de franchise, et a recours à des outils opérationnels très divers : cahier des charges, visites de clients mystères, audits, etc.

Le contrôle par les personnes recouvre pour partie le contrôle par les facteurs de satisfaction et pour partie le contrôle par l'adhésion à des valeurs communes. En effet, il s'appuie sur deux mécanismes principaux : les systèmes de rémunération et les systèmes de recrutement et de formation. Dans beaucoup d'entreprises de service multisites, les pratiques d'intéressement aux résultats sont fréquentes. De plus, dans de nombreux réseaux, les managers d'unité ne sont pas salariés de l'entreprise mais mandatés, franchisés, etc. Leur rémunération dépend directement de leurs résultats économiques. Ces entreprises disposent donc d'un mécanisme important de convergence des buts, quel que soit le système de contrôle de gestion formel.

Par ailleurs, la plupart des entreprises de service ont des procédures de recrutement sophistiquées et des systèmes de formation initiale et continue relativement lourds, destinés à s'assurer du comportement d'un manager par ailleurs très autonome sur le terrain.

En conclusion, on peut dire que, dans les entreprises de services, le contrôle de gestion n'est qu'un mode de contrôle parmi d'autres. Il faut donc analyser son importance et sa pertinence en ne perdant pas de vue les autres modes de contrôle. On notera ici que ces modes de contrôle complémentaires sont relativement proches de ceux que nous avons évoqués pour les activités discrétionnaires, à la fin du paragraphe 2.2. Enfin, le rôle des services de contrôle de gestion n'est pas de gérer l'ensemble des modes de contrôle. Certains d'entre eux relèvent de la responsabilité de la direction des opérations ou de la direction des ressources humaines. Mais la fonction contrôle de gestion doit être capable d'intégrer les informations fournies par ces différents acteurs.

3 Le contrôle de la qualité de service

Le problème du contrôle de la qualité de service pose deux problèmes distincts : le premier concerne la définition de la qualité de service ; nous ne l'aborderons pas car il dépasse le cadre de cet ouvrage. Le second concerne les caractéristiques du système d'information et de contrôle à mettre en place, caractéristiques devant permettre une véritable gestion de la qualité, c'est-à-dire à la fois la mesure et l'amélioration. C'est ce point que nous allons traiter ici. La mise sous contrôle de la qualité requiert quatre types de mesure ou d'indicateurs :

- Des mesures de la qualité perçue. Il s'agit d'opinions, collectées le plus souvent au travers de questionnaires ou d'enquêtes de satisfaction. *In fine*, c'est sur la qualité perçue que le client juge le service. Il est important de structurer la collecte de ces informations pour prendre en compte l'essentiel des attributs du service, de combiner des modes de collecte qualitatifs et quantitatifs pour éviter de « passer à côté » de certains besoins ou critères d'appréciation des clients, en imposant sa propre vision de la qualité et en négligeant le point de vue du client (voir l'exemple d'Office Depot ci-après). Enfin, les mesures de qualité perçue doivent, dans la mesure du possible, être confrontées à des données comparables pour les services de concurrents.
- Des mesures de la qualité du service offert. En cas de détérioration de la qualité perçue, il est important de savoir s'il s'agit d'un problème de perception ou si la qualité offerte s'est réellement dégradée. De plus, les actions conduites pour améliorer l'efficience doivent s'analyser à partir de données portant sur les coûts et sur la qualité offerte, non sur la qualité perçue.

– Des mesures portant sur la qualité des processus intermédiaires qui conduisent au service final. Si l'on exclut le cas de services très simples, composés en majeure partie d'une interface, il faut disposer d'informations permettant de savoir à quel point du processus de production un incident s'est produit, quelle cause explique la détérioration de la qualité du service final. Ces mesures de processus vont porter principalement sur trois aspects : les équipements et leur fiabilité, le personnel et les procédures de travail (en particulier le respect des délais).
– Des mesures portant sur les intrants, qu'ils s'agissent de clients, d'informations, de matières premières ou d'autres services. Comme dans l'industrie, la maîtrise de la qualité ne peut se concevoir sans prendre en compte l'ensemble du processus de production.

De la même façon que pour les activités discrétionnaires, nous avons là des mesures **complémentaires** qui, prises ensemble, permettent à la fois de mesurer la qualité de service, de sélectionner des actions d'amélioration et d'en mesurer les résultats.

***Exemple* – Que faut-il mesurer en matière de satisfaction des clients ?**

L'expérience de K. Peters, CEO de Office Depot US

À sa nomination, K. Peters s'étonne de constater que les ventes d'Office Depot sont en baisse (et baissent d'ailleurs plus rapidement que celles de ses concurrents ou du commerce de détail en général) tandis que les résultats des enquêtes qualité de service réalisées auprès des clients ou par des clients mystère battent tous les records. Comment l'entreprise peut-elle offrir une excellente qualité de service à ses clients… et avoir des clients qui n'achètent pas ?

Pour comprendre cette contradiction, K. Peters s'est lui-même transformé en client mystère et a visité 70 magasins. Il est arrivé à la conclusion que **les résultats** des enquêtes qualité n'étaient pas contestables mais que le dispositif de **mesure** lui-même devait être repensé. En effet, l'entreprise posait les « mauvaises » questions aux clients. En demandant à un client d'Office Depot si les sols sont propres, si les carreaux sont été faits, si les toilettes ont été nettoyées récemment, l'entreprise fait fausse route. Un client qui entre dans un magasin pour acheter des fournitures de bureau ne s'intéresse pour ainsi dire jamais à ces éléments de l'offre de service. Ce ne sont pas eux qui expliquent le chiffre d'affaires. De fait, les managers locaux se focalisaient et obtenaient de bons résultats sur les éléments qui étaient mesurés (la propreté, par exemple) mais pas sur ceux qui généraient des ventes.

En parlant avec les clients, K. Peters a pu découvrir ce que le client attendait, ce qui avait de la valeur pour lui (service, taille du magasin). Il a pu alors repenser à la fois sa stratégie, son offre et le système de mesure de la qualité qui les accompagne.

D'après l'article publié dans *Harvard Business Review*, novembre 2011, pages 47-50.

Section 4 LE CONTRÔLE DES SERVICES SUPPORT : ENJEUX ET POINTS CLÉS

La frontière entre l'évaluation et l'amélioration des performances des services fonctionnels[1] est parfois ténue, tant en théorie que dans les pratiques des entreprises. Comme nous l'avons mentionné brièvement à la fin de la section 2, la question de la structure et des modes d'organisation des services fonctionnels est souvent proposée comme une alternative à leur évaluation et comme une méthode pour les gérer. Nous allons donc développer ces aspects organisationnels en examinant successivement :

– les différentes options qui s'offrent à une entreprise pour organiser ses services fonctionnels ;

– les différents types de relations qui existent entre services opérationnels et services fonctionnels ainsi que les modalités pratiques d'organisation de ces relations qui sont susceptibles d'améliorer la performance du couple service fonctionnel-service opérationnel.

1 Le choix d'un mode d'organisation pour les services fonctionnels

Au cours des dernières années, la façon de penser la question de la place des services fonctionnels dans l'organisation a considérablement évolué.

Traditionnellement, les entreprises devaient arbitrer entre **centralisation** et **décentralisation**. La centralisation signifie que les services fonctionnels sont regroupés au siège, que les procédures et processus sont standardisés, que l'on réalise des économies d'échelle et que l'on concentre l'expertise en un point donné. La décentralisation signifie que chaque entité (division, BU, direction commerciale, pays, etc.) se dote de tout ou partie des services fonctionnels dont elle a besoin. Les services fonctionnels sont plus proches des utilisateurs, et les prestations plus adaptées aux besoins locaux.

Cette vision dichotomique a d'abord été enrichie par le développement des systèmes d'information. Ceux-ci ont rendu possible le découpage de certains processus fonctionnels : il est devenu possible d'effectuer les saisies comptables ou de production au plus près des utilisateurs et les traitements de façon centralisée pour bénéficier d'économies d'échelle et d'une expertise commune.

Au cours des années 80, les travaux de Porter sur la chaîne de valeur, ainsi que ceux portant sur la théorie de la ressource, déclinés ensuite par *l'Activity Based Mangement,* ont incité les entreprises à se concentrer sur leur « cœur de métier ». D'où une forte vague d'**externalisations** des services support, celles-ci permettant de réduire les coûts fixes et les actifs immobilisés, de faire réaliser les services par

1. Par souci de simplicité, nous utiliserons indifféremment, dans cette partie, les termes « services fonctionnels » et « services support ».

des spécialistes du domaine, de bénéficier éventuellement de prestations ou d'innovations développées à la demande d'autres clients du prestataire. Se pose alors pour l'entreprise la question du contrôle des services externalisés, et ce avec d'autant plus d'acuité que la prestation externalisée est complexe, mouvante et, qu'en externalisant, l'entreprise a parfois perdu les compétences qui lui permettraient de contrôler le travail de l'entreprise sous-traitante. Une partie du contrôle effectué à l'intérieur des frontières de l'entreprise doit alors se déplacer à l'extérieur de celle-ci.

Sans que cela soit automatique l'externalisation est parfois associée à une **délocalisation** : ceci signifie que les activités de service effectuées au sein de l'entreprise sont confiées à un prestataire situé dans un autre pays. Les distances géographique et culturelle accroissent dans ce cas les difficultés de mise en œuvre du contrôle.

Enfin, la dernière modalité existant à ce jour pour organiser la production de services support est le **centre de services partagés** (CSP, *shared services center*). Le centre de services partagés fournit des prestations de services pour plusieurs unités d'une grande entreprise (à un niveau national, régional ou mondial). Il se distingue :

- de l'externalisation car il émane de l'entreprise qui consomme les services et en fait partie ;
- de la centralisation simple car il existe une relation de type « clients-fournisseurs » entre les unités opérationnelles et le CSP. Le CSP facture ses services aux unités opérationnelles et celles-ci contribuent, pour partie, à la définition des services offerts par le CSP.

***Exemple* – Smart Work Center : Peut-on tout externaliser, même le lieu de travail ?**

Les Pays-Bas à la pointe

Aux Pays-Bas, un réseau de « Smart Work Centers » (SWC) s'est ainsi déployé en l'espace de quelques années. Le pays en compte désormais plus d'une centaine développés en particulier sous l'impulsion de la ville d'Amsterdam. L'objectif est ainsi de limiter les mouvements pendulaires, sources de pollution, consommateurs de temps et générateurs de stress, en amenant le travail au salarié plutôt que le contraire. Si les nouvelles technologies ont rendu possible le télétravail à la maison, l'expérience montre que faire de son domicile son lieu d'activité professionnelle n'est pas satisfaisant en termes de fonctionnalités, de motivation et de sociabilité. C'est ici qu'interviennent ces nouveaux espaces collaboratifs de travail, multifonctionnels, proches des lieux d'habitation, connectés aux réseaux de transports, offrant ergonomie, flexibilité, convivialité et surtout un très haut niveau de services. L'objectif affiché de la ville d'Amsterdam est d'ailleurs que chaque travailleur néerlandais ait accès en moins de 15 minutes à vélo à un SWC. Vaste programme !

Un environnement hautement qualifié pour 250 €

Le fondateur de la chaine de prêt-à-porter Mexx, Rattan Chadha, ne s'y est pas trompé en développant Spaces, un opérateur de SWC. Dans le quartier d'affaire d'Amsterdam ou au cœur du centre-ville, Spaces compte 2 centres d'affaires nouvelle génération. Et la recette fonctionne : sur 10 000 m2 environ, les étages sont loués à des entreprises (de start ups à la filiale néerlandaise de Facebook) en mode « plug and play » pour des durées et des surfaces complètement flexibles permettant d'absorber facilement les fluctuations d'activités, tandis que le ROC est un espace de travail collaboratif accueillant des travailleurs individuels et offrant des services mutualisés, des salles de réunions, des espaces de convivialité. Pour environ 250 € par mois, travailleurs indépendants, entrepreneurs, salariés de PME, universitaires, ont accès cet environnement de travail hautement qualifié et doté en nouvelles technologies. C'est aussi pour eux l'occasion de se rencontrer, d'échanger ou de recevoir leurs clients et collaborateurs dans un environnement de qualité. En effet une attention toute particulière (soit plus d'un million d'euros !), est apportée à l'aménagement intérieur : mobilier ultra design (de Stark à Vitra), luminosité savamment travaillée, art contemporain ...

Dans le SWC Bright City, lui aussi situé dans le quartier d'affaire d'Amsterdam mais porté par un consortium associant des acteurs aussi différents que la Ville, l'Université ou Cisco, pas de surfaces dédiés à des entreprises résidentes mais un grand bar restaurant design ouvert à tous et un espace de co working à l'étage dédié à ses membres. L'organisation régulière d'événements permet de fédérer une véritable communauté et de créer des opportunités de rencontres. Une des particularités de ce centre est de louer une salle de téléprésence immersive, TPEX (Telepresence Public Experience). Cet équipement permet de recréer les conditions présentielles d'une réunion qui associerait un directeur de PME à Amsterdam avec le directeur des achats d'un groupe industriel situé en Australie. Ecrans géants très haute définition, communication simultanée, traitement acoustique, luminosité : tout est fait pour donner l'impression à l'utilisateur que son interlocuteur se trouve bien autour de la table, en taille réelle, dans la même pièce. Bientôt l'écran ne sera même plus nécessaire, on pourra discuter avec son hologramme. L'investissement et les coûts d'opération d'un tel équipement sont élevés. Déjà déployé dans certaines grandes entreprises comme Cisco qui limitent ainsi les déplacements de leurs salariés, ce service disponible dans des lieux ouverts comme les SWC est désormais accessible aux universités, PME, travailleurs indépendants qui peuvent louer la salle de téléprésence pour environ 350€ de l'heure. Il est désormais possible de passer un entretien ou de suivre une master class à l'autre bout du monde d'un coup de métro.

« Pay what you use »

On l'aura compris, Spaces ou Bright City ne sont pas des opérateurs immobiliers qui vendent des m^2 mais des fournisseurs de services qui prônent le « Pay what you use ». Et ça marche. Au bout d'un an, Spaces est rentable et occupé à 100 %, sans subventions publiques. Les opérateurs immobiliers classiques n'ont qu'à bien se tenir s'ils ne revoient pas leurs offres pour s'adapter aux nouveaux paradigmes et usages de l'économie de la connaissance. Des acteurs comme Regus ou la chaine d'hôtellerie Mercure ont commencé à plancher sur de nouveaux produits. D'autant que les enjeux sont importants : si ces espaces du 3e type drainent une cible encore restreinte (travailleurs nomades d'économies intensives en connaissances), ils pourraient demain concerner les salariés des grandes entreprises soucieuses de faire des économies (un poste de travail en entreprise coûte aujourd'hui entre 6 000 € et 15 000 € par an par employé quand un abonnement dans un SWC coute entre 200 et 300 € par mois par employé) et d'offrir à leurs salariés un environnement de travail complémentaire à celui de l'entreprise ou du domicile, propice à l'innovation et aux collaborations.

Clara Delétraz, Chef de projet développement économique
et culturel à l'Etablissement Public Paris Saclay.

2 La gestion des relations services fonctionnels-services opérationnels

Comme nous l'avons expliqué dans la première section, une des caractéristiques des activités de service est qu'il y a coproduction entre le prestataire de service et l'utilisateur. De la même façon, il y a coproduction, dans les entreprises, entre les services fonctionnels et les services opérationnels qui consomment leurs prestations. Or la performance du couple service fonctionnel-service opérationnel ne dépend pas uniquement de la performance de chacune des deux entités ; elle dépend aussi de la qualité de la relation qui s'établit entre les deux services ; il est donc important de comprendre la nature des relations qui lient services opérationnels et services fonctionnels pour savoir comment on peut améliorer ces relations.

2.1 Les relations de flux

Les relations de flux lient des services qui échangent régulièrement ou à date prédéterminée des flux d'informations, des données, des services standardisés. Les relations de flux sont similaires aux relations industrielles à la différence près que ce ne sont pas des produits ou des composants qui sont échangés mais des services ou de l'information.

Les principales méthodes pour améliorer les performances dans les relations de type « flux » sont les suivantes :

- Bien définir les rôles, responsabilités et tâches de chacune des unités.
- Travailler sur l'ensemble du processus, soit par une réingénierie des processus soit en faisant appel à des équipes ou groupes de travail transversaux rassemblant des membres des deux entités concernées.
- Mettre en place des indicateurs portant sur la qualité du processus et du service (*Service level agreements* = SLA).

2.2 Les relations de conseil

Les relations de conseil lient des services qui peuvent éventuellement travailler ensemble, pour des prestations ponctuelles, relativement complexes, mettant en œuvre un savoir-faire spécifique. Pour améliorer les performances de l'entreprise dans les relations de type « conseil », il faut porter attention aux points suivants :

- Choisir le bon statut pour le service prestataire : centre de coûts discrétionnaire, centre de profit, etc.
- Choisir les activités qui peuvent/doivent être externalisées.
- Changer éventuellement la structure de l'entreprise : rattacher les fonctionnels aux services opérationnels pour lesquels ils travaillent en favorisant la proximité et donc l'adéquation dus service offert aux besoins.

Exemple – **Quel statut choisir pour un service fonctionnel ? L'exemple d'un service formation**

La figure ci-dessous dresse un tableau de l'ensemble des statuts qu'il est possible de donner, en contrôle de gestion, à un service support (ici un service formation). Les principales options sont les suivantes :

- Centre de profit (le service formation doit équilibrer ses comptes et/ou faire du profit en facturant ses prestations aux unités opérationnelles) ou centre de coûts discrétionnaires (les coûts du service formation sont considérés comme des « coûts de siège » couverts globalement par les marges des divisions).
- Les activités du service formation, qu'il soit centre de coût ou centre de profit peuvent être contrôlées de façon plus ou moins étroite par les utilisateurs, aussi bien au niveau de la définition des programmes d'activité que dans la mesure des résultats (évaluation des services rendus par exemple).
- Le service formation, s'il est un centre de profit, peut être mis en concurrence avec des prestataires externes ou non, pour tout ou partie des formations qu'il propose.

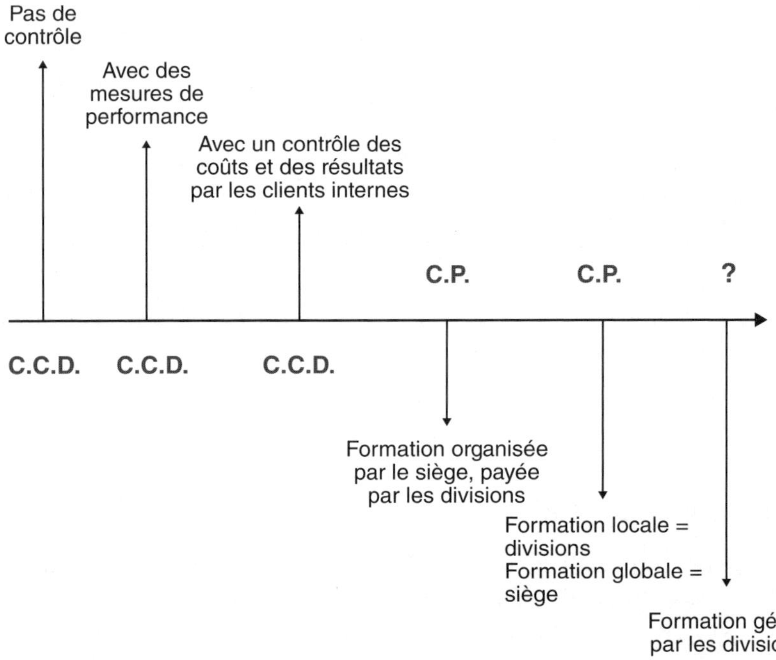

Figure 7.4 – Différents statuts pour le service formation

Le choix entre ces différentes options doit tenir compte de l'organisation du système de contrôle de gestion en général (niveau de délégation, organisation des business units), mais surtout du rôle que la formation doit jouer dans la stratégie de l'entreprise. Si la formation est un élément crucial pour fédérer les équipes, si elle constitue un facteur clé de succès, il est imprudent de transformer le service formation en un centre de profit et de le mettre en concurrence avec des prestataires extérieurs car la cohérence de la formation donnée aux personnels ne serait plus assurée. À l'opposé, si l'entreprise cherche avant tout à minimiser les coûts et à améliorer l'adéquation entre l'offre de formation et la demande des utilisateurs, il est déconseillé de choisir une organisation en centre de coûts discrétionnaires.

2.3 Les relations de type audit

Dans ce type de relations très particulières (qui concerne les services d'audit, mais aussi certaines activités de contrôle qualité par exemple), le service fonctionnel se voit conférer une autorité particulière qu'il tient le plus souvent de la direction générale. Les services opérationnels n'ont pas de marge de manœuvre pour choisir leur prestataire de service. Il n'y a pas de facturation des prestations de service. Il faut avant tout veiller à trouver un bon équilibre entre l'indépendance des équipes d'audit et un niveau d'interaction suffisant entre auditeurs et audités pour garantir la mise en œuvre des recommandations.

3 Conclusion

Comme nous venons de le voir, le contrôle de gestion des activités de service présente des caractéristiques propres et requiert des méthodes et outils spécifiques. Or, pour différentes raisons, la part des activités de service dans nos économies développées s'est fortement accrue au cours des dernières décennies. D'une part, l'importance des entreprises identifiées comme tertiaires (que cette importance soit mesurée en chiffre d'affaires, en effectif, en valeur ajoutée) a considérablement augmenté. D'autre part, au sein même des entreprises qualifiées d'industrielles, les activités tertiaires (recherche, développement, distribution, formation, etc.) se sont développées. Enfin, même les activités de production comportent aujourd'hui le plus souvent des dimensions de service (délais, qualité des produits, etc.) qui font qu'il n'est plus possible, par exemple, de mesurer la performance d'une unité de production à partir des seuls coûts et volumes.

C'est pourquoi, un contrôleur de gestion se trouve aujourd'hui très souvent confronté à la nécessité de piloter des activités qui présentent certaines caractéristiques habituellement présentes dans le secteur des services. S'il ne sait pas identifier leurs spécificités, s'il ne sait pas mobiliser des outils et techniques de contrôle pertinents, il risque de développer ou de pérenniser un système de contrôle qui pourra se révéler inefficace ou même nuisible, par exemple parce qu'il conduit à négliger les objectifs stratégiques fréquemment associés aux dimensions de service.

Ainsi, le contrôle de gestion des services ne peut plus aujourd'hui être considéré comme un développement du contrôle de gestion réservé à des spécialistes de niveau avancé. Il est indispensable aux contrôleurs de gestion confrontés en permanence à la gestion d'activités de service ou à des activités industrielles qui présentent des caractéristiques « de service ».

Pour aller plus loin...

Le contrôle de gestion dans les services publics

Parler de contrôle de gestion dans les services publics, c'est parler d'une évolution profonde du management public dont, avec A. Bartoli[1], on rappellera la définition : « L'ensemble des processus de finalisation, d'organisation, d'animation et de contrôle des organisations publiques visant à développer leurs performances générales et à piloter leur évolution dans le respect de leur vocation. »

Pour les pays membres de l'Union européenne, rappelons que la moitié des services d'intérêt général (notion utilisée pour parler de service public) offerts devaient l'être par des concurrents (des anciens « monopoles » publics) avant fin 2007. Le management public poursuit dorénavant un objectif d'efficacité (rappelons que l'efficacité concerne le rapport entre le résultat obtenu et l'objectif à atteindre) et c'est en cela qu'il acte l'entrée des logiques du contrôle dans les administrations publiques.

Cette conception du management public propose la substitution d'une approche gestionnaire à une approche réglementaire afin d'accroître l'efficacité et la flexibilité des services publics. Elle repose sur une simplification des procédures administratives et une plus grande autonomie en échange d'obligations de résultats et se caractérise par l'introduction des démarches de gestion de la qualité et de contrôle de gestion, la focalisation sur la figure du « client », un assouplissement des procédures, la création d'agences et la contractualisation. Néanmoins, le transfert des méthodes de management issues du secteur privé a soulevé de nombreuses interrogations quant à sa pertinence en particulier au regard des valeurs du service public (intégrité, équité, etc.).

1. La « nouvelle gestion publique » (NGP)

La version française de cette conception européenne du management public est qualifiée de « Nouvelle Gestion Publique » et reprend les principes du domaine : introduction d'une forme de concurrence entre les services administratifs, utilisation des « mécanismes » de marché comme mode de régulation interne, délégation maximale et encouragement à la gestion participative, redéfinition du bénéficiaire ou de l'usager comme « client », conduite des administrations publiques au regard de missions stratégiques, attitude « proactive » et non réactive, volonté de gagner de l'argent en rentabilisant les prestations quand c'est possible, séparation stricte entre le niveau politique (celui de la formulation de la stratégie) et le niveau opérationnel (celui de l'organisation). Les référents en sont donc l'efficience, la décentralisation qui induit une réduction des effectifs des administrations et les logiques du contrôle de gestion.

☞

1. A. Bartoli, *Le management des organisations publiques*, Dunod, 1997.

☞

Le management public comprend classiquement :

- La gestion des agents publics qui repose sur des règles, des procédures et des statuts constituant un référentiel pour les pratiques de gestion des ressources humaines. On va dorénavant mettre l'accent sur la notion de mérite, l'individualisation des rémunérations, l'appréciation du personnel sur la base des entretiens annuels d'évaluation.
- La gestion financière et comptable avec l'accent mis sur le développement du contrôle de gestion et des analyses en termes de « coûts – performances » des activités, en particulier compte tenu d'une attention portée à la réduction des effectifs en liaison avec les modes d'organisation.
- On ajoute aujourd'hui la prise en compte des thématiques débattues dans le cadre de la « responsabilité sociale de l'entreprise » (en particulier des attentes des « parties prenantes », du développement durable, etc.).

En conformité avec les logiques du contrôle de gestion, le management public va insister sur la programmation, la coordination, la contractualisation, l'évaluation des décisions (*ex ante* et *ex post*). Il se caractérise par la mise en œuvre d'indicateurs d'activité, d'outils de gestion budgétaire et comptable, d'outils de mesure des coûts. Le contrôle de gestion dans les services publics repose sur le fait de considérer l'aspect financier comme étant central et sur la volonté du « pouvoir central » de contrôler « à distance ». Il vient constituer une conception normative de l'Etat-administratif qui repose sur l'idée d'une superposition de deux logiques de nature différente : une logique institutionnelle (fondée sur la mission institutionnelle des services publics) et une logique managériale (en phase avec les logiques européennes rappelées ci-dessus).

L'activité publique est considérée comme consistant principalement dans la fourniture de services. Elle comporte donc toutes les caractéristiques de l'activité de services à savoir : l'immatérialité de la prestation, la simultanéité de la production et de l'utilisation, le contact direct entre prestataire et utilisateur donc l'importance de l'individualisation de la relation « fonctionnaire – usager » et la participation de l'utilisateur à la production de la prestation.

2. La Loi organique relative aux lois de finances (LOLF)[1]

La LOLF est une loi organique (possédant donc une valeur supérieure à la loi ordinaire) assimilable au volet financier de la Constitution et visant à moderniser la gestion de l'État. Entrée en vigueur par étapes, elle s'applique à toute l'administration depuis 2006. Elle précise la procédure d'adoption des lois de finances jouant ainsi un rôle central dans les relations entre pouvoirs constitués et répondant à la volonté d'introduire une logique de performance, de responsabilité et de transparence de l'information budgétaire. Les gestionnaires sont tenus de rendre des comptes sur l'efficacité de l'utilisation des crédits qui leur sont attribués par comparaison entre des Projets Annuels de Performance (PAP) présentant les actions pour l'année à venir (et donc une nomenclature budgétaire des dépenses par destination – article 7) et un système de suivi annuel de la réalisation des objectifs avec les Rapports Annuels de Performance (RAP). De plus, pour des raisons d'efficacité de l'allocation des ressources budgétaires et à l'exception des dépenses de personnel, le principe de fongibilité et de globalité des crédits permet de transformer des dépenses de fonctionnement en

☞

1. Loi organique relative aux lois de finances, n° 2001-692 du 1er août 2001.

☞

dépenses d'investissement. D'un point de vue comptable, l'article 30 indique que « les règles applicables à la comptabilité générale de l'État ne se distinguent de celles applicables aux entreprises qu'en raison des spécificités de son action », y compris la comptabilisation des actifs matériels et immatériels d'où la mise en œuvre d'un nouveau cadre normatif de la comptabilité publique. D'un point de vue « management – contrôle », le gestionnaire public se trouve responsabilisé au regard de la dépense et des recettes, l'ordonnateur exerce des fonctions de pilotage, le contrôleur financier devient garant de l'opérationnalité budgétaire des dépenses et, plus généralement, le comptable public doit garantir l'exhaustivité et la sincérité des informations financières. En vertu des dispositions de l'article 58-5, la Cour des comptes se voit attribuer la mission de certification des comptes de l'État, certification opérée suivant les critères « privés » (sincérité, image fidèle) et devant être annexée au projet de loi de règlement.

3. Les modalités actuelles du management public

Ses composantes en sont les suivantes :

- Décomposition des entités du secteur public en unités stratégiques organisées en services « manageables » dont la responsabilité est dévolue à un « manager » visible et détenteur d'un « véritable » pouvoir décisionnaire. Ce type de management décentralisé passe par une plus grande utilisation des techniques managériales issues du secteur privé (dont le recours systématique aux appels d'offre et à la sous-traitance) afin d'aboutir à une utilisation efficiente des ressources par une quête systématique de sources de production à moindre coût. Cette évolution structurelle se fait dans l'objectif de rendre les choses calculables et comparables.
- Usage systématique des TIC.
- Usage systématique des outils du contrôle de gestion aussi bien en amont (construction et mise en place du système informatique *ad hoc*) qu'en aval (mise en place d'une batterie d'indicateurs de suivi qui distinguent traditionnellement les indicateurs de suivi d'activité des indicateurs d'impact). Il s'agit d'adopter des standards de performance explicites, mesurables et contrôlables en mettant en avant la mesure du résultat compte tenu de dispositions concernant la comptabilité et la mesure de l'efficacité. Les conséquences de la mise en œuvre des logiques de contrôle de gestion dépassent ces modalités pour concerner les politiques de rémunération avec l'introduction de systèmes individualisés de rémunération.
- Réponse à des besoins et des attentes à rechercher et à préciser, « comme » dans une étude de marché.
- Marchandisation systématique (communication commerciale au minimum). Le *marketing* public est considéré comme devant permettre de développer des stratégies d'adaptation aux besoins du public et de promouvoir la légitimité et la valeur ajoutée des organisations publiques. Les organisations publiques s'engagent dans des démarches *marketing via* des études de besoin et des enquêtes de satisfaction, des démarches de qualité des prestations souvent intégrées dans des projets de service ou d'établissement, des actions de communication externe (explicitation du positionnement c'est-à-dire information sur les missions, les valeurs, les prestations, les spécificités et les différences par rapport à d'autres offreurs).
- Accessibilité au service par segmentation et tarification différenciée et évaluation de la qualité de la prestation de service.

☞

☞

– Mise en œuvre des logiques de la gestion de la qualité et de l'amélioration continue. La politique « qualité » est classiquement considérée comme le choix explicite d'une entité dans le but de développer ses aptitudes à satisfaire certains besoins (exprimés ou implicites) de ses « clients » même si la notion de « client » dans le secteur public présente des différences fondamentales (et reconnues comme telles) par rapport au client de l'organisation privée.

Le management public repose donc sur la création et la mise en œuvre de différents instruments destinés à mesurer la satisfaction (sondages, baromètres, « usager-mystère », etc.), et la mise en œuvre de logiques promotionnelles destinées à rendre plus visible la volonté de prendre en compte les besoins (chartes d'engagement, centres d'appel, etc.). La légitimité de cette perspective repose sur l'argument d'une expérience d'achat accumulée au travers des relations marchandes (en particulier des relations d'achat de service) qui conduirait à une exigence d'individualisation et donc à l'ouverture de l'éventail des choix. Mais ceci a des conséquences sur la définition des relations entre fonctionnaires et « usagers – clients ».

C'est ainsi que l'on pourrait parler du développement d'un consumérisme public venant poser la question de la place de l'« usager – client » dans les processus de contrôle et d'évaluation des politiques publiques avec :

– Le *benchmarking* comme pratique d'évaluation comparative, régie en particulier par des normes émises par des entités « supranationales » (UE, OCDE, FMI, Banque Mondiale, etc.) dans la perspective de la référence à un critère de compétitivité internationale.
– Les logiques financières tendent à conférer au fonctionnaire en charge de ces questions une importance tout à fait particulière, c'est-à-dire des responsabilités assimilables à celles d'un DAF d'entreprise (Directeur Administratif et Financier).
– La mise en œuvre d'une politique de gestion des ressources humaines, c'est-à-dire la remise en cause de l'emploi à vie et la primauté accordée à des contrats d'objectifs.
– La mise en place de mécanismes institutionnels de résolution des conflits et de dispositifs destinés à minimiser l'impact de la grève auprès des usagers du service public (service minimum).
– L'importance accordée aux outils de gestion, en particulier ceux du contrôle de gestion.
– La création de partenariats durables avec d'autres organisations qu'elles soient publiques, quasi-publiques (les ONG, par exemple) ou privées (les entreprises).
– La contractualisation des relations entre sous-unités et partenaires, contractualisation devant permettre le contrôle des coûts, l'obtention d'une transparence financière dans le droit-fil de la « machinerie » du contrôle financier d'entreprise.

4. Les débats quant au développement du contrôle de gestion dans les services publics

La primauté accordée aux outils de gestion conduit à privilégier la dimension technique du contrôle de gestion. La problématique centrale tend alors à devenir celle de l'efficacité des instruments et d'un changement lié à leur usage adéquat. L'usage de ces techniques conduit à une standardisation des pratiques de contrôle et tend à construire une véritable doctrine de l'action publique. C'est aussi à ce titre qu'il se produit une « collision » entre les cultures professionnelles des fonctionnaires du secteur public et les conséquences opérationnelles de la mise en œuvre de tels instruments.

☞

☞

C'est au travers de cette logique à la fois fonctionnaliste et instrumentaliste que se fonde l'assujettissement des missions au contrôle de gestion de type managérial. Le management public se trouve ainsi être un nom donné à un ensemble de pratiques de gestion outillées tirées des techniques de gestion des entreprises, venant constituer en même temps sa doctrine. Il introduit la question de la motivation des agents publics dans la mesure où il met en avant d'autres valeurs professionnelles telles que l'initiative individuelle et la flexibilité, ce qui crée de l'incertitude pour des fonctionnaires recrutés dans les services publics qui valorisaient des aspects tels que le respect des procédures, la continuité du service public, l'égalité de traitement des usagers. Les politiques de gestion de la motivation inspirées des logiques d'entreprises mettent alors en avant des modalités de gestion extrinsèque des rémunérations et des avancements au regard de la réalisation d'objectifs sur la base d'une gestion par les résultats de portée « courte » dans le temps par rapport à celles de la motivation intrinsèque qui prévalaient jusqu'ici (la mission) et de portée « longue ». De plus, dans les conditions de fonctionnement des services publics, de tels modes de rétribution tendent à être perçus comme peu « transparents », suscitant un sentiment d'injustice. Les modalités de la gestion de la motivation modifient donc les fondements de l'implication des fonctionnaires car elles visent à développer la confiance et l'autonomie sur des bases différentes du classique « sens du service public ». L'organisation du travail qui en découle tend à multiplier les contrôles et les évaluations qui entrent en tension avec l'organisation traditionnellement compartimentée des services publics. Les dispositifs individualisés de rémunération associés à un contrôle par les résultats laminent les bases de la confiance des personnels par la tension ouverte entre l'évaluation procédurale et impersonnelle et l'évaluation individualisée liée aux logiques de contractualisation sur lesquelles se développe ce contrôle de gestion par les résultats. Les fondements de l'effort collectif se trouvent ainsi remis en cause. Les trajectoires de différenciation des rémunérations viennent remettent en cause les solidarités collectives. Ceci a donc des conséquences sur l'identification des fonctionnaires aux entités dans lesquelles ils travaillent alors que la question ne se posait que dans les termes de l'identification à des « grands » services publics (par exemple l'éducation, l'armée, etc.). La question du *stress*, des conflits, de l'ambiguïté des tâches à accomplir face à la variété des compétences requises se trouve ainsi posée face à des éléments tels que le niveau de positionnement dans un corps, les possibilités de promotion, les rémunérations, l'âge, etc.

Ce type de contrôle managérial par les résultats acte le passage de l'inspection au contrôle du fait de l'importance accordée au « tiers auditeur » qui agit au nom d'un *public watching* « indépendant ». Ce *public watching* se trouve en outre fondé par la référence à une « mise sur agenda » de l'action administrative impliquant la référence à un plan stratégique et à des objectifs. Cette primauté accordée au « tiers auditeur » au nom du « principe » d'indépendance pose la question de la qualité de l'auditeur. Mais en supposant qu'elle soit résolue (car la question de la qualité éventuelle du « tiers auditeur » ne peut être opposée comme cela à celle de la non-qualité supposée du fonctionnaire public), il s'agit aussi, au travers de l'efficience auditée, de marquer la légitimité accordée au contrôle managérial par les résultats. Il est intéressant de remarquer l'impasse qui est faite sur les coûts de gestion propres à la mise en œuvre de tels aspects qui induisent une migration des structures de coûts des services vers un alourdissement des frais de gestion.

L'essentiel

Par de nombreux aspects, le contrôle de gestion des activités de service s'oppose au contrôle de gestion « traditionnel », c'est-à-dire initialement pensé pour l'industrie. Il se caractérise par :

– une finalisation de l'activité ambiguë et une définition du résultat complexe, multicritère ;

– une coproduction entre prestataire et client qui remet en cause le principe de responsabilité du décideur ;

– des activités discrétionnaires, c'est-à-dire pour lesquelles la relation moyens-résultats est mal connue ou mal maîtrisée ;

– des entreprises multisites requérant un contrôle décentralisé.

Le contrôle des activités discrétionnaires suppose la mise en place d'un système de pilotage comportant des informations sur les intrants, les ressources consommées, les réalisations et l'impact. Le manager peut ensuite choisir parmi différentes méthodes d'évaluation des performances qui présentent des avantages/inconvénients et conditions d'utilisation spécifiques.

Le contrôle des entreprises de service implique de comprendre un modèle de relation coût-valeur spécifique et doit faire face à deux problèmes particuliers :

– l'organisation en sites dispersés oblige à privilégier la décentralisation et à multiplier les « modes de contrôle » pour compléter les systèmes de contrôle des résultats *a posteriori* ;

– le contrôle de la qualité de service doit se faire en prenant en compte aussi bien des indicateurs portant sur la qualité offerte que des indicateurs portant sur la qualité perçue.

Le contrôle des services support passe par le choix d'une forme organisationnelle adaptée : centralisation *vs* décentralisation, externalisation, délocalisation, ou centres de services partagés. La performance des services supports est améliorée par la qualité des relations qui lient services support et services opérationnels.

On peut constater que les activités de service occupent une place croissante dans les économies développées, rendant la compréhension des particularités de leur contrôle indispensable à l'exercice du métier de contrôleur aujourd'hui.

Questions

1 ■ Y a-t-il une différence entre activité discrétionnaire et centre de coûts discrétionnaires ? Si oui, laquelle ?

2 ■ Quel dispositif mettriez-vous en place pour mesure la performance d'une direction des achats ?

3 ■ Le contrôle de la productivité, de l'efficience et de l'efficacité ne peut-il exister que dans les « secteurs de production » de l'entreprise ?

4 ■ Définissez des objectifs, des variables d'action et des indicateurs pertinents pour la bibliothèque de l'Université. On fera l'hypothèse que la mission de la bibliothèque peut s'énoncer ainsi : « fournir à l'ensemble des clients internes un service de qualité dans les limites du budget et des effectifs impartis ».

5 ■ Quels sont les problèmes de contrôle que l'on peut rencontrer quand on externalise/délocalise un centre d'appels ? Comment peut-on y faire face ? Quels sont les problèmes de contrôle que l'on peut rencontrer quand on externalise/délocalise un service d'assistance informatique ? Comment peut-on y faire face ?

6 ■ Dans quelle mesure peut-on utiliser les principes, méthodes et outils du contrôle de gestion à des activités de la sphère publique ? Répondez à la question en illustrant par l'exemple d'une activité publique que vous connaissez : collectivité locale, hôpital, université, etc.

Chapitre 8

Responsabilité sociale de l'entreprise et contrôle de gestion environnemental

Les deux thématiques, celle de la responsabilité sociale de l'entreprise (RSE) et celle du contrôle de gestion environnemental constituent aujourd'hui de véritables enjeux en termes de contrôle, plus que de contrôle de gestion *stricto sensu*. Force est de constater en effet que ces deux enjeux lui échappent, même si ces thématiques ont une importance opérationnelle notoire. À la RSE correspond le développement des directions de la RSE (ou du rattachement de la dynamique RSE à la Direction des ressources humaines) et à celui du contrôle de gestion environnemental correspond la création des directions du développement durable et la prise en compte des aspects environnementaux dans les logiques opérationnelles. Mais il faut d'abord souligner la difficile connexion qui existe entre ces deux thèmes de gestion. Dans les deux cas, il existe bien, en termes de contrôle, un projet de maîtrise (des perspectives sociétales dans le premier et des perspectives environnementales dans le second), mais c'est la seule chose qui les relie au premier degré.

Section 1 RESPONSABILITÉ SOCIALE DE L'ENTREPRISE ET CONTRÔLE

La notion de responsabilité sociale de l'entreprise recouvre deux grands aspects : la prise en compte des demandes de ce qu'il est convenu d'appeler les « parties prenantes » comme formalisation de la réponse à une demande sociale et l'intégration des pratiques liées à cette notion aux logiques de gestion. Comme il en va souvent des notions de ce type, la responsabilité sociale de l'entreprise ne peut être considérée comme une idée totalement nouvelle. Elle pourrait être rattachée à la longue histoire de l'assistance charitable des sociétés occidentales depuis le Moyen-Âge, ce qui expliquerait les innombrables efforts qui seront déployés pour en rendre compte en dehors des catégories des ressources humaines. Mais il pourrait s'agir aussi d'une « réactualité » du paternalisme moralisateur du début du XXe siècle exprimé aujourd'hui par les dirigeants des entreprises multinationales. Il est en effet difficile de positionner cette notion sans références à quelques considérations telles que la politique menée par H. Ford aux États-Unis avec sa politique de 5 $ par jour, le paternalisme des grands industriels en Europe et l'emploi à vie au Japon qui constituaient en quelque sorte déjà des dispositifs de responsabilité sociale de l'entreprise. Sur le plan conceptuel, et ceci de façon très critique, J. Allouche *et al.* (2005) parlent « d'illusion morale » et de « confusion des concepts et des pratiques ». La structuration conceptuelle est en effet redevable de courants disparates : le courant éthico-religieux de type américain, le courant écologique, le communautarisme et le néolibéralisme économique. L'inspiration économique et politique se situe entre le modèle minimaliste de l'orthodoxie libérale version « École de Chicago » (l'entreprise est faite pour réaliser des profits – son devoir moral en quelque sorte), le modèle intermédiaire de l'élargissement positif (E. R. Freeman et les « parties prenantes ») et le modèle maximaliste du volontarisme social (des actions menées à l'initiative de l'entreprise au travers d'ONG de « terrain »). Il en découle des appréciations très différenciées sur le lien entre les pratiques de responsabilité sociale de l'entreprise et la performance, notion tout aussi floue, dont le périmètre dépend de ce que l'on y ajoute au-delà de la composante financière.

La responsabilité sociale de l'entreprise a été à l'origine d'une inflation informationnelle, marquant ainsi le passage entre une « publicité – communication » et une information qui serve de base au dialogue avec les « parties prenantes ». La responsabilité sociale de l'entreprise conduit aussi à l'idée d'une certification « collective » d'entreprise à partir de la même idée que celle de la « roue de Deming » : « je dis mes engagements » ce qui suscite « la mise en œuvre d'outils de mesure » servant de base à une « évaluation » venant constituer un *reporting* par référence à des normes (celle du GRI – *Global Reporting Initiative* – sous la responsabilité de l'ONU par exemple). C'est ce qui va conduire à la constitution des grands enjeux de la responsabilité sociale de l'entreprise. Qu'a-t-on envie de dire et de faire et comment le rendre crédible au travers du *reporting* et de sa communication ?

La responsabilité sociale de l'entreprise va donc se référer à des normes « éthiques » et des labels dont le foisonnement peut être le signe d'un « trop plein », voire d'une véritable boulimie car elle se caractérise par une accélération de leur production et de leur péremption. La norme pose la question de son appropriation et de son intégration aux pratiques quotidiennes d'où sa dimension considérée comme « stratégique » qu'il s'agisse de stratégies de conformité, d'évitement ou de manipulation. Son adoption par telle ou telle organisation va alors relever d'une stratégie offensive (la norme étant alors une forme d'innovation, faisant barrière à l'entrée et justifiant des investissements importants) ou d'une stratégie défensive (comme masque, affichage, façade, couverture juridique, etc.). La norme peut également être utilisée comme un instrument d'ingérence chez le fournisseur dans la mesure où le contrat de fourniture donne lieu à l'imposition, par chaque donneur d'ordre, de normes et d'audits, et de l'organisation d'une surveillance technologique, organisationnelle, économique, environnementale et sociale.

Elle va reposer aussi sur la définition et la gestion de processus propres à mettre en œuvre les politiques de RSE, qu'il s'agisse d'un « méta-processus » concernant les valeurs et orientations d'une politique de RSE ou de la mise en œuvre d'un dispositif de mesure de la valeur ajoutée des processus de la RSE.

Le thème de la responsabilité sociale de l'entreprise se construit comme réponse aux pressions exercées sur les directions des entreprises par les groupes sociaux (ONG, associations citoyennes et, partiellement seulement, syndicats et partis politiques). Le contenu attribué par ces directions à la notion de responsabilité sociale de l'entreprise ainsi que leur contribution à la définition du *licence to operate* combine une perspective de légitimité et une perspective de réputation.

1 Les pratiques des entreprises en matière de responsabilité sociale

Elles reposent sur des actions à destination des « parties prenantes », sur des opérations de mécénat de solidarité et des fondations d'entreprise. On distingue classiquement les approches par l'économique (avec, par exemple, les logiques du commerce équitable) et les approches par le social (avec, par exemple, le soutien à des causes d'intérêt général). L'observation des pratiques montre des réalisations particulièrement disparates.

Le *Global Compact* (ou Pacte Mondial) est la référence la plus générale, initiative de Kofi Annan de 1999. C'est un cadre social et environnemental respectueux de « valeurs universelles » pour favoriser le développement économique et le marché mondial. Il s'appuie sur neuf principes inspirés de la Déclaration des droits de l'Homme, des conventions de l'OIT et de la déclaration de Rio sur l'environnement à savoir : soutenir et respecter la protection des Droits de l'Homme, s'assurer que les entreprises ne sont pas complices dans les abus de droits de l'homme, soutenir la liberté d'association et la reconnaissance du droit aux associations collectives, soutenir l'élimination de toutes les formes de travail forcé et obligatoire, soutenir l'abolition du travail des enfants, soutenir l'élimination de la discrimination dans le travail, soutenir une approche préventive pour les défis environnementaux, promouvoir la responsabilité environnementale, encourager le développement et la diffusion des technologies environnementales. Les entreprises signataires du Pacte Mondial s'engagent à respecter ces principes dans les pays où ils sont implantés et à en assurer la diffusion. L'adhésion au Pacte Mondial est volontaire et ne donne lieu à aucun contrôle. Il connaît un grand succès auprès des entreprises. Il en va de même des huit principes Sullivan reconnus par l'ONU, sorte de code de conduite de dimension plus sociale que le Pacte Mondial.

Des agences de notation spécialisées se sont corrélativement développées afin que les gérants de fonds puissent disposer d'une information « objective » sous la forme d'une note fournie par des bureaux spécialisés (par exemple Vigéo en France). Mais force est de reconnaître l'aspect très formaliste et peu imaginatif des critères de notation qui restent le plus souvent adossés aux catégories de la mesure plus qu'à celle de l'évaluation. La note est issue d'un processus formalisé de collecte d'informations auprès de l'entreprise sujette de la notation. C'est ainsi que les actions concrètes sont notées, qu'il s'agisse des approches économiques (commerce équitable) ou des approches par le social (par le relai d'une ONG de terrain comme dans le cas d'Eaux vives qui prend en charge le creusement de puits et l'installation de pompes dans les pays arides). L'importance des sommes engagées et des résultats obtenus est ainsi valorisée. C'est au regard de la note obtenue que les dirigeants de l'entreprise sont en mesure de fixer les objectifs en la matière, d'en suivre les réalisations et les évolutions. C'est ainsi que M. Capron et F. Quairel (2004) insistent sur le fait que la notation constitue à la fois une représentation de la performance et un outil pour donner des assurances externes aux tiers, qui peuvent ainsi, théoriquement du moins, se construire une image et une évaluation, tout en conservant l'essentiel d'un héritage comptable et financier. Le passage de la notation financière à la notation sociétale constitue ainsi un glissement de justification du sociétal à partir du financier. Le mot est le même, mais le contenu différent. On distingue d'ailleurs la notation déclarative (qui pose alors le problème de la « vente » de la note – à qui et combien a t-elle été payée ?) de la notation sollicitée (dont la frontière avec l'audit et le conseil doit alors être spécifiée).

2 L'expression, la mise en œuvre et l'évaluation des politiques de responsabilité sociale

Le thème de la responsabilité sociale de l'entreprise vient poser le problème de l'intégration de la politique de responsabilité sociale de l'entreprise au management avec :

– sur le plan stratégique, le fait d'expliciter les éléments de l'engagement sociétal pour recueillir l'adhésion des agents de l'entreprise (recherche de leur investissement personnel), l'articulation de ces éléments avec les autres aspects de la stratégie par la construction d'une pluralité d'objectifs ;

– sur le plan opérationnel, l'élaboration d'un système d'information, d'évaluation et de *reporting* des aspects sociétaux et l'intégration de la dimension sociétale dans les différentes activités de l'entreprise.

À ce titre, on peut véritablement parler de « potentiel stratégique » du thème de la responsabilité sociale de l'entreprise. On peut aussi évoquer le fait que ces dispositifs, outre le coût de leur mise en œuvre, induisent à la fois des coûts de contrôle et des coûts de justification. En termes managériaux, la RSE pose, encore plus que d'autres thèmes (celui de la qualité, par exemple), le problème de l'articulation des valeurs et des faits et donc la question de l'appropriation, de l'harmonisation des aspects internes et externes de l'engagement de l'entreprise, de la recherche d'une cohérence interfonctionnelle, de la mise en place d'un système d'information, d'évaluation et de *reporting* spécifiques, ces derniers aspects entrant directement dans les logiques du contrôle de gestion.

Avec les politiques de *reporting* sociétal, il est sans doute question d'une efficacité accordée aux preuves données. On peut dire qu'aussi bien au niveau des entreprises qu'à celui des agences de notations et des gestionnaires de fonds, on assiste au développement d'une demande d'informations à la fois précises mais aussi diffuses sur le thème de la RSE.

L'évaluation des coûts d'une politique de responsabilité sociale ne pose formellement que peu de problèmes avec :

– des coûts formels clairement identifiables et affectables aux projets de responsabilité sociale de l'entreprise ;

– des coûts cachés (Savall & Zardet, 1987) dont on dispose aujourd'hui des méthodes d'évaluation *ad hoc*.

Mais les réponses apportées sont le plus souvent effectuées dans les catégories de la mesure plus que dans celles de l'évaluation. La primauté accordée à la mesure s'inscrit dans les cadres classiques de la comptabilité de gestion : un coût complet classique, un coût d'activité, un coût partiel servant de base à la définition d'une politique pouvant être suivie et mesurée. Or, des aspects importants relevant du contrôle de gestion de l'immatériel sont difficilement mesurables. C'est le cas, par exemple, de la fidélisation des talents.

Une autre filiation possible des logiques d'évaluation des politiques de responsabilité sociale est celle de la gestion de la qualité. Il est en effet important de souligner l'interférence de ces pratiques d'évaluation avec les logiques de normes (et de certification). On rappellera ici les étapes de la gestion de la qualité : je dis ce que je vais faire, je fais ce que j'ai dit et je donne la preuve que j'ai bien fait ce que j'avais dit. Mais tout ceci ne tient qu'au regard d'un référentiel (des normes) qui fournit un cadre sur la manière de dire et celle de rendre compte.

Dans le domaine de la responsabilité sociale, on rencontre des référentiels pour les audits de certification (de type SA 8000, ISO, etc.), des audits de conformité aux normes (audits éthiques qui se réfèrent à de multiples logiques normatives) et des audits de risque (interne, externe). Les logiques de *reporting* relèvent essentiellement de la perspective de la transparence et de la *compliance* (qui comporte deux aspects : reporter et expliquer – *to report et to explain*) mais, en même temps, elles viennent construire un cycle « publication – délibération – engagement ».

Pour les *reportings* externes, il s'agit de divulgations plus ou moins volontaires selon le modèle du rapport financier (ou comme partie de ce rapport annuel). Les appellations attribuées à ces documents sont assez variées (rapports environnementaux, par exemple).

3 Le *stakeholder's* report

Il s'agit du rapport d'activité sur l'impact écologique et social de l'activité de l'entreprise ; ses modalités de construction relèvent d'une forme de « comptabilité sans comptable ». Les informations qui y figurent sont le plus souvent chiffrées mais relèvent de logiques qui sont absentes de la comptabilité financière et de gestion.

On assiste donc à la fois à une inflation de la quantité d'information publiée et à une normalisation croissante du contenu de ce document. Par exemple, le GRI (*Global Reporting Initiative*) propose l'intégration de principes (complétude des informations qui pose la question de la pertinence et du contexte des politiques de RSE – les actions liées au tsunami de décembre 2004, par exemple), fiabilité (précision des informations, neutralité et comparabilité, d'où la référence au principe d'*accountability* car il s'agit de chiffrer clairement ce qui a été fait) et accessibilité (clarté et « fraîcheur » des informations) aux deux « méta-principes » que sont la transparence et l'*inclusiveness*. On assiste ainsi à l'apparition du poste de *Responsibility Manager*, de directeur du développement durable (compte tenu d'une contingence sectorielle comme dans les bio-industries sujettes aux aléas du débat sur les OGM, etc.) ou de directeur de responsabilité sociale dans les grandes entreprises comme gardien du code de bonnes conduites. Il réalise un travail d'information (voire de négociation) avec les « parties prenantes ».

Le diagnostic interne (auto-évaluation) repose sur une grille de questionnements et d'indicateurs visant à vérifier la conformité avec les valeurs affirmées par la direction de l'entreprise. L'intérêt en est la démarche interne complète qu'elle propose et les limites sont celles d'un outil lourd, exigeant, consommateur en temps, interne donc posant le problème de sa crédibilité externe.

Les systèmes de pilotage se réfèrent le plus souvent à un modèle sous jacent standardisé de façon mimétique et emprunté au modèle de l'EFQM (European Foundation for Quality Development). Les leviers reposent sur un engagement de la direction (lettres, chartes, etc.), une planification et un suivi (mais s'agit-il de juxtaposition ou d'intégration d'indicateurs de performance ?) Un exemple en est le *sustainibility scorecard* de KPMG (voir exemple ci-après), avec l'importance donnée à la satisfaction des partenaires. Un autre élément du système de pilotage repose sur l'implication des acteurs internes et externes avec les tentatives d'introduction de systèmes de rémunération variable. Le problème que pose le système de pilotage de la responsabilité sociale de l'entreprise est celui de la cohérence avec les autres systèmes de gestion. On remarque d'ailleurs une faible implication des contrôleurs de gestion sur les systèmes de management de la performance sociétale dans la mesure où ces logiques leur échappent (apparition de directions de la RSE et de directions du développement durable).

L'implantation des politiques de responsabilité sociale de l'entreprise passe actuellement par la mise en place :

- d'un comité *ad hoc* (ou d'une direction) ;
- de dispositifs de contrôle organisationnel : codes de bonne conduite, procédures d'intervention des ressources humaines, du responsable environnement sur l'investissement, l'achat, le choix des fournisseurs, etc. ; ce sont ces éléments qui servent de base à la certification.

Exemple

Les éléments du *sustainability scorecard* de KPMG applicables au secteur des biens de consommation sont les suivants :

- gestion des ressources humaines (équité dans l'emploi et diversité) ;
- *supply chain management* et pratiques agricoles ;
- énergie et émissions de carbone ;
- investissement dans la communauté ;
- gestion des déchets et recyclage ;
- gestion de l'eau ;
- choix des matériaux et emballages ;
- performance des produits et innovation ;
- santé et sécurité alimentaire ;
- modalités de concurrence.

Source : www.kpmg.com

4 Les critiques adressées à la responsabilité sociale de l'entreprise

Ces critiques sont bien sûr nombreuses ; citons, pêle-mêle :

- Qui sont les parties prenantes et comment les classer (les plus puissantes ? les plus légitimes ? celles qui posent problème ?) ?

- Leurs attentes sont parfois mal exprimées (l'expression d'une politique de responsabilité sociale de l'entreprise se construit-elle en réaction à celles-ci ?). Il se pose le problème de récupération des signaux, des symboles représentatifs donc de la construction d'un système de mesure influencé par cela, mais il faut aussi tenir compte des limites liées à la conformité mimétique qui prévaut, le plus souvent, dans la construction de ces systèmes.
- Quel est le modèle qui intégrerait l'ensemble des performances avec une moyenne lisible (problème de la *triple bottom line* avec l'impossibilité de faire une moyenne compréhensible associant performance financière, sociale et environnementale) ?
- Comment s'assurer que la représentation de la performance n'est pas seulement une mise en scène ? ce qui pose le problème de la qualité des informations communiquées et celui de la fiabilité de leur audit. C'est le cas récent de la preuve filmée d'enfants à la porte d'une usine d'un sous-traitant alors que le rapport validé par un cabinet d'audit indiquait l'inverse.
- Comment crédibiliser les démarches d'audit ? Les références à la figure de l'expert, à ses méthodes sont-elles suffisantes ?
- L'offre de compétences en matière d'audit est-elle à la hauteur de la demande (problème d'un marché où règnent les plus puissants, donc biais dans les délibérations sur les normes, les grands cabinets d'audit maîtrisant à la fois l'édiction des normes et leur application) ?
- Avec la mise en œuvre de ces politiques, il y a risque de se focaliser sur l'obtention et le suivi de niveaux d'indicateurs plus que sur les problèmes, même si cette perspective peut jouer le rôle « d'accélérateur d'apprentissage ». Les logiques de *reporting* conduisent en fait à être satisfait du moment que cela convient formellement, de se focaliser sur une lutte pour la définition des standards, de ne s'intéresser principalement qu'aux auditeurs et aux agences de notation, de vouloir jouer le rôle de juge et de partie (juge pour la fixation des standards et partie pour le fait de se soumettre à la notation).
- La responsabilité sociale de l'entreprise, dans la mesure où elle privilégie les initiatives volontaires (*in fine* auto-décrétées) et compte tenu de l'« absence » de sanction est confrontée au risque de faire « décoller » les discours des réalisations; cela est d'autant plus un risque dans des logiques où une communication très professionnelle prendrait le pas sur la négociation (y compris avec des « parties prenantes »).
- La valeur de l'économique et de l'industriel tend à rester supérieure à celle de l'écologique et du social.
- La communication effectuée est unilatérale, univoque et présente la caractéristique de ne pas supporter la critique externe (qui ne pourrait appeler de ses vœux qu'une entreprise sale, inéquitable, etc. !).

Ne peut-on dire, pour ce qui concerne le développement de l'instrumentation associée à la RSE que l'on assisterait, tout comme pour la qualité il y a quelques années, au passage de cette instrumentation comme ensemble de techniques à la dimension d'une technologie managériale ? La dimension technologique serait d'ailleurs matérialisée par le double rapport à la norme : l'instrumentation se développe pour mettre en œuvre les normes de RSE mais, en même temps, les dirigeants des grandes entreprises mettent tout en œuvre pour les modifier, d'où cette impression de développement normatif à la fois sans limite et sans véritable sens.

C'est ainsi que M. Le Menestrel (2003) va parler des deux faces de la responsabilité sociale de l'entreprise avec la face brillante et souriante (préoccupations sociétales et environnementales) et la face sombre (les politiques de responsabilité sociale de l'entreprise n'envisagent pas, au sens large du terme, les rapports entre les produits et la santé, la discussion des règles applicables au travail et surtout aux capitaux). C'est en cela que la RSE hérite de toute l'ambiguïté du « *leadership* éclairé ».

La RSE pose donc, pour ce qui concerne les logiques du contrôle de gestion, la question de la mesure (avec quelles informations) et du suivi de la réalisation d'objectifs finalement supplétifs des composantes classiques du suivi de la performance.

Section 2 LE CONTRÔLE DE GESTION ENVIRONNEMENTAL

Parmi les sujets entrant sous l'ombrelle de la RSE, parler de contrôle de gestion environnemental, c'est acter l'importance accordée aujourd'hui au développement durable. Le contrôle de gestion environnemental est redevable des procédures générales du contrôle de gestion mais le qualificatif d'« environnemental » n'est pas seulement un suffixe. Des logiques nouvelles ont été introduites qui viennent poser la question de leur adjonction au contrôle de gestion en général ou bien du développement d'une logique autonome.

Il est important, à ce stade, d'essayer de fixer des frontières (très évolutives à l'heure actuelle) entre ce qui relève :

- de la gestion de la responsabilité sociale de l'entreprise, qui met ensemble les perspectives « sociétales » – les politiques mises en œuvre à destination de la société, management et contrôle comprises – avec les perspectives environnementales – généralement regroupées sous le terme de « développement durable et de respect de l'environnement » ;
- de la comptabilité environnementale, qui fournit les informations du management et du contrôle de gestion environnemental, qu'il s'agisse d'une comptabilité proprement dite ou de techniques de coûts spécifiques appliquées à l'environnement;

– du contrôle de gestion environnemental proprement dit qui reprend les logiques procédurales du contrôle de gestion essentiellement en matière de *reporting* (prévoir, constater les résultats et rendre compte) et en matière de suivi des objectifs.

Au-delà de la question de l'émission des gaz à effet de serre (enjeu du réchauffement climatique), d'autres enjeux globaux ont été discutés notamment lors de la conférence dite « Rio+20 » (nom donné à la Conférence des Nations Unies sur le développement durable qui s'est tenue à Rio de Janeiro, au Brésil, du 20 au 22 juin 2012, vingt ans après le Sommet de la Terre de Rio, en 1992, « Rio+20 ») avec l'ambition de considérer les questions du développement durable pour les vingt prochaines années. Des dirigeants du monde politique et économique, des représentants des ONG et d'autres groupes de la société civile se sont réunis pour déterminer comment réduire la pauvreté, promouvoir la justice sociale et assurer la protection de l'environnement sur une planète qui est de plus en plus peuplée.

Les deux thèmes génériques ont été :

– l'économie verte, le développement durable et l'éradication de la pauvreté ;
– le cadre institutionnel du développement durable ;

avec les aspects suivants : les emplois, l'énergie durable, les villes (écologiquement rationnelles), l'alimentation (sécurité alimentaire et agriculture durable), l'eau (accès à l'eau potable et gestion des réserves mondiales d'eau), la protection des océans et la gestion des catastrophes.

Il faut également souligner l'importance du contexte institutionnel international et national, le Grenelle Environnement étant considéré aujourd'hui comme une expérience « exemplaire » même si ses attendus sont limités au contexte français. Le domaine est donc confronté à diverses sources normatives largement en compétition, particulièrement au regard de l'antériorité de l'initiative et des « fonds de commerce » associés du conseil et de l'audit, parfois en complémentarité.

1 La dimension institutionnelle internationale la plus générale avec la norme ISO 26 000

Depuis le 1er novembre 2010, la multiplicité des normes qui prévalait dans le domaine a été marquée par l'officialisation de la norme ISO 26 000, norme « enveloppe » du volet sociétal et environnemental. De dimension internationale, cette norme vient offrir des lignes directrices et non des obligations. Elle n'est pas certifiable et prône donc l'autoévaluation et/ou l'évaluation par des parties tierces.

L'ISO 26 000 vise à qualifier, mesurer et rendre compte des éléments de politique de responsabilité sociale de l'entreprise mis en œuvre. Les deux attendus de la norme concernent un comportement « éthique et transparent ». Une importance particulière est accordée au volet environnemental compte tenu de ses volets « santé » et « bien-être de la société » : elle prend en compte les attentes des parties prenantes, le respect des lois en vigueur et la compatibilité des actions environnementales de l'entreprise avec les normes internationales. Elle met en avant deux aspects : l'identification des impacts des décisions et des activités de l'organisation au regard des logiques de l'ISO 26 000 ainsi que l'identification des parties prenantes et l'établissement du dialogue avec elles. Elle conduit à recommander la définition de domaines d'action pertinents et prioritaires à partir de leurs impacts sur la chaîne de valeur (cycle de vie de l'activité, des produits et des services, prise en compte des sept questions centrales de la norme, définition du périmètre de la responsabilité vis-à-vis de ses parties prenantes).

Les sept questions centrales sont :

- la gouvernance de l'organisation ;
- les bonnes pratiques des affaires ;
- l'environnement ;
- les conditions de travail ;
- les droits de l'homme ;
- la contribution au développement local, ou engagement sociétal ;
- les questions relatives aux consommateurs.

C'est sur cette norme que le contrôle de gestion environnemental se construit dans la mesure où il doit fournir les informations nécessaires à l'interprétation et répondre aux enjeux d'un audit par une partie tierce.

2 La comptabilité carbone du *Greenhouse Gas Protocol* (GHG)

Le *Greenhouse Gas Protocol* (GHG – www.ghgprotocol.org) est un outil de comptabilité et de *reporting* utilisable à la fois dans les secteurs publics et privés. Son objet est de rendre possible une gestion des émissions de gaz à effet de serre.

Il est construit comme un cadre comptable qui a vocation à être « généralement accepté » sur la base de quatre éléments inter-reliés :

- des normes applicables aux entités *corporate* visant à quantifier les émissions de gaz à effet de serre,
- un guide applicable à la mesure prévisionnelle des effets des projets de réduction des émissions,
- un guide applicable aux chaînes de valeur afin de mesurer les émissions liées à toute la chaîne de valeur et d'identifier les moyens les plus efficaces pour les réduire,

– un guide applicable à la comptabilité en cycle de vie dans le but de concevoir des produits et des services meilleurs en termes d'émission et de mieux répondre aux demandes d'information des parties prenantes.

Des cadres spécifiques ont été proposés pour des secteurs et/ou des questions environnementales avec :

– le *GHG Protocol Agriculture Guidance* ;
– le *GHG Protocol Power Accounting Guidelines*, tant pour les achats de matières premières destinées à la production d'électricité fossile que pour ce qui concerne les énergies renouvelables (traçabilité, assurance qualité, émissions de gaz à effet de serre, *reporting*) ;
– le *GHG Protocol Product Life Cycle Accounting and Reporting Standard* en liaison avec le *World Resources Institute* (WRI), le *World Business Council for Sustainable Development* (WBCSD), le *Carbon Trust et la Global e-Sustainability Initiative* (GeSI).

Malgré sa vocation internationale, ce cadre est loin de s'imposer face à de multiples autres normes aussi bien sectorielles que générales. La question plus générale de la gestion environnementale est aujourd'hui enjeu de normes privées construites sur l'argument de la spécificité et des normes politiques qui ont pour objectif de construire une réglementation. Comme les problèmes environnementaux dépassent les frontières de l'État-nation, les normes politiques se heurtent à l'absence de consensus au plan international alors que les normes privées sectorielles servent à défendre les logiques d'un secteur donné.

3 Le contexte institutionnel français : la loi sur les nouvelles régulations économiques (loi NRE) et le Grenelle Environnement

Ce cadre se développe en liaison avec les logiques sectorielles et internationales dont il a été question ci-dessus mais aussi compte tenu d'une dimension institutionnelle spécifiquement française et qui a marqué la genèse du Grenelle Environnement (des groupes thématiques par grande question et par secteur regroupant des acteurs de différents horizons – État, entreprises, ONG – et une déclinaison législative et réglementaire).

3.1 La loi sur les nouvelles régulations économiques (loi NRE)

La loi NRE (n° 2001-420 du 15 mai 2001) instaure, dans son article 116, l'obligation, pour les sociétés françaises cotées sur un marché réglementé, de rendre compte dans leur rapport annuel de leur gestion sociale et environnementale (un *reporting* social et environnemental). De manière liée, cette loi a conduit à la modification de l'article L. 225-102 du code de commerce par l'insertion d'un article L. 225-102-1 focalisé sur les rémunérations des mandataires de l'article L. 225-102 qui rend compte des rémunérations et des avantages de toute nature que chacun des mandataires a reçus durant l'exercice ainsi que « la liste de l'ensemble des mandats et fonctions exercés dans toute société par chacun de ces mandataires durant l'exercice ». « Il comprend également des informations, dont la liste est fixée par décret en Conseil d'État, sur la manière dont la société prend en compte les conséquences sociales et environnementales de son activité ». Cette logique d'institutionnalisation française se retrouve dans d'autres pays européens (Allemagne, Suède, Pays-Bas), dans certains des États des États-Unis (en particulier la Californie) et dans le reste du monde (Maroc, Brésil par exemple).

3.2 Le Grenelle Environnement

Initiative du Président Sarkozy et conduit par le Ministère de l'écologie sous la responsabilité de Jean-Louis Borloo, le Grenelle Environnement a reposé sur un ensemble de rencontres politiques organisées en septembre-octobre 2007 afin d'orienter les décisions en matière de développement durable en particulier pour restaurer la biodiversité par la mise en place d'une trame verte et bleue (TVB) et de schémas régionaux de cohérence écologique, tout en diminuant les émissions de gaz à effet de serre et en améliorant l'efficience énergétique. Cette initiative et les modalités de sa construction inspirent aujourd'hui des démarches similaires dans d'autres pays (le Japon, par exemple).

Ces rencontres ont abouti au vote de la loi-cadre dite « Grenelle I » adoptée par le Parlement le 23 juillet 2009. Une seconde loi (Grenelle II) détaille les modalités d'application du Grenelle I par objectif, chantier, et secteur. Un « Grenelle de la mer » a complété le dispositif ainsi que des Comités opérationnels (COMOP) pour l'agriculture. Par exemple, le COMOP 14 « Développement de l'agriculture biologique » a l'objectif d'aboutir à 20 % de produits biologiques dans la restauration collective d'ici 2012 et l'objectif de consacrer 20 % de la surface agricole utile à l'agriculture biologique en France en 2020 ; le COMOP 15-1 – « Ecophyto 2018 » a pour objet la réduction de moitié de l'usage des pesticides en 10 ans dont un indicateur de pression dit « NODU » – nombre de doses unitaires spécifiques de la substance active – servira de référence ; le COMOP 15-2 – « Certification des exploitations » vise 50 % des exploitations agricoles certifiées HVE – Haute Valeur Environnementale – d'ici 2012 et le COMOP 15-3 – « Performance énergétique des exploitations » avec 100 000 exploitations diagnostiquées en 5 ans. Pour les transports, le Grenelle Environnement a abouti à la création d'une « écopastille » de type « bonus – malus » sur les automobiles et d'une « éco-redevance » (écotaxe) sur le transport routier avec promotion du ferroutage et des transports publics (loi du 6 décembre 2008). Pour le Bâtiment, il a conduit à fixer de nouveaux seuils en matière de consommation énergétique et à promouvoir l'écoconstruction. Pour les bâtiments existants, l'objectif est de réduire la consommation énergétique de 38 % d'ici 2020. Dans le cadre du Grenelle et du Programme national de recherche et d'expérimentation sur l'énergie dans les bâtiments (PREBAT, lancé en 2005) un « Plan bâtiment » rendu public mi-janvier 2001 a fait 18 propositions et la recommandation de passer d'une incitation à l'exigence en termes de performance globale. Un « document d'orientation préliminaire » sur l'éducation au développement durable (rendu en janvier 2008) juge indispensable l'éducation au développement durable (EDD) pour tous les types d'établissements d'enseignement. Le COMOP 34 (sensibiliser, informer et former le public aux questions d'environnement et de développement durable) a rendu ses conclusions le 13 janvier 2009. Elles ciblent la mobilisation pour passer de l'étape de la prise de conscience à la modification de comportements individuels et collectifs.

Le détail de ces développements consacrés au Grenelle Environnement se justifie sur deux registres :

- c'est l'illustration de la double logique « normes publiques – normes privées » ;
- l'appareil législatif et réglementaire issu du Grenelle Environnement construit le périmètre à l'intérieur duquel seront fixés les objectifs et la manière dont le contrôle de gestion environnemental doit se construire.

L'Article 51 de la Loi Grenelle I mentionne les collectivités territoriales et leurs groupements comme « des acteurs essentiels de l'environnement et du développement durable », ayant des rôles « complémentaires, tant stratégiques qu'opérationnels ». Il précise que l'État favorisera la généralisation des bilans en émissions de gaz à effet de serre, et des Plans Climat Énergie Territoriaux en cohérence avec les Agendas 21 locaux qui pourront être utilisés comme outil de contractualisation volontaire. Ces collectivités sont invitées à prendre en compte la notion d'infrastructure écologique (TVB) en amont de tout projet d'aménagement et dans leurs documents d'urbanisme (SCOT et PLU notamment) et elles doivent intégrer un objectif de réduction de la pollution lumineuse. La phase opérationnelle pour l'outre-mer est entrée en vigueur avec l'installation en février 2008 du COMOP « Outre-mer » qui représente une part prépondérante de la biodiversité française. Un « Grenelle des ondes » initié en avril 2009 a proposé 10 pistes d'action, dont un test de réduction du seuil d'exposition aux ondes des antennes-relais et l'interdiction d'utiliser des portables dans les écoles.

Les principaux sujets de controverses reconnus par le rapport général du Grenelle Environnement et les sujets non validés ou mis en attente sont le nucléaire, les OGM, les agro-biocarburants, la réduction de vitesse sur les routes et autoroutes et le sujet des pesticides traité avec des réserves importantes quant à la diminution de leur usage, sujets qui restent aujourd'hui ouverts.

4 Les référentiels et les méthodes du contrôle environnemental : la norme ISO 14 000, l'analyse « coûts – avantages », le bilan carbone et l'analyse en cycle de vie

Il faut d'abord remarquer que, dès le titre de ce paragraphe, il est question de « contrôle environnemental » et non pas seulement de « contrôle de gestion environnemental » qui est une conception très réduite de la question d'autant que ce contrôle environnemental « dépasse » le contrôle de gestion environnemental et que ce contrôle opère le plus souvent en dehors du périmètre fonctionnel du contrôle de gestion. C'est finalement le « bilan carbone » qui se rapproche le plus des logiques de la comptabilité carbone du GHP, la norme ISO 14 000 étant à vocation large, l'analyse « coûts – avantages » et l'analyse en cycle de vie étant issues d'autres trajectoires, la rationalisation des choix budgétaires pour l'ACA et les travaux sur l'impact comptable et financier de l'automatisation (années 80) pour l'ACV. C'est la comptabilité carbone qui donne actuellement lieu à la genèse normative la plus foisonnante avec, par exemple, le *Carbon Disclosure Project* qui est une ONG suscitée à l'initiative des investisseurs et proposant un cadre comptable pour les effets d'émission de gaz à effet de serre mais aussi de la situation environnementale des villes et sur la question de l'eau. Les référentiels et les outils dont il va être question ci-dessous résultent de cette créativité et construisent un ensemble en « coopétition » dans la mesure où les enjeux et les périmètres de chacun d'entre eux différents

4.1 La norme ISO 14 000

La série des normes ISO 14 000 recouvre l'ensemble des normes applicables au management environnemental. D'ailleurs, la norme ISO 14 050 donne la définition suivante du système de management environnemental (SME, & 2.1.) : « Composante du système de management global qui inclut la structure organisationnelle, les activités de planification, les responsabilités, les pratiques, les procédures, les procédés et les ressources pour établir, mettre en œuvre, réaliser, passer en revue et maintenir la politique environnementale. » Leur application est en générale volontaire sauf demande d'un donneur d'ordre privé ou public même s'il est possible d'obtenir une certification (exemple : l'Association Française pour l'Assurance de la Qualité – AFAQ, Veritas, etc.).

Pour aller plus loin...

La structure de la norme ISO 14 001 est proche de celle des ISO 9 001 et 9 004 en termes de vocabulaire, d'exigences, de lignes directrices et d'audit. Les normes de la famille 14 020 et suivantes concernent l'étiquetage des produits et celles de la famille 14 040 concernent l'analyse en cycle de vie. C'est la famille des 14 050 qui concerne le management environnemental en proposant un cadre général pour la comptabilité des flux de matière et, plus largement, pour les informations nécessaires au processus de décision afin de réduire à la fois l'impact environnemental et les coûts par une valorisation en termes physiques et monétaires. La prise en compte des déchets y tient une place majeure avec la perspective du « zéro déchet » aussi bien dans le processus que pour le produit lui-même. Il considère les émissions comme s'il s'agissait d'un produit qualifié de « produit négatif » à comparer au « produit positif » issu du processus.

4.2 L'analyse « coûts – avantages » (ACA)

L'analyse « coûts – avantages » (ACA) est une méthode permettant la description et l'agrégation des effets attendus d'une décision ; en particulier elle permet d'évaluer le fait de savoir si les avantages sociaux escomptés d'une décision politique seront supérieurs à ses coûts pour le secteur privé. Elle appartient à la famille des outils d'aide à la décision et c'est en cela qu'il est possible de l'affilier aux logiques du contrôle de gestion.

De façon générale, les conséquences d'un projet ou d'une décision entrent dans l'une des quatre catégories suivantes :

- coûts directs (coûts en capital, coûts d'opération, etc.) ;
- coûts indirects (perte de productivité, de compétitivité, coûts d'opportunités des investissements retardés, etc.) ;
- avantages directs (dommages évités, diminution de la probabilité et de la gravité des accidents, etc.) ;
- avantages indirects (innovation, meilleure image ou réputation, diminution des primes d'assurance, etc.).

Une ACA attribue une valeur monétaire à chacune des conséquences identifiées ce qui est sa difficulté conceptuelle majeure (par exemple, la mise en regard d'une taxe sur les sodas et la lutte contre l'obésité compte tenu des coûts sanitaires et sociaux de l'obésité).

Pour aller plus loin...

Il est principalement fait référence à deux méthodes d'évaluation des avantages :

- la méthode des préférences révélées qui consiste à observer des décisions individuelles sur les marchés du risque ;
- la méthode des préférences annoncées, plus souple que la précédente dans la mesure où le contenu du questionnaire peut varier, et qui consiste à évaluer les dispositions à payer pour un supplément de sécurité (ou à recevoir pour une baisse de sécurité) à partir de réponses à des questions lors d'enquêtes, souvent appelées évaluations contingentes.

Ce processus de monétarisation focalise les critiques majeures adressées à l'ACA, notamment d'un point de vue éthique et politique : par exemple, le prix de la vie humaine, de l'environnement, du bien-être des générations futures sont des éléments constitutifs du « Bien Commun » devant constituer un objectif public défini indépendamment de considérations économiques. Un autre type de critique est adressé au traitement différencié des individus selon qu'ils sont riches ou pauvres. Le postulat implicite majeur de l'ACA est que la société possède une conscience précise de ce qu'elle veut en matière de justice sociale. Ce problème se pose en matière de développement durable et d'application du principe de précaution : les résultats d'une ACA vont différer suivant le degré de prise en compte des générations futures et de l'incertitude scientifique quant à telle ou telle technique (le moteur à explosion qui existe et est utilisé massivement depuis des décennies par rapport au moteur à hydrogène qui reste au stade expérimental, par exemple).

4.3 Le bilan carbone

Le bilan carbone est un outil de comptabilisation des émissions de gaz à effet de serre, devant tenir compte de l'énergie primaire et de l'énergie finale incorporée par les produits, services ou consommée par les individus et/ou les collectivités. Il permet d'étudier la vulnérabilité d´une activité et, tout particulièrement, sa dépendance aux énergies fossiles. Il est notamment utilisé en France pour le calcul du « Bilan des émissions de gaz à effet de serre » (BEGES), que la Loi Grenelle II a rendu obligatoire pour un certain nombre d'entités territoriales.

Le bilan carbone tente de répondre à différentes questions :

- démographiques : surpopulation, déséquilibres démographiques et augmentation continue des consommations énergétiques ;
- de ressources : épuisement des énergies fossiles et ressources non renouvelables ;
- géostratégiques, dont d'indépendance énergétique et alimentaire ;
- de développement durable : réduction de l'empreinte carbone.

La comptabilité carbone se distingue des analyses en termes d'empreinte car tout est ramené en « équivalent carbone » qui sert de dénominateur commun. Un bilan carbone suppose également que chaque acteur de la chaîne amont ait déjà établi le sien car un bilan donné opère par addition des données des bilans des fournisseurs en amont.

Le bilan carbone désigne un ensemble venant relier des méthodes, des outils, des facteurs d'émission et une documentation associée dont l'inspirateur en France est J.-M. Jancovici[1], ensemble ayant été diffusé par l'ADEME qui en a fait une marque déposée. Il permet de tenir une comptabilité carbone selon des règles publiques et compatibles avec les normes en vigueur (ISO 14 064 notamment).[2]

Pour aller plus loin...

Au titre de la lutte contre l'effet de serre, les installations industrielles d'une certaine taille des pays de l'Union européenne sont dans l'obligation d'établir un bilan de leurs émissions annuelles directes de gaz à effet de serre dont le CO2. Une circulaire de 2002 précise la méthodologie à suivre indépendamment de la réalisation d'un bilan carbone qui vise à quantifier le lien de dépendance avec les émissions indirectes (celles des fournisseurs ou des clients). Le diagnostic de performance énergétique complète cette représentation énergétique globale d'une installation.

4.4 L'analyse en cycle de vie (ACV)

Pour sa part, l'analyse en cycle de vie (ACV) repose d'abord sur des affirmations d'ordre déontologique (en particulier par référence à la série de normes ISO 14 040). C'est au début de la décennie 90 qu'est apparue la nécessité de construire des approches multicritères (consommation de matières et d'énergies, émissions dans l'air et dans l'eau, déchets) prenant en compte l'ensemble des étapes du cycle de vie des produits, de leur conception à leur fabrication puis à leur utilisation et leur élimination. Si les bases méthodologiques de l'ACV ont été posées à la *Society of Environmental Toxicology and Chemistry*[2] (SETAC), l'ACV se réfère aujourd'hui à la norme ISO 14 040 « Management environnemental – Analyse du cycle de vie – Principes et cadres » qui décrit en particulier les caractéristiques essentielles de l'ACV et les bonnes pratiques de conduite d'une étude.

1. J.-M. Jancovici, *L'Avenir climatique : quel temps ferons nous ?,* Seuil, collection « Science Ouverte », 2002.

1. Cette association regroupe des universitaires et des industriels ; elle a posé les bases de l'ACV et constitue l'instance de référence pour de nouveaux développements (www.setac.org/lca.html); c'est donc une enceinte de réflexion R&D qui travaille en amont de la normalisation internationale ISO (www.iso.org).

L'ACV repose sur l'inventaire des flux de matières et d'énergies entrants et sortants à chaque étape du cycle de vie et à une évaluation des impacts environnementaux de ces différentes phases. Les impacts le plus souvent retenus sont l'effet de serre, l'acidification, l'épuisement des ressources naturelles. On retient aussi des flux comme la quantité d'énergie, la quantité de déchets.

L'ACV se heurte à la complexité des interactions, complexité qui est source d'incertitude sur la valeur des impacts environnementaux. C'est à ce titre que l'on parle d'« impacts potentiels », les impacts locaux étant plus faciles à évaluer que les impacts globaux (effet de serre par exemple), dont les conséquences ne dépendent que peu du milieu récepteur.

Les résultats d'une ACV sont donc présentés sous forme d'un ensemble de résultats présentant à la fois les consommations réelles et les impacts potentiels, les coefficients de calcul des impacts potentiels étant déterminés par les scientifiques du domaine (les coefficients de calcul de l'effet de serre proviennent de l'*Intergovernmental Panel on Climate Change* – IPCC). Les évaluations sont donc tributaires de l'état des connaissances du domaine considéré.

Pour aller plus loin...

L'ACV repose sur quatre étapes :

1. Définition des objectifs et du champ de l'étude, donc des paramètres pris en compte.
2. Analyse de l'inventaire des flux de matières et d'énergies associés aux étapes du cycle de vie ; les données d'inventaires sont constituées des bases de données d'inventaires de cycle de vie, plus facilement disponibles pour les matières premières courantes, l'énergie, les transports.
3. Évaluation de l'impact à partir des flux recensés.
4. Interprétation, étape itérative avec les précédentes de manière à valider que les résultats permettent de répondre aux objectifs de l'étude ; il arrive en effet que la non-disponibilité de certaines données conduise à restreindre le champ de l'étude ; on tentera aussi d'évaluer la robustesse des résultats (par exemple avec des analyses de sensibilité).

L'interprétation débouche sur la constitution d'« écoprofils », d'une « normation » et d'une monétarisation :

– L'« écoprofil » constitue le résumé de l'ACV en reprenant les informations principales issues des déclarations environnementale et sanitaire en présentant les principaux impacts d'un produit sur l'environnement (comprendre « rapporté à une échelle normée »), terme distinct de celui de « normalisation » (qui concerne la réalisation des normes françaises ou internationales de type « ISO ») et d'une monétarisation.

– La « normation » consiste à traduire les résultats d'ACV en équivalent habitant (éq hbt) en divisant l'impact par l'impact total sur la zone géographique considérée puis en multipliant par la population de cette même zone. Elle permet de déterminer à quels impacts les produits contribuent le plus.

– La monétarisation propose l'évaluation économique des dommages environnementaux (les « externalités ») en associant à chaque impact environnemental son coût estimé pour la société. Elle se heurte à des difficultés de valorisation et à la multiplicité des approches (consentement à payer, coût de réparation des dommages, coûts de dépollution, etc.), chacune ayant ses biais et venant poser la question des comparaisons.

De ce fait, les normes ISO indiquent que si des résultats d'ACV font l'objet d'un traitement de pondération quel qu'il soit (score unique, normation, monétarisation, etc.), la présentation des résultats de ce traitement doit obligatoirement être accompagnée des résultats avant traitement, dans leurs unités physiques habituelles respectives (équivalent CO2 pour l'effet de serre, équivalent H+ pour l'acidification, etc.).

La communication sur les résultats d'une ACV doit être faite de manière détaillée et transparente, en particulier quant aux objectifs, au champ de l'étude et aux principales limites. En cas de comparaison des produits ou procédés, le rapport doit comporter une revue critique, c'est-à-dire l'examen de l'étude par un expert indépendant agissant seul ou dans le cadre d'un comité associant spécialistes du secteur et principales parties concernées.

Tableau 8.1 – Comparaison entre ces différentes logiques (ISO 14 000, ACA, bilan carbone, ACV)

Référentiels et outils	Nature	Usages	Limites
La norme ISO 14 000	Référentiel	Guide d'audit et de contrôle	Collision avec d'autres normes (*cf.* ISO 9000, 26 000)
L'analyse « coûts – avantages »	Méthode	Préparation des décisions	Difficultés quant au recensement des éléments de coûts et pour la valorisation monétaire des avantages
Le bilan carbone	Méthode	Évaluation des impacts environnementaux à un moment donné	Problème de l'unité choisie (tout ramener en « équivalent carbone »)
L'analyse en cycle de vie	Méthode	Évaluation des impacts environnementaux dans le temps	Les modes d'évaluation adoptés

5 L'expression, la mise en œuvre et l'évaluation des politiques de développement durable

Cette expression se place sur les mêmes attendus que ce qui a été développé dans la section consacrée à la responsabilité sociale de l'entreprise (explicitation des éléments de l'engagement environnemental sur la base d'une cohérence inter-fonctionnelle et élaboration d'un système d'information, d'évaluation et de *reporting*). Mais en termes managériaux, le développement durable pose le problème de l'articulation des valeurs exprimées avec les objectifs économiques et financiers (augmentation du chiffre d'affaires, donc des consommations irréversibles de matières premières, gestion des marges avec les délocalisations venant induire des transports, etc.).

Le constat est que ces politiques privilégient en général le spécifique et le local, car elles permettent une meilleure communication, une meilleure construction de connaissances organisationnelles et une meilleure socialisation (en termes d'identification de ce qui a été fait). Rattachées aux champs de la création de valeur partenariale ou de la gestion des relations avec les « parties prenantes », ces politiques suscitent donc nombre de problématiques théoriques et opérationnelles. Tout comme avec les logiques de *reporting* sociétal, il est question de donner des preuves tangibles de ce qui a été fait.

Une trame de *reporting* a été fournie par l'*International Integrated Reporting Council* (IIRC – www.theiirc.org) une entité qui regroupe des représentants des entreprises, des universitaires et des représentants de la société civile. Sa mission est de proposer un cadre de *reporting* qui permette d'effectuer des comparaisons dans l'espace et dans le temps. Il s'agit de mettre en évidence les liens qui existent entre la stratégie, la gouvernance, la performance financière, sociale et environnementale, aussi bien de façon rétrospective que de façon prospective afin de donner la preuve de la dimension durable de la politique menée. Le document qui est ainsi construit peut être joint au rapport annuel.

Pour l'évaluation externe, deux logiques coexistent :

- celle de l'image, des notations, des classements, des prix (audits de vérification) ;
- celle des systèmes de gestion de la responsabilité sociale et environnementale (audits de certification).

C'est dans le cadre des audits de vérification que sont utilisés les référentiels normatifs de type ISO alors que les méthodes s'intègrent plutôt dans le cadre des audits de certification.

Il se pose donc d'une part la question de la compétence et de la sensibilité des auditeurs et, d'autre part, celle de la « culture » anglo-américaine des référentiels. La fiabilité des contrôles par rapport à certaines difficultés (absence de référentiel environnemental dans les ISO 14 000 et 26 000, pas ou peu d'association des « Pays du Sud » dans la démarche, etc.) est également discutable. Les audits constituent donc des analyses intéressantes mais partielles. La conformité ne garantit pas la compréhension des impacts. À tout cela s'ajoute le problème de la faible légitimité des certificateurs du fait de la « transparence » toute relative de ce marché. Comment arbitrer entre tout cela alors même que les pouvoirs publics s'y intéressent peu ?

L'évaluation va également se référer à des procédures d'audit par le recours à une tierce partie (les auditeurs) et le déplacement de la Certification vers l'auditeur (*cf.* M. Power[1]) au lieu de vérificateurs publics. Ce mode d'évaluation est censé répondre aux problèmes de transparence et de crédibilité mais on peut s'interroger sur le fait de savoir si c'est vraiment le cas.

Plus généralement, l'audit en la matière repose sur la dissociation entre l'inspection des processus de l'entreprise et de ses fournisseurs (le plus souvent privatisée) et le contrôle interne organisé sous la responsabilité de la direction. Cette perspective hérite donc des dilemmes et paradoxes de la coopération entre des auditeurs internes, externes et des inspecteurs. C'est ce qui va conduire à la dualité « audit de conformité – audit de pertinence », l'audit de conformité étant confié à des inspecteurs et des auditeurs externes alors que l'audit de cohérence est plutôt confié à des auditeurs internes. Il se pose aussi le problème de la maîtrise des informations communiquées et de ses liens avec des enjeux de performance interne. Le fait de se faire connaître en rendant publiques des informations environnementales matérialise le dialogue avec les parties prenantes.

Les limites de ces logiques sont :

- une qualité inégale des informations ;
- une sélection discrétionnaire (sauf dans les pays ayant légiféré sur la question) ;
- des problèmes de fiabilité et vérifiabilité (pas de véritable « certification » en fait) ;
- des problèmes de pertinence, de comparabilité ;
- des difficultés liées à l'absence de véritable normalisation des présentations (le plus souvent seulement des *guidelines*) ;
- l'ambiguïté du rôle du document qui se situe entre reddition et communication.

Les problèmes liés sont de savoir pour quels types de « parties prenantes » les audits sont effectués. Quelle est la légitimité des organismes non gouvernementaux qui émettent ces principes ? Il est également important de souligner l'inégalité de traitement entre des entités qui mènent des politiques sociales et environnementales et n'en parlent pas et inversement, et d'autres qui communiquent par « gonflement » d'actions ponctuelles. Les audits de ces *reportings* relèvent essentiellement de la vérification et non de la certification afin d'apporter de la crédibilité au processus. La vérification indique simplement la conformité aux normes mais, en ce domaine, le risque est celui du conformisme au regard des éléments du référentiel. La perspective de conformité d'un audit de vérification possède en effet l'efficacité pour objectif implicite. Cet audit est donc à la fois un audit de vérification mais aussi un audit de pertinence entre les décisions prises et les référentiels normatifs, d'où la difficulté de sa mise en œuvre.

1. M. Power, *La société de l'audit : l'obsession du contrôle*, La Découverte, 2004.

La responsabilité environnementale et sociale est aujourd'hui confrontée à une demande de langage commun de type professionnel et à la construction d'une normalisation d'« encadrement ».

L'essentiel

La notion de responsabilité sociale de l'entreprise recouvre deux grands aspects : la prise en compte des demandes des parties prenantes comme formalisation de la réponse à une demande environnementale et sociale et l'intégration des pratiques liées à cette notion aux logiques de gestion. La responsabilité sociale de l'entreprise a été à l'origine d'une inflation informationnelle, marquant ainsi le passage d'une « publicité – communication » à une information qui serve de base au dialogue avec les parties prenantes. La responsabilité sociale de l'entreprise conduit aussi à l'idée d'une certification collective d'entreprise fondée sur l'idée de la « roue de Deming » : « je dis mes engagements » ce qui suscite « la mise en œuvre d'outils de mesure » servant de base à une « évaluation » venant constituer un *reporting*. C'est ce qui va conduire à la constitution des grands enjeux de la responsabilité sociale de l'entreprise. Qu'a-t-on envie de dire et de faire et comment le rendre crédible au travers du *reporting* ? La responsabilité sociale de l'entreprise se réfère à des normes éthiques. La norme pose la question de leur appropriation et de leur intégration aux pratiques quotidiennes d'où sa dimension considérée comme stratégique, qu'il s'agisse de stratégies de conformité, d'évitement ou de manipulation. Le contenu attribué par ces directions à la notion de responsabilité sociale de l'entreprise ainsi que leur contribution à la définition du *licence to operate* combinent une perspective de légitimité et une perspective de réputation.

Les pratiques des entreprises en matière de responsabilité sociale reposent sur des actions à destination des parties prenantes, sur des opérations de mécénat de solidarité et des fondations d'entreprise. On distingue classiquement les approches par l'économique (avec, par exemple, les logiques du commerce équitable) et les approches par le social (avec, par exemple, le soutien à des causes d'intérêt général). L'observation des pratiques montre des réalisations particulièrement disparates. Des agences de notation spécialisées se sont corrélativement développées.

Le contrôle de gestion environnemental est redevable des procédures générales du contrôle de gestion mais des logiques nouvelles ont été introduites.

Depuis le 1er novembre 2010, l'officialisation de la norme ISO 26 000 est la norme « enveloppe » de la question de la responsabilité environnementale et sociale car une importance particulière y est accordée au développement durable. Elle offre des lignes directrices et non des obligations. Elle n'est pas certifiable et prône l'autoévaluation et/ou l'évaluation par des parties tierces et vise à qualifier et rendre compte des éléments de politique environnementale et de responsabilité sociale de l'entreprise mis en œuvre au regard d'un comportement qui se veut éthique et transparent (les deux attendus fondamentaux de la norme). Elle met avant deux aspects : l'identification des impacts des décisions et activités de l'organisation au regard des logiques de l'ISO 26 000 ainsi que l'identification des parties prenantes et l'établissement du dialogue avec elles.

☞

☞

La norme ISO 14 000 est la norme « enveloppe » du management environnemental.

Les outils du contrôle environnemental se sont développés de façon spécifique autour de trois outils : l'analyse « coûts – avantages », le bilan carbone et l'analyse en cycle de vie.

L'analyse « coût – avantages » (ACA) est une méthode permettant la description et l'agrégation des effets attendus d'une décision en particulier sur le fait de savoir si les avantages sociaux escomptés d'une décision politique seront supérieurs à ses coûts pour le secteur privé. Elle appartient à la famille des outils d'aide à la décision.

Le bilan carbone est un outil de comptabilisation des émissions de gaz à effet de serre, devant tenir compte de l'énergie primaire et de l'énergie finale incorporée par les produits, services ou consommée par les individus et/ou les collectivités. Il permet d'étudier la vulnérabilité d´une activité et, tout particulièrement, sa dépendance aux énergies fossiles.

L'analyse en cycle de vie (ACV) repose sur l'inventaire des flux de matières et d'énergies entrants et sortants à chaque étape du cycle de vie et sur une évaluation des impacts environnementaux de ces différentes phases. Les impacts le plus souvent retenus sont l'effet de serre, l'acidification, l'épuisement des ressources naturelles. On retient aussi des flux comme la quantité d'énergie, la quantité de déchets.

Questions

1 ■ Quel est le contenu de l'attribut « sociale » de RSE ?

2 ■ En quoi une norme éthique est-elle insuffisante ?

3 ■ Qu'est-ce qu'une « partie prenante » ?

4 ■ Quels sont les points de comparaison et les différences entre le reporting financier et le reporting de la RSE ?

5 ■ Quels sont les points de comparaison et les différences entre le rapport annuel et le *stakeholder's report* ?

6 ■ Qu'est-ce que la *triple bottom line* ?

7 ■ Rappelez les questions centrales de la norme ISO 26 000.

8 ■ Qu'est-ce que la loi NRE ?

9 ■ Quels sont les enjeux et les limites de l'analyse « coûts – avantages » ?

10 ■ Qu'est-ce que le bilan carbone ?

11 ■ Qu'est-ce qu'une analyse en cycle de vie ?

Chapitre 9

Le contrôle de gestion, une pratique d'aide à la décision[1]

Ce chapitre interroge la relation existant entre l'information et le contrôle de gestion. Il remet en question, de façon fondamentale, la dialectique entre information et contrôle et, au-delà, entre décideur et contrôleur.

« Les personnes pratiques sont souvent des personnes prisonnières de théories dépassées » : l'avertissement est de J.-M. Keynes, le grand économiste anglais. C'est une invitation à interroger les fondements conceptuels des pratiques de contrôle de gestion.

Conception de ratios et de tableaux de bord, établissement de prévisions, calcul des coûts de revient ou encore des écarts entre budgets et réalisations, le contrôle de gestion se présente notamment comme une pratique consistant à produire et à traiter de l'information. Précisons que les notions de production et de traitement sont à prendre au sens large : il s'agit de tout ce qui concerne la collecte, l'analyse, la synthèse, la présentation, la création, la diffusion de chiffres, de tableaux, d'études, de rapports, etc. L'enjeu de cette pratique, c'est la décision : le contrôle de gestion se définit comme une fonction, un processus d'« aide à la décision ». Produire et traiter de l'information afin d'« aider la décision » dans et de l'entreprise, tel est un des impératifs majeurs qui fondent la pratique qu'on appelle contrôle de gestion.

1. Ce chapitre est une contribution entièrement due à Andreù Solé qui s'appuie sur ses travaux personnels de recherche sur la décision (voir notamment A. Solé, 1996 et 2000).

La relation information-décision et la notion d'« aide à la décision » sont au cœur de l'idée de contrôle de gestion. Interroger les fondements du contrôle de gestion suppose notamment d'expliciter, et de discuter, la théorie de la relation information-décision à la base de l'idée de contrôle de gestion. Quelle est la théorie de la relation information-décision qui fonde le contrôle de gestion ? Cette théorie serait-elle dépassée ? Telle est la double interrogation qui est à l'origine et qui structure la réflexion proposée dans ce chapitre.

Section 1 LA « VISION INFORMATIONNELLE DU MONDE »

Un des grands postulats fondateurs de la notion de contrôle de gestion peut, en termes simples, être ainsi énoncé : la décision étant fonction de l'information, il est essentiel d'améliorer l'information du décideur. Concrètement, il s'agit de produire et de communiquer une information toujours plus à jour, plus rapide, plus précise, mieux présentée, plus adéquate, c'est-à-dire répondant toujours mieux aux besoins, à l'évolution des stratégies et des situations d'entreprise.

Une manière de prendre conscience de la force de ce postulat dans les esprits, et de la prégnance du langage qui lui est associé, est de se demander tout simplement : qu'en serait-il de la pratique appelée contrôle de gestion si l'on remettait en cause ce postulat ? Quelle est la validité, et finalement la légitimité, du contrôle de gestion hors de ce postulat ?

Le postulat et le langage en question ne sont absolument pas propres au contrôle de gestion. Nous avons affaire à « quelque chose » de plus fondamental. Le contrôle de gestion trouve son fondement et sa légitimité dans « quelque chose » qui le dépasse considérablement.

Ce postulat nous est devenu si évident, ce langage a fini par être si naturel (dans les entreprises, dans les organisations, dans la société), nous en sommes finalement si prisonniers, que nous pouvons avoir du mal à comprendre et à admettre que nous avons affaire à une « vision du monde » (à une *Weltanschauung*). Ce postulat et ce langage constituent une manière particulière de voir, de comprendre, de sentir, de juger le monde, d'agir dans et sur le monde. Cette vision du monde contient notamment une « vision » particulière de l'entreprise, de l'organisation, de l'homme.

C'est parce qu'elle postule que l'« essence du monde » est désormais l'information et la communication (ces deux notions étant indissociables pour elle) que cette vision du monde mérite d'être qualifiée d'« informationnelle ». La « vision informationnelle du monde », celle qui est devenue en quelque sorte l'air que nous respirons, pose que :

– la société actuelle est une société d'information, une société de communication ;
– les organisations « modernes » sont d'abord et surtout des flux et des systèmes d'information et de communication ;
– l'information et la communication deviennent un enjeu essentiel pour les entreprises ;
– l'homme est un animal « informationnel » et « communiquant » (d'où notamment le développement des sciences cognitives qui s'intéressent par exemple à la manière dont le système neurophysiologique humain traite l'information).

Rappelons que c'est le mathématicien américain N. Wiener (habituellement présenté comme le père de la cybernétique) qui, dans les années 1950, fut le premier à formuler aussi clairement et vigoureusement cette nouvelle vision du monde, expliquant en particulier que « vivre efficacement, c'est vivre avec l'information adéquate » (N. Wiener, 1962).

Afin de mieux comprendre le grand postulat fondateur du contrôle de gestion, examinons le « schéma mental » de base de cette vision du monde. La décision est conçue et définie comme un processus de traitement d'information (traitement au sens large, c'est-à-dire recueil, analyse, présentation, diffusion…). Décider, c'est traiter de l'information, telle est l'idée clé, l'évidence de base qu'il convient d'expliciter et d'interroger.

C'est plus précisément un triple postulat qui fonde ce « schéma mental », un raisonnement qui se veut à la fois explicatif et normatif :

- **Postulat du déterminisme informationnel**

La décision est, et doit être, essentiellement fonction de l'information. C'est l'information qui détermine, et par conséquent explique, la décision. On postule que si l'information est erronée, incomplète ou obsolète, la décision sera « mauvaise » alors que si, au contraire, l'information est « bonne », la décision sera « bonne ».

- **Postulat de séquentialité**

L'information précède, doit précéder la décision : avant de prendre une décision, il convient d'analyser la situation, de réaliser une étude, d'étudier les conditions et les conséquences des choix envisageables, etc. Pour « bien » décider, il faut commencer par recueillir et traiter l'information nécessaire.

- **Postulat de l'information pertinente**

On postule qu'une information est – en elle-même – plus ou moins adéquate, plus ou moins pertinente. On suppose que pour être la plus pertinente possible, la décision doit s'appuyer sur l'information la plus pertinente possible, le degré de pertinence d'une information exprimant son degré d'adéquation à la réalité en jeu : plus l'information est un « miroir », une « image objective » de la réalité, plus l'information est jugée pertinente. Par contre, plus une information est subjective, moins elle est considérée comme pertinente.

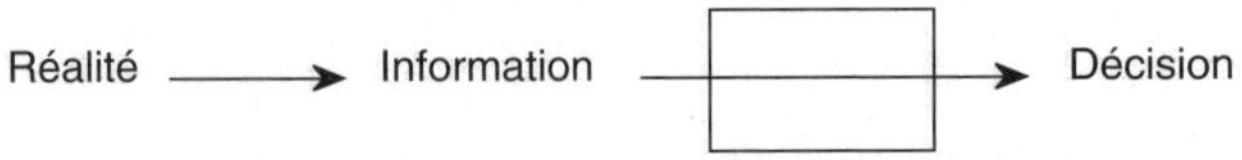

Figure 9.1 – Le modèle de la « boîte transparente »

En parlant de modèle de la « boîte transparente » à propos du postulat fondateur de la pratique traditionnelle du contrôle de gestion, nous insistons sur la relation directe, donc transparente, entre l'information et la décision (figure 10.5). Poser que la décision découle, procède de l'information, c'est supposer que la personne du décideur n'intervient pas, n'a pas à intervenir dans la relation information-décision (d'où la boîte transparente sur le dessin). « La décision s'impose d'elle-même au vu des faits et des chiffres, n'importe quelle autre personne sensée prendrait la même décision » : c'est à ce type de réaction que se réfère ce modèle de la relation information-décision. Il s'agit d'une approche cognitive : on postule que l'essentiel dans une prise de décision, c'est la connaissance de la réalité sur laquelle se fonde la décision (connaissance du marché, du client, de la concurrence, des coûts…).

Le besoin et la recherche de l'information pertinente suscités et stimulés par la « vision informationnelle du monde » représentent dans une large mesure une sorte de quête du Graal. Cette quête constitue une caractéristique majeure des organisations « modernes ».

Section 2 DEUX « UNIVERS » DE DÉCISION

Dans les entreprises, les effets pervers du besoin d'information, de la recherche de l'information pertinente sont de plus en plus visibles : que l'on pense au phénomène de surinformation en particulier. Une critique de plus en plus fréquente, et de plus en plus forte, faite aux contrôleurs de gestion est justement de demander trop d'informations (aux services, aux agences, aux usines) et d'en produire également trop (multiplication des tableaux de bord, des ratios, des indicateurs). Cette surinformation peut gêner les personnes à tous les niveaux de l'entreprise, ralentir, voire même paralyser les processus de décision. Mais, il semble que les esprits demeurent trop prisonniers de la « vision informationnelle du monde » pour pouvoir réagir.

Concernant la relation information-décision, deux cas de figure, deux « univers » méritent d'être distingués. Un parallèle avec la physique permet de mieux comprendre la notion d'univers telle que nous l'employons : les physiciens distinguent l'univers à échelle humaine (notre univers journalier) et l'univers de l'infiniment petit (celui de la physique quantique). Que l'on pense par exemple au problème de l'espace et du temps : l'espace et le temps dans lesquels travaille le physicien s'intéressant aux particules élém entaires de la matière sont d'une tout autre nature que notre temps et notre espace (ceux dans lesquels nous vivons quotidiennement). Ces deux univers diffèrent en nature : les théories, les concepts, les méthodes qui sont valides dans l'un ne le sont pas dans l'autre. Ils ne sont pas comparables : il n'y a ni recoupement, ni continuité entre eux. Il s'agit de mondes distincts, incommensurables : par exemple, la relation de causalité, qui est un des fondements de notre univers quotidien, n'a pas de place ni de sens dans l'univers de la physique quantique.

Les deux « univers » de décision que nous proposons de distinguer sont :

– « l'Univers 1 » (U1), celui dans lequel il est possible de réduire l'incertitude. Dans cet univers, le décideur peut – grâce à l'information – réduire de manière significative l'incertitude inhérente à ses décisions. Dans le meilleur des cas, l'incertitude peut tendre vers zéro. U1 peut être un univers quasi certain, il n'est jamais totalement certain. Le fondement de cet univers réside dans la définition traditionnelle et l'étymologie du concept d'information : ce qui, en mettant en forme son univers, réduit l'incertitude du décideur ;
– « l'Univers 2 » (U2), celui dans lequel il est impossible de réduire l'incertitude. Quoi qu'il fasse – il peut réfléchir longuement, chercher à analyser la situation sous tous les angles, multiplier les études, tester les prévisions, recourir aux techniques les plus sophistiquées de traitement de l'information –, il est impossible pour le décideur de réduire, même de manière limitée, l'incertitude. L'information et la connaissance ne peuvent absolument pas réduire l'incertitude, celle-ci demeure constante car infinie. L'univers du décideur demeure « informe ».

Comme pour ce qui concerne la physique, il existe deux univers totalement disjoints car différents en nature. Dans l'« Univers 1 », l'essentiel, c'est l'information. Dans l'« Univers » 2, l'information intervient, mais n'est pas un facteur essentiel dans la prise de la décision. U1, c'est l'univers de l'évolution des choses et des situations, c'est celui dans lequel il s'agit le plus souvent de « faire plus et mieux la même chose » pour reprendre l'expression de P. Watzlawick (1988). Dans U1, on peut raisonnablement prévoir certaines composantes de l'univers dans lequel on intervient. U2 est l'univers des ruptures, de la création, de l'innovation radicale, c'est-à-dire des discontinuités majeures. Dans U2, il est impossible de véritablement prévoir : on peut espérer, parier, mais absolument pas prévoir.

Pour illustrer cette distinction, considérons d'abord deux décisions fortes dans la vie : celle d'acheter une maison, celle d'accueillir un enfant. Dans le premier cas, nous sommes dans U1 : grâce à des hypothèses sur l'évolution de chaque salaire par rapport au montant des prêts à rembourser, en tenant compte de la localisation des écoles et du problème du temps de transport entre les différents lieux de travail et les projets de maison retenus, en intégrant une possible augmentation du nombre d'enfants par rapport à la superficie et au plan de la maison, etc., le couple peut réduire de manière significative l'incertitude inhérente aux répercussions et implications de sa décision. Bien entendu, cette incertitude ne peut pas être réduite à zéro, mais la réduction peut être significative. Par contre, si nous pouvons dire que la décision d'accueillir un enfant se situe dans U2, c'est parce que le couple pourra réfléchir autant qu'il le pourra, il est humainement impossible de réduire, de manière significative, l'incertitude liée à l'arrivée d'un nouvel être humain. Croire qu'il est possible de réduire l'incertitude liée à une telle décision, c'est s'illusionner : c'est ce que tous les parents savent, ou découvrent.

Examinons à présent deux situations types de prise de décision dans l'entreprise concernant le contrôle de gestion.

Exemple 1

La première situation concerne l'avenir commercial d'un produit au niveau de la branche d'un grand groupe industriel. Les chiffres de la comptabilité montrent que la branche perd de l'argent sur la vente du produit : la vision traditionnelle en coûts complets révèle que le prix de vente est inférieur au coût de revient. Mais, examinant l'analyse en termes de coûts fixes et coûts variables réalisée par le contrôle de gestion, et tenant compte des études marketing disponibles, le directeur de la branche opte pour une stratégie offensive de conquête de parts de marché : c'est en vendant davantage que l'on dégagera des marges.

Pourquoi peut-on dire que nous sommes dans U1 ? C'est une décision importante, mais ce n'est pas à proprement parler une rupture : la décision prise consiste à faire plus de la même chose (vendre davantage du même produit). C'est une décision risquée car une importante incertitude demeure : l'investissement commercial sera-t-il justifié ? Pourtant, l'analyse réalisée par le contrôle de gestion a contribué à réduire l'incertitude du décideur : grâce à elle, le directeur de branche situe mieux le problème et voit plus clairement la voie à suivre. Il faut savoir qu'il s'agit d'un produit traditionnel, techniquement maîtrisé, et que les études prédisent un développement des marchés existants. Étant donné toutes ces informations (ces connaissances), la décision semble s'imposer d'elle-même. On peut estimer qu'à la place de ce directeur de branche bien des personnes auraient pris une décision du même ordre. D'ailleurs, celui-ci ne vit pas cette décision comme un risque personnel significatif.

Exemple 2

La deuxième situation nous transporte dans une grosse PME (que nous appellerons B). C'est la décision de la personne venant d'être nommée directeur de la division « produits nouveaux » qui nous intéresse. Membre de la direction générale, le PDG lui demande personnellement de « regarder ce qu'il convient de faire » de cette activité « produits nouveaux », qui jusqu'ici s'est développée en marge, hors contrôle. Son réflexe est de se plonger dans l'historique des chiffres établis notamment par le contrôle de gestion ainsi que dans les études marketing. Mais, aucune décision ne s'impose ; aucune décision ne jaillit, ne ressort, des chiffres et des études : l'analyse approfondie par exemple des investissements, du chiffre d'affaires, du cash flow, lui montre que finalement il serait tout aussi logique de fermer cette activité que de tenter de la développer. Il se rend compte que les chiffres du contrôle de gestion et les études marketing ne l'aident pas à prendre une décision, que la difficulté de prendre une décision n'est pas due à un manque d'information, à un déficit de connaissance concernant les coûts de production, les marchés ou encore la concurrence. Davantage d'information, ou une meilleure information, ne servirait à rien. Étant donné la nature des produits et des marchés (produits très jeunes, technologiquement non encore maîtrisés, marchés émergents, concurrence diffuse et peu visible), il s'avère que cela n'a pas de sens de s'en remettre à une meilleure information, de solliciter une information pertinente. Très vite, il opte, et ce sans l'aval formel du PDG, pour le développement de cette activité. Sa décision ne sera pas comprise, elle sera même très difficilement admise par le PDG.

Pourquoi peut-on dire que nous sommes dans U2 ? C'est une décision d'entreprise essentielle, *essentiellement* personnelle. Ce qui est essentiel, ce n'est pas l'information, mais la personne du décideur. C'est une décision de rupture : un développement de cette activité provoquera à terme un changement de stratégie de l'entreprise. C'est d'ailleurs l'hypothèse, l'espoir du directeur. Cette décision remet en cause fortement l'équilibre socio-culturel de l'entreprise : d'une part le développement des produits nouveaux réclame une culture différente qui heurte celle au sein de l'entreprise, d'autre part si le développement de l'activité échoue, des licenciements s'avéreront sans doute nécessaires. D'où les craintes, voire la peur, de ce PDG pour qui « la paix sociale » est un objectif majeur. Tout comme le directeur, le PDG se rend compte que l'incertitude est incompressible, qu'il est impossible de prendre une décision à partir des chiffres. On peut faire l'hypothèse que, mises dans la position de ce directeur, la plupart des personnes n'auraient pas pris une telle décision, ne serait-ce qu'à cause du risque personnel consistant à prendre une décision contre le PDG. Le directeur est conscient de prendre un risque personnel majeur.

On l'aura compris, la « vision informationnelle du monde » s'avère globalement valide pour U1, mais elle est totalement non valide dans U2. Or, on constate que les décisions essentielles pour la vie et la marche d'une entreprise sont les décisions de type U2 : création de l'entreprise, restructuration, lancement de produits nouveaux, réorganisation, changement de métier, vente de l'entreprise, fusion de sociétés, changement de PDG, etc. Les décisions de type U1 (adaptation de la stratégie à l'arrivée de nouveaux concurrents, modification de la démarche commerciale face aux nouveaux comportements des clients, amélioration de l'organisation en place, extension de la gamme de services de même type…) peuvent être importantes, mais elles ne sauraient être qualifiées d'essentielles. Concernant la distinction entre l'important et l'essentiel (essentiel signifiant le plus important), nous nous référons notamment au philosophe M. Conche (1990) qui explique : « *Objectivement, on peut dire qu'un événement est plus important qu'un autre si plus d'événements en dépendent.* »

Le réflexe est de nier l'« Univers 2 » : on est convaincu que, grâce notamment aux progrès des outils et méthodes de traitement de l'information, le domaine des décisions prises en totale incertitude sera de plus en plus réduit dans l'entreprise. On cherche à se rassurer en croyant à l'augmentation constante de U1 et à la réduction concomitante de U2. Contre la pensée qui se veut rationnelle, nous postulons qu'il s'agit de deux univers totalement disjoints.

Section 3 LA « BOÎTE NOIRE » DU DÉCIDEUR

L'« Univers 2 » réclame un modèle conceptuel spécifique. Au schéma de la « boîte transparente » qui fonde U1, nous opposons celui de la « boîte noire » qui repose sur trois postulats alternatifs.

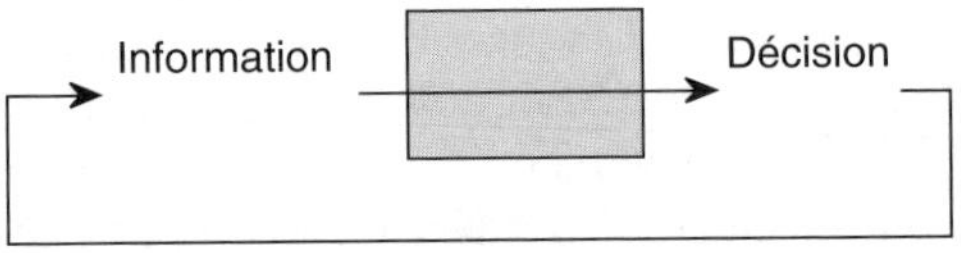

Figure 9.2 – Le modèle de la « boîte noire »

5.1 Le postulat du non-déterminisme informationnel

L'information ne détermine pas la décision. Comme le montre la figure 10.6, la relation entre l'information et la décision n'est pas directe : entre l'information et la décision s'interpose la « boîte noire » du décideur.

5.2 Le postulat de la boucle

La relation entre information et décision n'est pas une séquence, mais une boucle. Souvent, l'information vient après la décision. Une manifestation de cette inversion des relations information-décision, de cette boucle, c'est par exemple le fait pour le contrôleur de gestion de produire l'information nécessaire après coup, l'objectif étant d'expliquer et de justifier la décision prise par le décideur sur la base d'une conviction ou d'une intuition personnelle. La décision est produite par la « boîte noire » personnelle du décideur.

5.3 Le postulat de la « boîte noire »

L'information est un élément important, mais non essentiel de la décision. C'est la « boîte noire » personnelle du décideur qui est essentielle pour comprendre sa décision. La « boîte noire » choisit les informations qui l'arrangent, elle rejette les autres. L'information pertinente n'est pas une image objective de la réalité, il s'agit de l'information qui arrange la « boîte noire » du décideur : c'est l'information qui le rassure, qui lui donne raison, qui lui permet de s'expliquer, de se justifier, de l'emporter. Précisons que, tel qu'il est utilisé ici, aucune connotation péjorative ou critique n'est associée au verbe arranger.

Parler de « boîte noire », c'est insister sur l'impossibilité de la rendre transparente. C'est adopter une position modeste : on ne peut pas expliquer la « boîte noire » d'une personne (l'expliquer, ce serait la rendre transparente), on peut seulement chercher à la comprendre, ce qui est très différent comme démarche de réflexion et d'action[1]. Chercher à comprendre la « boîte noire » du décideur, c'est formuler des hypothèses sur son contenu, en sachant qu'il s'agit seulement de conjonctures ;

- ces hypothèses seront plus ou moins validées, voire infirmées ; elles ne sont jamais définitives car toujours à retravailler et à affiner.

Pour continuer à user d'un langage imagé, on peut dire que la « boîte noire » du décideur est pleine de (figure 10.7) :

- raisonnements implicites (sans s'en rendre compte, il se dit par exemple : si le leader du marché fait ceci, alors il faut rapidement faire la même chose…) ;
- certitudes (il est convaincu que le grand marché de demain, c'est la Chine) ;
- hypothèses (il se dit que les comportements des clients vont évoluer dans tel sens, il n'en est pas certain, mais il se dit que c'est fortement probable) ;
- images et cartes mentales (il se fait une telle image des Allemands qu'il n'envisage même pas la possibilité d'un partenariat avec des entreprises allemandes ; concernant son projet de réorganisation de la production, il a dans sa tête une carte mentale implicite sur laquelle il place ses alliés, ses concurrents et ses adversaires au sein de l'entreprise) ;
- points aveugles et points de fixation (il ne voit pas que le client est en train de changer d'attitude, il ne voit pas que le personnel est démotivé, il ne voit pas tel concurrent ; par contre, il fait une fixation sur tel problème interne, tel projet, telle personne) ;
- espoirs secrets (il espère, secrètement, qu'au siège on dise de l'usine qu'il dirige qu'elle est la meilleure du groupe) ;

1. Concernant la distinction entre expliquer et comprendre, nous renvoyons notamment au débat suscité par la contribution de W. Dilthey (1947).

– peurs inavouables (c'est sa peur, physique, d'échouer qui permet de comprendre son réflexe consistant à décider de ne pas décider) ;
– impératifs (il se dit qu'il faut toujours satisfaire la direction générale ou, au contraire, qu'il se doit d'obéir d'abord à sa conscience, à sa morale).

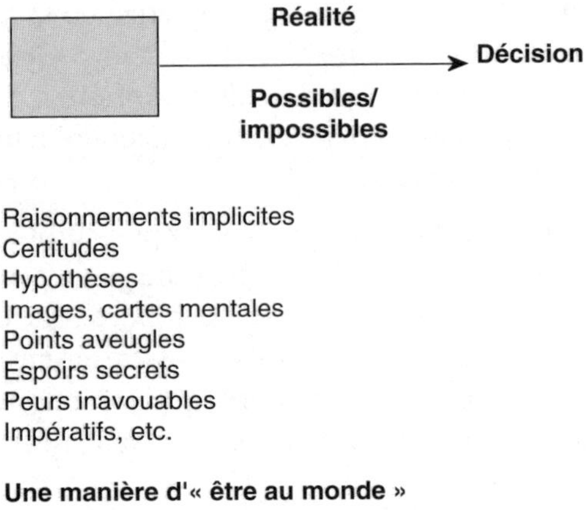

Figure 9.3 – La « boîte noire » : un processus de « production » de réalité, de possible et d'impossible

Le plus souvent, ces raisonnements, hypothèses, certitudes, cartes mentales ne sont pas des choses dites, avouées ou même conscientes. Nous sommes, dans une large mesure, dans le « non-conscient » ; la « boîte noire », c'est le point aveugle du décideur. C'est ce que révèlent par exemple les mémoires de R.S. Mac Namara (1995) concernant la guerre du Viet Nam. Plus de trente après, cherchant à comprendre le processus de décision qui a mené au désastre, l'ancien secrétaire d'État se rend compte à quel point les décideurs (les différents présidents américains et leurs conseillers, donc lui-même) étaient prisonniers d'une certitude et d'une image mentale. Ils étaient absolument certains qu'il s'agissait d'une guerre contre un mouvement communiste. L'image était celle des dominos : si le Viet Nam tombait, tous les pays de la région allaient basculer dans le communisme. D'où l'acharnement et l'aveuglement des gouvernements américains successifs. R.S. Mac Namara explique notamment qu'il leur était par conséquent impossible d'entendre De Gaulle lorsque celui-ci cherchait à leur faire comprendre qu'ils étaient plutôt confrontés à un mouvement de libération nationale.

Reprenons la décision concernant l'entreprise B (exemple 2). On peut dire que deux « boîtes noires » s'affrontent. Comprendre la décision du directeur d'investir fortement dans les activités « nouveaux produits », c'est comprendre que dans sa « boîte noire » il y a notamment :

– une image (il explique notamment que : « si nous voulons récolter, il faut continuer à semer, si nous nous arrêtons de semer maintenant, les semailles précédentes n'auront servi à rien ») ;

- une certitude (la culture dominante dans l'entreprise empêchera celle-ci de faire face aux risques technologiques et commerciaux qu'il pressent) ;
- un raisonnement (le développement des activités « nouveaux produits » amènera un changement global de culture de l'entreprise ; c'est cette nouvelle culture qui permettra à l'entreprise de s'adapter aux nouvelles situations technologiques et commerciales).

Si le PDG est surpris, et refuse la décision du directeur, c'est parce que dans sa « boîte noire », il y a notamment :

- une peur inavouable (peur de tout ce qui menace la « paix sociale ») ;
- deux certitudes (la force d'une entreprise, c'est notamment son équilibre socio-culturel ; développer les activités « produits nouveaux », c'est remettre en cause l'équilibre social et culturel de l'entreprise) ;
- un point aveugle (il ne voit pas poindre de risques majeurs pour l'entreprise).

Ce que nous appelons « boîte noire » n'est pas de l'information stockée dans la tête du décideur. Alors que le modèle de la « boîte transparente » propose une approche cognitive de la prise de décision, celle de la « boîte noire » constitue une approche que l'on peut qualifier d'« existentielle » : les décisions essentielles ne découlent pas de l'information et des connaissances. L'ensemble de raisonnements implicites, de certitudes, d'hypothèses ou encore de points aveugles que nous appelons « boîte noire » constitue une manière d'exister. La « boîte noire » du décideur, c'est sa manière personnelle d'« être au monde ». Manière d'exister et manière d'« être au monde » sont des expressions qui appartiennent au langage philosophique et donc peuvent paraître bien abstraites. Pourtant, elles ont l'avantage d'éclairer une dimension majeure de la vie dans l'entreprise : lorsque le « patron » change, les cadres et le personnel n'ont-ils pas, la plupart du temps, le sentiment diffus mais fort que c'est le monde – le monde que constitue leur entreprise, leur usine, leur service – qui change ? Ne serait-ce pas la preuve que c'est essentiellement avec sa manière d'« être au monde », et non avec son information, que le PDG dirige l'entreprise, que le directeur d'usine dirige l'usine ?

Comprendre les décisions essentielles dans l'entreprise implique de chercher à comprendre la « boîte noire » personnelle, la manière d'« être au monde » de celui ou de ceux qui créent l'entreprise, la restructurent, la vendent, etc.

Section 4 LA RÉALITÉ, LE POSSIBLE ET L'IMPOSSIBLE

La question des rapports entre l'information et la décision pose, en dernière analyse, celle de la réalité. Le modèle de la « boîte transparente » et celui de la « boîte noire » représentent deux réponses opposées à la question : qu'est-ce que la réalité ? Nous avons affaire à deux postulats épistémologiques antinomiques.

Dans le modèle de la « boîte transparente », la réalité est considérée comme une donnée extérieure qui s'impose au décideur, une donnée dont celui-ci peut se faire une représentation fidèle, une image objective. Est pertinente l'information permettant de lire la réalité comme dans un miroir. Il s'agit de la position épistémologique dite réaliste : croire que la réalité s'impose par elle-même à nos sens et à notre esprit, que nos sens et notre esprit peuvent en produire une image exacte, c'est être réaliste.

Le modèle de la « boîte noire » postule que la réalité est essentiellement notre construction (celle du décideur). Comme le montre la figure 10.7, le postulat est que ce que nous appelons réalité est le produit de notre « boîte noire ». Postuler que la réalité ne nous est pas donnée mais que nous la construisons – sans nous en rendre compte – à travers notamment notre langage, nos concepts et nos méthodes, c'est adopter une position dite constructiviste[1].

Revenons à l'entreprise B pour souligner que si la décision du directeur de la division « produits nouveaux » pose un tel problème au PDG, c'est parce qu'elle révèle l'affrontement de deux réalités : la réalité de l'entreprise que s'est construite le directeur (l'entreprise est menacée, elle doit changer de culture) n'est pas celle du PDG (l'entreprise n'est pas menacée, elle doit veiller à conserver ce qui fait sa force : sa culture et son équilibre social). Ces deux réalités sont aussi réelles l'une que l'autre, l'une n'est pas plus pertinente que l'autre. Il n'existe pas de point de vue supérieur en mesure de juger les réalités qui s'affrontent.

Qu'est-ce que décider ? Nous l'avons vu, la théorie de la « boîte transparente » répond : *décider, c'est traiter de l'information.* On postule un processus conscient consistant à analyser la situation, à calculer, à étudier les chiffres, à comparer, à prévoir, etc. La théorie de la « boîte noire » répond : *décider, c'est, essentiellement, se créer des possibles et des impossibles.* L'idée de céation de possibles et d'impossibles est le point majeur de la théorie de la décision que nous avons élaborée.

Résumée en termes simples, cette idée peut être ainsi formulée : face à une situation, quelle qu'elle soit, tout humain avant de se mettre à réfléchir et à analyser, avant même de parler (de parler aux autres ou même de se parler intérieurement), a déjà choisi ses possibles et impossibles (techniques, économiques, sociaux, politiques, moraux...). Ce sont les possibles et impossibles dans lesquels nous nous situons préalablement qui constituent notre décision essentielle. Essentielle, car ce sont nos possibles et impossibles qui orientent et conditionnent nos décisions conscientes et réfléchies. Nos possibles et impossibles peuvent évoluer et changer, mais il ne s'agit pas d'un acte conscient, voulu ; ce n'est pas le résultat de la réflexion, de l'analyse, de l'information. Nos possibles et impossibles fondent notre manière d'exister, notre manière d'« être au monde ». Dire que nous choisissons nos possibles et impossibles est une formulation problématique car il s'agit d'un acte qui n'est ni conscient ni volontaire, ni maîtrisé. Nos décisions conscientes (celles que

1. Concernant le débat philosophique et épistémologique entre réalisme et constructivisme, se reporter notamment aux contributions de F. Selleri (1986), P. Watzlawick (1988), et F. Varela (1989).

nous nous voyons prendre) découlent de notre point aveugle, à savoir ce que, *a priori*, nous estimons possible et impossible pour nous même personnellement, et pour les autres (avec qui nous vivons, avec qui nous travaillons…).

Reprenons les décisions du directeur et du PDG de l'entreprise B, sous l'angle de cette théorie des possibles et impossibles.

Pour le directeur de la division « produits nouveaux », il apparaît notamment que :

- il est impossible que l'entreprise continue ainsi (sur la base de la culture existante) ;
- il est impossible de ne pas chercher à développer l'activité « produits nouveaux » (c'est dans le développement de cette activité que réside le salut de l'entreprise) ;
- il est possible de prendre une décision contre le PDG.

Pour le PDG :

- il est impossible de mettre en cause la paix sociale ;
- il est impossible que l'entreprise soit menacée ;
- il est possible de continuer ainsi.

On ne peut pas expliquer les possibles et impossibles du décideur, ils sont le produit de sa « boîte noire » (figure 10.7), ils expriment une manière d'« exister », sa manière d'« être au monde ». Ce que l'on peut faire, et qu'il paraît nécessaire et utile de faire, c'est essayer de comprendre, c'est-à-dire formuler des hypothèses concernant ses possibles et impossibles.

Qu'est-ce que le contrôle de gestion ? C'est une pratique d'« aide à la décision ». C'est cette définition du contrôle de gestion que nous avons cherché à situer, à comprendre et à discuter. Il s'agit d'une définition ambiguë, l'ambiguïté se situant en particulier dans la fausse évidence de la notion de décision : qu'est-ce que décider ? Afin de clarifier le débat, nous avons proposé de distinguer deux « univers » de décision (que nous avons baptisés U1 et U2) qui renvoient à deux théories de la décision : le modèle de la « boîte transparente » et celui de la « boîte noire ».

Le contrôle de gestion – étant donné la théorie de la décision qui le fonde, les concepts, le langage, les outils, les techniques et méthodes qu'il s'est donnés et qu'on lui a attribués – assure le rôle traditionnel qu'il se fixe : réduire l'incertitude du décideur. Contrôler, c'est chercher à réduire l'incertitude. Mais, la conception traditionnelle du contrôle de gestion a de sérieuses limites : la pratique habituelle du contrôle de gestion peut « aider » les décisions importantes dans l'entreprise, mais, trop prisonnière de la « vision informationnelle du monde » (du modèle conceptuel de la « boîte transparente » et du réalisme), elle n'est pas de nature à fournir une contribution significative aux décisions essentielles pour l'entreprise (celles de type U2).

Si son intervention se limite à U1, s'il est absent de U2, le contrôle de gestion risque d'apparaître – aux yeux des décideurs en particulier – de plus en plus comme une pratique, certes nécessaire, mais de second plan, voire secondaire. Dépasser son champ traditionnel d'intervention, est-ce possible pour le contrôle de gestion, à quelles conditions, avec quelles implications ? Que signifie, pour le contrôle de gestion, « intervenir » dans U2 ? Peut-il « aider » les décisions essentielles de l'entreprise ? Ce sont les fondements conceptuels et épistémologiques, le statut, le pouvoir, et finalement l'avenir du contrôle de gestion dans l'entreprise qui sont en jeu.

Section 5 LES DÉCISIONS « ESSENTIELLES » DE L'ENTREPRISE

Le contrôleur de gestion aimerait ne pas être considéré comme un simple producteur de chiffres dans l'entreprise. Il aspire à ce que son travail soit reconnu en tant qu'« aide à la décision ». Son idéal n'est-il pas de voir sa pratique acquérir le noble statut d'« aide à la décision stratégique », pour reprendre une formule que l'on entend dans les entreprises, et pas seulement dans la bouche des contrôleurs de gestion ? Le rêve du contrôleur de gestion (rêve plus ou moins avoué et avouable, rêve qui ne lui est pas spécifique) n'est-il pas d'« aider », directement et personnellement, les dirigeants dans leurs décisions « stratégiques » ?

Une telle approche présuppose notamment que :

- l'entreprise ne peut pas exister sans stratégie ;
- le fondement d'une entreprise, c'est sa stratégie ;
- l'élaboration de la stratégie d'entreprise est l'acte premier et primordial pour une entreprise ;
- la réflexion stratégique est celle qui se situe le plus en amont, c'est la réflexion majeure et la plus noble dans une entreprise ;
- l'intelligence stratégique est l'intelligence fondamentale et suprême ;
- les décisions stratégiques sont les décisions essentielles car, déterminant et conditionnant toutes les autres (le langage stratégique distingue décisions stratégiques et décisions opérationnelles), ce sont elles qui font la réussite ou l'échec de l'entreprise.

Ce sont ces connotations, ces images, ces valeurs, ces raisonnements inhérents à l'idée de « stratégie » – idée éminemment positive et noble donc – qui expliquent le fait que beaucoup dans l'entreprise aspirent à pratiquer l'aide à la décision stratégique, revendiquent un rôle d'aide à la décision stratégique, en rêvent même. Pour ceux en position fonctionnelle, d'expertise et de conseil, voir leurs pratiques reconnues en tant qu'aide à la décision stratégique, n'est-ce pas la reconnaissance suprême dans l'entreprise ?

Mais, il s'avère que les décisions « essentielles » d'une entreprise ne sont pas les décisions stratégiques ; dit autrement, les décisions stratégiques ne sont pas essentielles. Les décisions stratégiques appartiennent à l'« Univers 1 » : les outils de l'analyse stratégique permettent, dans une certaine mesure, de réduire l'incertitude. La surprise, les résistances, l'incompréhension, voire les réactions de rejet que suscite notre idée que les décisions stratégiques ne sont pas des décisions « essentielles », tendent à prouver à quel point les esprits demeurent soumis au discours, au langage stratégique. Se libérer du langage stratégique, c'est se rendre compte que les décisions stratégiques sont importantes, mais pas essentielles. C'est principalement à la lumière de ce constat que nous proposons de poser le problème de l'avenir du contrôle de gestion, et du métier de contrôleur de gestion, considéré en tant que pratique d'« aide à la décision ».

Si les décisions stratégiques – celles fixant la stratégie de l'entreprise (les options fondamentales concernant les produits, les marchés, les structures, les alliances, la culture…) – ne sont pas essentielles, quelles sont les décisions pouvant être qualifiées d'essentielles ? Notre recherche sur les décisions des dirigeants d'entreprise montre que les décisions stratégiques ne sont ni premières, ni primordiales. Pour tenter de formuler ce constat avec un minimum de rigueur et de précision, il convient de préciser que les décisions stratégiques sont, non pas secondaires, mais secondes ; elles sont importantes, mais secondes au sens où elles viennent après, elles découlent, elles procèdent de décisions que l'on peut qualifier de premières. Les décisions essentielles d'une entreprise, celles donc premières et primordiales, sont les possibles et impossibles personnels du dirigeant d'entreprise.

Exemple – L'entreprise C

Monsieur C, 57 ans, patron fondateur de l'entreprise (210 personnes), décide de changer de stratégie. Il décide de mettre un terme à la stratégie de diversification et d'internationalisation dans laquelle s'était engagée l'entreprise depuis plus de dix ans. La nouvelle stratégie est, pour reprendre ses termes, une « stratégie de recentrage et de consolidation ». On peut aisément l'imaginer, les conséquences de cette décision sont nombreuses et fortes. Monsieur C explique, chiffres à l'appui, les risques qu'il y aurait à persister dans la diversification et l'internationalisation, la nécessité de se recentrer sur les produits et les marchés « sûrs ». Comme il s'agit d'un discours stratégique désormais fréquent, on pourrait être tenté de ne pas chercher plus loin. D'ailleurs, les explications « stratégiques » fournies par le dirigeant ont été plutôt comprises et admises par les cadres directeurs. En fait, ce changement radical de stratégie est dicté non pas par une « analyse stratégique », mais par une décision d'un tout autre ordre, une décision plus en amont, une décision intime que monsieur C ne peut pas dévoiler à l'entreprise : « Tout à coup, je me suis dit : ton fils n'a pas l'étoffe pour te succéder à la tête de l'entreprise que tu as créée. » Comme il est désormais évident, pour lui, qu'il est impossible de transmettre l'entreprise à sa famille, il désire vendre l'entreprise le plus vite possible (il avoue que continuer à sacrifier sa vie à l'entreprise lui est devenu impossible), et son raisonnement est qu'il doit dorénavant tout faire pour pouvoir vendre l'entreprise au meilleur prix. Il est convaincu qu'il est impossible de « bien vendre l'entreprise » en persistant dans le double risque de la diversification et de l'internationalisation. Quand on lui demande ce qui l'a amené à la conviction que son fils est incapable de lui succéder à la tête de l'entreprise, il répond qu'il est rétrospectivement surpris d'avoir pu penser le contraire aussi longtemps. Pendant des années, la stratégie de cette entreprise était fondée sur un double impossible implicite de monsieur C : il est impossible que mon fils ne prenne pas ma succession, il est impossible par conséquent que je ne fasse pas tout pour lui transmettre « une entreprise ayant de l'avenir ». Pour monsieur C, « une entreprise ayant de l'avenir » est une entreprise proposant une large gamme de produits et ouverte sur l'international.

Notre recherche montre que, d'une manière générale, les possibles et impossibles personnels du dirigeant d'entreprise pèsent autant dans le cas du « manager » PDG de multinationale que dans celui du patron fondateur de PME. Cette constatation peut également surprendre puisqu'elle contredit les clichés persistants consacrant l'opposition PME–grande entreprise : bien qu'elle soit dotée de diverses instances de réflexion et de décision au plus haut niveau, on peut constater que les décisions essentielles de la grande entreprise sont finalement des décisions tout aussi personnelles que dans une PME dirigée par le patron fondateur. N'est-il pas fréquent, dans les groupes multinationaux, que changement de PDG et changement de stratégie d'entreprise aillent ensemble ?

Les décisions essentielles que constituent les possibles et impossibles personnels du dirigeant ne sont pas de même nature que les décisions stratégiques. De même que les autres catégories de décision dans U1, la prise de décision stratégique est un processus essentiellement conscient, ce qui n'est pas le cas des décisions dans l'« Univers 2 », à savoir la formation et l'évolution des possibles et impossibles d'une personne. Les décisions stratégiques sont des décisions conscientes, en ce sens que les personnes prenant les décisions peuvent se voir en train de les prendre : par exemple, elles se voient en train d'analyser le marché, de faire des comparaisons avec la concurrence, d'hésiter sur tel point, etc.

Nous avons déjà souligné que les possibles et impossibles d'une personne constituent, au contraire, un point aveugle pour celle-ci. Les grandes évidences, les *a priori* massifs, les profondes convictions que représentent les possibles et impossibles du dirigeant d'entreprise précèdent sa conscience. Les possibles et impossibles du dirigeant ne constituent pas un acte conscient, volontaire, maîtrisé. Le PDG de multinationale, tout autant que le patron de PME, est fortement esclave de ses possibles et impossibles (ce qui ne signifie pas qu'il ne doit pas en être tenu pour responsable). Les possibles et impossibles du dirigeant constituent, pour le meilleur et pour le pire (pour lui-même et pour les autres), ce que l'on peut appeler sa prison mentale.

Comme le montre le cas de monsieur C, c'est seulement dans des circonstances exceptionnelles (par exemple à travers une crise personnelle forte) que la personne peut prendre conscience des possibles et impossibles dans lesquels elle vit. Dire que les décisions essentielles précèdent et conditionnent les décisions stratégiques, c'est dire que la non-conscience précède et fonde la conscience.

Ce qui ressort, ce que montre la figure 10.8, c'est la nécessité d'une démarche générale de décision faisant précéder la stratégie (l'analyse stratégique) d'un « travail » spécifique sur les possibles et impossibles. Cette démarche exige de la part du contrôleur de gestion la volonté et la capacité de faire remonter le débat et la réflexion aux possibles et impossibles. Quels sont nos possibles, quels sont nos impossibles ? Quels possibles et quels impossibles (économiques, organisationnels, commerciaux, technologiques, éthiques...) pouvons-nous, voulons-nous, devons-nous nous donner ? Ce sont ces deux séries de questions qui structurent, orientent et stimulent la démarche du contrôleur de gestion lorsqu'il intervient sur les décisions « essentielles » de l'entreprise.

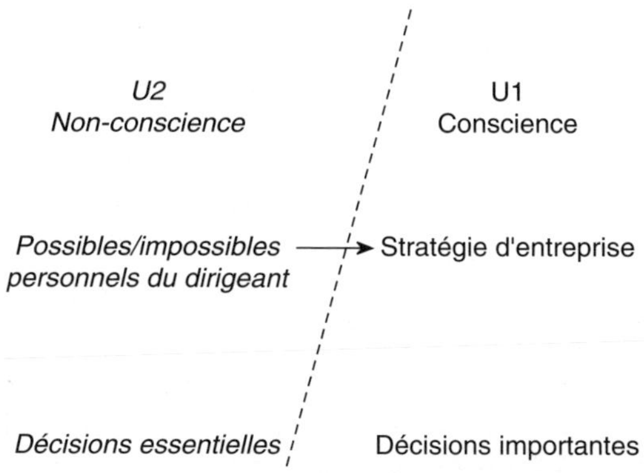

Figure 9.4 – Décisions essentielles et décisions stratégiques d'entreprise

Section 6 LE CONTRÔLEUR ET LE DÉCIDEUR

Qu'est-ce qui autorise l'hypothèse d'une contribution du contrôleur de gestion à ce nécessaire travail sur les possibles et impossibles ? La recherche-action que nous avons conduite confirme les fortes limites de l'introspection : en réfléchissant isolément à ses possibles et impossibles, le dirigeant ne fait que tourner en rond dans sa prison mentale. Travailler les possibles et impossibles, c'est en prendre conscience, les expliciter, les discuter, les remettre en cause. C'est par conséquent dans l'échange, le dialogue, le débat avec d'autres que s'effectue ce travail. Pour quelle raison le contrôleur de gestion s'écarterait-il des protagonistes susceptibles de prendre part à ces échanges et débats à travers lesquels se construisent et se jouent les décisions « essentielles » de l'entreprise ?

Dans U1, nous sommes dans un univers que l'on peut qualifier de dépersonnalisant : il s'agit grâce à l'information et à l'analyse de réduire le plus possible la subjectivité dans les décisions. U2 est, au contraire, un univers éminemment personnel : les possibles et impossibles majeurs d'une entreprise sont essentiellement les possibles et impossibles personnels du dirigeant. « Travailler » sur les décisions

« essentielles », c'est pour le contrôleur de gestion entrer dans une relation intime avec le « numéro un ».

Quelle est la nature, quel est le sens de cette relation ? Que signifie « aider » les décisions essentielles ? Concrètement, quelle attitude avoir par rapport aux possibles et impossibles du dirigeant ? Deux options majeures, deux grands rôles, s'offrent au contrôleur de gestion : il peut jouer au conseiller du prince ou décider d'assumer le rôle de fou du roi.

Jouer au conseiller du prince, c'est décider d'épouser la cause personnelle du prince, c'est choisir de soutenir ses possibles et impossibles personnels. Le contrôleur de gestion peut vouloir aider le dirigeant parce qu'il croit sincèrement en lui, parce qu'il est convaincu que sa démarche, sa conception de l'entreprise, sa vision du futur sont les « bonnes » ; parce qu'il est persuadé que les possibles et impossibles du dirigeant sont les « bons » pour l'avenir de l'entreprise. Il peut aussi vouloir aider le dirigeant, parce qu'il est fasciné par sa personne (son charisme par exemple) ou par le pouvoir en général. Il peut décider de soutenir les possibles et impossibles du dirigeant par calcul carriériste. Quelle que soit sa motivation profonde, le contrôleur de gestion choisit de servir les intérêts personnels du dirigeant. Par exemple, dans le cas de l'entreprise B, un contrôleur de gestion jouant au conseiller du prince soutiendra le possible et les deux impossibles du président (il est possible de continuer ainsi, il est impossible que l'entreprise soit menacée à moyen terme, il est impossible de mettre en cause la paix sociale) ; il cherchera à fournir à celui-ci des chiffres et des études l'aidant à justifier son possible et ses deux impossibles, il lui adressera des conseils sur la manière de présenter tel ou tel argument dans le débat.

Pour tenter de préciser le rôle de fou du roi, et afin d'échapper au risque des clichés, nous nous appuyons sur le beau livre de J. Kross intitulé *Le Fou du tzar* (1989). C'est l'histoire tragique d'un noble, Timothée von Bock, qui, proche conseiller du tzar Alexandre Ier lors de l'avènement de celui-ci, est rapidement jeté en prison et brisé par le souverain. Au départ, la confiance entre les deux hommes est telle qu'Alexandre demande à Timothée de jurer de lui dire toujours la vérité. Quand la politique du tzar change de cap, fidèle à sa promesse, il lui adresse un mémoire contenant un réquisitoire contre le changement de politique ainsi qu'un projet de constitution pour la Russie. La vérité qu'il lui dit est telle qu'accusé de folie, l'ancien conseiller est emprisonné. Malgré les longues années passées au cachot, et les souffrances endurées par sa famille, Timothée ne renie pas ses convictions. Timothée est-il fou ?

Ainsi, il faut notamment comprendre que le fou du roi n'est pas forcément contre le roi. En fait, il n'est ni pour ni contre lui. Alors que le conseiller du prince épouse les intérêts personnels du souverain, le fou du roi se réfère à des intérêts supérieurs (liberté, respect de la loi…). Sa démarche consiste à renvoyer l'homme de pouvoir à sa liberté et à sa responsabilité personnelle (face à la nation, à l'histoire, à

Dieu...). Le fou du roi cherche à être, sinon un homme libre (quelle prétention !), du moins un homme plus libre. Pour beaucoup d'humains, cette plus grande liberté dont il use à l'égard du détenteur du pouvoir suprême est non pas du courage mais de la folie.

Reprenons le cas de l'entreprise B. Assurer le rôle de fou du roi, c'est, pour le contrôleur de gestion, non pas servir les possibles et impossibles du président, mais les interroger, les soumettre à la question (à travers ses chiffres, dans ses études et rapports, dans les réunions de travail au sein de l'entreprise, à l'occasion d'échanges directs qu'il peut avoir avec lui). Celui dont la démarche se rapproche le plus de ce que pourrait être l'attitude du fou du roi dans ce type de situation, c'est le directeur de la division « produits nouveaux » : même s'il ne s'en rend pas compte, s'il ne vit pas les choses de cette manière, l'usage qu'il fait de sa liberté – sa désobéissance en fait – oblige le président à expliciter, à justifier et à assumer ses possibles et ses impossibles personnels vis-à-vis de l'ensemble de l'entreprise. Pourquoi ce directeur prend-il un tel risque personnel ? Il craint sincèrement pour l'emploi, pour la vie de la région, convaincu qu'il est que si l'entreprise ne se lance pas dans les produits nouveaux, si elle ne change pas de culture, sa pérennité sera très vite en péril.

Une ambiguïté demeure, celle liée à la notion de vérité. Le fou du roi ne possède pas la vérité, pas plus et pas moins que quiconque. Sa démarche consiste à rappeler directement à l'intéressé, que ce n'est pas parce qu'on est le roi que l'on possède la vérité. Ce n'est pas de la vérité dont est porteur le « contrôleur de gestion-fou du roi », sinon de l'exigence du débat portant sur les intérêts supérieurs ; supérieurs aux intérêts personnels du dirigeant, supérieurs aux intérêts de l'entreprise. Dans U1, le contrôleur de gestion raisonne en termes de budgets, coûts, cash flow, productivité, parts de marché, qualité de service... Dans U2, les intérêts supérieurs, auxquels il se réfère et renvoie le dirigeant, concernent non pas la performance de l'entreprise, mais les relations entre l'entreprise et la société. Sont en jeu : l'emploi, la vie des régions, la qualité de l'environnement, l'espoir des jeunes, la durée de travail, la qualité de la vie quotidienne, la citoyenneté, la liberté, la justice, la démocratie... En tant que fou du roi, le contrôleur « aide » le dirigeant à prendre conscience de ses possibles et impossibles, l'obligeant à assumer ses décisions vis-à-vis de l'entreprise et de la société. Il l'« aide », ou plutôt l'oblige, à être responsable finalement.

*

* *

Rappelons, en guise de conclusion, que, partant d'une citation de J.M. Keynes, nous avons cherché à savoir si la pratique du contrôle de gestion était prisonnière d'une théorie dépassée. La réponse qui se dégage est que, en tant que pratique d'« aide à la décision », le contrôle de gestion est prisonnier d'une théorie non pas dépassée, mais restrictive ; une théorie réductrice de la relation information-décision, et finalement de la réalité. Le risque pour le contrôle de gestion est de demeurer une pratique de second plan, voire secondaire. Nous avons suggéré que son avenir réside dans sa capacité à élargir son domaine d'intervention, à dépasser sa pratique traditionnelle, à intervenir plus amont dans le processus de décision. Mais, pour avoir une chance sérieuse de travailler sur les décisions essentielles, le contrôleur de gestion a besoin d'un autre modèle conceptuel, d'une autre épistémologie, d'un autre langage, et finalement d'autres valeurs.

L'essentiel

Collecter, créer, synthétiser, analyser, diffuser de l'information afin d'« aider » la décision, tel est un des impératifs majeurs qui expliquent et justifient classiquement le contrôle de gestion. La décision étant fonction de l'information, il est essentiel d'améliorer « toujours plus » l'information du « décideur ». D'où tout le travail de traitement d'information consistant à concevoir des ratios et des tableaux de bord, à établir des prévisions, à calculer les coûts de revient ou encore les écarts entre budgets et réalisations.

Mis à part les risques de surinformation qui lui sont inhérents, ce postulat s'avère globalement valide, mais seulement pour une certaine catégorie de décisions, celles appartenant à l'« Univers 1 ». Dans U1, on peut réduire l'incertitude ; la décision prise est essentiellement fonction de l'information du décideur. Les décisions de type U1 sont des décisions d'évolution, de continuité, d'adaptation (modification de la politique commerciale suite à l'évolution de certains comportements du client, extension de la gamme de services du même type, amélioration de l'organisation existante sur la base d'une démarche de *benchmarking*). Ces décisions s'avèrent, tout au plus, importantes.

Le postulat en question s'avère non valide pour les décisions appartenant à l'« Univers 2 ». Dans U2, on ne peut pas réduire l'incertitude, celle-ci est incompressible car infinie. C'est l'« univers » des grandes décisions de création, de discontinuité et de rupture (création d'entreprise, lancement d'un produit radicalement nouveau, changement total de marché, vente de l'entreprise…). Ce sont les décisions de type U2 qui sont essentielles du point de vue de l'avenir et de la pérennité de l'entreprise. Or, celles-ci reposent sur les possibles et impossibles (économiques, organisationnels, commerciaux, technologiques, sociaux, politiques, éthiques…) personnels du décideur, patron de PME ou PDG de multinationale. Mais, les possibles et impossibles du dirigeant constituent son point aveugle : la formation, l'évolution, des possibles et impossibles est essentiellement un processus non conscient.

Le risque majeur pour le contrôle de gestion est de demeurer prisonnier d'un postulat et d'un langage qui en font une pratique d'« aide à la décision » nécessaire mais de second plan, voire secondaire : tel qu'il est traditionnellement pensé et pratiqué, le contrôle de gestion concerne les décisions importantes, et non les décisions essentielles, de

☞

☞

l'entreprise. Sont en jeu ses fondements conceptuels, son statut, son pouvoir et finalement son avenir.

« Aider » les décisions essentielles de l'entreprise (celles de type U2) suppose au contraire pour le contrôleur de gestion de travailler, d'intervenir sur les possibles et impossibles personnels du dirigeant. Deux grandes options s'offrent à lui : jouer le conseiller du prince ou assurer le rôle de fou du roi. Dans le premier cas, il s'agit pour lui d'utiliser ses chiffres et ses études pour soutenir et justifier les possibles et impossibles du patron. Dans la seconde hypothèse, se référant à l'exigence d'un débat portant sur les relations entre l'entreprise et la société (emploi, qualité de l'environnement, justice, liberté, démocratie…), il utilise ses chiffres et ses études pour interroger, pour soumettre à la question, les possibles et impossibles personnels du dirigeant. Il l'oblige à les assumer vis-à-vis de l'entreprise et de la société, c'est-à-dire à être responsable.

Questions

1 ▪ La décision est-elle fonction de l'information ?

2 ▪ Quelle est la « vision du monde », quel est le postulat, qui fonde la pratique traditionnelle du contrôle de gestion en tant qu'« aide à la décision » ?

3 ▪ Quels sont les « univers » de décision qu'il convient de distinguer ?

4 ▪ Qu'est-ce que la « boîte noire » du décideur ?

5 ▪ Quelles sont les décisions essentielles d'une entreprise ?

6 ▪ Comment, et dans quelle mesure, le contrôleur de gestion peut-il « aider » les décisions essentielles de l'entreprise ?

Bibliographie

Allouche J. & Huault I. & Schmidt G., « La responsabilité sociale de l'entreprise (RSE) : discours lénifiant et intériorisation libérale, une nouvelle pression institutionnelle », in *La responsabilité sociale de l'entreprise*, F. Le Roy & M. Marchesnay (dir.), EMS, 2005, pp. 177-188.

Amalberti R., *La conduite des systèmes à risques*, PUF, 2001.

Anthony R.N., *Planning and Control Systems*, « A Framework for Analysis », Harvard University Press, Boston, 1965.

Berland N., de Rongé Y., *Contrôle de gestion : perspectives stratégiques et managériales*, Pearson, 2010.

Bescos P.-L., Mendoza C., *Le management de la performance*, Éditions Comptables Malesherbes, 1996.

Besson M. & Löning H., « Can Distribution Channels Explain Differences in Marketing and Sales Performance Measurement Systems ? » *European Management Journal*, 2002, 597-609.

Besson M., Löning H., Mendoza C., « Sticking together under pressure : The risk-sharing approach and trust-building in sales management », *European Management Journal*, 2008, 1 : 11-23.

Bouquin H., *Comptabilité de gestion*, Dalloz-Sirey, 2011.

Bouquin H., *Les fondements du contrôle de gestion*, PUF, Que sais-je ?, 2005.

Bouquin H., *Contrôle de gestion*, PUF, 9e édition, 2010.

Bouquin H. (dir.), *Les grands auteurs en contrôle de gestion*, EMS, 2005.

Braudel F, *Civilisation matérielle, économie et capitalisme, T2 Les jeux de l'échange, T3 Le temps du monde*, Armand Colin, Paris, 1979.

Burns T. et Stalker G., *The Management of Innovation*, Tavistock, Londres, 1961.

Capron M. & Quairel F., *Mythes et réalités de l'entreprise responsable – Acteurs, Enjeux, Stratégies*, La Découverte, 2004.

Chandler A. Jr., *The Visible Hand*, Harvard University Press, Boston, 1977.

Charrière-Petit S. et Huault I. (dir.), *Les grands auteurs en management*, EMS, 2009.

Chiapello E., *Les modes de contrôle des organisations artistiques*, Thèse de Doctorat, Paris Dauphine, 1994.

Chiapello E., Les typologies des modes de contrôle et leurs facteurs de contingence : un essai d'organisation de la littérature, *Comptabilité-Contrôle-Audit*, tome 2, vol. 2, septembre 1996, pp. 51-74.

Clark K.B., Hayes J., Wheelwright S.C., *Dynamic Manufacturing, Creating the Learning Organization*, The Free Press, 1988.

Coase R., *The Firm, The Market and the Law*, University of Chicago Press, 1988.

Conche M., *Orientations philosophiques*, PUF, 1990.

Coso Report, *Internal Control Integrated Framework*. Trad. : *La pratique du contrôle interne*, Éditions d'Organisation, 1994.

Crozier M., Le phénomène bureaucratique, Seuil, 1963.

Crozier M. et Friedberg E., *L'acteur et le système*, Seuil, 1977.

DFCG, *Mutation du contrôle de gestion,* Éditions d'Organisation, 2000.

D'Iribarne P., *La logique de l'honneur - gestion des entreprises et traditions nationales*, Seuil, Sociologie, 1989.

Dilthey W., *Le monde de l'esprit* (2 vol.), Aubier-Montaigne, 1947.

Ferrary M. & Pesqueux Y., *L'organisation en réseau : mythe ou réalité*, PUF, collection « La politique éclatée », Paris, 2004.

Ferrary M. & Pesqueux Y., *Management de la connaissance – Knowledge Management, Apprentissage organisationnel et Société de la connaissance*, Economica, 2011 (en collaboration avec Michel Ferrary).

Fiol F., Jordan H. et Sulla E., *Renforcer la cohérence d'une équipe : la méthode OVAR*, Dunod, 2004.

Fiol M., *La convergence des buts*, Thèse de Doctorat d'État, Université Paris-Dauphine, 1991.

Fitzgerald L., Johnston R., Brignall S., Silvestro R. et Voss C., *Performance Measurement in Service Business*, Cima, Londres, 1991.

Gadrey J., *L'économie des services*, La Découverte, 1992.

Geneen J.S., « The Case for Managing by the Numbers », *Fortune,* 1er octobre 1984, pp. 56-59.

GIRAUD F., ZARLOWSKI P., SAULPIC O., LORAIN M.A., FOURCADE F., MORALES J., *Les fondamentaux du contrôle de gestion : principes et outils*, Pearson, 2011.

HERZBERG F., *Le travail et la nature de l'homme*, Entreprise Moderne d'Édition, Paris, 1991.

HIGGINS J.A., « Responsibility Accounting », *The Arthur Andersen Chronicle*, Arthur Andersen & Co, Chicago, April 1952.

HOFSTEDE G., *The Game of Budget Control*, Tavistock, Londres, 1968.

HOFSTEDE G., *Culture's Consequences* : *International Differences in Work-related Values*, Sage Publications, Londres, 1980.

HOPWOOD A., *An Accounting System and Managerial Behaviour*, Saxon House, Lexington, Mass, 1973.

HORNGREN C., BHIMANI A., DATAR S., FOSTER G., *Contrôle de gestion et gestion budgétaire*, Pearson, 2009.

JANCOVICI J.-M., *L'Avenir climatique : quel temps ferons-nous ?,* Seuil, 2002.

JULLIEN F., *Traité de l'efficacité*, Grasset, 1996.

KAPLAN R. et NORTON D., "The balanced scorecard : measures that drive performance", *Harvard Business Review*, janvier 1992.

KAPLAN R.S., NORTON D.P., *Balanced Scorecard : Translating Strategy Into Action*, Harvard Business School Press, 1996.

KAPLAN R.S., NORTON D.P., *The Strategy-Focused Organization : How Balanced Scorecard Companies Thrive in the New Business Environment,* Harvard Business School Press, 2000.

KROSS J., *Le Fou du tzar*. Robert Laffont, collection Points, 1989.

LORINO P., *Méthodes et pratiques de la performance*, Les Éditions d'Organisation, 1997.

MACGREGOR D., *The Human Side of Enterprise*, MacGraw-Hill, New York, 1960.

MALLERET V., « Contrôle de gestion et mesure de la qualité du service », *Economies et Sociétés, Cahiers de l'ISMEA,* 1999, n° 5, pp. 71-96.

MALLERET V., « Du contrôle de gestion au management de la performance », chapitre 8 *in L'École des managers de demain*, ouvrage collectif des professeurs du Groupe HEC, Économica, pp. 121-143, 1994.

MALLERET V., « L'évaluation des performances des services fonctionnels : une étude empirique », *Finance – Contrôle – Stratégie*, mars 1998, vol. 1, n° 1, pp. 145-168.

MALLERET V., « Peut-on gérer le couple coûts-valeur ? », *Comptabilité-Contrôle-Audit*, vol. 15, n° 1, juin 2009, p. 7-34.

MALLERET V., "The American balanced scorecard versus the French tableau de bord : the ideological dimension", *Management Accounting Research*, 2004, vol. 15, n° 2, pp. 107-134 (en coll. avec A. Bourguignon, H. Nørreklit).

MARCH J.G., *Décisions et organisations*, Les Éditions d'Organisation, 1988.

MASLOW A.H., *Motivation and Personality*, Harper & Row, New York, 1954.

MAC NAMARA R.S., *In retrospect. The tragedy and Lessons of Viet Nam.* New York, Times Book, Random House, 1995.

MENDOZA C., DELMOND M.H., LÖNING H., BESSON M., BONNIER C., BRUEL O., *Tableaux de bord : donnez du sens à vos indicateurs*, GRF, 2011.

Meric J., « Processus de contrôle et organisation par projets : une étude de cas », *Recherches en Sciences de gestion*, 86, 2011.

Meric J., « Temps et contrôle », *Encyclopédie de Comptabilité, de Contrôle de Gestion et d'Audit*, Economica, 2009.

Mévellec P., *Outils de gestion. La pertinence retrouvée*, Éditions Comptables Malesherbes, 1990.

Miller D., *Le paradoxe d'Icare : comment les entreprises se tuent à réussir ?*, PUL Laval, 1993.

Nguyen V. et de Laigue B., « Enquête HEC-DFCG : Contrôleurs de gestion, entre performance et frustration », *Échanges*, novembre 2010, pp. 15-18.

Ordre des Experts Comptables, *La gestion environnementale : levier de performance pour l'entreprise*, Dunod, 2008.

Ouchi W., « Markets, Bureaucracies and Clans », *Administrative Science Quaterly*, March 1980, vol. 25, pp.129-142.

Ouchi W.G., *Theory Z - How American Business can Meet the Japanese Challenge*, Addison Wesley, Reading, Mass, 1981.

Pesqueux Y., *Organisations modèles et représentations*, PUF, 2002.

Pesqueux Y. & Biefnot Y., *Éthique des affaires – Management par les valeurs et responsabilité sociale*, Éditions d'Organisation, 2002.

Pesqueux Y. & Triboulois B., *La « dérive » organisationnelle*, L'Harmattan, 2004, collection «Dynamique d'entreprise » (en collaboration avec Bruno Triboulois).

Pesqueux Y., *Gouvernance et privatisation*, PUF, collection « la politique éclatée », 2007.

Pesqueux Y., *Le développement professionnel des cadres – apprentissage et gestion des connaissances*, SCEREN/ESEN, 2012.

Pesqueux Y., *Qualité et management : une approche critique*, Économica, 2008.

Power M., *La société de l'audit : l'obsession du contrôle*, La Découverte, 2004.

Rummler G.A. et Brache A.P., « Managing The White Space », *Training*, janvier 1991.

Schneiderman A.M., « Metrics for the Order Fulfillment Process », part I et part II, *Journal of Cost Management*, Summer 1996, pp. 30-42, et Fall 1996, pp. 6-17.

Sellerif F., *Le grand débat de la théorie quantique*, Flammarion, 1986.

Simons R., « The role of MCS in creating competitive advantage : new perspectives », *Accounting, Organizations and Society*, 1990, 15, pp. 127-143.

Simons R., « Strategic orientation and top management attention to control systems », *Strategic Management Journal*, 1991, 12, pp. 49-62.

Simons R., *Levers of control : how managers use innovative control systems to drive strategic renewal*, Harvard Business School Press, 1995.

Simons R., *Levers of organizational design*, Harvard Business School Press, 2005.

Solé A., « La décision : production de possibles et d'impossibles », *in Traité d'ergonomie*, Cazamian P., Hubault F. et Noulin, M. (eds), Éditions Octarès, Toulouse, 1996.

Solé A., *Créateurs de mondes. Nos possibles, nos impossibles*, Éditions du Rocher, 2000.

Varela F., *Autonomie et connaissance*, Seuil, 1989.

Vroom V.H., *Work and Motivation*, John Wiley & Sons, 3e édition, New York, 1967.

Watzlawick P., *Comment réussir à échouer ?* Seuil, 1988.

Watzlawick P., *L'invention de la réalité. Contributions au constructivisme*, Seuil, 1988.

Weick K., *The Social Psychology of Organizing*, Addison, Wesley & Co, 1969.

Williamson O.E., « Strategizing, Economizing and Economic Organization », *Strategic Management Journal*, vol. 12, pp. 75-94, 1991.

Williamson O.E., *Markets and Hierarchies*, Free Press, 1975.

Index

A

B

J

L

M

N

O

P

DUNOD

Pour l'éditeur, le principe est d'utiliser des papiers composés de fibres naturelles, renouvelables, recyclables et fabriquées à partir de bois issus de forêts qui adoptent un système d'aménagement durable. En outre, l'éditeur attend de ses fournisseurs de papier qu'ils s'inscrivent dans une démarche de certification environnementale reconnue.

58745 - (I) - (1,5) - OSB 80° - DAT - MLN

Achevé d'imprimer sur les presses de
Snel
Z.I. des Hauts-Sarts - Zone 3
Rue Fond des Fourches 21 – B-4041 Vottem (Herstal)
Tél +32(0)4 344 65 60 - Fax +32(0)4 286 99 61
Décembre 2012 – 60720

Dépôt légal de la 1re édition : janvier 2003
Dépôt légal : janvier 2013

Imprimé en Belgique